基督教文化研究丛书

主编 何光沪 高师宁

二编 第 **6** 册

基督教文化论略

张文举 著

花木兰文化出版社

国家图书馆出版品预行编目资料

基督教文化论略／张文举 著 -- 初版 -- 新北市：花木兰文化
出版社，2016〔民 105〕
目 4+286 面；19×26 公分
（基督教文化研究丛书 二编 第 6 册）
ISBN 978-986-404-515-0（精装）
1. 基督教 2. 宗教文化
240.8   105001927

ISBN-978-986-404-515-0

9 789864 045150

基督教文化研究丛书
二编 第六册

ISBN：978-986-404-515-0

基督教文化论略

作   者 张文举
主   编 何光沪 高师宁
执行主编 张 欣
企   划 北京师范大学基督教文艺研究中心
总 编 辑 杜洁祥
副总编辑 杨嘉乐
编   辑 许郁翎
出   版 花木兰文化出版社
社   长 高小娟
联络地址 台湾 235 新北市中和区中安街七二号十三楼
        电话：02-2923-1455 ／传真：02-2923-1452
网   址 http://www.huamulan.tw 信箱 hml810518@gmail.com
印   刷 普罗文化出版广告事业
初   版 2016 年 3 月
全书字数 279993 字
定   价 二编 11 册（精装）台币 20,000 元

基督教文化论略

张文举 著

作者简介

张文举，男，汉族，1965 年 1 月生，甘肃省镇原县人。1987 年毕业于西北师范大学中文系。1987.7～2003.8 在甘肃省庆阳师专中文系（现陇东学院文学院）工作，2003.9 迄今在广东省岭南师范学院（原湛江师范学院）人文学院工作。教授，无党派。研究领域为外国文学、圣经与基督教文学和文化，曾在《外国文学评论》《世界宗教研究》、China heute（德国德文学术期刊《当代中国》）等国内外权威学术期刊有论文发表。主讲课程有：外国文学，圣经文学导论，圣经与西方文化，世界经典电影欣赏，电影简史，普通逻辑等。

提　要

本书系笔者多年来学习和研究《圣经》与基督教文化的成绩汇集。全书意欲将《圣经》和基督教文化，置于中国文化、中国历史和中国社会现实的背景之下，置于广阔的现代化与现代性启蒙背景之下，予以具体考察。全书着眼点，不在单纯直接地谈论《圣经》和基督教本身，更不欲也不能全面地谈论《圣经》和基督教，而是试图在以上的两个背景下，谈论《圣经》和基督教在中国被误读、误解甚至曲解的"遭遇"，进而分析造成这一"遭遇"的深层次原因，并探讨化解这一不应该有的"遭遇"的可能性途径。

全书内容大体可概括为四个方面：第一、从分析当代中国人对于宗教文化抱有偏见的历史的和现实的根源开始，具体讨论基督教与现代化进程的深层关系，基督教近代入华的正面作用及其被误解的各种情况和原因，基督教对近代科学的促发作用等主题。第二、以《圣经》和基督教为参照，以"孝"为切入点，深入细致地讨论儒家的宗法性伦理与基督教的宗教性伦理的本质差别，对在传统中国居于主流地位的儒家道德，进行基于神圣超越层面的批判性清理。第三、分别就《圣经》和基督教在外国文学教学和教材编写中存在的严重误读情况，及《圣经》和基督教文化在俄罗斯的"圣愚"异变现象，进行个案描述和学理分析，以期引起对文化传播中的误读与异化现象的反思和纠正。第四、从基本文本出发，就《圣经》与基督教信仰的核心——耶稣基督，进行基于《福音书》和神学知识的深入述评，共涉及三个中心概念："福音书"、"耶稣"、"基督"。

全书整体上非精微的专题研究。在首要意义上，其属于努力以学术的方式廓清迷雾，普及"常识"之作；其次，则力求于所论题域能有所发明和创造，言人所未言。笔者依托社会学和历史学的经验方法，及哲学和神学的思辨方法，竭诚努力让基本事实来说话，让结论立足于核心经典和学术传统的坚实基础上，以求人们对历史和现实中不容回避的宗教文化，多一份基于理性和常识的关注，少一点由于成见甚至偏见的误会。进一步，希望更多的人，能对人类文明史上从古到今一直在发挥着极其重要的作用的宗教文化，存一份敬意与温情；对宗教及信仰问题，能有深入一些的了解和思考；并对自身生命及自己所处身的社会、历史和文化，有切实负责任的反思和体认，以增进生活与生命的福祉。

目

次

绪论
——我们对宗教文化抱有偏见的根源反思

关于宗教，许多人向来以中国人无强烈的宗教热情，中国文化无宗教气息而自豪，认为这是中国文化之高明所在。[1]其实，这是一种似是而非、极其含混的说法，经不住进一步的追问与分析。一般中国人，包括许多受过良好教育的中国人的观念中，一提起宗教，总是马上联想到迷信、鬼神、鸦片、欺骗、麻醉、愚弄、叩头、烧香、禁欲，甚至宗教迫害、黑暗的中世纪来。这些联想表面看似乎不无道理，但如果置诸世界宗教历史的广大视域，顾及全部事实，则明显是片面的和主观武断的，其与主要事实不符。我们并不否认宗教历史上所曾出现过的大量异化现象，以及世俗势力假宗教之名所作出的各种罪恶勾当。但是宗教尤其高级宗教，并不象我们所理解的，等于迷信，等于愚昧和黑暗，甚至等于罪恶；它在历史上和现实中发挥过和正在发挥着其它文化形态所不可替代的正面作用，甚至是巨大而深入的作用；尤其是，它的存在，自有其基于人性、人心内在需求及人类生存境遇的根据。

对于以上看法，由于涉及面广，事实复杂，这里不遑具体论列。[2]在此我们只想首先尝试探讨一下中国人，尤其是当代中国人在提及宗教问题和宗教

---

1 〈北京非宗教大同盟宣言〉说："中国在世界比较起来，是一片干净土。算无宗教之国。无奈近数十年来，基督教等……"（转引自《道与言--华夏文化与基督文化相遇》刘小枫编，1995年三联书店。）须知，当时参加"大同盟"的，可谓中国知识界的有代表性的精英，如蔡元培、陈独秀、李大钊等等。另外，网上看到几句话，很有意思，不知是何出处，不妨引在这里："几百年前，西方人就总结了中国人的奇特性：稍微有点文化的喜欢把宗教当做迷信，没有什么文化的喜欢把迷信当成信仰。今天似乎还是这个样子。"

2 这方面的论述，重点可参阅本书第一、二章的内容。

事实时，所具有的那种简单的非理性反应的根源所自，以作自我反省；并期望今后涉猎人类文化的这一无比重要的领域时，能多一分理性，而少一分盲目与过于简单化的想当然。

为了论述的方便，应给"宗教"下一个定义，这里采用吕大吉先生的说法："宗教是关于超人间、超自然力量的一种社会意识，以及因此而对之表示信仰和崇拜的行为，是综合这种意识和行为并使之规范化、体制化的社会文化体系。"[3] 这显然是一个比较完备的、适应性很强的定义，它几乎可以涵括古今中外一切形态的宗教，不论是低级的还是高级的。不过，我们的讨论主要以基督教为参照背景，具体选取基督教的视角。原因有二：一，基督教属于真正发育成熟的，具有巨大影响的高级宗教，即"启示宗教"，或曰"自由宗教"[4]，这一点在其

3 吕大吉：〈宗教是什么——宗教的本质、基本要素及其逻辑结构〉，自《世界宗教研究》1992年第二期。

关于宗教的定义，有一些经典表述，可以提供在这里以为参考。涂尔干："宗教是一种与人类的神圣生活有关的体系，这种体系将信仰和仪式连接在一起，把对此持认同态度的人们团结在一个道德共同体内。"罗伯特·贝拉：主张将宗教看着是一系列的符号形式和行为，它们与人的存在的终极境遇密切相关。卢克曼：宗教按照其功能性的定义，是能够为个人和社会提供意义根据，超越性以及道德基础的某种"实在"。伯格：将宗教定义为人类生活的神圣方式，通过这种神圣的生活方式，人类活动实现了秩序化；宗教的本质是秩序活动，即神圣秩序的建构过程。齐美尔："人与人相互接触的过程中，纯粹精神层面的相互作用奠定了某种基调，这种基调一步步提高，并脱颖而出，发展成独立客观的存在，这就是宗教。"格尔茨："在人们的心境和动机中建立的强大的、普遍的、持久的一系列象征体系，是在现实的环境中建构关于生存的总秩序，并且只有在心境和动机的统一中才能实现。"由以上定义可以看出，区别于世俗生活，宗教与人类的神圣生活、精神生活相关，与人的终极境遇相关，它是一个总体性象征体系，其为宇宙和人生构建一个神圣秩序，为个人和社会提供某种超越性的意义根据和道德基础。（参阅邢婷婷：〈社会学视野下的宗教定义的讨论〉，载《世界宗教文化》2012年第1期，第33-37页。）

另，斯达克：宗教是"主要从事提供以超自然假设为基础的一般补偿物的人类组织"及思想体系。（[美]罗德尼·斯达克，[美]威廉姆·希姆斯·本布里奇：《宗教的未来》，高师宁等译，中国人民大学出版社2006年第一版，第9页。）

4 有人对宗教现象有一个三分法的描述，在精神层次上，三者是依次升高的：在三个不同层次的宗教中，第一是"自然宗教"，就是迷信、巫术等。第二是"实用宗教"，因为有需要、有效，这才用宗教来做教化和驭民的工具，相当于柏拉图所说的"高贵的谎言"。"神道设教"是一种在中国千百年来行之有效的实用宗教，设教者要大家相信一个神道，自己可以不信，但是一定要大家信。第三是"启示宗教"，又称"自由宗教"，中国没有"启示宗教"，这与中国的自由精神缺失有极大关系。中国

历史的悠久、信众的广大，及形态的一神性、普世性、入世性均可见出。二，基督教属于笔者知识与兴趣之集中点，了解较多，体会也多一些。

一、中国传统之于超越意识

《汉语大词典》"宗教"条讲："宗教的最初表现形式是法术、图腾崇拜、拜物教、万物有灵论等。后由许多种崇拜发展到一种崇拜；由部落宗教演化为民族宗教，以到世界宗教（佛教、基督教、伊斯兰教）。"这里其实有一个顺序的历史演进的线索在，简单概括，应该是由"泛神"到"多神"再到"一神"。有人指出，宗教在由低级向高级演进的历史过程中，"祈求诸神宽恕和希望神赐福的愿望，日益同无私地敬神、虔诚地追随他们崇高的榜样，探索接近神的精神之路结合起来。"[5]我们这里对宗教的讨论，如前所述，主要取价值形态、精神形态的世界宗教，即成熟的宗教，因其在永恒的维度上，于人生有一种全方位提升的正大积极的力量和气象。我们特别选取基督宗教。显然，我们采用的更多的是一种"规范性方法"（normative method），而非"描述性方法"（descriptive method）。朱维之先生曾就中国宗教在人生体验和人生取向方面所蕴含的精神品质，做过具体分析："中国……的宗教思想都是对人生表示一种淡然的态度。道教是闲散人的宗教，一味着重在消极方面，对于人世极为淡薄，没有积极的情绪和意志。如代表道教的诗人李白被视为颓废主义者，便是证据。儒教的态度是积极的，但除了道德的整饬之外，没有何等宗教的力量，因为对神的观念很淡薄，没有宗教的想象和热情。佛教的经典极为丰富，其中充满了想象力，给我们许多异想天开的童话和严厉的道德教训。可是《大藏经》对于人生又是怎样看法的呢？无非是禁欲，斫丧人性，尤其可悲的是要求'无情'。因他们以为人生是苦海，慈航普渡众生的目的，是要他们到无情无欲的涅槃去。这态度比道教还要消极，离开整个人生很远很远。"[6]准乎此，我们便可展开本节的这一分论题了。

文化中有"自然宗教"和"实用宗教"，但从来没有达到"自由宗教"这个最高信仰层次，而没有能达到自由宗教层次信仰的根本原因之一恰恰是"实用宗教"在中国太发达有效。徐贲：〈怀疑的时代需要自由的信仰〉http://www.21ccom.net/articles/sxwh/shsc/ article_2013051583393_3.html 另外，爱因斯坦有所谓"恐惧宗教"、"道德宗教"、"宇宙宗教"的三分说，作为一种局外的人文性观点，聊备一说。（见《爱因斯坦文集》第一卷，第403-407页，〈宗教和科学〉）

5 M. C. 科兹洛娃：《哲学（第一章）》，载《哲学泽丛》1990年第1期。

6 朱维之：《基督教与文学》，上海书店1992年版，第47-48页。

讲中国特色，超越性信仰的缺失，宗教意识的淡薄，才是最大最深刻的中国特色，这个有基本的统计数字证明，不容回避。所谓超越性信仰，指相信人之外有神，肉身之外有灵魂，此岸之外有彼岸（天堂、地狱），亦即相信在这个有形短暂的物质世界之外和之上，有一个永恒超越至善至美的世界存在，所谓超越之境——超自然、超世俗——是也。我们信这个吗？学者易中天直接讲："中华文明或者准确地说汉文明是没有信仰、没有宗教的文明。""汉民族的文明特点是有鬼神无宗教，有崇拜无信仰。这样一种特点从西周就开始产生了，因为西周为我们的文明奠定了一个基础：以人为本、以德治国、以礼立序，以乐致和。我们的文明是这样的文化系统。"[7]钱穆的话可做易中天的一个补充和解释："其他各国都有一个宗教，如耶稣教、回教、印度教等。惟有中国，没有自己创造的宗教。但中国虽无宗教，却有教堂。中国每个人的家庭，便是中国人的教堂。由生到死，就在这教堂里。"[8]说"家"是中国人的"教堂"，是在比喻意上说的，其实这恰好显明了中国文化高度世俗化的特点。将近一百年前，首做中西比较的梁漱溟就敏锐指出过，"宗教问题实为中西文化的分水岭。"[9]据他分析，中国社会自周孔以来，比较注重家族生活，注

---

7 易中天：〈多种信仰即无信仰〉，见"共识网"http://www.21ccom.net/articles/sxwh/shsc/article_2013112996199.html

　另，易中天："中华文明，或者准确地说汉文明，是没有宗教也没有信仰。我在提出这个观点时，就下了两个定义：什么叫宗教？我的定义为：宗教是以信仰为中心的一整套价值体系、行为准则、礼仪规范。什么是信仰？信仰是对超自然、超世俗之存在坚定不移地相信。特点是相信。坚定不移地相信才是信仰，而且相信的是超自然的。如果坚定不移地相信的是自然的或者是世俗的，就不能叫信仰。比如相信某个科学真理，它是自然规律不能叫信仰。或者相信某一个道德信条，这是社会行为规范，不能叫信仰。只有相信超自然、超世俗的存在才叫信仰。按照这个标准核定，抱歉，我们汉民族有吗？没有，我们不相信超自然、超世俗的存在，我们没有创世神话。"〈从传统文明透视国人信仰〉http://blog.sina.com.cn/s/blog_5e4380ed0101pgk5.html

8 钱穆《中国文化的精神》（新校版），北京：九州出版社2011年版，第22-23页。钱先生还讲过似乎和这个引用相矛盾的话："中国文化体系内，亦并非无宗教，古代就有，直到今天还是有。然而在文化结构中，不成一要项，没有它重要的意义与价值，它的地位并不重要。"（钱穆《从中国历史来看中国民族性及中国文化》，北京：九州出版社，2011年，第103页）且不管是"有"还是"无"，反正重要的不在此地。

9 梁漱溟《中国文化要义》，世纪出版集团上海人民出版社2011年第二版，第92页。另，梁漱溟："道德为理性之事，存于个人之自觉自律。宗教为信仰之事，寄于教徒之格守教诫。中国自孔子以来，便受其影响走上以道德代宗教之路。""宗教道德

重从生到死的现实生活，因此，产生了调协这种家族式现实生活的伦理道德，而没有产生伟大的宗教，或者说以道德代替了宗教。有人讲中国文化是礼乐文化，长于伦理和艺术，中国人生活的主要特色是伦理化和艺术化，而非宗教化，这里有其道理所在。[10]在拉丁词源上，具有虔诚、笃信、圣物、崇拜的对象的意义的"religion"一词，翻成汉语便为外来语，其所反映、蕴含的是另一文化背景下的精神内涵。我们的"宗教"之"宗"，与祖庙、祖先、宗族有关，属祖先崇拜；此后，一直未能上升到神圣超越的层面。我们的生活，总是极其地现实化、现世化，如章太炎所言："志尽于有生，语绝于无验。"[11]

二者，都是要人向上迁善。然而宗教之生效快，而且力大，并且不易失坠。对社会，亦是这样。二者都能为人群形成好的风纪秩序，而其收效之难易，却简直不可相比。"（同上，第103页）

10 钱穆："大概西方文化比较重要的是宗教与科学，而中国文化比较重要的是道德与艺术。这是双方文化体系结构的不同。""道德与艺术，都是人内部自发的。而这两个亦是内在相通的。"（钱穆《从中国历史来看中国民族性及中国文化》，北京：九州出版社，2011年，第100、102页。）他还讲过："中国人生有其比较近于中和性的历史与艺术，而舍却比较偏于极端性的宗教与科学。"（见钱穆《文化与教育》，北京：三联书店，2009年，第33-34页）另请参见刘小枫：《拯救与逍遥》（修订本），华东师范大学出版社2011年第2版，第1-2页。

11 汤志钧编：《章太炎政论选集》（下册），中华书局1977年版，第689页。章太炎还说："经典诸子中有说及道德的，有说及哲学的，却没曾说及宗教。……中国自古即薄于宗教思想，此因中国人都重视政治；周时诸学者已好谈政治，差不多在任何书上都见他们政治的主张。"（章太炎：《国学概论》，中华书局2009年版，第4页）章太炎对于周秦诸子的薄于宗教思想而好谈政治的倾向有一解释："这也是环境的关系：中国天地辽广，统治的方法，急待研究，比不得欧西地小国多，没感着困难。印度土地也大，但内部分着许多小邦，所以他们的宗教易于发达。中国人多以全力着眼政治，所以对宗教很冷淡。"另，章太炎还指出："祀天地社稷，古代人君确是遵行；然自天子以下，就没有与祭的身分。须知宗教须普及于一般人的，耶稣教的上帝，是给一般人膜拜的；中国古时候所谓天，所谓上帝，非人君不能拜，根本上已非宗教了。"（同上书，第5页）唐逸亦有论说："彼岸的救度，本在中国文化视野之外。"（唐逸：〈佛教、基督教的传华与中国文化的特质〉，见唐逸：《文化批评》，浙江大学出版社2008年版，第148页）

另外补充一点，笔者在柬埔寨游览吴哥窟时，导游有一句颇具提醒功能的解说词："石头住神，木头住人。"目睹吴哥窟所在省份随处可见的一堆堆巨大的石头建筑，不由得联想到埃及的巨型神庙和金字塔，还有印度、希腊、罗马、玛雅、包括中世纪，都不缺乏这样宗教性质气势宏伟的巨型石头建筑。相反，中国则基本没有屋宇型石头建筑，多的是住人的木结构建筑。从建筑的遗迹，不正透露出中国古代文明的特点甚至"例外"来吗？

道家的老子有言："以道莅天下，其鬼不神。"（老子·六十章）[12]庄子亦有言："六合之外，圣人存而不论。"（庄子·齐物论）[13]儒家的关注重心，始终在于世俗的政治与伦理方面，《论语》记载中的孔子是："子不语怪力乱神。"（论语·述而 7.21）"未知生，焉知死。""未能事人，焉能事鬼。"（论语·先进 11.12）"祭神如神在。"（论语·八佾 3.12）[14]即就涉及鬼神的祭礼，因其源于宗法伦理，也是等级森严不可僭越的："天子七庙，三昭三穆，与大祖之庙而七。……诸侯五庙，二昭二穆，与大祖之庙而五。……大夫三庙，一昭一穆，与大祖之庙而三。……士一庙。……庶人祭於寝。"（礼记·王制）[15]这其实是人间秩序的体现，与超越之域有什么关系呢？

言及宗教，儒教之教非宗教（religion）之教，实"礼"教、"政"教之教，在"教"的意义上，它实际是与现实政治连为一体的一整套"国家意识形态"，而基本无于超越维度上的寻求和执着。但有人不这样认为，比如任继愈、李申、郭清香等。郭氏认为"儒家是具有宗教性的"，因而主张使用"儒教"的概念。她说："儒教，涵盖了儒学这一思想系统和儒家这一学术流派的全部内容。除此之外，它还包括了社会生活礼仪和大众民间信仰的内容。……儒教以儒学为思想核心，带有民间信仰的内容，影响日常生活的方方面面。一方面它着眼于人的终极关怀，试图为人提供一个立身的根基；另一方面，它渗透到普遍大众的日常生活，教导人们敬祖、孝亲。"[16]和许多人一样，郭氏认为儒教（儒家）的终极关怀在于"天"，但这个"天"的实质如何？我们且看荀子如何讲："故礼，上事天，下事地，尊先祖而隆君师，是礼之三本也。"（《荀子·礼论》）[17]请注意这里的"三本"，终极者变成了三个，其中前二的

---

12 陈鼓应：《老子注译及评介》，中华书局 1984 年版，第 298 页。

13 陈鼓应：《庄子今注今译》，中华书局 1983 年第一版。

14 杨伯峻：《论语译注》，中华书局 1980 年第二版。

15 [清]孙希旦：《礼记集解》，中华书局，2012 年第一版。

16 郭清香《耶儒伦理比较研究——民国时期基督教与儒教伦理思想的冲突与融合》，中国社会科学出版社 2006 年，第 12、13 页。关于"儒教"之说，历来争议甚多，所取角度和立场亦各异，主张此说者，较早的有韦伯、康有为，新近的有姚中秋等，最有名的则非任继愈莫属。这方面可参阅：任继愈主编：《儒教问题争论集》，宗教文化出版社，2000 年版。王健〈人文学术研究应有严谨的学理基础——由《中国儒教史》想到的〉，载《浙江学刊》2002 年第一期。陈宜中 陈明〈从儒学到儒教：陈明访谈录〉，载《开放时代》2012 年第二期。

17 [清]王先谦：《荀子集解》，中华书局 1988 年版。

"天"和"地"，到底指什么，不得而知；而先祖、君、师，则明确指向一些特殊的人，但以有限必死的人为根本（终极），其可靠性是大可怀疑的。说直白点，这是"偶像崇拜"，不是"终极关怀"。梁漱溟曾举例说，"虽然古书中有'上帝''上天'等词，俗话亦常说'老天爷'，天子祭天之礼且行之数千年，但要注意像'皇天后土'的古语，'谢天谢地'的俗语，总是天地并举。"[18]这也说明了"天"在我们的价值体系里缺乏严肃的终极性与唯一性。还有，在核心伦理准则上，儒家之"仁"远非平等、超越的神圣之爱，而是建立在血缘和宗法等级制度上的由亲及疏、由近及远的差序格局，其深含世俗利益考量，为差等之爱。[19]说"儒教"在本质上非"宗教"（religion），是"政教"，这从它自古以来的"政教合一"传统可以得到印证。郭清香自己就指出，辛亥革命的成功使儒教体系"受到了致命性的打击"，因为，"首先，辛亥革命瓦解了儒教以天子为教主、以士大夫和儒生为传道者的组织体系和传道体系。其次，由天子所承担的祭天的仪式遭到了破坏。"[20]这不正好反证了儒教为"政教"的真相吗？郭似乎对这一致命打击包括五四对儒家传统的清算表示遗憾甚至不满。但是须知，政治权威天然成为精神权威，实际是一种严重的僭越；而这种僭越性扩张，便是专制政治的"以吏为师"传统，政治吃掉了学术和思想。儒家数千年在总体上依附于世俗专制皇权，何谈信仰之超越？正是辛亥和五四，使得儒家从政治化（其实是"异化"）的世俗"儒教"中剥离开来，获得其独立的品格，也获得拯救。于是才有了"新儒家"的精彩与卓越的呈现。辛亥和五四所摧毁的是具有两千年传统的专制皇权，及依附于其上并为

---

18 梁漱溟：〈科学与宗教为同根并生之二物〉，本文作于 1976 年 5 月 11 日。原载《梁漱溟全集》第七卷，中国文化书院学术委员会编，山东人民出版社，2005 年版。

19 王富仁于此有简捷准确的分析，摘引如下：儒家的"爱"不是在人的平等关系的基础上产生的，而是在上下关系中被规定的。在这种情况下，儒家所谓的"爱"是对对方保持一定心理距离的结果。当你意识到自我在对方之上时，你对对方的"爱"是慈爱，而当你意识到自我在对方之下时，你对对方的"爱"是敬爱，这两种"爱"是两种根本不同的爱。真正维系儒家的"仁"的，除了主观目的意识外，起内在保证作用的是"恩"，儒家的爱是有等差的，这种等差就在实际的利益关系，即恩情关系。"忠"为报君恩；"孝"为报亲恩；"节"为报夫恩；"义"为报友恩。因此，在儒家的伦理道德中，感情关系是被实利关系所规定的。见《中国文化研究》1995 年春之卷(总第 7 期)，第 21 页。

20 郭清香：《耶儒伦理比较研究——民国时期基督教与儒教伦理思想的冲突与融合》，中国社会科学出版社，2006 年版，第 14 页。

其服务的专制社会意识形态（儒教），而非任何拥有灵魂向度的超越性精神信仰形态（宗教）。

关于"儒教"之名，还可进一步说一说。这个称谓，最著名的来源自于任继愈，他直接命名了"儒教"。他认为：儒教无宗教之名而有宗教之实，其雏形于汉代之董仲舒，成型于北宋朱熹，朱熹之后，教皇和皇帝就是一个人；儒教奉孔子为教主，崇拜"天地君亲师"，核心实为"君亲"；儒教基本经典为儒家之六经，核心教义曰"三纲五常"，而以"三纲"为其根本；儒教有独立的祭祀场所如天坛、文庙、祠堂等；它的教派和传法世系即儒家的道统论，等等。谈到儒教的负面影响，任先生感同身受，痛心疾首："儒教的信奉者绝不限于读书识字的文化人，不识字的渔人、樵夫、农民都逃不脱儒教的无形把持。专横的族权，高压的夫权，普遍存在的家长制统治，简直像毒雾一样，弥漫于每一个家庭，每一个社会角落。它像天罗地网，使人无法摆脱。"凡是触犯了儒教宗法规范的，"可以在祠堂里当众处理，直到死刑。被儒教残害的群众，连一点呻吟的权力也被剥夺干净，丝毫同情、怜悯也得不到。千百年来，千千万万男男女女无声无息地被儒教的'天理'判了死刑。真是'杀人如草不闻声'，精神的镣铐比物质的镣铐不知道严酷多少倍。"[21]但是，任氏严格区分了儒家和儒教，他甚至认为"儒教的建立标志着儒家的消亡"。在与皇帝制度相始终的两千多年里，儒教其实是一整套以等级性纲常伦理教条为内容的，维持皇权专制统治的国家意识形态信仰。牟钟鉴先生不用"儒教"之名，他称自己的研究对象为"宗法性传统宗教"。"中国宗法性宗教以天神崇拜和祖先崇拜为核心，以社稷、日月、山川等自然崇拜为翼羽，以其他多种鬼神崇拜为补充，形成相对稳固的郊社制度、宗庙制度以及其他祭祀制度，成为中国宗法等级社会礼俗的重要组成部分，是维系社会秩序和家族体系的精神力量，是慰藉中国人心灵的精神源泉。不了解这种宗教和它的思想传统，就难以正确把握中华民族的性格特征和文化特征，也难以认识各种外来宗教在顺化以后所具有的中国精神。"这一宗教"在两千余年间曾是中国宗教的轴心，其他宗教和外来宗教只能与它调适，不能与它敌对，否则在中国就站不

---

21 任继愈：〈论儒教的形成〉，自《中国社会科学》1980 年第一期。另参任继愈《儒家和儒教》、《朱熹和宗教》等文章，具见任继愈主编：《儒教问题争论集》，宗教文化出版社，2000 年版。任氏对儒教的危害性论述，大家可以回忆两部小说《红楼梦》、《家》中的生活，也可以回想下五四前后新文化运动中胡适、鲁迅等人的相关论述及描写，则不难认同。

住脚跟。"[22]作为"宗教",它一直没有宗教之名。它自周公开始规范化,核心内容乃"敬天法祖",表现出鲜明的宗法性等级特征;后来,随着与皇权的紧密结合,它实际演化成了"宗法性国家宗教","既表现出强烈的政治性,所谓祭政合一;又表现出广泛的全民性,所谓祭族合一。"到辛亥革命,随皇帝制度的被推翻,它宣告结束。

综上,牟先生和任先生的区别,首先是起点不同,牟的起点至少始于周公时代,任则始于董仲舒;不过二者的终结点却一致,都是辛亥革命。其次在内容上,牟更多强调了"敬天法祖"的宗教礼仪之绵延与发展,但他没有十分强调其与儒家的紧密关系;任则特别注意于专制性宗法伦理教条假宗教形式和政治权力,而为祸于社会历史以及家庭一面,任把这些与汉代尤其宋代以后的儒家紧密联系起来。牟更多学术性描述,任则多思想性反思。再强调一遍,儒教在与皇帝制度相始终的两千多年里,实质是一整套以等级性纲常伦理教条为内容的维持皇权专制统治的国家意识形态体系,任先生的"儒教是教说",是在文革刚过的上世纪七十年代末、八十年代初提出来的,他特别着眼于儒教的危害性,是想在深层次上反思文革发生之祸根;进一步,任氏此说的思想脉络与生命经验其实是上接"五四"下连"文革"的,他当有亲身体验在,应该不是泛泛而谈。平心而论,任、牟二先生的观点,互为补充则更佳,"宗法性国家宗教"在其全盛时期的两千多年里,与儒家显然有着异常密切的关系,绝对应该专门提出来加以申说;而"儒教"作为宗教,则似应在追根溯源方面,在民间大众信仰方面予以详说,并使其与儒家发生勾连。在学术上,任、牟的共同点,一般认为是打破了历来的中国无宗教说之"定说"。但真的是这样吗?可能须要仔细辨析。如果是在最宽泛的意义上,称他们所描述者为宗教是可以的;但如果在严格的"超越性终极信仰"意义上,它们其实都不是宗教(religion),因为它们都没有或者说都淡漠于"彼岸世界"的盼望,它们只是独具中国特色的"准"宗教,是"政"教和"礼"教意义上的教,即"世俗"之教化,而非"超越"之信仰。

至于道教,似可目之为宗教,但从精神与超越的维度上衡量,其仍处于低级的偶像崇拜阶段,故更多迷信成份而非宗教成份,更多私欲而非谦卑无私。这些方面可从它的多神信仰一面看出,在多神系列中,主神玉皇的实际

---

22 分别见,牟钟鉴:〈中国宗法性传统宗教试探〉,自《世界宗教研究》1990 年第一期。牟钟鉴、张践:《中国宗教通史》,中国社会科学出版社,2007 年版,第 918 页。

地位倒一般，几形同虚设，而相反的一些与人们世俗日常生活密切相关的神，却香火繁盛，备极尊崇。如灶君、土地、城隍、赵公元帅、关圣帝君等等。另如有人指出的："一般宗教主要研究死后如何，而道教的特点则重在研究如何不死。不但不死还要肉体飞升，而且荣华富贵、金钱美女，什么人间享乐全是一流。这样的理想大合中国人的脾胃，所以才有哲人说，懂得了道教者，懂得大半个中国。"[23]涉及佛教，本非本土所有，传入后又有一个中国化过程。在中国化的禅宗与净土宗两大主流中，前者更多艺术化倾向，多用于文人自娱；后者更多世俗化倾向，所谓方便法门，一般老百姓之自我安慰，信徒有点类同于道教普通信徒，迷信和私利的成份居多。[24]总之，如果硬要讲中国人的信仰，倒可以从民间信仰的角度象征性地做一描述，这便是："福"、"禄"、"寿"三星，当然还可以加，如"禧"，等等。而这些恰恰表明了中国人信仰的实质——世俗性，而非超越性。

中国文化乏于宗教精神，还有一个例证，这就是对一些较高形式的外来宗教的彻底同化与误读，进而消解，比如河南开封犹太人的深刻的中国化，就说明了中国文化世俗性力量的强度。据说，世界各民族中，犹太人是最善于保持其传统的，尤其是其宗教传统。再比如太平天国拜上帝会对天主教的误读和利用，即中国化。在这里，"中国化"并不象一些人所强调的是一个民族化的问题，而是一个价值态度的问题，在我们的"中国化"过程中，我们取消的是神圣之维，置换成的是世俗之维，这正说明，我们的传统所缺乏的：神圣关怀，灵魂（非灵性）关怀。佛教中国化的情况，很可以说明一些问题，中国化佛教中影响最大者，非净土宗和禅宗莫属，而当年玄奘历经千辛万苦取回的"真经"，比如他特别弘扬的唯识宗，以及和原始佛教特别接近的律宗，很快便都香消响绝了。为什么呢？就是因为前者对思维和分析的极度精密的追求，与后者对戒律的严格奉行所体现出的认真与一丝不苟的精神，遭遇了

---

23 史仲文：《中国文化十大品性》，中国发展出版社 2009 年版，第 90-91 页。

24 关于道教和佛教之宗教性，尽管所有十九世纪来华的传教士，都指出其偶像崇拜和迷信的性质，但也有一种从另一角度的比较宽容的意见，可资参考。丁韪良等人认为："正因为儒家传统超自然意识的淡薄，它无法完全满足中国人的灵性需求。佛教和道教恰恰在这方面弥补了儒家的不足。丁认为，道教对上帝和神迹等有强烈的兴趣，因而得以在中国社会广泛流行。佛教'给了中国人天堂、地狱和神灵之类的概念……使他们熟知罪孽、善行、信仰、悔改；而最重要的是来生的因果报应的概念。'"（引自陈荣毅、王忠欣等《解构与重建——中国文化更新的神学思考》，加拿大恩福协会，1998 年版，第 114 页。）

水土不服，只有本土化了的净土宗和禅宗，才能适者生存。"适"什么呢？世俗化、苟且。净土宗先不说，禅宗就有："酒肉穿肠过，佛祖心中留"、"不立文字，顿悟成佛"等说法。这里面究竟有多少指向玄妙的奥义，又有多少是欺人之谈，只有天知道。陈寅恪在冯友兰《中国哲学史》审查报告三中，曾强调过佛教中国化的问题，他用史实强调了佛教只有"中国化"后，才能落地生根，但他似乎没有追究这个"中国化"的本质所在！[25]

鲁迅曾一针见血地指出过："中国人自然有迷信，也有'信'，但好象很少'坚信'。我们先前最尊皇帝，但一面想玩弄他，也尊后妃，但一面又有些想吊她的膀子；畏神明，而又烧纸钱贿赂，佩服豪杰，却不肯为他作牺牲。尊孔的名儒，一面拜佛，信甲的战士，明天信丁。宗教战争是向来没有的，从北魏到唐末的佛道二教的此仆彼起是只靠几个人在皇帝耳边的甘言蜜语。""他们的对于神、宗教、传统的权威，是'信'和'从'呢，还是'怕'和'利用'？只要看他们的善于变化，毫无操持，是什么也不信从的，但总要摆出和内心两样的架子来。""耶稣教传入中国，教徒自以为信教，而教外的小百姓却都叫他们是'吃教'的。这两个字，真是提出了教徒的'精神'，也可以包括大多数的儒释道教之流的信者，也可以移用于许多'吃革命饭'的老英雄。"[26]周作人也曾就不同的隐逸方式比较过中西文化的本质不同："中国的隐逸都是社会或政治的，他有一肚子理想，却看得社会浑浊无可实施，便

---

25 陈寅恪："窃疑中国自今日以后，即使能忠实输入北美或东欧之思想，其结局当亦等于玄奘唯识之学，在吾国思想史上既不能居最高之地位，且亦终归于歇绝者。其真能于思想上自成系统，有所创获者，必须一方面吸收输入外来之学说，一方面不忘本来民族之地位。此二种相反适相成之态度，乃道教之真精神，新儒家之旧途径，而二千年吾民族与他民族思想接触史之所昭示者也。"(冯友兰：《中国哲学史》下，附录：〈审查报告三〉，第 4 页，中华书局，1961 年新 1 版。)这里讲得似乎有道理，有根据，但却有一个价值判断的问题，或者说"价值悬搁"的问题。究竟什么是"本来民族之地位"，本来的就是价值上优先的吗？在此，想起韦卓民先生的观点，他似乎更为开放和积极些。他认为：文化的转化并不一定会危害国家民族性；相反，它还可以促进民族文化丰盛的发展。……保存中国文化最好的方式不是让它避免与其他文化接触，而是通过对不同文化的开放态度，吸收它们当中有价值的部分，寻求合适的方式将它们整合成一个有机的整体，从而促使中国文化更臻完善。(参：章开沅、马敏主编：《韦卓民纪念文集》，华中师范大学出版社，2010 年版，第 87 页)

26 鲁迅：〈运命〉，载《鲁迅全集》卷六，第 131 页；〈马上支日记〉，载《鲁迅全集》卷三，第 328 页；〈吃教〉，《鲁迅全集》卷五，第 310 页。

只安分去做个农工。""外国的隐逸是宗教的……，他们独居沙漠中，绝食苦祷，或牛皮裹身，或革带鞭背，但目的在于救济灵魂，得遂永生。"[27]梁启超指出："要而言之，信仰是神圣的。信仰是一个人为一个人的元气，是一个社会为一个社会的元气。中国人现在最大的病根，就是没有信仰。……所以和尚庙里头会供关帝供财神，吕祖济公的乩坛，日日有释迦摩尼、耶稣基督来降乩说法。像这样的国民，说可以在世界上站得住，我实在不能不怀疑。"[28]张爱玲在〈中国人的宗教〉一文中，一针见血指明了中国人在信仰方面的"虚无"本质。"就因为对一切都怀疑，中国文学里弥漫着大的悲哀。只有在物质的细节上，它得到欢悦——因此《金瓶梅》、《红楼梦》仔仔细细开出整桌的菜单，毫无倦意，不为什么，就因为喜欢——细节往往是和美畅快，引人入胜的，而主题永远悲观。一切对于人生的笼统观察都指向虚无。"[29]

---

27 周作人〈论语小记〉，自周作人《苦茶随笔》，河北教育出版社 2002 年版。

28 梁启超：〈评非宗教大同盟〉，见张士钦编《国内近十年来之宗教思潮》，燕京华文学校 1927 年版，第 371 页。这里再附上严复关于基督教的话，作为参考："教者，随群演之浅深为高下，而常有以扶民性之偏。今假景教大行于此土，其能取吾人之缺点补苴之，殆无疑义。且吾国小民之众，往往自有生以来，未受一言之德育。一旦有人焉，临以帝天之神，时为耳提面命，使知人理之要，存于相爱而不相欺，此于教化，岂日小补！"（孟德斯鸠《法意》第十九章十八节译者按语。转自[英]切斯特顿《回到正统》，三联书店 2011 年版，何光沪：《基督教经典译丛·总序》，第 4 页。）

29 张爱玲〈中国人的宗教〉，自《张爱玲美文精粹》，作家出版社 1992 年版，第 29 页。这篇文章出于心性敏锐的女作家之手，观察的仔细与描摹的逼真，实在值得多引几句："他们的宗教是许多不相联系的小小迷信组合而成的——星相，狐鬼，吃素。上等人与下等人所共有的观念似乎只有一个祖先崇拜，而这对知识阶级不过是纯粹的感情作用，对亡人尽孝而已，没有任何宗教的意义。""但是仔细一研究，我们发现大家有一个共通的宗教背景。读书人和愚民唯一的不同之点是：读书人有点相信而不大肯承认；愚民承认而不甚相信。这模糊的心理布景一大部分是佛教与道教，与道教后期的神怪混合在一起，在中国人的头脑里浸了若干年，结果与原来的佛教大不相同了。……中国人有一个道教的天堂与一个佛教的地狱。死后一切灵魂都到地狱里去受审判，所以不像基督教的地底火山，单只恶人在里面受罪的，我们的地府是比较空气流通的地方。""中国人的超自然的世界是荒芜苍白的，对照之下，更显出人生的丰富与自足。""对生命起源既不感兴趣，而实际末日又是不能想象的。""中国宗教衡人的标准向来是行为而不是信仰，因为社会上最高级的分子几乎全是不信教的，同时因为刑罚不甚重而赏额不甚动人，信徒多半采取消极态度，只求避免责罚。""基督教的神与信徒发生两人关系，而且是爱的关系。中国的神向来公事公办，谈不到爱。你前生犯的罪，今生茫然不知的，他也要你负责。"（第 30-32、44、48、45 页）

我们且来看几位外国人对中国人在宗教问题上的观察，古伯察说："中国人完全沉溺于世俗的兴趣之中，沉浸在感性的生活中，因此他们的生活完全是唯物质主义的。中国人的视线完全固着于利益之上，获得大小利益的热望吸引了他们的全部能量，热切追求富和物的快乐而无暇他顾。神、灵、来世，他们完全不信，甚至从不考虑这些。虽然有时他们也看道德书、宗教书，但那只不过是为了打发时间，是与抽烟喝茶同样的。……中国人对宗教的漠不关心，发展到了对教义的真伪善恶毫不介意的地步，宗教感情已经枯死了。对中国人来说，宗教不过是每个人都可以根据自己的嗜好进行追逐的时髦而已。……他们把一切的信仰斥之为独断，而只凭腐败堕落的本能生存。"罗斯说："和在所有事情上一样，多数中国人在宗教方面也讲实用，希望菩萨给自己带来俗世的幸福。这种愿望尽管朴素，但在具有理想主义者资格方面，中国人作为一个人种比欧洲人差。"勒津德认为："中国人是一个老人国民，对未来不怀有任何理想，求的是休息和死。他们困惫之中所关心的是坟，对双亲馈赠的贵重礼品是棺材，生活观是虚无的，没有永生的信仰。中国的神及其享受到的权力之大小，同中国人经济、政治生活状况密切联系着。某个村庄衰落了，那个村的守护神的地位便立即下降，被其他神取替。中国人并不真正敬重神。假如需要神的保佑，只是烧纸、焚香、叩头，送它用纸作的伪金银。"[30]杨笃信感慨说："中国人似乎是我所见到的最漠不关心、最冷淡、最无情、最不要宗教的民族"，"要把福音真理灌输给这样一个民族，是何等的困难啊！"[31]这里仅仅是所谓"帝国主义分子"的种族与文化偏见吗？

关于"中国人有一个道教的天堂与一个佛教的地狱"之说，传教士丁韪良曾有比较积极的看法："道教对于上帝和神迹等有强烈的兴趣，因而得以在中国社会广泛流行。佛教'给了中国人天堂、地狱和神灵之类的概念……使他们熟知罪孽、善行、信仰、悔改；而最重要的是来生的因果报应的概念'。这些观念的引进和传播有利于矫正儒家传统对超自然事物的漠视，可以满足中国人的灵性需求，扩大了中国人的精神视野，丰富了他们的宗教语言，从而为基督教在华的传播创造了条件，等等。(陈荣毅、王忠欣等：《解构与重建——中国文化更新的神学思考》(非卖品)，加拿大福恩协会 1998 年，第 114 页)

30 沙莲香主编：《中国民族性》，中国人民大学出版社 1989 年版，第 137 页。200 年前的英国公使马戛尔尼说过一句话："中国人没有宗教，如果说有的话，那就是做官。"很是透辟。

31 顾长声：《从马礼逊到司徒雷登》，上海人民出版社 1985 年版，第 189 页。

综上，中国文化中宗教精神的薄弱，可以从以下事实见出：（一）信仰动机上的过分现实与低俗。费孝通先生讲："我们对鬼神也很实际，供奉他们为的是风调雨顺，为的是免灾逃祸。我们的祭祀有点像请客、疏通、贿赂。我们的祈祷是许愿、哀乞。鬼神在我们是权力，不是理想，是财源，不是公道。"[32]因为宗教动机受迷恋尘世与现世幸福的心理支配，故我们与西方人用顺服、祈祷、圣歌及服务大众的方式崇拜上帝不同，而是用酒、肉食品及戏曲等现实生活中人们喜爱的物化形式敬奉神灵，结好神灵。出家入教徒众，多出于物质生活所迫，藉以糊口，比如近代以来，基督教在中国的信徒大增，其中一个很重要的原因是信徒求医求学者，一概免费。（二）崇拜对象的多神混杂局面。正是这种局面，导致他们不复对某一神或某一宗教有密切的、固定联系，专一的高级形态信仰更无从产生。在中国民众信仰中，无论是菩萨、真人，还是元始天尊，阿弥陀佛以及观音、关公、老君、财神等，都可以同时加以信奉，数不清的神仙来自不同的系统；在各地，儒家的孔庙、佛教的寺庵、道教的宫观同时并存，甚至十来户集居的小村子，也会有一座杂糅佛、道、儒诸位仙长的混合式小庙。如梁漱冥言"于圣贤仙佛各种偶像，不分彼此，一例崇拜。"[33]这种多神信仰现象，还表现为明显的区域差异，在中国，"每一座村庄、每一个池塘和每一座小山上都有守护神祇。"[34]且各各不用，在乡村所崇奉的神灵与在城市的不一样，北方和南方、农民和渔夫所崇奉的亦不同。明清以来，中国民间流传的秘密宗教更充分体现这种多神特点，山西洪桐县先天教教主程从德，自称佛祖、老君、孔子临凡，收徒度生。在河北、天津一带颇有影响的一贯道，号称万教归一，其神名包括济公、弥勒、关帝、吕祖、观音、孔子、子思、子路、耶稣、穆罕默德、铁李拐、何仙姑等等。而今出现的新的民间宗教如法轮功依然具此特征。所有这些现象，根本原因无非动机不纯，起点不高，过于功利化所致，所谓"有奶便是娘（神）"。[35]

---

32 费孝通：《美国与美国人》，三联书店1985年版，第110页。

33 梁漱冥：《中国文化要义》，学林出版社1987年版，第69页。

34 [英]查尔斯·埃利奥特：《印度教与佛教史纲》第一卷，商务印书馆1982年版，第105页。

35 沙莲香主编：《中国民族性》（一），中国人民大学出版社1989年，第3-4页，第76页，第138页。有人概括说："许多学者都认为，中国人的宗教意识淡薄。这种看法的根据主要是两点：（1）中国人注重现世生活，以人与人的关系来对待人与神的关系，没有形成超越的观念，在历史上也不像欧洲人那样把宗教放

　　文化的精神并不仅仅停留在历史和虚空里，它是会落实到现实里来的，现世现实的生活事实最足以说明问题，我们且看一些基本的统计数字。据英国差传统计学家 David Barret 发表的"2011 年全球差传数据"称：2011 年全球人口为 69.88 亿。不同宗教人口数字中，广义基督教（包括天主教、基督新教、东正教、其他独立教会及边缘基督徒等）有 23 亿，占全球人口的 33%；伊斯兰教徒 15.78 亿，占全球人口的 22.6%；其他宗教以印度教徒和佛教徒最多，分别有 9.5 亿和 4.68 亿，合起来占全球人口的 20.29%。这四大宗教的信众人数总计 52.95 亿，占全球人口的 75.89%。[36]这四大宗教都是有着深厚传统的建制性宗教，其有高度的道德伦理要求，和超验性精神追求。此外，还有相对小众型宗教，如锡克教、犹太教、耆那教、神道教、道教、波斯教，另

到可以支配一切的核心地位；（2）中国人没有发展出一种像西方基督教那样的一神宗教。"（高师宁：《当代中国民间信仰对基督教的影响》，载《浙江学刊》2005 年第 2 期）

36 〈基督徒人数全球 2011 年最新统计出炉〉http://blog.sina.com.cn/s/blog_684219a10100rq4u.html

　　另见 http://tieba.baidu.com/f?kz=1041460799 以上统计数字应该是可信的，因为有另外两份统计数据，分别是 2006 年和 2007 年的，可以作为对比，从而形成判断。

　　2006 年的数据与上引 2011 年的出处相同，具体出自：〈2006 年全球差传数据〉，公布在 "International Bulletin of Missionary Research" 期刊上。据称：2006 年全球人口 65 亿。其中基督徒（广义的）21.5 亿，占全球人口的 33%；伊斯兰教徒 13 亿，印度教徒 8.77 亿，佛教徒 3.82 亿，无宗教信仰者和无神论者分别为 7.7 亿和 1.5 亿。（http://blog.sina.com.cn/s/blog_684219a10100rq4v.html [转载]全球未闻福音人数最新统计）

　　2007 年的数据出自在西方经常被引用的 "adherents.com" 在 2007 年的调查，全球宗教信仰人口比例如下，基督教约 21 亿，占全球人口比例 33%；伊斯兰教约 15 亿，占全球人口比例 21%；无宗教信仰者和无神论者包括不可知论者约 11 亿，占全球人口比例 16%；印度教约 9 亿，占全球人口比例 14%；佛教约 3.76 亿，占全球人口比例 6%；其他中国传统宗教约 3.94 亿，占全球人口比例 6%；犹太教约 1 千 4 百万，占全球人口比例 0.22%；等等。（http://www.adherents.com/Religions_By_Adherents.html# Major Religions of the WorldRanked by Number of Adherents）。据查 2007 年全世界人口总数约 66 亿多。

　　条件所限，以上数据皆得自网络，而网络往往不稳定，故所附链接常常时过境迁有变化，但具体了解时，可以重新搜索。期望有条件时，能得到更加稳定可靠的纸质媒介里的统计数据。另参本书第一章注释 2，于可：〈1996 年世界基督教信徒的增减状况〉。

外则有许多民间宗教和新兴宗教，等等，其中一些与前面的四大宗教有其类似处，比较有历史传统的积累，和较强的超越性诉求；但有些则如有人所说，实与巫术相类，其私意多而超越与伦理性追求少甚至无。[37]对以上统计，有人改用一种更形象更直观的方式予以呈现：全世界站出 100 位人，其中，33 位基督徒，22 位穆斯林，14 位印度教徒，7 位佛教徒，13 位其他宗教，11 位无宗教。对于以上统计数字，当代著名宗教社会学巨擘彼得·伯格，在他的名著《宗教美国，世俗欧洲？》的最后有结论："在 21 世纪，世界上绝大多数人口既是充分现代的，也是充分宗教的——这样的事实不仅可能，而且完全'正常'。"[38]

在这份统计中，可堪注意的是无宗教信仰者和无神论者分别有 6.58 亿和 1.38 亿，合计为 7.96 亿；另，华人民间宗教信仰者有 4.58 亿。看到上面的数据，作为中国人，不免会想到一个问题，这将近 8 亿的无信仰及无神论者主要集中在哪里？答案是显然的：就在中国，而且主要是汉族，这是基本事实，不容回避。[39]谓予不信，可以立马当下在自己家里，在单位和公司，在学校包

---

37 杨凤岗：〈中国伦理道德的重建需要超验关怀的宗教和信仰〉http://hi.baidu.com/praisejesus/blog/item/d1c6cbf91537b16a024f56d0.html 在这篇访谈中，杨凤岗谈到了"宗教"与"巫术"的区别，指出中国社会目前的信仰状况是宗教信仰份额少而巫术信仰数量庞大，多为迷信与私欲的取向。

38 [美]彼得·伯格等：《宗教美国，世俗欧洲？》，曹义昆译，商务印书馆 2015 年版，第 201 页。

39 这个估计似乎与另一统计数据相冲突。根据 2007 年中国零点研究咨询公司"中国人精神生活调查"所提供的数据：16 岁及以上人口中，85% 的中国人有某些宗教信仰或宗教实践，只有 15% 的中国人是真正的无神论者。有 58% 的人声称自己不信仰任何宗教或任何神、鬼、佛等，但其中 44% 的人在以往的 12 个月中曾有过某种形式的宗教实践，如去教堂、祈祷、烧香、在家中供神像或祖先牌位、戴符、看风水、算命等活动；有 49% 的人具有某种宗教信仰，如相信灵魂转世、天堂、地狱或超自然力量。事实上，在相当一部分中国人中，存在着无神论的认同与自身宗教信仰、宗教实践相矛盾的现象。报告指出，别除那些明确认同某种制度型宗教的信仰者之外，中国有 1.45 亿人相信风水，1.41 亿人相信财神，3.62 亿人曾在 12 个月内算过命或看过相。也就是说，包含大量巫术在内的民间信仰在过去 30 年间取得了惊人的发展。美国普度大学的杨凤岗教授认为，"有伦理关怀的正式的宗教和注重此世此岸利益的巫术，还是应该做出区分"，不然在 16 岁以及以上的中国人里，近一半的人口宣称自己有某种宗教信仰，似乎中国不再信仰短缺，但为什么我们社会的整个伦理道德水平并没有明显的好转？他的解释是："宗教不彰，巫术盛行，这是在现在制度化宗教供给短缺的情况下，供求失衡造成的局面。"解

括在大街上，随机前后左右展开调查。谈到中国特色，这才是最大、最根本的特色！这个 2011 年的统计，作为比较新的统计，其中无信仰、无神论者的数字其实已经有了很不小的减少，如果放在二十或三十年前，这个数字将更高。但是我们还是得对这个统计中的 4.58 亿华人民间宗教信仰者有多一点的考虑，必须将"宗教"与"巫术"予以严格区分。这 4.58 亿里面，究竟有多少是巫术（迷信）的信奉者呢？[40]针对 2007 年零点公司对中国民众信仰的统

决之道在于："靠宗教的超验关怀和信仰。"〈宗教不彰，巫术盛行：中国人的信仰与伦理道德重建〉http://nf.nfdaily.cn/nfdsb/content/2010-08/08/content_14599111.htm）

应该说这份调查以及杨凤岗的分析，都比较严谨和切中要害。第一，零点的统计与 David Barret 的统计并无冲突。须知，这里的 15% 仅指"无神论者"，不包括"无宗教信仰者"，"无宗教信仰者"的比例在零点公司统计中是 58%，二者相加，矛盾就不存在了。当然，应该指出，由于两个统计的分类标准的出入，便造成了统计数字的一定的出入。第二，我们要强调的是：真正区别于巫术与迷信的，有着伦理和精神诉求的建制性超验信仰，如佛教和基督教等，目前在中国的信仰人数大约不会超过 2.5 亿。零点的统计中，自我认同为佛教信仰者近 1.85 亿，自我认同为基督信仰者的最多只有 3300 万，道教信仰者 1200 万。有必要强调，关于基督教（广义），多年来国内外在信仰人数的统计方面意见分歧甚大，低者在3000 万，高者则 1 亿以上，我们取中线 6000 万。（关于基督教信仰人数可参看：〈世界人口与宗教信仰者统计表〉，此链接中提供了许多材料，可相互比照着看，不难做出一合理判断 http://club.kdnet.net/dispbbs.asp?id=7086985&boardid=2&page=1&1=1#7086985）

关于中国大陆境内宗教信仰的人数统计及规模条件，另可参阅：徐玉成〈关于无神论宣传教育的几点思考〉一文第五、六部分的引用和分析，在他的角度，比较客观有据。文见共识网 http://www.21ccom.net/articles/sxwh/shsc/article_2012071863977.html

想起多年前在什么地方看到的一句话，"我走在大街上，不怕基督徒，不怕佛教徒，不怕穆斯林，就怕一无所信的小流氓。"虽然不无偏激，但其中难道就没有道出一定的实情来吗？许多人讲，到了国外，无论公私交往，一个人信仰的有无，是非常重要的考量因素，尤其在信仰普及的社会，当一个人说自己没有信仰，是无神论者时，一般对你的反应很可能是惊异与不信任。

40 根据笔者 2010 年的两个实地观察，一个是在韶关的南华寺，一个是在香港的黄大仙祠，基本感觉是"乌烟瘴气"。这里用这个成语绝非夸张或者污蔑，而是真情实状的描摹。但见人群摩肩接踵，口中念念有词，香烛巨大，香火黄表烟雾缭绕，募捐箱所在多有，僧徒或道士公开向信众以多种方式讨钱，在巨大的喧哗中，给人的基本感觉是：这些人与宗教所企慕的超越和净化甚有距离，而与世俗的欲望则密切相关。尤其在南华寺，想到如果慧能复生，看到这样的情景，不知作何感想？想当年立宗之时，何等高妙简净，岂知如今堕落到如此地步。说"堕落"亦绝非夸张和偏见，可以有一个横向的比较，也是笔者的亲

计数据，普度大学的杨凤岗教授有一基本结论：正因为宗教不彰，才使巫术盛行，中国人的信仰与伦理道德的重建，亟需清除我们精神生活里的巫术成分，而让超验层面的宗教进入更多人的视野。[41]

通过分析我们这里涉及的统计数字，显示出来的已经不仅仅是个数量的问题，同时也是个质量的问题。而不论数量还是质量，追究近因，与意识形态有关；追究远因，则应该与我们的精神传统有关。多神混杂，祈福消灾，私心杂念，一直是我们的大众信仰的传统。我们想起老黑格尔在《历史哲学》中的断言来：中国是一片还没有被人类精神之光照亮的土地，在那里，理性与自由的太阳还没有升起，人还没有摆脱原始的、自然的愚昧状态，"凡是属于'精神'的一切（在实际上和理论上，绝对没有束缚的伦常、道德、情绪、内在的'宗教'、'科学'和真正的'艺术'），一概都离他们很远。"[42]是老黑

历。2011年7月，本人在台湾的中台禅寺有过观览，基本感受是：清静、简易，有心在。烧香之事被废除，代之以佛像前的一段檀香木，捐献的事也非常低调。寺庙内外干净整洁，一些地方并不向观众开放，以便于修行。同时，禅寺面向社会兴办了许多的公益事业，做得非常有特色有影响，规模大而功能备，比如办学，从小学、中学一直到大学，等等。此大约就是所谓的"人间佛教"了。同样，日本我也去过，其佛教之表现也不同于大陆南华寺之所见。大陆佛教的问题岂止一个南华寺，比如这些年少林寺在网上闹得纷纷扬扬尽人皆知的那些事。

为免于个人化之偏见，在此可另提供罗荣渠在北大求学期间，于1948年2月间先后在北京的两座著名道观里的观感，文字均来自当时的日记。东岳庙："正殿上供的是东岳帝君，香火很盛，但最拥挤的地方还是供奉财神菩萨的那座殿。一般善男信女都要挤到那里去愚虔地烧香下拜。"白云观：挤进了二门，比较有趣的是所谓"丢钱桥"。"这是在一个已经干涸的桥洞下悬吊一个半径约二尺长的方孔铜钱，孔中系有一铃，让游人购买小铜钱站在桥头抛去击那方孔中的铃，击响了铃者象征交了吉庆好运，保管一年有福，百事称心如意。我从人群中伸出头来向桥底观看，只见里面满是铜钱，都是游人争相击铃时掷下去的。我不禁哑然失笑，暗中叹道：好一个精明的聚敛法！"（罗荣渠《北大岁月》，商务印书馆2006年版，第242、247页。）

41 同注37。

42 [德]黑格尔《历史哲学》，王造时译，上海：世纪出版集团 上海书店出版社 2006年版，第128页。

忽然想起在网上读到的不知出处的俄国作家恰达耶夫的一段话："我们这个民族，从没有令人激动的时刻，从没有高尚的行为，从没有让崇高的道德发挥过力量。我们对人类的价值、文明，没有任何重大的贡献，一直在玷污它们。我们给世界，给人类提供的仅仅是教训！我们的本事就是奴役自己！"这段话如果移用过来，想想我们自己又如何呢？

的偏见吗？他所说的"精神"，指什么？其实老黑在括号里已经有明确的说明了，可我们明白和认同这个说明吗？

二、五四新文化运动对宗教的认识问题

五四运动有两个响亮的口号，曰"科学"、曰"民主"，这是五四新文化运动对"现代化"价值的极其敏锐而准确的把握。然而，今天看来，当时的把握还是不够深入和全面，其忽略了人文层面，价值层面，甚至对作为最高价值形态的宗教，作出了似是而非的价值评判，认为其与科学包括民主相反对而予以否弃。

且看当年五四诸公，如蔡元培、胡适、陈独秀等，在奋力提倡那两个目标的同时，对于宗教是如何看待的：

蔡元培一九二二年四月九日非宗教大会上的演讲："现今各种宗教，都是拘泥着陈腐主义，用诡诞的仪式，夸张的宣传，引起无知识人盲从的信仰，求维持传教人的生活。这完全是用外力侵入个人的精神界，可算是侵犯人权的。我所尤反对的，是那些教会的学校同青年会，用种种暗示，来诱惑未成年的学生，去信仰他们的基督教。"[43]

又及：吃教以及昧于"灵魂之颤栗"，何以如此，既有文化与精神传统上的原因，也有生命力的原因，在今天，这其实是个二而一的问题。但我想，根本还是生命力的问题，是一个生存经验的的力度、广度和深度的问题，是诚实和勇气的问题，而不是文化的问题，不是孔子等人造成的，是我们的生活造成的。首在涮新我们的生存经验，第一要紧的是从昏迷麻木与"醉眼朦胧"中醒转过来，这是一个深远的话题，在此不宜展开。说到生命力的贫弱，不管原因何在，在今天都是事实，不妨看看如下数字比例。各国人民一天中的情绪感受：感到幸运：美国18%，意大利23%，法国11%，俄国12%，印度41%，中国7%，泰国23%，巴西13%。感到内疚：美国9%，意大利11%，法国4%。俄国9%印度19%，中国2%，泰国14%，巴西10%。感到愉快：美国51%，意大利43%。法国58%，俄国23%，印度76%，中国30%，泰国52%，巴西63%。感到悲哀：美国15%，意大利29%，法国16%，俄国31%，印度26%，中国7%，泰国17%，巴西33%。冲某人喊叫：美国22%，意大利20%，法国31%，俄国23%，印度37%，中国9%，泰国17%，巴西33%。做爱：美国16%，意大利19%，法国18%，俄国10%，印度30%，中国3%，泰国6%，巴西14%。（本项统计系美国罗珀一斯太奇世界调查网作出。引自《读书》1996年1期，第148页。）

43 张钦士辑：《国内近十年来之宗教思潮》，京华印书局1927年版，第200页。

胡适：“基督教的迷信是二千年前的产物，现在应该抛弃了。基督教的神学理论是中古时代的产物，现在也应该抛弃了。基督教的道德教训，虽然也是二千年前的产物，但因为人类行为上的进步远不及知识进步得快，所以后有一部分可以保存。”[44]

陈独秀：“天地间鬼神的存在，倘不能确实证明，一切宗教，都是一种骗人的偶像；阿弥陀佛是骗人的；耶和华上帝也是骗人的；玉皇大帝也是骗人的；一切宗教家所尊重的崇拜的神佛仙鬼，都是无用的骗人的偶像，都应该破坏。”[45]

吴稚晖：“征实者为科学，怀疑者为哲学，而妄断者为宗教。”“果有上帝，吾必露体而骂之曰：‘恶徒’！”“美学、文学、宗教等情感学，是应该痴思盲目的女性；……在功用上讲，乾乾不息，冒险猛进，胡说八道，大胆乱讲，简直热烈的像没有投标的孕蛋，有不恤糟蹋二百兆精虫的气概！”[46]

一九二二年三月十一日，由北京大学一批青年学生宣布成立的“非宗教大同盟”，于二十一日发布“宣言”和“通电”，号召各界人士“依良心之知觉”，“本科学之精神”，抵制世界基督教学生同盟第十一次大会在清华学校召开。当时，在通电上签名的有李石曾、萧子升、李大钊、缪伯英等七十九名师生；随后，有蔡元培、王星拱、吴虞等学界名流加入；接下来陆续有许多名人、教授，如胡汉民、汪精卫、吴稚晖、陈独秀、胡适、丁文江、高一涵、陶孟和、刘半农、余家菊、陈启天等，皆发表言论，大多反对宗教，或对基督教有所不满。[47]

《非宗教大同盟宣言》称：“我们自誓要为人类社会扫除宗教的毒害。我们深恶宗教之流毒于人类社会，十百千倍于洪水猛兽。有宗教，可无人类。有人类，应无宗教。宗教与人类不能两立。人类本是进化的，宗教偏说人与

---

44 胡适：〈基督教与中国〉，载《生命》第二卷第七册，1922年3月。

45 陈独秀：〈宪法与孔教〉，《独秀文存》第1卷，收入民国丛书第1编第52册，上海书店1990年影印本。

46 吴稚晖：〈答谁君宗教谈〉，《吴稚晖先生全集》第3卷，（台湾）中国国民党中央委员会党史史料编辑委员会1969年版，第605页。〈一个新信仰的宇宙观及人生观〉，《吴稚晖先生全集》第1卷，第17页。

47 杨天宏：《基督教与民国知识分子——1922-1927年中国非基督教运动研究》，人民出版社2005年版，第108-114页。另参唐逸〈五四时代的宗教思潮及其现代意义〉，见唐逸：《文化批评》，浙江大学出版社2008年版，第159-198页。

万物，天造地设。人类本是自由平等的，宗教偏要束缚思想，摧残个性，崇拜偶像，主乎一尊。人类本是酷好和平的，宗教偏要伐异党同，引起战争，反以博爱为假面具骗人。人类本是好生乐善的，宗教偏要诱之以天堂，惧之以地狱，利用非人的威权道德。宗教本是没有的，他们偏要无中生有，人造迷信。宗教本是假设的，他们偏要装假成真，害人到底。总而言之上帝本身既不由理化物力构成，到底是什么东西。教主生活，更不是吾人意识所能想象究竟是什么现象。既有造物主，何不将电灯飞艇，早日造出？既有赏罚权，何不使世间人，尽成善士？好笑的宗教，与科学真理，既不相容。可恶的宗教，与人道主义，完全违背。"[48]

非基督教、非宗教同盟运动在当时声势浩大，席卷全国，吸引了新文化运动中大部分有影响的知识分子和为数众多的青年学生。但在几乎众口一词、舆情嚣嚣的反对声浪中，却也有不同的声音从新文化阵营中发出，这就是北京大学的五位教授：周作人、钱玄同、沈兼士、沈士远、马裕藻。他们认为，《非宗教大同盟宣言》有"改良拳匪"的味道，采用的是一种陈旧而威严的"声讨的口气"，读后使人"感到一种迫压与恐怖"。三月三十一日，由周作人主笔，另四人连署，公开发表了《主张信教自由宣言》："我们不是任何宗教的信徒，我们不拥护任何宗教，也不赞成挑战的反对任何宗教。我们认为人们的信仰，应当有绝对的自由，不受任何人干涉，除去法律制裁的以外。信教自由，载在约法，知识阶级的人，应当首先遵守，至少亦不应首先破坏。我们因此对现在非基督教、非宗教同盟的运动，表示反对，特此宣言。"[49]

这场紧随五四之后的反对宗教，尤其反对基督教的运动，一直持续到一九二七年中，越到后来越情绪化，并与政治运动合流。如杨天宏指出的，非基督教运动区别于近代教案，其基本特点在于：以政党及新型知识分子为领导，以青年学生为主力，以西方近代思想理论为指导，采用相对"文明"的斗争手段，具有明确的政治目的。其持续时间近六年，波及范围广大，是近代以来基督教在中国遭遇到的仅次于庚子教案的一次强烈反对。[50]特别须要指

---

48 李石岑等七十九人《非宗教同盟宣言》，《生命》第二卷第十册，1922 年 6 月。

49 同注 47，第 138 页。

50 同注 47，第 375、378 页。"非基"运动大约可分为两个阶段，1922 年 3-6 月为第一阶段，1924 年 5 月-1927 年 4 月为第二阶段。在第一阶段，基本是知识分子和学生参加，以文化讨论为主；第二阶段，则以"反帝"相号召，以政治运作为特征，政党积极介入，民族主义高涨，不仅仅有言论，更有行动，比如"收回教育

出的是，"非基"运动所采用的所谓西方近代思想，无外马克思、列宁、克鲁泡特金、尼采、达尔文、费尔巴哈、大卫·施特劳斯、幸德秋水、罗素、杜

权运动"、"非基督教周活动"、北伐军对教会的攻击等，这中间还夹杂有著名的五卅运动。(参杨天宏，同注47，P327、328，330)"非基"运动具有十分复杂的政治和社会背景。有人指出："积极从事攻击基督教及其事业的团体，从表面上看自然是'非宗教大同盟'，但在它背后，自然有许多团体，最显著的有三，其一为共产党，其二为国民党，其三为国家主义的团体。"(张钦士辑：《国内近十年来之宗教思潮》序言，燕京华文学校1927年版。) 这里面最为积极的，可能是共产党，这从"非基"运动酝酿期的"少年中国学会"于1919年在《少年中国》上发起的关于宗教问题的讨论的渐趋激烈、偏执和情绪化，及少年中国学会主要成员的共产党员背景可以见出；(参杨天宏，同注47，P59、81)也从运动期间北京、上海以及广州"非基"运动的核心骨干成员构成可以见出。(参杨天宏，同注47，P109-117，119)"非基"运动的背后，总隐现着苏俄的背影。(参杨天宏，同注47，P363-364；另参陶飞亚〈共产国际代表与中国非基督教运动〉，见《边缘的历史——基督教与近代中国》，上海：上海古籍出版社，2005年)不同于共产党，国民党和青年党的参与，如孙科言，完全是个人行为。(孙科：〈国民党与基督教〉，自杨天宏《基督教与民国知识分子》P259)

"非基"运动期间，军阀的态度颇堪注意，这里引用湖南军阀赵恒惕在1924年非基督教运动再次兴起时的查禁通令，其中提到"过激党"，认为他们颠覆政府、牵动外交等："顷据密报，近日省城有发起非基督教大同盟事，预备在圣诞节前游街，及他项动作，以为抵制基督教之计。但基督教怎样，吾人固不得而知，然细察非基督教同盟之团体，纯系过激党假其名义，而暗播其过激主义，以为可以哄过政府，不加干涉，而彼等为所欲为，甚至肆行无忌。杀一人也，加之曰教徒；或抢掠，或焚烧，均加以教徒之名。庚子拳匪彼等乃尊之曰义民！兹将该同盟之害，略分于后：一、煽惑愚民，扰乱治安，破坏秩序，颠覆政府。二、牵动外交，无知者加爱国排外之名，阴行仇杀，是拳匪重见于今日，庚子遗恨，永不能除。岂仍欲再演第二次乎！以此二项看来，该同盟于社会于政府于国家，有害无利，万不能使之成立。"(张亦镜编：《最近反基督教运动的纪评》，中华浸会书局1925年版，第11-12页。自杨天宏，同注47，P355-356)关于"过激主义"，在当年，是有特定所指的，指由苏俄传来的社会主义和共产主义思想。对于"过激主义"，不仅军阀和国民党不见待，在思想界，如梁启超、张东荪、周作人等也持十分谨慎的态度，认为中国人智识低下，"过激主义不来中国则已，来则必无救药矣"。(张东荪：〈世界公同之一问题〉，《时事新报》1919年1月15日。)国共两党之反对基督教，思想依凭无非科学思想和马列主义，共产党之所以更加激烈，乃因为它有这两种思想来鼓动，而国民党只一种。

关于"非基"运动，另可参阅唐逸〈五四时代的宗教思潮及其现代意义〉，见唐逸：《文化批评》，浙江大学出版社2008年版，第159-198页。

威等人，尤其是科学思想等。他们并未真正进入西方文明与文化的根基和源头，摸到西方文明与文化的主脉，对于基督教的了解非常肤浅，如不少人指出的，许多的反对，其实完全是门外汉的反对。以下仅就五四所标的的"现代化"目标，来提示性地追寻基督教传统与现代化运动的根基性和建设性关系。

众所周知，现代化的入手处在于向西方学习，如此，首先面临的便是一个对西方文化的整体认识的问题。任何文化都是一个有机的整体，如果对其缺乏整体关照和把握，如何可能进行科学而有效的学习借鉴与吸收。如有人所说，新文化运动有两个缺点：一是把西方经验中的科学和民主成果当成中国民族的目标来追求，这是把手段当成目的，科学和民主的真正目的在于幸福和自由。二是忽略了中国国情，民主和科学能够在西方实现，得力于基督教文化和法治传统的大背景，而在中国没有这个背景。[51]在观照西洋文明时，仅仅承认产生民主与科学的希腊罗马文化这一源头，而拒斥真正提供了西方文明价值意义的希伯莱文化那一源头，这是认识上的极大偏差。现代化是一个世俗化的过程，当人们刚刚从神话、宗教和英雄崇拜中解放出来的时候，以为现代化本身就意味着终极意义，于是将自己的终极关怀寄托在自由、理性、进步、富强这些世俗价值之上。然而，随着世俗疆域的扩展，人们却日益感到这些世俗价值本身并不能提供一个完整的意义世界。[52]我们认为，对西方文化作整体把握，有五个不同的层面：宗教信仰、哲学思想、法制秩序、民主政体，科学技术。而西方社会几千年来真正优异且源远流长的传统，是宗教、哲学和法律，在学术领域，它们分别由具有悠久历史和复杂深广内容的神学、哲学和法学所承担。正是这三样东西，在他们那里起着巨大而实际的作用。某种意义上，现代的科学和民主是流不是源，是土壤上面生长起来的花草树木，而不是土壤本身。追本溯源，不论是民主、科学还是哲学、法律，它们均根源于希腊－罗马这一脉系，其更多现世功利与手段一面，而乏于超越性，其提供的是一种工具理性。宗教则源于希伯莱文化这一独立脉系，其提供的是一种非俗世的超越性和目的性，所启示者为价值理性。

宗教对于西方社会的近代化与现代化，并非可有可无、甚至起阻碍作用的；相反，它倒是一种积极的起促进作用的持久而强大的内在推动力量。西方外在超越的价值系统，不仅没有因现代化而崩溃，而且正是现代化的一个

---

51 谢选骏：〈为什么"我们没有超过五四"？〉，载 1989 年 4 月 21 日，《光明日报》。
52 许纪霖：〈终极关怀与现代化〉，载《读书》1991 年 1 期，第 22 页。

极重要的精神源泉。宗教不仅有为现代化提供价值合法性的功能，同时也承担着从超越的层面批判现代化的使命。在以上这些方面，已经有许多学者做出了令人信服的深入而系统的研究，他们的观点已成公论。比如：托克维尔《美国的民主》、韦伯《新教伦理与资本主义精神》、霍伊卡《宗教与现代科学的兴起》、道森《宗教与西方文化的兴起》等，均业已成为这方面代表性的名著。

关于宗教与资本主义经济的产生和发展，韦伯的观点是大家熟知的，他认为，正是新教改革，蕴酿孕育了资产阶级所信奉恪守的诸伦理规范，如勤勉、克已、守信、条理等。"在经济上获利不再从属于人满足于自己物质需要的手段了。"[53]而成了光荣上帝的事业，领有了神圣的光环。

近代资产阶级政治学说中，所有基本信念如自由、平等、博爱以及人权、法治等，无不与基督信仰有着深入而密切的联系，它们是不能脱离关于上帝的信念而具有真实意义的。比如自由，"近代意义上的自由源于新教改革，路德的'因信称义'说赋予人的内心信仰以神圣的、独立于外界的性质，使人具有一种不承认外界权威的的自主力量，从而使人的精神在信仰领域内获得最大限度的自由。"[54]尤其是抗拒各种流行意见的自由。在信仰之中，人们只承认一个绝对权威：上帝。相对于彼岸的神圣，此岸并无任何法则能产生专制权威。其它如"平等"、"博爱"等，在基督教信仰中，在《圣经》中，均可找到最终的依据。我们知道，尽管在俗世生存中，人有阶级、阶层、种族等的分别，但在信仰中，在上帝面前，所有人作为神的儿女，则享有绝对的平等。对于"爱"，耶稣在《福音书》中有最简明的表述："你要尽心、尽性、尽意爱主你的神。这是诫命中的第一，且是最大的。其次也相仿，就是要爱人如已。这两条诫命是律法和先知一切道理的总纲。"[55]这里的爱，不仅仅是爱人，还有爱神，而且爱神是置于爱人之先的，这就使得其人伦（爱人）背后，拥有了一个无比深厚与强大的支援系统，而成为可能。现代社会是一个法治的社会。公民们之所以普遍守法，在根本上，是因为他们认可这些法代表着普遍的律令，反映了上帝的意志，人的基本权利是"天"赋的，不证

---

53 马克斯·韦伯：《新教伦理与资本主义精神》，于晓、陈维刚等译，三联书店1987年版，第37、23页。

54 同注52。

55 《新旧约全书》（和合本），中国基督教协会1989年版，太22：37-40

自明的。同理，"法律面前人人平等"，实源于"上帝面前人人平等"的信仰。
56

宗教与近代兴起的科学文化，二者间同样存在着至为深密的关系。培根把科学技术称为"向着上帝的荣耀而上升、为着人类的幸福而下降"[57]的事业。著名科学史专家霍伊卡指出，"倘若我们将科学喻为人体，则促进生长的维他命与荷尔蒙，乃是圣经的因素。"[58]"许多大科学家、大思想家正是怀着探索宇宙和人类终极原因的价值关怀，并坚信这一终极原因存在的虔诚信念，他们才能在自身的学术研究中超脱世俗的、功利的追求，以求知（也就是接近上帝）为最高目的，保证了思想探索和学术研究趣味的纯正性、神圣性，也保证了理性运用的合理性、合法性。"[59]进一步，宗教与科学所涉及的乃是两个各自独立的领域，价值领域和事实领域，其有着不同的言说方式，各自使用着不同的语言，传达着不同的信息，如若各种不同论域之间界线不明，势必造成一些假问题、假冲突。此所谓划界问题，于此康德、维特根斯坦均有深刻之见。另外，随着现代科学如相对论、量子力学、大爆炸理论等的建立，人们对科学的认识也越来越趋于谦卑与收缩了，比如波普尔等便认为科学理论严格说来亦是"神话"，因为它是建立在假设基础上的。还有人指出，科学的当代发展，许多理论与事实，非但不是趋于否定宗教之信仰，相反倒是在一个较高的层次上倾向于肯定宗教信仰的合理性。[60]

总之，宗教除开与近代世俗文化（科学、民主、法治等）的积极关系的一面，更有其自身不可替代的独立价值，这就是为人生启示一种价值立场。鲁迅说过："人心必有所冯依，非信无以立，宗教之作，不可已矣。"[61]爱因斯坦在晚年非常重视伦理问题和现实问题的研究，他指出："仅凭知识和技巧并

---

56 关于基督教与现代化以及现代性的关系，进一步请参阅：于歌《现代化的本质》（江西人们出版社 2009 年版），及本书第一章之第一节、第二节。

57 小愚：〈科学的维他命与荷尔蒙〉，载《读书》1990 年 8 期。

58 [荷]R·霍伊卡：《宗教与现代科学的兴起》，钱福庭等译，四川人民出版社 1991 年版，第 187 页。

59 许纪霖：〈终极关怀与现代化〉，《读书》1991 年 1 期，第 22 页。进一步请参阅本书第三章：基督教与近代科学。

60 [美]威廉·莱恩·克雷格：〈科学与宗教彼此无关吗？〉，自海尔曼·德·丹、麦尔维尔·斯图沃特等：《欧美哲学与宗教讲演录》，赵敦华编，北京大学出版社 2000 年版，第 230 页。

61 鲁迅：〈破恶声论〉，自《鲁迅全集》第 8 卷，人民文学出版社 1981 年版，第 23 页。

不能给人类的生活带来幸福和尊严。人类完全有理由把高尚的道德标准和价值的赞颂置于客观真理的发现者之上。在我看来，释迦牟尼、摩西和耶稣对人类所做的贡献远远超过那些才智之士所取得的一切成就。如果人类要保持自己的尊严，要维护生存的安全以及生活的乐趣，那就应该竭尽全力地保卫这些圣人所给予我们的一切，并使之发扬光大。"[62]正因此，托克维尔才说："没有宗教信仰只是偶然的现象，有信仰才是人类的常态。"[63]

三、费尔巴哈、马列以及社会主义意识形态的宗教观及其影响

对于宗教尤其基督教，我们历来奉行的是费尔巴哈、马克思的立场和观点，但这只是一种人类学和批判社会学的视角，不论从神学教义还是从历史事实，远未进入基督教的本体。

费尔巴哈关于基督教的思想集中在《基督教的本质》一书中，我们可以从三个方面来把握之。第一、投射：费尔巴哈根据人类学的方法，从"发生"学方面追溯作为宗教之完善典型的基督教的根源。他认为上帝是人类自身无限的自我意识的投射，或者说是理想化的人的自我投射，基督教的信仰与实践正揭示了人自己最深沉的自我意识——人的需要、人的恐惧以及人最珍视的希望。"宗教，是人类心灵的梦。""宗教是对于无限者的意识"，"宗教是一个人隐秘的宝藏之庄严揭示"。"对上帝的意识就是自我意识，对上帝的认识就是自我认识。"上帝"是人类的净化了的性质，摆脱了个人局限性的性质、客观化了的性质。"[64]第二、异化：这是从"后果"上说。他认为宗教的本质就是人自己的异化了的自我，宗教使人的自我发生分裂，"一方面，在无意识中，他就是他自己客观化为神明而投射出去的完美性；另一方面，同他投射出去的自我相比，他又把自己视为一种不完美的、卑下的存在物。"[65]相比于上帝（人的潜在自我），有限的人（人的经验自我）的人性受到极大的贬低，人处于一种痛苦的状态。"宗教就是人与他自身的分裂；他把上帝放在自己面前，作为自己的对立物。上帝不是人所是的那个样子——人也不是上帝所是

---

62 [美]爱因斯坦：《爱因斯坦谈人生》，世界知识出版社1984年版，第61页。

63 [法]托克维尔：《论美国的民主》，董果良译，商务印书馆1988年版，第344页。

64 [德]费尔巴哈：《基督教的本质》，转引自[美]詹姆斯·C·利文斯顿：《现代基督教思想》，何光沪译，四川人民出版社1992年版，第358、360、359、360页。

65 [美]詹姆斯·C·利文斯顿：《现代基督教思想》，何光沪译，四川人民出版社1992年版，第360页。

的那个样子。……上帝是神圣的，人是有罪的。""上帝在本质上就是他的（人的）失去了的自我"。[66]第三、人学：这是从"启示"方面说。神学的秘密就是人学，费尔巴哈当初想把《基督教的本质》题名"认识你自己"，他的努力并不是要制造一种"无神论"的学说，而是出于一种深刻的宗教动因，他认为自己通过对"基督教的本质"的揭示，要造成一种"人类宗教"。他说，"我否认对人的否定……在我看来，上帝存在还是不存在的问题，只不过是人类存在还是不存在的问题。"[67]当认识到基督教信仰潜在的真理时，人就不再需要在一种外在于人的存在物中将这些信仰客观化，而能够作为全然是人类的东西来理解了。只有在那时，人才能达到真正的自我实现。这是一种"实现了的基督教"，在其核心里有着对邻人的爱，不是虚幻的对上帝的爱。爱是有目的生活的根基，真实的无神论者是生活中没有目标的人，即没有爱的人。[68]在《基督教的本质》的结尾，费尔巴哈号召人们使日常生活中最为世俗的东西神圣化，比如"吃"与"喝"都应作为宗教行为来对待。"在吃每一片使你免于饥饿之苦的面包时，在饮每一口使你的心胸畅快的红酒时，要想到将这些仁慈的礼物赐予你的上帝——要想到人类！但在你对人类的感激之情中，不要忘记感谢神圣的自然！……生活本身就具有一种宗教的含义。所以，让面包对我们成为神圣的吧，让红酒成为神圣的吧，让水也成为神圣的吧！阿门。"[69]

费氏的理论如果从基督教神学的立场看，问题如下：第一、他以人为神，取消了人与神的绝对分界，实际是否定"神"的存在。他说："人才是真正的上帝。"这是标准的偶像崇拜。他还说："每一个人都必须在自己面前安置一个上帝，即一个目标、一个目的。""一个人的思想气质是怎样的，他的上帝也就是怎样的；一个人有多少价值，他的上帝也就有多少价值，一点也不会多。"[70]这是说，上帝因人而异，多种多样，这样的上帝，与亚伯拉罕的上帝、以撒的上帝、雅各的上帝何干？第二、认为基督教压抑贬低了人，这无论从基督教神学上，还是从信仰实践上，都是没有根据的。按照《圣经》的说法，人是按神的形象造成的；神用地上的尘土造人后，将生气吹进人的鼻孔，使

---

66 同注64，第360、356页。

67 同注65，第357页。

68 同注65，第366-367页。

69 同注64，第368页。

70 同注64，第356、367、359页。

其成为有灵的活人。人的尊贵最主要地体现在"人灵"的尊贵上。基督教历史上造就了多少品德高洁，富有爱心，勇于献身的门徒和圣徒，这些人的存在，不正是对人性之尊贵的最生动的证明吗？第三、严重忽视人的"罪性"，从而高估了人性。如果取消了上帝的超验之维，"人的宗教"可能吗？对人类的爱，对自然的爱可能吗？以有罪之身能去爱吗？历史和现实中不乏追求人间天堂的多次尝试，但都是什么样的结果？无不以罪恶累累的劫难告终！关于这一点，想想刚刚过去的二十世纪，便不难明白。构想"人的宗教"，就像说"拔着头发想上天"一样的荒谬。"人的宗教"自认为以"普遍的、唯一的真正爱的意义上的宗教"为指归，但却取消上帝神圣之维的规约、救助与提升，这可能吗？《圣经》说："爱是从神来的。……因为神就是爱。"（约一4：8）

虽然，费尔巴哈对现代思想的影响，远远超过了一些名气和声望比他大的思想家。利文斯顿列举了受其影响的如下名字：克尔凯郭尔、尼采、海德格尔、萨特、马丁·布伯，佛洛伊德、弗洛姆等。在所有这些名字中，最重要的当属马克思和恩格斯的社会理论。

马克思关于宗教的思想虽然受到费尔巴哈的影响，但他离弃了费氏关于宗教中的人的自我异化的相当抽象的讨论（个人心理路向），转向了关于造成这种异化意识的历史因素的较为具体的分析（社会生活路向）。马克思关于宗教有两个著名的判断：第一，宗教是现实苦难的反映，这是从发生看。"宗教里的苦难是现实的苦难的表现，又是对这种现实的苦难的抗议。宗教是被压迫生灵的叹息，是无情世界的感情。"[71]第二，宗教是鸦片，是虚幻的，带有"欺骗性"（准确说应为麻醉性），这是从后果看。马克思说："宗教只是幻想的太阳，当人们还没有开始围绕自身旋转以前，它总围绕着人而旋转。""宗教是人民的鸦片。"[72]恩格斯说："一切宗教都不过是支配着人们的日常生活的外部力量在人们头脑中的幻想的反映，在这种反映中，人间的力量采取了超人间的力量的形式。"[73]关于鸦片说，马克思似乎强调了宗教对于人民的反抗意志的弱化，但它真正的深刻之处其实在于，他并未得出简单的否定性结论。他说："废除作为人民的虚幻幸福的宗教，是人民的真实的幸福所要求的。要

---

71 [德]卡尔·马克思：《〈黑格尔法哲学批判〉导言》，自《马克思恩格斯选集》，人民出版社，卷一，第2页。

72 同注71。

73 引自[英]恩格斯：《反杜林论》，见《马克思、恩格斯选集》三，人民出版社1972年版，第354页。

求放弃关于其处境的幻象，就是要求放弃一种需要幻象的处境……于是对天国的批判就转变为对尘世的批判……对神学的批判就转变为对政治的批判。"[74]即，首先应予坚决否定的倒不是宗教，而是使宗教得以发生的这"没有心灵的世界"的"现实的苦难"。最后，我们也不应该忘记，恩格斯不止一次用"外衣"的比喻，讲到宗教有相反的功能，即为人民的造反、起义和革命提供了组织形式和宣传手段。中外历史上这方面的例证很多，后来有些学者称这个功能为"兴奋剂"。[75]综上，明显地，马、恩并未表现出任何强烈地要在现实生活领域专断地反对和取谛宗教信仰的态度，相反，这种态度倒是非马克思主义，非历史唯物主义的。如利文斯顿指出的："基督教仅仅是社会经济制度的罪恶的附带结果之一。所以，马克思对攻击宗教基本上并不感兴趣。"他相信，随着宗教存在的社会经济秩序的一场革命性变革，基督教自然会随之消亡（被超越）。[76]"只有当实际日常生活的关系，在人们面前表现为人与人之间和人与自然之间极明白而合理的关系的时候，现实世界的宗教反映才会消失。"[77]"要知道，宗教本身是没有内容的，它的根源不是在天上，而是在人间，随着以宗教为理论的被歪曲了的现实的消灭，宗教也将自行消灭。"[78]所以，恩格斯才说，"对宗教宣战是一种愚蠢的举动。"[79]马克思甚至谈到过信仰自由的问题："每一个人都应当有可能实现自己的宗教需要，就像实现自己的肉体需要一样，不受警察干涉。"[80]"人权并没有使人摆脱宗教，而只是使人有宗教信仰自由。"[81]进一步，如许多人曾指出过，马、恩的著作可以被合理

---

74 [德]卡尔·马克思：《论宗教》，转引自[美]詹姆斯·C·利文斯顿：《现代基督教思想》第 373 页。日本的柄谷行人也指出过："针对以启蒙来批判宗教的哲学家，马克思说：如果不解决产生宗教的现实之不幸则无法消解其不幸。"(《日本现代文学的起源》中文版作者序，第 6 页。三联书店 2003 年版。)

75 何光沪语，引自：〈中国宗教学研究的现状与未来——宗教学研究四人谈〉。原载《中国人民大学学报》2002 年第 4 期。

76 同注 65，第 379-381 页。

77 马克思：《马克思恩格斯全集》第 23 卷，第 96-97 页。

78 恩格斯：《马克思恩格斯全集》第 20 卷，第 341 页。

79 恩格斯《马克思恩格斯选集》第 3 卷，第 356 页。

80 马克思：《哥达纲领批判》。

81 马克思：《马克思恩格斯全集》第 2 卷，第 145 页。马、恩关于宗教问题的论述，可参阅：徐玉成〈关于无神论宣传教育的几点思考〉一文第三部分的辑录，比较丰富全面。文见共识网 http://www.21ccom.net/articles/sxwh/shsc/article_20120718 63977.html

地看成关于世俗拯救的一部伟大的神话剧，或者视为一篇博大的"启示录"式的预言，他是对基督教世界图景的世俗性模仿。恩格斯在非常积极地直接肯定原始基督教的同时，把它与社会主义运动进行类比："基督教的西方民众运动就不然，宗教的面具不过是用来攻击那种变成陈旧不合时的经济制度之旗帜而已；结果旧的制度被推翻了，新的制度建立起来，这是进步，世界是向前进的。""基督教与工人运动一样，起初也是被压迫者的运动。基督教最初是奴隶、自由民、穷人、无权利的人以及被罗马压制或离散的人民之宗教。基督教与工人社会主义二者都宣传未来的解放、脱离奴役和贫困，但基督教要实现此解放在世外，在死后，在天上，社会主义要实现此解放在人世间，在社会变革。"[82]

综上，不难看出，马克思、恩格斯对基督教的批判，其主要局限大约有：首先、宗教信仰和宗教感情将随社会经济状况的变革而消亡的论点，缺乏历史的和经验的支持。今天的西方社会，已经绝然不同于马克思当年所生活的十九世纪了，马克思曾经所看到的那样的资本家和工人，已经不存在了，工人阶级的经济状况和社会地位已有了天翻地覆的改变。然而，全社会对于宗教信仰的需求并未有多少减弱，只是在形式上更加丰富、自由和灵活了而已。[83]其次、马克思对十九世纪工业社会的非人结构的先知式抨击，未能推进到共产主义领域，而形成自我批判？我们想问的是："共产主义"应不应该对其自身有一批判？其幻想乎，非人乎？。可以假设，如果马克思、恩格斯能活到今天，当他们目睹或听闻了整个二十世纪大半个地球的共产主义实践的后果和结局时，会作何感想？

谈论马克思主义的宗教思想，还得进一步联系被信徒目为马克思的权威解释者列宁。在他的解释下，观点有所推进：第一，宗教是虚幻的，因为它的信仰与马克思的唯物主义相矛盾，马列主义是"一种绝对无神论的、坚决

---

82 [英]恩格斯：《原始基督教史论》。转载自罗荣渠：《北大岁月》，商务印书馆 2006 年版，第 184 页。

83 这方面的论述可参见本书第一章第一节的第一小节。另外，关于现当代西方（欧美）社会宗教信仰的状况，以及问题的复杂性和基本结论，可以参看两部社会学名著：[美]彼得·伯格，[英]格瑞斯·戴维，[英]埃菲·霍卡斯《宗教美国，世俗欧洲——主题与变奏》，曹义昆译，北京：商务印书馆 2015 年，第 201 页。[美]罗德尼·斯达克，[美]威廉姆·希姆斯·本布里奇《宗教的未来》，北京：中国人民大学出版社，2006 年，第 574、97 页。

反对一切宗教的唯物主义"；第二，宗教被解释为一种社会机构，还被看着统治阶级的意识形态，它为反动阶级的统治服务，是剥削和麻醉工人阶级的工具。[84]基于这两点，一旦无产阶级取得政权，宗教就当在打压铲除之列。仔细辨析，列宁的宗教观有别于马克思，他完全是一种政治和意识形态视角，带有强烈的政治色彩。其基本的意思是：宗教是骗人的，是为统治阶级服务的。中国近六十年里，关于宗教问题的主流理解，准确说是列宁的，而非马克思的。受其影响的领域甚多。[85]但我们要问的是：如果一个社会事实上不仅不能具体切实地"否定"这苦难的世界，而且本身在增加这世界的苦难，同时又还不准被压迫生灵有所"叹息"，那么这个社会将是何等非人与残虐的一个社会呢？

由于马、恩较少从宗教本体入手考察问题，到了列宁，进一步则把宗教问题意识形态化、政治化，这便决定了他们的话语的外围性和判断的片面性甚至一定的武断性。具体到实践影响层面，便不免发生畸变，比如，在我们的社会制度和意识形态下，对宗教的各种限制和宣传的影响，势必造成人们思想认识上的模糊观念和种种误解甚至曲解。悖谬的是，当人们明白过来之后，发现我们这里进行的原来却是反宗教旗帜下的新宗教、伪宗教对于旧宗教、真宗教的拒绝。正如有人指出的："中国虽然一直没有被有形的宗教统治过，但是，中国被没有宗教形式的宗教统治得太久了！"[86]在此，引述刘小枫关于薇依思想评论中的一段话，以见出问题的实质："一个富有刺激性的对比

---

84 [英]约翰·麦奎利：《二十世纪宗教思想》，高师宁、何光沪译，上海人民出版社1989年版，第193-194页。

85 在此可举郑克鲁主编《外国文学史》为例，这本教材，正是列宁思路下的产物。比如：它认为"中世纪占主导地位的基督教思想体系，是封建统治阶级的精神支柱，维护着封建的生产关系。"论到中世纪教会文学，它说："这种文学的主要功用是，它用根本不存在的天堂幸福诱惑欺骗被压迫、受剥削的人们，使其俯首帖耳忍受社会的苦难，以维护封建主阶级和教会势力的血腥统治。"认为《罗兰之歌》的价值就在于爱国主义，而其中包含的护教成分，是历史的局限。还认为文艺复兴时期的"人文主义思想家和文学家，由于时代的局限和认识的局限，始终没有把人与神的联系彻底割断。"因而为薄伽丘未能完全摆脱中世纪的神学观念而表示遗憾。（郑克鲁主编：《外国文学史》（修订版）上，高等教育出版社2006年第2版，第67、51、52、72、78页。）

86 方励之：〈写在"赞美我主"之后的午夜里〉，自《哲学是物理学的工具》，湖南科技出版社1988年，第64页。

是，马克思尽管也看到，基督教是受苦人的宗教，却动员受苦人摆脱宗教，以革命代替宗教，因为宗教有太多的弱点（鸦片、幻想）；与此相反，薇依尽管认为革命对受压迫者来说是必要的，但对受苦人来说，宗教更为真实和贴切。通过自己的亲身体验，薇依反而看到了革命的不足和弱点——是鸦片和幻想。不仅如此，薇依还体会到，马克思主义也是一种宗教——'革命'的宗教，但这种宗教是领袖们的宗教，革命导师们的宗教，是那些把人的受苦仅作为一个阶级问题谈论或构造理论的人的宗教，受苦的个人事实上被排除在外。基督认同信仰认同受苦、不幸，因为，受苦和不幸不可规避。正是出于基督对不幸者、遭蔑视者和受苦人的爱，薇依认同了基督。"[87]

四、对现代主义的误解误读

现代主义，在此主要指一些现代思想及艺术对人们的影响，但往往误读。比如对尼采、萨特和海德格尔的思想，我们往往缺乏深入全面和准确的了解。尼采一句"上帝死了"，似乎宗教已失去了其存在的合理性，其实这是一句历史性话语，而非价值论话语，它预言了一个即将或正在到来的混乱时代。至于上帝是否就因为这句话死了呢？这在理论层面和现实层面，似乎并不如此简单，在前者，如有人所指出，他真正杀死的并不是信仰的上帝、亚伯拉罕的上帝、十字架上惨死的上帝，而只是形而上学的上帝；在后者，大量事实（不论神学研究还是信仰生活）表明，现代西方思想和西方人并未"杀死"上帝，因为上帝是杀不死的。尽管"世间的科学集结成一股巨大的力量，特别是在最近的一个世纪里，把圣经里给我们遗留下来的一切天国的事物分析得清清楚楚。经过这个世界的学者残酷地分析之后，以前一切神圣的东西全部一扫而光了，他们一部分一部分地加以分析，却盲目得令人惊奇地完全忽略了整体。然而，这整体仍像先前一样不可能动摇地屹立在他们眼前，连地狱之门都挡不住它。难道它不已经存在了十几个世纪，至今存在于每个人的心灵里和民众的行动里么？甚至就在破坏一切的无神派自己的心灵里，它也仍旧不可动摇地存在着。"[88]就像海德格尔所指出的，"对尼采来说，基督教是历史的世界——政治的教会现象及其在欧洲人和欧洲近代文化形态中的权力

---

87 刘小枫：《走向十字架的真》，上海三联 1995 年版，第 172 页。

88 陀斯妥耶夫斯基：《卡拉马佐夫兄弟》，耿济之译，人民文学出版社 1981 年版，上部第 249-250 页。

要求。但在此意义上的基督教与新约信仰的基督性不可同日而语。一种非基督性的生活亦可追求这种基督教，并把它当作权力功能来使用，反之，一种基督性的生活却并非必须求助于这种基督教。"[89]尼采自己曾承认："无论我怎样谈论基督教，我都不会忘记把自己精神生活中的大部分经验归功于它；而且我从内心深处永远不要对它忘恩负义。"[90]

有人强调萨特思想的无神论，认其为存在主义的代表，孰不知，若论思想的深刻性和影响的深远性，萨特在存在主义作家中，许得排在较后。相反，应该注意到，在存在主义阵营里，倒是有不少杰出的神学家、有神论者，比如马利坦、蒂利希等。关于海德格尔，尽管终其一生，都对上帝问题持一种审慎的言说态度，但他并不是无神论者，相反，他晚年在一次谈话中，告诉西方人："只有一位上帝能救渡我们。"海德格尔与上帝的关系问题，可参看刘小枫《期待上帝的思》，[91]这是目前国内见到的这方面最充分最好的论述。

丹尼尔·贝尔明确指出："现代主义的真正问题是信仰问题。用不时兴的语言来说，它就是一种精神危机，……我们正面临着一片空白。""假如世俗的意义系统已被证明是虚幻，那么人靠什么来把握现实呢？我在此提出一个冒险的答案——即西方社会将重新向某种宗教观念回归。"[92]西方当代最杰出的几位宗教社会学家的结论呼应了贝尔的预言："和在过去一样，在未来宗教会受到世俗力量的影响但不会被毁灭。人们永远需要诸神，需要只有诸神才能提供的一般性补偿物。除非科学把人变成神，或使人灭绝了人性，否则，人们将继续过着受到种种有限性所限制的生活。在我们的一生中，我们却会渴望一些特殊的回报，这种回报在这个俗世间极为稀缺，不可能被所有人分享；我们会孜孜以求那在天堂的这一边从来没有过的一般性的回报：和平、不朽、极乐。世俗化过程解开了人类精神的枷锁，但并不是让人类把自己的

---

89 引自刘小枫：《走向十字架上的真》，上海三联 1995 年版，第 281 页。

90 尼尔·哈列维：《尼采传》，谈蓓芳译，百花洲文艺出版社 1996 年版，第 275 页。另请参阅张文举：〈人性的，太人性的——读尼尔·哈列维《尼采传》〉，文中通过大量尼采的生活细节，说明他的思想与他的生活的矛盾关系。在生活上，他表现为一个标准的基督徒，但在思想上，他又激烈地反对基督教。文见 http://blog.sina.com.cn/s/blog_e48dbb8d0101oenm.html

91 同注 87，第 255-289 页。

92 [美]丹尼尔·贝尔：《资本主义文化矛盾》，赵一凡等译，三联书店 1989 年版，第 74、75 页。

心灵关进一个理性化的程式的外在樊笼。正如亚瑟王对他自己的行将死亡所做的智慧评论：'旧秩序改变了，给新事物以空间；上帝以很多方式表现他自己。'"[93] "二十一世纪，世界上绝大多数人口既是充分现代的，也是充分宗教的——这样的事实不但可能，而且完全'正常'。"[94]

现代艺术所表现出来的现代人的苦闷、彷徨、孤独、荒诞，及软弱无助的处境，并未否定宗教拯救的可能性，相反，这些情绪与生存状况，未尝不是现代人对上帝的疏离而导致的结果。许多伟大的现代艺术家，如陀斯妥耶夫斯基、卡夫卡、凡·高、艾略特、叶芝、庞德，或者虔心向教，努力强调宗教拯救的唯一性；或者虽未有明确的信仰表白，但观其一生，无处不表现为一种巨大的信仰努力和信仰精神，被称为"传奇英雄和圣徒式人物"[95]的卡夫卡，大约属所谓"匿名基督徒"的最典型者了。现代艺术正好表明了这些敏感的灵魂立足于现代人生存境遇而对信仰的巨大强烈期待。

五、现代性带有排斥深层价值维度的趋势

在现代世界，现代化（城市化、工业化、民主化、法治化等）潮流造成了"现代性"，现代性这一概念之含义尽管复杂多变，但说它包括以下内容，大约没错：即科学化、技术化（思维、管理）、世俗化和享乐化，其带有排斥深层价值维度的趋势。这里所说的科学化、技术化系指科学主义，即随着近现代科技文化在控制和征服自然方面取得巨大物质成就的同时滋长起来的一种科技万能论，一种盲目的乐观态度，从而使科技的发展失去了人性的规范向度，表现为：在文化学术领域越界操作，试图包揽人文学科的全部问题并取而代之或取消之。在思想心理层面，"唯理主义"，"分析主义"，压迫肢解人心人灵，使人的内在空间日趋狭小干枯，想象力日渐贫乏萎缩，使生命失去源头活水。达尔文于此早有警觉与反省："以前图画使我得到颇大的愉快，音乐使我得到巨大的愉快。但是现在多年来，我不能持续读完一行诗。……我的头脑似乎已经成了在大量事实积累中挤压出一般规律的机器，……这此

93　[美]罗德尼·斯达克，[美]威廉姆·希姆斯·本布里奇：《宗教的未来》，高师宁等译，中国人民大学出版社，2006年，第574页。

94　[美]彼得·伯格，[英]古瑞斯·戴维，[英]埃菲·霍卡思：《宗教美国，世俗欧洲？》，曹义昆译，商务印书馆，2015年版，第201页。

95　乔伊斯·欧茨：〈卡夫卡的天堂〉，转引自叶庭芳编《论卡夫卡》，中国社会科学出版社1988版，第678页。

爱好的丧失也就是幸福的丧失，而且可能会伤害智力。"[96]须知，人性之艺术层面体现人性之深度和重量，它在人内心和外在世界之间无间歇地回环映射、穿通、照亮、阔展。艺术感受力的贫乏正是人性贫乏之表征。

在世俗日常生活领域，物质技术的飞速发展和商业竞争的广告聒噪，以及大众传媒的滥用，[97]导致畸形消费、物质主义、享乐主义，生活日趋表面化与功利化，而失去深层向度，庸俗不堪。"很多人相信，从没有彩电到拥有彩电，就是'生活水平'的提高了；他们似乎未曾想到，从浸沐于古典作家笔下的充实精神和博大爱心，到麻木于今日荧光屏上的无聊空话和贪欲刺激，实在是'人生质量'的降低！与十八或十九世纪相比，二十世纪的科技进步可谓一日千里，物质文明确实突飞猛进，然而精神文明却很难说有什么进步，在某些领域甚至每况愈下。精神生活的低下以及犯罪、污染和暴力等等的威胁，使得科技进步带来的日常便利难以转化为人生幸福，甚至可以使其带来的利益转化为祸害。在现代化高度发展的欧洲，人们对于用现代技术杀人的纳粹，记忆犹新，又在目睹所谓新法西斯主义的出现，它的社会基础，正是在电视广告下成长的那些不懂历史、没有文化的'光头青年'。"科学技术常常忽视或抑制了最深沉的人类美德，即同情心、感受性和爱情，对于人生必需的情感和精神之充实，科技只能作非常有限而间接的贡献。"[98]

米歇尔·昂利在《论野蛮》一书一开头便宣称："'我们进入了一个野蛮的时代'。这个'野蛮的时代'肇始于由伽利略开始的近现代的科学与技术。伽利略意义上的科学旨在追求纯粹的客观性，试图把现实世界'数学模式化'，把人的感情和主体性排除出去，因而它是'野蛮的'和'非人性的'。"因为"关于生活的知识不是一种客观的知识，而是一种'自我体验'、'自动发生情感'，艺术、审美、伦理等关于人的主体性与价值的学科便是这样

---

96 达尔文语。转引自尤西林：《阐释并守护世界意义的人》，河南人民出版社1996年版，第11-12页。

97 大众传媒的滥用，吴咏慧《哈佛琐记》中有一段关于索尔仁尼琴对于西方的批评意见："他批评西方人民不懂得珍惜并妥善运用他们从历史斗争过程里得来的自由，致使自由变得轻率与不负责任。大众传媒滥用自由报道的特权，剥夺了老百姓认识真实的权利，以浮夸无聊的闲谈充塞人们的灵魂，使得后者的生活日渐污染而变得庸俗不堪。西方社会虽然没有检查制度，但传播媒体因受商业取向的操纵，故一味追求时尚，内容日趋一致，其结果与共产社会的媒体并无异样。"见吴咏慧《哈佛琐记》，中华书局2009年版，第124-126页。

98 何光沪：〈生，还是死？人，还是非人？〉，载《读书》1992年9期，第75页。

的。"[99]注意，昂利并不仇视科学技术本身，而是在驳斥对科学技术的发展所作的不当的概括和意识形态的利用。他说："再说一遍，成问题的不是科学知识本身，而是与之相联的意识形态，根据这种意识形态，科学的知识是唯一可能的知识，是应当统辖一切其它知识的知识。"他还说："一个没有文化、没有伦理、没有宗教信仰的社会是不可能的。"[100]因为它是野蛮的。技术极权的野蛮，不仅表现在对人心的剥夺，更表现在对大自然的无限榨取上，生态遭到破坏，环境恶化，能源耗歇。[101]

不要说现代西方，就说中国人今天的生活，谁说我们免于野蛮了呢？"许多文化现象都是生存危机的表象，但人们却过分宽容地、唯恐被视作时代的落伍者而接纳了它们。说它们是生存危机的表象，是因为它们不断地把人们从本质实存中剥离出来，不断地使人远离内在的超越性和内在的透彻性。这在当代都市享乐文化中表现得最为清楚。事情是明摆着的，都市正逐步失去一切深层的精神生活的印记，未来的废墟凭吊者除了几个易拉罐是别无所获的了。这种文化的批判者，虽然都是游离在都市享乐文化之外的，他们的苦行僧似的生活已经使他们的批判被视为偏狭的产物。假如他们再祭起宗教精神这面旗帜，那他们只会落得更为狼狈的窘境。因此，这种文化现象甚至是预先地排除了、击倒了它的掘墓人（或疗救者），所以它们从一开始就注定是没有希望的了。"[102]这段文字，多么准确地描述了日益现代甚至后现代的的中国都市精神生态。

---

99 米歇尔·昂利语。转引自《读书》1988 年 1 期，第 128 页，杜声锋〈从法国看现代西方"文化的危机"〉。

100 同注 99。另附王鸿生："在我们这个时代，那些本属于精神领域的事务（如文学、艺术、宗教、哲学）已日趋功利化，现世化，技术化，而一切不能被精神化的东西（如政治权力、经济权力，科技权力）却相继显示着诸神的威赫，在该有神话的地方找不到神话，在不该有神话的地方堆积着神话。"转引自《花城》1994 年第 1 期王鸿生文。

101 培根在主张人对自然的控制和利用的同时，尚有另一说法，他说：人的过错是"在神的造物和作品上清晰地打上自己的印记，而不从中谨慎地观察和认识造物主的印记。"（见《读书》1990 年第 8 期，第□60 页）针对科学技术的失控，汤因比指出：世界上所有宗教都有一个长处，"就是把自然的力量视为神圣的东西。通过灌输对自然的畏惧思想，在某种程度上抑制了人们利用自然的贪婪冲动。"（见《读书》1991 年第 1 期，第 18 页）。

102 李公明：〈向生存提问〉，自《读书》1991 年第 10 期。

有人说，在现代资本主义社会里，"真正的教育学，就是电视图像"，就是消费性的交流，传统意义上"授知识教育人"的教育已趋死亡了。"现代的美国大学教育，只顾传授给学生一些知识而不关心学生的人格培养，使多数学生失去起码的人生观、价值观，从而放任自流，整天跳摇摆舞、追求性自由、对社会冷漠无责任感、自我中心主义、孤独、空虚，等等，不一面足。现代大学培养的学生大多是'残缺不全的人'"。[103]其忽略了人之为人的精神性与人格性，把人抽象化、工具化和物化、鄙俗化。这又何尝仅仅是在说别人呢？我们现在的这个社会能好到多少呢？除了昆德拉所说的"意象形态"[104]的日益强大的进逼以外，我们尚有赤裸裸的"意识形态"的强行灌输。关于深度消失，就让我们将中世纪与今天作一比较吧，请想一想《圣经》、教堂、修道院与电视、电脑、手机、咖啡馆、酒吧、舞厅、股市、购物中心、互联网、游戏机的差别，这是怎样的一种数量上的激增和质量上的替换？！我们还可以从人性的丰满与健康上，对古典艺术与现代艺术作一对比。

海德格尔讲人类进入现代，"世界历史正趋于午夜"，"世界之夜的时代是贫乏的时代，因为它甚至变得更加贫乏。它已经成为如此地贫乏，以至它不再将上帝的缺席看作是缺席。"他进一步讲，"时代处于贫乏并非在于上帝之死，而在于短暂者对他们自身的短暂性几乎没有认识和没有能够承受。短暂者没有获得到达他自身本性的所有权。死亡陷入了谜一般的东西之中。痛苦的神秘处于隐蔽状态。爱情没有探究。但是短暂者却存在着。他们存在于（他所是）语言。歌声仍然徘徊于其贫乏的大地之上。歌者的语言仍然保持神圣的踪迹。"[105]世界之夜为贫乏之夜，在此贫乏之夜：上帝缺席，深渊晦蔽，歌者寂寞。上帝缺席言及神之维度，当此之夜，不仅远古诸神早已遁逃无迹可寻，而且慰人以关爱的上帝亦是缺席的，所余唯价值真空而已，故有夜之趋于午夜之情势。深渊晦蔽，言及人之维度，贫乏之夜乃丛林之夜、狂欢之夜，人性之"罪"与天命之"畏"被遮挡而不明，人性深渊蔽而不彰或视而不见，于是拯救被取消。由此，便有歌者之寂寞，诗人在此深夜，唯一守望者而已，请听诗人们的吟唱：

---

103 自《读书》1988 年 1 期，第 128 页，杜声锋〈从法国看现代西方"文化的危机"〉。

104 对于"意象形态"，米兰·昆德拉有很好的描述与思考，见其小说《不朽》，作家出版社 1993 年。

105 海德格尔：《诗·语言·思》，彭富春译，北京：文化艺术出版社，1991 年版，第82、87 页。

> 没有认清痛苦
>
> 也没有学会爱情，
>
> 死亡对我们的陌生，
>
> 还不曾揭开面纱，
>
> 唯有大地上的歌声，
>
> 在颂扬，在欢呼。[106]

"作一个诗人，你必须热爱人类的秘密，在神圣的黑夜中走遍大地，热爱人类的痛苦和幸福，忍受那些必须忍受的，歌唱那些应该歌唱的。"[107]

---

106 同注 105，第 88 页。

107 海子：〈我所热爱的诗人——荷尔德林〉，南京出版社 1991 年版，《海子·骆一禾作品集》，第 184 页。

第一章　基督教近代入华作用及性质

第一节　现代化的深层背景[1]

一、原发现代化之与信仰生活

作为现代民族国家所一致追求的目标的"现代化"，是西方近代文明的产物，其最大的表现就是在经济上和政治上对人的巨大解放，它使人类从多少世纪以来的"物"的（自然）与"人"的（少数人）压迫和奴役中挣脱出来，获得空前的自由。落实下来，这种解放便具体凝聚在科学技术和民主制度之中。现代化，作为一场对蒙昧和专制的中世纪的反动的文明运动，首先发端并实现于西方社会，如今已成燎原之势，席卷全球，不可逆转。

为了我们今天的现代化努力，更因了我们特殊的文化传统，有必要对西方现代化历程作一总体回顾。西方社会在通向近代化的过程中，一共经历了三次巨大的思想文化变革运动：文艺复兴、宗教改革和启蒙运动。其中的宗教改革是不容忽视的。西方在近代化过程中，并未抛弃传统，而是复兴传统、改革传统，使其适应近代社会的生活实际。通过文艺复兴，西方发现并接继上了古希腊罗马的人文主义传统；通过宗教改革，西方革新并延续了中世纪

---

1 本章一、二节内容成文较早，曾以〈试论基督教对于现代化的促发作用〉发表在《甘肃社会科学》2005 年第 2 期上，所涉论题较大，只能在论文所允许的范围内论述，未能充分展开，只是一个思想性的轮廓。此次成书分作两节，内容有所调整，既有补充，也有删节，比如原文第三部分讨论基督教与近代科学之关系的内容，因第二章专章详论，故删除。但总体上，仍然属于纲要性论述。

价值信仰的传统；唯有启蒙运动，才是真正创造近代科学与民主的运动。在近代化中，作为人生价值信仰的宗教传统，并未被弃如弊履，而是通过变革与涮新，得以与近代科学传统与民主政治并行不悖，在西方近现代辉煌的科学文化与民主制度背后，始终存在有强大的人文主义与信仰主义背景，并在深层发挥着巨大的作用。只有记住这一点，我们中国人在今天所致力的改善自身生存处境的努力才可望少一点无知和盲动，而多一分明智和审慎。

事实证明，西方人在进入现代以后，并未放弃信仰生活，而是使其更加丰富，更加深入了，这不论从信众的数量、信仰的方式，还是从二十世纪生气勃勃的神学研究上都可见出。先看总体趋势，据1996年美国《教会研究国际公报》第一期统计，当年世界人口总数五十八亿，各类宗教信徒总计达四十四点六七亿，而其中基督教徒十九点五五亿（预计到2000年可达二十一亿多），伊斯兰教徒十一点二六亿，佛教徒三点二六亿。与1990年比，不论是基督教还是世界其它宗教，信徒人数均呈上升趋势。[2]再单看欧美发达国家的情况，"'相信却无归属'是欧洲普遍的现象。""当代英国只有十分之一的人参加团契活动。"美国异于欧洲，"教会追随者在美国从1890年总人口的百分之三十三稳步上升到1970年的百分之六十以上，在二十世纪的其余年份保持百分之五十或以上。"但是"现代性的主要影响不是宗教的衰落，而是宗教和意识形态多元化。尽管目前教会追随率只有百分之十三（定期参加率大约百分之七），大约百分之七十的英国人声称信仰上帝（相比之下，美国为百分之九十四）。……在冰岛，定期参加教会的人数只有百分之二，但是，1990年的世界价值观调查（Would Values Surveys）的报告显示，百分之八十一的冰岛人表示相信死后有生命，百分之八十八的人说相信人类有灵魂，百分之四十的人相信再生。……一个对于英国的个人价值观调查显示，百分之六十的被调查者视自己为'新宗教者'，半数人经常感到需要祈祷、冥想或沉思，五分之一的人说自己具有很深的宗教体验。"[3]

---

2 于可:〈1996年世界基督教信徒的增减状况〉，载《世界宗教文化》1996年第2期，第64页。较新的统计数字，可另参本书绪论之注释36，关于2011年及2006、2007年之世界宗教信仰人数统计数据，及相应正文内容。

3 [英]丹尼斯·亚历山大《重建范型——21世纪科学与信仰》，钱宁译，上海人民出版社2014年版，第39、44、37、38-39页。宗教在现代之后，即在当代的表现情形，任何单一的描述实在都不足以触及真实，大概首先得从地域上予以区分，比如发达的欧美与相对比较落后的亚、非、拉等等。而在现代性充分实现的欧美，一些那么，本世纪的神学研究状况如何呢？约翰·麦奎利在《二十世纪宗教思想》一书结尾总结说："我们在此的目的，只是要引起对这么一个事实的注意，这个事实对所有关心宗教的人来说，必然是鼓舞人心的，不论它们可能属于哪一个学派——这个事实就是：尽管本世纪发生了这一切破坏性的事件，尽管浅薄的世俗主义已吞没了这么多的东西，但是宗教思想仍然还是生气勃勃，而且提供了它将继续充满生机的一切迹象。当我们想起马里坦、贝加也夫、巴特、马塞尔、奥托、蒂里希（只随便列举几个）等人的名字时，我们发现，二十世纪的人在对待宗教问题时的诚挚认真与清晰明白的程度，并未降到他们的前辈的水平以下。我们当中一些人认为，这是因为这些问题是属于人自己的存在本身的问题，而且人类不解决这些问题是不会心安的。人的眼光只有超越自身，他才能理解自身。"[4]

如有人所指出的："现代化本身产生的问题会增长对宗教的需求，""宗教乃是减轻现代化带来的压力的一种可能方式，""现代化与宗教并不是对立的"，"英美要比社会主义国家更为现代化，却并未达到其世俗化的程度。"[5]托克维尔在《论美国的民主》中早就指出过："十八世纪的哲学家们，曾用一种非常简单的方法解释过宗教信仰的逐渐衰退。他们说，随着自由意识和知识的提高，人们的宗教热情必然逐渐消失。遗憾的是，这个理论完全不符合事实。在欧洲，有些人之不信宗教，只是由于他们愚蠢无知；而在美国，你却可以看到作为世界上最自由和最有教养的民族之一的美国人，以极大的热情履行宗教所赋予的义务。"[6]美国驻华大使馆新闻文化处副参赞裴孝

新的比较自由主义的取向值得注意，这方面的了解可以注意相关的书籍，比如：[美]罗纳德·M·德沃金：《没有上帝的宗教》，於兴中译，中国民主法制出版社 2015年版。[英]唐·库比特：《上帝之后——宗教的未来》，王志成译，宗教文化出版社2002 年版。[美]大卫·雷·格里芬：《后现代宗教》，孙慕天译，中国城市出版社2003 年版。等等。

4 [英]约翰·麦奎利：《二十世纪宗教思想》，高师宁、何光沪译，上海人民出版社 1989年版，第 471-472 页。

5 [德]苏为德：《现代化与宗教的辩证法》，卓新平译，载《世界宗教资料》1992 年第4 期，第 46 页。

6 [法]托克维尔：《论美国的民主》，董果良译，商务印书馆 1988 年版，第 342 页。托氏进一步指出，"只有人的理智迷乱，或精神的暴力对人的天性施加影响，才会使人放弃宗教信仰。……没有信仰只是偶然的现象，有信仰才是人类的常态。"（见同书第 344 页）美国宗教社会学家芬克和斯塔克 1992 年所著的《美国教会：

贤先生认为："美国是发达国家中宗教色彩最为浓厚的国家。"[7]据于歌《美国的本质》一书介绍："依据美国盖洛普的调查，在美国，有百分之九十五的人'信仰上帝'，其中，百分之八十六的人为基督徒，基督徒中，百分之六十的人为新教徒，百分之二十八的人为天主教徒，百分之十的人为东正教徒。其余信仰犹太教或伊斯兰教。成年人中，百分之七十的人从属某个教堂。据美联社调查，美国人花在宗教上的时间和金钱，远比花在体育娱乐上的时间和金钱要多得多。例如，1990 年，美国人观看各种体育比赛的人数三点八八亿人次，而出席宗教活动的人数则为五十二亿人次，比看比赛的总人数多出十二倍；1992 年捐给宗教事业的资金总额为五百六十七亿美元，而棒球、橄榄球、篮球三大联赛的总收入只为四十亿美元，两者相差十三倍。在参加社会组织方面，据美国学者伍斯诺的调查，在二十世纪末，有三分之二的美国人从属于某个宗教组织，而只有五分之一的人从属于工会或商会。"[8]另据1991 年盖洛普调查中发现，百分之九十的美国人相信神创造了世界。[9]总之，在席卷全球的现代化进程中，基督宗教并未被化掉，而是通过自身的内部调整，一样进入了现代生活，并且表现出了充分的生命活力和创造性，这一点，在后面还可得到进一步论述。

1776-1990》一书，追溯了过去 200 年来美国教会成员急剧增加的状况——1776 年美国教徒占全国总人口的 17%，到 1980 年已达 60%。最新数字表明，美国人每年向教堂和其他宗教团体自愿捐款达 380 亿美元，超过许多国家的国民生产总值。（《社会科学动态》（武汉）1995、3，第 11 页）

7 [美]裴孝贤：〈宗教在美国社会中的地位〉，载《美国研究》1998 年第 4 期，第 41 页。据 90-91 年世界价值观调查，在问及"你相信上帝吗？这一问题时，被调查的美国人中 96%回答说相信。这一比例仅仅低于宗教传统浓厚的波兰（97%）、爱尔兰（98%），远远高于法国（62%）、英国（78%）。"（马太·多岗：〈西欧宗教信仰的式微〉，载《国际社会科学杂志》96 年 8 月 13 日卷第 3 期），这一点似乎令人费解，因为美国的商业化、世俗化程度均高于西欧。

　　关于基督教与美国文化的关系，进一步可参阅董小川〈上帝——体悟美国文化的钥匙〉一文，见《东北师大学报》（哲学社会科学版）2001 年第 5 期，第 50-56 页。比如在政治领域，据统计，从华盛顿到克林顿全部 42 位总统中，有 38 位是教会成员，其余 4 位也有明显教派倾向。（Charles W Dunn.American Political Theology, Historical Perspective and Theoretical Analysis〔M〕.New York：Praeger Publishers，1984.P161.）[5]（P41）②

8 于歌：《美国的本质》，当代中国出版社 2006 年版，第 14 页。

9 [美]兰西·佩尔斯、查理士·撒士顿《科学的灵魂——500 年科学与信仰、哲学的互动史》，潘柏滔译，江西人民出版社 2006 年版，第 278 页。

二、中国现代化应有的深层面向

"现代化"，对于二十世纪的中国人，一直是一个现实而又紧迫的问题。然而在新世纪的今天，反思上个世纪的经历，我们的目标达成了多少呢？情形是复杂的。首先涉及的是理路而非操作。作为整体，一个社会是由经济、政治和文化三个子系统构成，而人则作为这个社会（即各个系统）最初也是最终的活动者和承担者而存在。现代化（有人称为近代化）是社会整体在历时上的转型，他必然涉及社会生活的各个领域，即经济、政治、文化最终其实是人的根本变革。现代化绝不仅仅是"四化"，也不仅仅是工业化、市场化、都市化、技术化（即合理化，包括科学技术和管理技术），以及民主化，它包含更广更深的内涵。

中国近代以来的历史追求，可证明上述观点。自十九世纪中叶，中国人便开始了自己艰难的现代化历程，即向西方学习的过程。从学理上讲，现代化不等于西化，更不等于全盘西化；但从实践上讲，现代化就是"西化"。胡适"他虽被认为是'西化'论者，但肚子里的'国货'绝不比'洋货'少。意味深长的是，他之所以后来要公开鼓吹'全面西化'，乃是因为他信奉中国古代先人们说过的一个道理：'取法乎上，仅得其中；取法乎中，风斯下矣。'他明明白白地意识到，中国文化传统的本体是'化'不掉的。因此为了达到期望的以西方文化的朝气和锐气来打掉一点老文化的隋性与暮气之目的，他以为'我们不妨拼命走极端，文化的隋性自然会把我们拖到折衷调和的老路上去。'"[10] 且看日本近代化和现代化的道路，不论明治维新还是战后重建，走的何尝不是全面西化的路子，他们是成功了的，而他们的传统并未被"化"掉。一部中国近代史，正是一部中国人向西方学习，对西方文化的理解加深的历史。追踪历史线索，洋务运动只注意到坚船利炮，涉及的仅是物质器用技术一面，甲午海战，宣告了洋务的失败。戊戌变法，君主立宪，为改良；辛亥革命，民主共和，为革命，所涉及的都是政治体制制度，而最终也均以失败告终，前者人头落地，后者有名无实。五四新文化运动，开始要求民主，讲求科学，想用这两样东西变革武装人的头脑，产生出新的人来。[11] 然而迄于如今，实际效果如何呢？民主暂先不说，即就科学，我们又

10 郭小平：〈那一代中国哲学家〉，载《读书》1990 年第 4 期，第 5 页。

11 徐中约在《中国近代史》中引用 Kung-chǔan Hsiao 的说法："从十九世纪初对西方的轻蔑排斥到二十世纪二十年代对西方的崇拜，中国走过了一段漫长的道路。

学到了多少？科学包括技术、理论、方法（尊重实验事实、讲求逻辑分析）和精神（怀疑、批判和宽容）四个依次加深的理解层面，我们仅达到那个层面呢？五四新文化运动的追求同样是失败的，至少是未得成功。今天，对这一失败的深入反省，将给我们以有益的启示。

第一，现代化追求的根本目标或指归应是什么？现代化中首须现代的是什么？我们的回答是"人"，是人的幸福，和人的现代化。日本近代启蒙思想家福泽谕吉讲："吸取欧洲文明，必须先其难者而后其易者，首先变革人心，然后改革政令最后达到有形的物质。按照这个顺序作虽然有困难，但是没有真正的障碍，可以顺利达到目的。倘若次序颠倒，恰如立于墙壁之前寸步难移，不是踌躇不前，就是想前进一步，反而后退一尺。"他又说，"一国的文明程度不能从外表来衡量……而是人民的独立精神。""没有独立精神的人，一定依赖别人；依赖别人的人一定怕人；怕人的人一定阿谀谄媚人。若常常怕人和谄媚人，逐渐成了习惯以后，他们的脸皮就像铁一样厚。对于可耻的事也不知羞耻，应当与人讲理的时候也不敢讲理，见人只知道屈服。"[12]鲁迅曾愤激地说到过，即使中国人整个灭亡了，他也不会感到多大的悲观，因为从整个人类的角度看，这样愚昧的民族的灭亡，正是一件必然的事。[13]现代化首在立人，在人的现代化，因此明治维新以教育为本，教育先行。福氏曾一针见血地指出："愚民之上有暴政。""一国的暴政未必只是暴君酷吏所为，事实上又是人民无知而招致的灾殃。"[14]立人，国民独立精神的培养，和道德素养与精神品质的普遍提高，单靠科学和民主，并不能够达到，它们往往导致形形色色的"物"或"大众"的奴役，这里须得诉诸超越维度上的信仰。托克维尔说："人要是没有信仰，就必然受人奴役；而要想要自由，就必须信仰宗教。"何以故？托克维尔继续说："人对上帝、对自己的灵魂、

一位学识渊博的政治学家用以下的话，总结了这个变化的顺序：'首先是影响器物的技术；而后是关于国家和社会的原理；最后则是触及精神生活核心的观念。同治朝的自强运动、1898年的维新变法和1919年的五四运动各自标志了这三个阶段的思潮要点。'"（Kung-chǔan Hsiao，"The Philosophical Thought of Kʹang Yu-wei—An Attempt at a New Synthesis," Monumenta Serica,XXI（1962），129130.）

（以上转引自徐中约：《中国近代史》，香港：中文大学出版社，2001年，第9页）

12 [日]福泽谕吉：《劝学篇》，群力译、东尔校，商务印书馆1984年修订第二版，第17页。

13 鲁迅：〈致许寿裳〉，自《鲁迅选集》（卷四），人民文学出版社1983年版，第379页。

14 同注12。

对造物主和自己的同类应负的各种一般义务，都渴望形成一种确定不移的观念。因为如对这些基本问题持有怀疑态度，就将使自己的行动听凭偶然因素的支配，也可以说是任其混乱和无力。""一个民族沦于这种状态后，不仅会任凭自己的自由被人夺走，而且往往会自愿献出自由。"[15]这是因为，此世生存一旦离开超越维度上的信仰的支撑和提升，人们必沉沦于各式各样的偶像崇拜的迷信中，无由超出，而被其奴役。虽然宗教在体制形态和解释形态下，经常有严重的异化倾向，而沦为偶像；但因其核心信仰之自我超越机制，从而保证了其对于异化和偶像崇拜的内在警觉与排拒性，因而有别于其它文化形态。当然，这里所说的宗教，指通于超越界的高级宗教，如基督教、佛教等。上世纪初一位美国神学院教授告诫人们："如果一个人不顾自己的人格和尊严而去追求自己的收入，或者放弃自己的才智的发展和人的情感而去增加银行的存款，就是一种拜金主义和对上帝的否定……宗教的功能就是要教育人们了解：人的灵魂的价值超于他的肉体的价值，道德的完美超于收入的增加，人生的价值超于财产的价值。"[16]

第二，现代化的入手处在于向西方学习，这便涉及一个对西方文化的整体认识问题。任何文化都是一个有机的整体，如果对其缺乏整体关照和把握，如何可能进行科学而有效的学习借鉴与吸收。谢选骏说："新文化运动有两个缺点：一是把西方经验中的科学和民主成果当成中国民族的目标来追求，这就犯了一个错误：把手段当成目的。科学和民主，在西方传统中并不是目的，而是手段。比如，科学是造福人类的手段而不是目的。民主的本意是强调人的自由，是促进人的最终完善的手段，而不是目的本身。二是忽略了中国国情。民主和科学能够在西方实现，得力于一个背景，即基督教文化和法治传统。中国没有这个背景。中国既没有科学传统又没有民主的社会基础，

---

15 [法]托克维尔:《论美国的民主》，董果良译，商务印书馆 1988 年版，第 539、537、539 页。另，谭鸣谦讲到信仰的力量说："故信仰之深者，靡论他人如何抵议之，挫辱之，甚或威逼利诱之，死生恫吓之，而宗教家坚苦卓绝，百折不挠，一以求实现我之信仰为务。吾人试观世界宗教发达之历史，诵教祖及传道者之传记，其信道之坚，守道之笃，不为富贵所移，不为威武所屈，其坚毅果决刚大中正之气，足以昭日月而薄云霄，使千百年后人人读之，尤凛凛有生气，其动力岂不大可惊耶。"（自《真光杂志特号——批评非基督教言论汇刊》，1922 年 6 月 1 日第 21 卷 10、11 号合刊，谭鸣谦文〈驳蔡元培在非基督教大同盟会上的演说词〉。）

16 董小川:〈上帝——体悟美国文化的钥匙〉，载《东北师大学报》（哲社版）2001 年第 5 期，第 51-52 页。

结果科学和民主的运动只能流于标语口号。这个口号运动在中国实际只起了一个瓦解传统的作用，而没有完成开辟新纪元的历史使命。现在倡导科学和民主，实际也是对现在的传统模式起一种瓦解作用，它本身除了杂乱无章的'引进'外，并不能直接产生持久的创造性成果，这不可避免地会造成持久的文化震荡。"[17]在观照西洋文明时，仅仅承认产生民主与科学的希腊罗马文化这一源头，而拒斥真正提供了西方文明价值意义的希伯莱文化那一源头，这是认识上的极大偏差。现代化是一个世俗化的过程，当人们刚刚从神话、宗教和英雄崇拜中解放出来的时候，以为现代化本身就意味着终极意义，于是将自己的终极关怀寄托在自由、理性、进步、富强这些世俗价值之上。然而，随着世俗疆域的扩展，人们却日益感到这些世俗价值本身并不能提供一个完整的意义世界。我们认为，对西方文化作整体把握，有五个不同的层面：宗教信仰、哲学思想、法治秩序、民主政体，科学技术。而西方社会几千年来真正优异且源远流长的传统，是宗教、哲学和法律，在学术领域，它们分别由具有悠久历史和复杂深广内容的神学、哲学和法学所承担。正是这三样东西，在他们那里起着巨大而实际的作用。某种意义上，现代的科学和民主是流不是源，是土壤上面生长起来的花草树木，而不是土壤本身。

追本溯源，不论是民主、科学还是法律，甚至包括哲学，它们均主要根源于希腊 – 罗马这一脉系，其更多现世功利与手段一面，而较乏于超越性，其提供的是一种工具理性。宗教则主要源于希伯莱文化这一独立脉系，其提供的是一种非俗世的超越性和目的性，所启示者为价值理性。

第二节　基督教对现代化的促发作用

一、经济伦理、宪政秩序

宗教对于西方社会的近代化与现代化，并非可有可无、甚至起阻碍作用的；相反，它倒是一种积极的起促进作用的持久而强大的内在推动力量。余英时指出："西方宗教革命和科学革命以来，上帝和理性这两个最高的价值观念都通过新的理解而发展出新的方向，开辟了新的天地。把人世的勤奋创业理解为上帝的召唤，曾有助于资本主义精神的兴起；把学术工作理解为基

---

17 谢选骏：〈为什么"我们没有超过五四"？〉，载《光明日报》1989-4-21。

督教的天职，也促进了西方近代人文教育与人文学术的发展。"[18] "于加尔文而言，'天国'虽然仍旧为最终的向往，但为了荣耀上帝的存在，则必得实践俗世的责任，改造世界。"[19] "上帝是造福世人的"，"公益服务是对上帝最伟大的服务"，这些曾是清教徒们所信奉和努力实践的信条。总之，西方外在超越的价值系统，不仅没有因现代化而崩溃，而且正是现代化的一个极重要的精神源泉。宗教不仅有为现代化提供价值合法性的功能，同时也承担着从超越的层面批判现代化的使命。托克维尔在《论美国的民主》道森在《宗教与西方文化的兴起》等书中，对此均有深入系统的论述。

关于宗教与资本主义经济的产生和发展，韦伯的观点是大家熟知的，他认为，正是新教改革，酝酿孕育了资产阶级所信奉恪守的诸伦理规范，如勤勉、克己、守信、条理等。韦伯深刻地指出，"在经济上获利不再从属于人满足于自己物质需要的手段了。而成了光荣上帝的事业，领有了神圣的光环。" "在任何一个宗教成分混杂的国家，只要稍稍看一下其职业情况的统计数字，几乎没有什么例外地可以发现这样一种状况：工商界领导人、资本占有者、近代企业中的高级技术工人、尤其受过高等技术培训和商业的管理人员，绝大多数都是新教徒。"[20] 关于守信，如有人所讲，信教的人在做生意的时候，有一个取之有道的承诺，平均来说他们的承诺也比较可信。所以，基督教文明的国家，大公司可以发展起来；没有基督教文明，只有小家族公司，大公司搞不起来。在发达国家，有政府和商界形成共识的最佳商业行为准则（best business practice codes），共十条，这对大公司的公司治理起关键作用。这些准则根源于圣经的十诫。[21] 涉及金钱问题，新教认为，"人只是财富的受托者，这些财富只能经由上帝的荣耀才可被给予人。因此，新教徒不能容忍有悖新教伦理与道德的商业行为，厌恶通过不正当手段获取的财富。人必须——就像道德寓言中的仆人一样——向上帝说明他的每一分钱是怎么来的，要怎么花。如果他出于自身的享乐而不是服务于上帝的荣耀花掉任何一分钱，那都是危险的。人对于自己占有的财富，有着向上帝承担的责任。在这方面，人服务于上帝就像一个温顺的

---

18 [美]余英时：《内在超越之路》，中国国际广播电视出版社1992年版，第55页。

19 吴咏慧：《哈佛琐记》，三联书店1997年版，第150页。另参于歌：《现代化的本质》，江西人民出版社2009年版。

20 [德]马克斯·韦伯：《新教伦理与资本主义精神》，于晓、陈维纲等译，三联书店1987年版，第37、23页。

21 杨小凯：〈基督教和宪政〉http://www.douban.com/group/topic/10857648/

服务员，甚至是上帝的赚钱机器。人占有财富越多，对上帝负有的责任就越大。这种责任，一是为了上帝的荣耀而不能使财富减少，二是要用不懈的努力来增加财富。"[22]以上均是就个人伦理言。

涉及社会制度，我们知道，经济发展虽然受政治和法律制度的决定性影响，但这个制度不是从自然科学来的，也不是从社会科学来的，它是从信仰来的。Shleifer 及其同事进行的经验性研究发现，凡是新教文明占优势的国家，其宪政秩序、经济表现就好。比如北美的美国、加拿大，还有澳洲、英国、荷兰等，其经济表现非常好，它们的秩序是不断扩张的。这是一个历史的证明。[23]谈到宪政秩序，杨小凯论述说："要有一个永久的社会和平，就要有公平的政治游戏规则，它要满足模糊面纱的原则，即不管你在什么地位，不管你是小偷还是警察，是被告还是原告，都认为游戏规则公平。模糊面纱的原则很难在没有宗教的情况下产生。因为模糊面纱的原则是说，制定游戏规则的人不能替自己着想，要替自己的对手着想，就是基督教说的，爱你的敌人。为什么美国、英国、澳洲的制度这么好，因为他们满足了模糊面纱的原则，这些制定游戏规则的人，在制定游戏规则的时候，他不是把自己的利益最大化，他要考虑自己的对手，要去照顾他们的利益。这个怎么能做得到？第一个你要有爱敌人的想法。第二个你要有害怕下地狱的恐惧。你怎么才会有恐惧呢？你一定要信。这是没有理性的信。只有信的人才会在有权制定游戏规则的时候不是只替自己去着想，而是替敌人去着想。""这个信绝对不是理性。但是这个后果又是理性的，信的人，国王信，特别是掌权的人信，就会有一个好的社会秩序，就会有一个我们所说的宪政。""实现宪政最困难的不但是有权影响政治游戏规则的人能替政治竞争中的失败者着想，而且是竞选失败者自愿认输。政治竞争往往是零和对策（你死我活的），竞选失败者自愿认输，从理性而言不是失败者的最优决策，因为竞选失败后以前的大量政治投资都废弃了，因此输了不认输是失败者的最优决策。而 1917 年俄国和很多国家宪政失败都是因为竞选失败者输了不认输，发生革命。基督教信仰对竞选失败者放弃个人的最优决策，为社会牺牲个人利益，输了认输，是关键的。"[24]

---

22 陈才俊：〈早期美国来华传教士与美国对华鸦片贸易政策〉，载《世界宗教研究》2011 年第 1 期，第 130 页。

23 同注 21。

24 同注 21。

二、自由、平等、博爱、法治诸观念

近代资产阶级政治学说中，所有基本信念如人权、自由、平等、博爱以及法治等，无不与基督信仰有着深入而密切的联系，它们是不能脱离关于上帝的信念而具有真实意义的。比如自由，"近代意义上的自由源于新教改革，路德的'因信称义'说赋予人的内心信仰以神圣的、独立于外界的性质，使人具有一种不承认外界权威的的自主力量，从而使人的精神在信仰领域内获得最大限度的自由。"[25]尤其是抗拒各种流行意见的自由。其实往深里追究，"自由"本身就是上帝给人类的一个礼物，伊甸园禁果的故事，实际就是关于自由的来源的故事。上帝只是警告人不要吃禁果，但祂并没有利用自己的权威和力量，使人吃不到禁果。吃还是不吃，决定权在人自己，这就是自由！正是人拥有了"选择的自由"，人才成为道德的存在，成了有内在尊严的存在。在信仰之中，人们只承认一个绝对权威：上帝；相对于彼岸的神圣，此岸并无任何法则能产生专制权威。托克维尔讲："我本人认为，无限权威是一个坏而危险的东西。在我看来，不管任何人，都无力行使无限权威。我只承认上帝拥有无限权威而不致造成危险。因为上帝的智慧、公正始终是与他的权力相等的。人世间没有一个权威因其本身值得尊重或因其拥有的权力不可侵犯，而使我愿意承认它可以任意行动而不受监督，和随便发号施令而无人抵制。当我看到任何一个权威被授以决定一切的权利和能力时，不管人们把这个权威称作人民还是国王，或者称作民主政府还是贵族政府，或者这个权威是在君主国行使还是在共和国行使，我都要说：这是给暴政播下种子，而且我将设法离开那里，到别的制度下生活。"[26]对专制的驳斥亦是对自由的最好辩护，托氏的这段话可视为基督教驳斥各种专制主义的经典论述。

---

25 许纪霖：〈终极关怀与现代化〉，载《读书》1991 年第 1 期，第 22 页。另参[美]道格拉斯·F·凯利：《自由的崛起》，王怡 李玉臻译，江西人民出版社 2008 年版。

26 托克维尔语，转引自《人文杂志》（西安）1999 年第 6 期，林国基〈托克维尔平等与宗教思想的现代意义〉，第 32 页。谈到"人民"一词，美国社会学家贝拉认为："人民的愿望并不是正确与错误的标准，有个更高的可以判断人民的愿望是否正确的标准存在。人民可能是错的，所以，总统的责任是服务于这个更高的标准。"而肯尼迪总统曾说"人的权利不是来自国家而是上帝之手。"（ Bellah R N, Hammond P E. Varieties of Civil Religion〔M〕.New York, 1973, P25.）另参：木然〈宗教对民主自由的正能量〉http://www.21ccom.net/articles/sxwh/xfwm/2013/0103/74150.html

其它如"平等"、"博爱"等，在基督教信仰中，在《圣经》中，均可找到最终的依据。我们知道，尽管在俗世生存中，人有阶级、阶层、种族、性别等的分别，但在信仰中，在上帝面前，所有人作为神的儿女，则享有绝对的平等，这一点在基督教创世说中有明确表达，"人"是神造的，这就暗含着所以人在上帝面前是平等的。正因为如此，美国《独立宣言》在表述这一观念时，用的是"created equeal"，而非"born equeal"。至于基督教的原罪说和末日审判说，则进一步强化了这种平等意识，因为自始祖犯罪后，所有人便都有了罪；而末日审判，则平等地针对所有人，无一例外。关于"爱"，耶稣在《福音书》中有最简明的表述："你要尽心、尽性、尽意爱主你的神。这是诫命中的第一，且是最大的。其次也相仿，就是要爱人如已。这两条诫命是律法和先知一切道理的总纲。"[27]显然，人伦是置于神伦之下的，只要敬神，必然要求爱人；最关键的，这里的爱人不是简单的道德命令，它因了领有神圣超越的灵性维度而成为可能，成为一种自然的趋势，并具有无限的内在丰富性和包容性，而显示为一种谦卑与柔和的品质，这种人伦背后，拥有一个无比深厚的支援系统。信仰高于伦理，原因正在于此。否则，"打你左脸，把你的右脸也转向他"的教训便难以理解，基督教历史上无数品格超卓，满怀慈悲心怀，舍己救人的圣徒和信徒便成为不可能。[28]说起爱，我们且看使徒保罗是如何阐释"爱"的，那是何等伟大、圣洁与高远的情怀："爱是恒久忍耐，又有恩慈。爱是不嫉妒，爱是不自夸，不张狂，不做害羞的事，不求自己的益处。不轻易发怒，不计算人的恶。不喜欢不义，只喜欢真理。凡事包容，凡事盼望，凡事相信，凡事忍耐。爱是永不止息。"[29]

"现代社会属于法治社会。在实现社会一体化的过程中，法治固然发挥着很大的功能，但公民们之所以普遍守法，与其说是怕惩罚，倒不如说认可这些法代表着普遍的律令，反映了上帝的意志；人的基本权利是天赋的，不证自明的，也就是说，法的合法性在于它与终极价值的关联，在于人对终极价值的普遍认可。"[30]"法律面前人人平等"实源于"上帝面前人人平等"

---

27 《新旧约全书》（和合本），中国基督教协会 1989 年版，太 22：37-40。

28 关于这方面的情况，可参看萧潇编著的《爱的使者——基督圣徒传》，社会科学文献出版社 1998 年版。

29 《新旧约全书》（和合本），林前 13：4-8。

30 同注 25。另可参阅刘成安：〈简论基督教对西方法治主义形成的影响——兼及中国古代的法治论〉，载《社会科学研究》（成都）1998 第 3 期，第 61-64 页。

的信仰。如伯尔曼所言，"法律必须被信仰，否则它将形同虚设。"[31]另外，法的设立与必要性，也深深地与基督教对人性的认识和评价密切相关。按原罪说，人性是不可靠的和有缺陷的，为了克服人性的弱点，禁制人性的黑暗，法的规范和限定是必不可少的。可以设想，一个相信人性本善，满街都是圣人的文化，怎么会去建立一个严密完备的法律体系和法制社会呢。最后，在《圣经·旧约》中，最核心的思想就是"律法"，围绕"十诫"，犹太圣贤后来梳理出更加详细的法律条款共六百一十三条，俗称犹太教的"六百一十三条诫命"。这是何等丰富的关于"法"的资源呢，尤其是，这些"法"，其带有神圣性，其对后世的影响和启迪是绝对不容低估的。

以上言说，仅止于现代经济、政治等方面，而不及于现代文化最重要的一个部分：科学技术。我们都知道，现代社会属于理性的时代，一般流行的意见总是认为，宗教与近代兴起的科学文化，是绝对对立的，水火不容的。然而，不论验之以史实还是学理，情形远为复杂得多。"许多大科学家、大思想家正是怀着探索宇宙和人类终极原因的价值关怀，并坚信这一终极原因存在的虔诚信念，他们才能在自身的学术研究中超脱世俗的、功利的追求，以求知（也就是接近上帝）为最高目的，保证了思想探索和学术研究趣味的纯正性、神圣性，也保证了理性运用的合理性、合法性。"[32]从根本上，基督教是科学的促发性力量，而非阻碍性力量，这方面的研究，不论从史实还是从学理，在今天都已经非常地丰富和详细，对此的论述，只能期待下一章展开了。

最后，宗教除开与近代世俗文化（科学、民主、法治等）的积极关系的一面，更有其自身不可替代的独立价值，这就是为人生启示一种价值立场。关于这个话题，虽非本书所能展开，但它其实是更为根本的话题。如欲知解，最直接的途径是实实在在地进入宗教之核心经典和组织团契，去阅读体验，并切身实践之！

---

31 [美]伯尔曼：《法律与宗教》，梁治平译，中国政法大学出版社2003年版，第3页。
32 同注25。

第三节　近代入华基督教之贡献[33]

基督教近代在中国的广泛传播，无论在精神、文化，还是在社会影响上，都是十分重要的历史事件。但是，在一个半世纪后的今天，反思来路，我们却发现，不论是社会大众与意识形态接受或拒斥它时的心态和理由，还是一些学者对它进行的研究和了解，都比较缺乏一种基本的尊重全面事实的精神，和理性分析的态度；往往简单指责甚至盲目攻击者多，深入了解和理解却少。针对这一情况，本节及下一节欲提请人们注意，基督教在近代入华以

---

[33] 本章三、四节基本内容撰写较早，曾以〈基督教近代入华作用及性质之再认识〉先后分别发表于《河南师范大学学报》2002 年第 5 期、德国的德文学术期刊《今日中国》2003 年第 4-5 期（Eine Neubewertung der christlichen Missionen im Chena der Neuzeit（China heute,XXII（2003）,NR.4-5），此次成书，做了进一步的充实，补充了大量材料，内容增加近一倍多。十几年过去，本章这两节所涉论题的研究已经有了长足进步，现已有多部专著出版，比如：吴梓明《基督宗教与中国大学教育》（中国社会科学出版社 2003 年）、杨天宏《基督教与民国知识分子——1922-1927 年中国非基督教运动研究》（人民出版社 2005 年）、王立新《美国传教士与晚清中国现代化》（天津人民出版社 2008 年）、陶飞亚《基督教与中国社会研究入门》（复旦大学出版社 2009 年）、顾卫民《基督教与近代中国社会》（上海人民出版社 2010 年）、杨天宏《救赎与自救：中华基督教会边疆服务研究》（三联书店 2010 年、章博《近代中国社会变迁与基督教大学的发展——以华中大学为中心的研究》（华中师范大学出版社 2010 年）、王树槐《基督教与清季中国的教育与社会》（广西师范大学出版社 2011 年）、熊月之《西学东渐与晚清社会》（中国人民大学出版社 2011 年）、吕实强《近代中国知识分子反基督教问题论文集》（广西师范大学出版社 2011 年）、赵晓兰《传教士中文报刊史》（复旦大学出版社 2011 年）、李传斌《基督教与近代中国的不平等条约》（湖南人民出版社 2011 年）、李志刚《基督教与近代中国人物》（广西师范大学出版社 2012 年）、陈建明《近代基督教在华西地区文字事工研究》（巴蜀书社 2013 年）、李灵、陈建明编《基督教文字传媒与中国近代社会》（上海人民出版社 2013 年）、胡卫清《苦难与信仰——近代潮汕基督徒的宗教经验》（三联书店 2013 年）、蔡香玉《坚忍与守望——近代韩江下游的福音姿娘》（三联书店 2014 年）、简·亨特《优雅的福音——20 世纪初的在华美国女传教士》（三联书店 2014 年），等等。这些著作对所涉论题都有比较细致深入的讨论，有些已经达到相当水准，所以对本章内容有兴趣者，可以按此线索进一步去阅读了解。另外，有广西师范大学出版社出版的"基督教传教士传记丛书"等，也非常有价值。关于基督教近代入华之作用，可以在网上看到许多第一手的感性材料，这里提供一个链接，有大量图片，非常直观，如果进不去，可以去搜：〈传教士与中国——令人感动的老照片〉（多图）http://blog.sina.com.cn/s/blog_e48dbb8d0101p9hp.html

来，对中国社会积极影响之一面，及引起极大误解甚至曲解的一面，尤其是尝试对此误解予以清理，以稍稍纠正一下我们认识上的偏识，并期望能引起我们进一步深入探究与思考的愿望。

自鸦片战争以来，基督教（不论新教还是天主教）在中国得到了迅速的传播。据 1923 年中国基督教教会年鉴报告："基督教在全国一千零七十三县中，没有占据的只有一百二十六县，其余都树了基督教旗帜。"[34] 另据 1922 年出版的英文版《中华归主》的统计，仅从 1900 年到 1920 年的二十年间，全国的新教徒已至三十六点六万多人，差会达一百三十个，有外国传教士六千二百零四名，教堂一万多；到 1937 年，教徒增至六十五万人。天主教会也有相应的发展，1900 年时天主教徒为七十四万人，1920 年增加到一百九十多万；到 1936 年，达二百八十万人。[35] 到了 1945 年抗战结束前，新教人数约七十七万人，天主教则达到三百一十万人，[36] 1949 年，新教人数则增至八十三点五万人。[37] 许多传教士不远万里来华传教，都是抱着纯正善良的宣讲上帝福音的动机，与商务和政治并无牵涉。举第一位来华新教传教士马礼逊为例，在他由英国申请来华时，曾遭英国当局激烈反对，后辗转美国始克成行；来华后，他又遭东印度公司诸般为难。又如扬州教案的受害者，中国内地会创始人戴德生，曾说："假如我有千金英镑，中国可以全数支取，假如我有千条生命，不留下一条，全部献给中国。"[38] 在义和团运动（庚子教难）中，戴德生创立的内地会，有五十八人被害，此外还有二十一名儿童。但在事后的索赔中，戴德生主动放弃赔偿要求，即使中国政府情愿赔偿，也不接受，以示和不平等条约划清界限。[39] 再如比利时传教士雷明远，他说："我全心、全力、全灵是中国人，除此以外我不知别的。这是我的命运，中国是我的祖国。这些人全是我的兄弟，是我的孩子！"他用自己的行动证明了自己的说法，

---

34 刘心勇：〈非基督教运动述评〉，载《复旦学报》（社科版），1989 第 2 期，第 74 页。

35 楼宇烈．张志刚主编《中外宗教交流史》，湖南教育出版社 1998 版，第 427 页。

36 顾长声：《传教士与近代中国》，上海人民出版社 1981 版，第 399、394 页。

37 顾卫民：《基督教与近代中国社会》，上海人民出版社 2010 年版，第 410、351、285 页。

38 林治平：〈基督教在中国之传播及其贡献〉，自刘小枫主编《道与言——华夏文化与基督教文化相遇》，上海三联 1995 年版，第 117-118 页。

39 章开沅、刘家峰：〈如何看待近代史上的教案〉，载《人民日报》（海外版,京），2000-9-29（3）。

在 1933 至 1940 年间，他亲自参加了中国的抗日战争，组织并率领救护队奔赴前线服务，因积劳成疾而去世，国民政府曾明令表扬他。[40]

一、教育

大批教士来华后，深入内地，备尝艰辛，传教外，为中国人民作了大量有益的工作，产生了广泛影响。诸如教育平民、施医救急、抚孤慈幼、赈济灾民、破除迷信、戒绝鸦片、禁赌废娼、解放妇女等等。众所周知，中国近代化的新式学校是由西方传教士首创的，从幼稚园、小学、中学到大学，包括盲聋哑学校，一应俱全，其地位举足轻重，而发展惊人。根据一份统计表格，晚清的 1897 到 1912 年三十六年间，全国教会学校学生人数增长了二十八点三倍，平均年增长率为百分之七十八。[41] 1889 年，教会学校学生总数不到一万七千人。[42] 到 1918 年，教会学校约一万三千所，学生总数约三十五万名。估计到 1926 年，教会学校总数约达一万五千所，学生共约八十万名。而到了 1937 年，教会学校在校学生估计总数约一百万名，其中大学生约八千名，中学生约九万名，其余为小学生及一些神学院校学生。其中基督教重点放在大学，天主教则放在小学和神学。另据统计，在 1914 年，教会学校有一万二千多所，学生约二十五万名；当时中国官立学校共五万七千二百六十七所，学生共约一百六十三万名，与教会学校的比例学校是五比一，学生是六比一，[43] 由此可见教会教育在当时的比重了。

教会特别重视高等教育事业。据 1917 年日人统计，在外国人办的初等学校中，学生数占当时中国学生总数的百分之四，中等学校占百分之十一，而在外人办的高等学校中，学生数占当时中国新式学校学生总数的百分之八十。[44] 1926 年以前，中国国立大学只有北京大学一所，省立大学只有山东大学、北洋大学两所，私立大学五所，而基督教会所办大学，则有十六所，著名者如基督新教所办之北京燕京大学、济南齐鲁大学、上海圣约翰大学、上海沪江大学、苏州东吴大学、杭州之江大学、南京金陵大学、南京金陵女子

40 同注 37，第 372、398 页。

41 杨天宏：《基督教与民国知识分子——1922-1927 年中国非基督教运动研究》，人民出版社 2005 年版，第 9 页。

42 同注 34。

43 同注 36，第 333、336、337、334 页。

44 同注 34。

文理学院、武昌华中大学、广州岭南大学、成都华西协和大学、福州福建协和大学、湖南湘雅医学院等。包括天主教所办之北京辅仁大学、上海震旦大学、天津工商学院。[45]另有北京协和医学院。据统计，1925 年教会大学的学生达到了三千五百名左右。[46]除过普通教育外，在针对残疾人所进行的特殊教育方面，基督教会亦发挥了十分重要的作用，尤其是首创之功，不可磨灭。比如中国第一所盲人学校，是英国宣教士莫莱于 1874 年在北京创办；中国第一所聋哑学校，是米尔斯夫人于 1887 年在烟台创办。总之，在教育上，单就美国言，如郭沫若 1950 年在政务院第六十五次会议上报告总括的："根据一九三六年的调查，美国教会及救济机关在中国的'投资'总额达四千一百九十万美金。其中，医药方面占百分之十四点七，教育方面占百分之三十八点二，宗教及救济活动费用占百分之四十七。"[47]教会教育在四十年代亦有很大的发展，直到 1949 年中华人民共和国成立为止。诚如胡适所言，"这几十年来，教会在中国设立了很多优良的大学和中学，它们对于近代的学术实在有很多的贡献和影响，可惜现在又都没有了。"[48]

所有这些学校的设立，为介绍西方先进的科技文化和人文学术，引进西方新式教育体制，造就一代新式人才，无疑起了开先河的作用，其对几千年的旧式封建教育，形成巨大的冲击力，客观上加快了中国现代化的进程。尤其是教会大学，它的最直接的贡献是把现代教育模式移植到了中国，为没有真正意义上的高等教育的中国塑造了仿效样板，使中国高等教育迅速与世界接轨，而融入现代高等教育的潮流。教会教育在近代中国的开创性事功，由以下例举材料

45 同注 36，第 334-336 页。另参:〈民国时期的二十四所教会大学〉http://toutiao.com/a3560144106/?wxshare_count=2 关于教会大学的研究，可特别参考香港中文大学吴梓明的研究成果，比如他的《基督宗教与中国大学教育》(中国社会科学出版社 2003 年)，其中有许多线索。而较早研究中国的教会大学的著作，应该是美国学者鲁珍晞教授 1971 年出版的《中国教会大学史 1850-1950》(杭州:浙江教育出版社，1988 年版)

46 许以骅:〈基督教在华高等教育初探〉，载《复旦学报》1986 年第 5 期。

47 郭沫若:〈关于处理接受美国津贴的文化教育救济机关及宗教团体的方针的报告〉，1950 年 12 月在政务院第 65 次政务会议上的报告，并经同次会议批准(新华合页文选.第 445 号)。转引自宋光宇:〈从中国宗教活动的三个主要功能看 20 世纪中国与世界的宗教互动〉，《世界宗教研究》2000 第 3 期，第 78 页。

48 胡适:〈谈谈大学〉，载《胡适作品集》25·《胡适演讲集》(二)，台湾远流出版公司 1986 年版，第 220 页。

可以见出一斑：中国第一所西式学校，是英华书院，系由英国宣教士马礼逊、米怜于 1818 年在马六甲创办，中英双语教学，1825 年始招收女生，1843 年迁至香港。中国第一所科技学校，是"格致书院"，由英国宣教士傅兰雅于 1876 年在上海创办。中国第一所现代化大学，是山东登州文会馆（齐鲁大学前身），由美国宣教士狄考文 1882 年创办；当然也有说是 1879 年美国圣公会上海主教施约瑟创建的圣约翰书院（圣约翰大学前身）。中国第一所女子学校，由英国的阿尔德塞女士于 1844 年在宁波创办。中国第一所女子大学，是 1905 年英美教会合办的北京华北女子协和大学，1920 年并入燕京大学，等等。[49]

二、医疗

医学上，据 1936 年第十三期《基督教会年鉴》统计，基督新教三十四个差会在华创办的医院，分布全国各地，至抗战爆发，总数达二百六十个。[50]此且不算天主教会所办医院。《剑桥中国晚清史》讲，"1876 年有四万一千二百八十一名病人在四十所医院和诊所接受过治疗；三十年后，据报道每年至少有二百万病人在二百五十所教会医院和诊所接受治疗。"[51]有人总结过，"教会医疗事业从一八三五年开始，一直到一九四九年的一百多年间，在中国共设有二万五千张病床，五千万美元的投资，平均每年约有四百名外国医护人员在这些医院工作。"[52]另据估计，到 1937 年为止，法国天主教会的医院共约七十余所，床位五千张。而在华英、美教会所办的医院共有三百所，床位数为二万一千张，另有小型诊所六百处。[53]

举创建中国第一个精神病院的美国长老会的嘉约翰博士为例，他从一八五四年五月十五日到达中国之日起，一直到一九零一年八月十五日在广州去世，差不多有半个世纪之久主持博济医院的业务。据统计，嘉约翰医生诊治的门诊病人达七十四万人次，住院病人达四万人次，曾为四万九千余病人动

49 〈教会大学在中国的贡献〉http://blog.sina.cn/dpool/blog/s/blog_6119bac40101p2zu.html

50 王业兴：〈基督新教对中国近代化的双重影响〉，载《社会科学战线》（长春）1995 第 6 期，第 162 页。

51 [美]费正清主编：《剑桥中国晚清史》（上），中国社会科学院历史研究所编译室译，中国社会科学出版社 1985 年版，第 618 页。

52 同注 36，第 283 页。

53 同注 37，第 299 页。

过外科手术，翻译了三十四部西医西药书籍，培训了一百五十名西医人才等。可以说他为中国的医疗事业奉献了毕生精力，[54]践履了他"为了基督，要爱病人如同兄弟"的誓言。另据统计，至辛亥前，西人译著西医书籍达一百多种，内容涉及诊断法、绷带包扎法、皮肤病、梅毒、眼病、炎症、医学原理和实践、药物学、热病、卫生学、外科学、解剖学和生理学等，其基本为传教士所为；[55]此外，他们还开办药厂、创办医学报刊，传播现代医学知识。总之，"中国新医学的来源，显而易见是教会医学，这是没有人能够否认的。"[56]如医学史专家陈邦贤所说："外国医院组织充实，尤优于中国，外国医术减轻人民痛苦，救免夭亡，同时中国人反对基督教之偏见亦渐消除，当初医科传道会（按即医药传道会）设立之目的，亦可谓远矣！各医院之功绩不独为人治愈疾病，减少死亡率，而训练甚多中国助手，翻译西国医学书籍为汉文，传布西国医学知识于中国，其功亦不少也。今全国教会设立之医院数目与物质两方面，皆较中国自己公私立者多而且备，各省著名之教会医院，有如汕头英国长老会之医院，奉天苏格兰联合自由会之医院，杭州大英医院，汉口英国医院，上海伦敦英国传教会医院，美国圣公会医院，济南齐鲁医院，淮阴仁济医院，北京协和医院等，皆资本雄厚，规模极大，驰名全国，每年活人无数，使中国医学，日渐欧化。"[57]以上种种，无疑为救治当时处在水深火热中的中国民众的疾苦，起到了相当积极的作用。

三、科技

西方科技知识的传布，往远上推，可以追溯到明末以利玛窦为首的耶稣会士，他们向中国介绍西方的天文、历算、地理、器械制造、建筑、艺术等知识和技能，贡献甚大。到了晚清，这方面的知识和技术，首先受益于傅兰雅、丁韪良、林乐知等一批传教士的翻译之功。[58]比如曾在上海江南制造局任翻译长

---

54 同注36，第282页。

55 同注51，第619页。

56 翁之龙：〈中国的新医学〉，载《文化建设》第1卷第2期。转引自顾卫民《基督教与近代中国》第200页。

57 同注37，第203页。

58 传教士在洋务运动前后，在全国建立或参与的重要译书机构有：京师同文馆、澳门花华圣经书房和上海美华书馆、江南制造局翻译馆、格致书院和格致书室、广学会等，他们在其间大量翻译介绍西方的科学、技术、政治、法律、史地等方面

达二十八年之久的傅兰雅，是在华传教士中向中国介绍西方科学技术著作数量最多的人，据其《译事述略》收录，至 1878 年出版的各类西方科技著作达九十七种，以工程技术为主，包括算学、化学、汽学、天文、医学、物理学、军工业等，还有史学和法学等。[59]费正清另有过统计，傅兰雅"一生翻译了一百二十九篇译文，其中有五十七篇自然科学，四十八篇应用科学，十四篇陆海军科学，十篇历史和社会科学。"（此处翻译所谓"篇"，许多实际是"部"，即著作）[60]《格致汇编》是傅兰雅于 1876 年创刊的一份重要的科普杂志，至 1892 年终刊，中间数次停刊过，其前后共六十期，论题广泛，举凡西方科技新知，几无所不包，从理论到技术到机器，广为介绍，在当时社会上引起相当的反响和赞誉。他们不仅译书著述，还介入实践，指导当时洋务派兴办各类实业，引进西方的现代管理经验，实行新的管理模式，这不仅提高了我们的效率，更重要的是开阔了我们的眼界。如有人总结的，"传教士在近代中国开办的报馆，医院和学校，其内部经营管理是西方资本主义文明的产物。这些机构一般来说，管理民主化、科学化、办事有效率，用人精干，建筑实用，设备新颖，这些为中国文化教育医疗事业的兴建提供了借鉴。"[61]

四、政治

在政治方面，如范文澜先生认为的，在华新教教士是"变法运动的别一推动力"。[62]这体现在三个方面：一是变法思想的传播，得力于传教士所开设的报馆，他们于其间介绍西洋文化，以启发民智。[63]二是英国苏格兰长老会教士韦廉臣 1887 年在上海成立广学会等，以林乐知、丁韪良、李佳白、艾约瑟、李提摩太等一批传教士为主，通过西学著作的翻译，为维新志士变法提供了

的知识，影响空前。此可参见顾卫民《基督教与近代中国社会》第 179-190 页的论述。

59 同注 50，第 163 页。

60 同注 51，第 623 页。

61 顾长声：〈传教士与近代中西文化交流——兼评《剑桥中国晚清史》关于基督教在华活动的论述〉，载《历史研究》1989 第 3 期，第 60 页。

62 范文澜：《中国近代史》（上），人民出版社 1955 年第九版，第 296 页。

63 鸦片战争结束后的半个世纪里，外国人先后在中国创办了近 170 种中、外文报刊，约占同期中国报刊总数的 95%，其中大部分是以教会或传教士个人名义创办的。见杨天宏《基督教与民国知识分子》第 9 页。

理论。三是教士们创办的《万国公报》，多刊载时局论文及中外重大政治法令，有力推动了变法运动的发展。此以广学会为例，据 1912 年年报称，以往二十五年出版的主要书籍，属于宗教性的只有四十八种，而非宗教性的有一百二十种。1927 年年报称，在已往四十年中，广学会刊印的书刊有一千种，共计 369377530 页，其出版的刊物包括《万国公报》(1889-1907)、《女铎》(1911-1951)、《平民家庭》(1933-1937) 等等。传教士们宣称："我们在中国不是为了创造利润，而是为了创造历史。"我们再看看广学会刊物所涉论题，以 1928 年北伐后南京国民政府成立时期为例，当时广学会配合形势编印了《公民常识小简》十种，计有："共和的意义"、"自尊的意义"、"秩序的意义"、"劳工的意义"、"学校的意义"、"婚姻的意义"、"自由的意义"、"爱国的意义"、"革命的意义"，这些主题，无不表现出强烈鲜明的现代启蒙意识。[64]费正清说，"基督教传教士在最初唤醒中国人使之感到需要变法这一方面，曾起过重要作用（据说康有为在 1898 年对一个记者说过，他转而主张变法，主要归功于李提摩太和林乐知的著作）；此外，他们还帮助形成了改革派自己的方法、思想甚至世界观。"[65]

在此仅举林乐知一例，甲午海战后，林乐知在自己撰写的著名时论《治安新策》中，从八个方面批评了当时中国的积习，句句切中时弊：一、骄傲，自满于固有的声名文物；二、愚蠢，读书人旅行者少，即使受过教育的儒生，也不明世界大势以及天文、地理、物产方面的常识；三、胆怯，不思进取，亦不敢冒险；四、欺迍，官样文章、欺上瞒下；五、暴虐，滥用刑罚，草菅人命；六、贪私，人各顾己，不顾国家，官吏盘剥百姓，将校克扣军饷；七、因循，拘守旧章，不因时变通；八、游惰，空废光阴，虚度日月。关于改革之法，林乐知指出："天之生人，无不付以自主之理，人之待人，独不应略予以自主之权乎？约而言之，如兴学塾立书院之费，必须由民众共捐，官即不应染指。又如制造厂、纺织局、铁路、轮船、矿务、电报各公司，皆应听民间任意创立，官加以保护，而不加以制裁，其视为鱼肉者，更无论矣。又如有人创一新法，试而果利于用，官宜给以文凭，任其利薮。"[66]这些言论，有

---

64 同注 37，第 304、305、306 页。

65 同注 51，第 632-633 页。

66 林乐知：《治安新策》下之上，载《中东战纪本末》初编卷八。自熊月之：《新学东渐与晚清社会》，第 625-639 页。转引自顾卫民《基督教与近代中国》第 234 页。

些似乎过于尖锐，但他们如此说的心迹，在他们的自述中则有所透露。林乐知说："余美国人也，而寓华之日多于在美之年，爱之深，不觉言之切。"慕维廉说："本不敢论时势，论人心，实由忠爱所发，虽欲缄其口，然有不忍不言，不敢不言者也。"[67]以上识见，在当时可谓震动人心，在此后则影响深远，晚清到民国期间许多著名政治人物，都深受这些传教士的影响。

戊戌前后，李提摩太与康有为、梁启超、翁同龢等人都有较深的交往，康有为"公车上书"里的种种论说，许多即得自此前李提摩太与他的谈话内容；在变法之初，光绪皇帝曾应康有为之请，任命李提摩太为皇帝顾问，着其入京赴任。[68]辛亥革命时期，许多革命志士与基督教士均有密切交往，受其影响，许多人如孙中山等受洗成了基督徒，他们为革命为中国之命运出生入死，置个人安危和小利于不顾，实在与其信仰所提供的精神力量分不开。晏阳初就说过："中国近代的大革命家、大政治家、大外交家，如孙中山先生、王正廷先生、余日章先生等，几乎没有一个不是受过基督教教育的造就。"[69]孙中山的革命同志中信奉基督者有陆皓东、区凤墀、杨襄甫、陈少白、史坚如等众多人士，包括后来的蒋介石、孙科等，惠州之役的参与者有百分之三十是基督徒。民国成立后，国会议员中基督徒达六十余人；政府中如驻德公使颜惠庆、农林总长陈振先、海军次长李和、参政院次长王正廷、政事堂参议长林长民，亦为信徒。[70]孙中山曾说过："今日中华民国之成立，非兄弟之功，乃教会之功民国告成，自由平等，万众一体，信教自由……兄弟希望大众以宗教上之道德，补政治之所不及。"[71]

五、慈善

众所周知，基督教会在旧中国的慈幼事业以及赈灾救济活动中，有过大量作为，起过重要影响，有些甚至是开创性的。比如他们设立育婴堂、孤儿

---

67 同注 37，第 239、233 页。
68 同注 37，第 225、227 页。
69 《金陵神学志》第 15 卷，1933 年 5 月。
70 同注 37，第 275 页。有研究表明，兴中会存在的 11 年里，发展会员近 500 名，名字可考者计 290 人，其中至少 34 人接受过洗礼，占总数 12%，而且他们在组织中大多处于领袖与骨干地位。参见陈建明《孙中山与基督教》（硕士论文），四川大学历史系藏，1986 年。
71 同注 37，第 276 页。

院、盲童学校、聋哑学校等机关，收容弃婴、孤儿和各类残疾儿童，对他们进行抚养和教育，使他们能够长大成人，并能融入正常的社会生活。"解放前，仅在上海一地每年至少在街头或垃圾箱里可以找到一万八千具童尸。遇到灾荒，更是成群的婴儿被抛弃。"尤其女婴。育婴堂正是针对这种情况而开办的慈善机构。开办于 1867 年的上海圣母育婴堂，"据累计，到 1935 年该堂已收容过婴儿一万七千余名。"[72]当然，许多育婴堂因条件简陋，传染病时有发作，死亡率很高。遇到这种情况，一些士绅人等便捏造各种荒诞不经的谣言，鼓动不明真相的群众闹事，而这正是许多教案发生的重要原因之一。可是不管怎样，对此类慈幼抚孤的善举，我们应有一同情的理解，不可求全责备。那怕在兴办时是出于什么动机，毕竟我们在弃婴，而别人在为我们收养弃婴，我们毕竟没有人首先想到过要办育婴堂、孤儿院。旧中国灾害频仍，每遇灾情，总有许多传教士前往灾区了解灾情，发放救灾物品，抚慰灾民，并在海内外进行广泛的募捐活动；他们还成立各种救灾组织，从事长期系统的救济事业。[73]

六、风俗

中国旧传统中许多恶习，比如缠足、纳妾蓄婢、溺女婴、包办婚姻等，多赖传教士之努力而得彻底改变或大为改变。例如我国妇女之天足运动，便由李提摩太、林乐知等首先提倡，立德夫人于 1895 年设天足会，利用广学会书报广事宣传，他们奔走各地，开会演说，终于造成风气，1902 年，慈禧太后颁布懿旨，正式废除缠足。[74]如此，一项行之千年的旧习恶习，在短短数十年间被完全铲除。他们还禁止纳妾蓄婢，反对娼妓，设法让她们从良。[75]

---

72 同注 36，第 285 页。

73 此可参阅顾长声《传教士与近代中国》第十章之第二节、第三节，尽管在叙事和论述上都有偏见，但透过其中所引用的一些原始材料，我们还是可以见出一些实情的。面对我们成千上万无人闻问的弃婴，顾著却说什么"育婴堂就趁机收进"（第 285 页），似乎这首先是一桩大大有利可图的生意似的。至于救荒赈灾之事，传教士们也是做了大量工作，产生了积极的结果的。对于所有这些，似乎不可以用"伪善"、"收买中国人心"、"助长了帝国主义和反动派对中国的残酷统治"（第 295 页）来认识的。顾著许是由于出版过早，受极左思想影响，全书中类似认识很少。

74 同注 51，第 627 页。

75 同注 38，第 123 页。

在禁戒鸦片的活动中，教会主持推动各种戒烟组织，出钱出力竭力扼阻鸦片流毒全国。这里首先特别值得提出的是一大批美国传教士，如裨治文、卫三畏、特雷西、伯驾等，曾公开撰文并付诸于行动，来反对罪恶的鸦片贸易。卫三畏明确表示："有记载的商业史上，尚无任何一种与道德和人性相联系的贸易更加确凿地表明，比关于推崇鸦片贸易的讨论更缺乏良心。""鸦片走私的罪恶是不能容忍的，需要课以重税作为对鸦片贸易的阻遏和耻辱标志。"[76]他们将鸦片祸害描述为"一种毫不亚于奴隶制和纵欲的罪恶，甚至比二者加起来还有过之"，并指出："使得这一现代罪孽显得尤其罪大恶极的臭名昭著的事实是，外国人、开化民族、基督徒，已成为生产和贩售这种毒品的主犯。"[77]他们编印一本叫《鸦片速改文》的小册子，广为散发，产生了很大影响，其中提出禁食鸦片的六个理由：违反法纪，使人失责，败人家庭，害人健康，损人仪容，毁人灵魂。[78]他们的反对，直接的后果是导致中美《望厦条约》中明确规定："合众国民人凡有……携带鸦片及别项违禁货物至中国者，听中国地方官自行办理定罪，合众国官民均不得稍有袒护。"美国之外，英国内地会在中国的领袖戴德生及海班明先生，曾多方鼓动宣教士，以在中国的见证来游说英国议会，指认鸦片的毒害与罪恶，从而使对立法禁止鸦片贸易形成共识，1911年，英国议会终于决定终止在世界范围内的鸦片贸易。[79]总括言之，传教士在华的禁烟事功约略可分为四个方面：第一，利用文章宣传劝戒，以《万国公报》为代表，讨论鸦片之害，介绍戒烟良方，报道英国禁烟运动，建议与英方交涉禁烟事宜的方式等等。第二，利用医院戒治，清末鸦片流行以来，西人在华设立医院治疗患者，所在多有，较早者如德贞1864年来华后在北京开设的医院，数十年间救治患者无数，此后各地西人开设的医院皆仿效之。后来，全国各地陆续直接设立"戒烟所"，其中服务者多为西医，以1871年杭州的为最早。第三，促使英国禁运，传教士理雅各于1874年发起英国

---

76 S.Williams,The Middle Kingdom:A Suruey of the Geography ,Gouernment, Literature,Social Life, Art,and History of the Chinese Empire and its Inhabitants,VoL. II ,New York:Scribner,1883,p.563,p.657.

77 Mission to Board,Macao,September 7,1839,ABCEM,reel 257.

78 黄智奇:《亦有仁义——基督教传教士与鸦片贸易的斗争》,香港: 宣道出版社2004年版，第22-23页。

79 [美]李可柔、毕乐思编:《光与盐——探索近代中国改革的十位历史名人》,单传航、王文宗、刘红译，中国档案出版社2009年版，第40、44页。

国内的禁烟协会，领导者沙夫茨伯里（Shaftesbury）宣布："我充分相信这个国家怂恿这种罪恶的交易是极坏的，也许比怂恿奴隶贸易更歹毒。"随后在华传教士戴德生、李提摩太、德贞等撰文响应，1877年的中国的传教士大会，强烈支持禁烟，决议组织委员会，谋求终止鸦片贸易；后又组成调查团，进行调查取证。他们的努力虽未立马达到禁运，但禁烟风气则蔚然大开。第四，设立社团劝禁劝戒，传教士设会禁戒，最早在北京，有"戒大烟会"或"劝戒鸦片公会"；1890年，中国基督教全国大会通过禁烟议案六条，其中有建议设禁烟会，各地设支会。[80]

　　进入二十世纪，传教士更是大力投身于中国的社会改革事业。除教育、医疗和慈善工作，及反缠足、禁吸鸦片外，在少数民族问题、妇女教育问题[81]、都市劳工（如人力车夫等）问题、麻风病人的照顾、公共卫生（消灭肺结核、灭蝇运动）、建造公共运动场和娱乐设施、乡村建设等活动中，随处有传教士的身影，许多时候，传教士就是首倡者和切身实行者，厥功至伟。

　　最后，我们以下面一段话作结，以期引起我们应有的反省："基督教在中国无益也固不少，但其为益于中国者极多，如基督教在教育上，社会上，道德上的成绩，斑斑可考，不能一笔抹杀。他们自己不信教则已，不能痛诋一切。而且自己没有建设计划，徒尚空言，急其不急，而不以这些精神、财力、光阴，以作更大更重要的社会服务，反欲略教会里之建设事实且推倒之。他们爱国救人的事业似稍逊于牺牲一己，远别家乡而为我同胞育盲哑，洗麻疯，开学校设医院之外国人……我们以为这是破坏和消极的举动，正见他们需要良好宗教以重生其精神生命。"[82]

80　王树槐：《基督教与清季中国的教育与社会》，广西师范大学出版社2011年版，第155-157页。本节所述四条，完全采自该书之总结。

81　《万国公报》重要主笔，有"儒者基督徒"称号的范子美，关于妇女教育的一段话，非常真切："今日吾中国人民四百兆，而二百兆之女子，幽静之于闲闺之中，无教育、无学问、无见识……呜呼！去全国人民之半，地位日即于卑微，而欲求文化之兴，风俗之改良，社会之进步，国不陵夷衰败者，未之有也！"见范子美：〈中西女塾章程序〉，《万国公报》，复刊卷199（1905年8月），总38册，第23545-23547页。引自《光与盐》第72页。

82　同注38，第127-128页。

第四节　近代中国对基督教的误解

　　基督教在近代入华以来，尽管传教士尤其中国教民队伍良莠不齐，而传教动机也并非人人纯正，传教心态也未必能完全避免居高临下的西方优越论的殖民心态；在传教方式上，则常借助于一些不平等条约的保护，置教士教民于特权者地位；甚至在传教士中间，确实也有人借传教之名作了丑恶的事情。但有关这方面的研究，已经很多，而传教过程中的正面活动，及大量正面人物与事件，我们却曾经长期讳莫如深，不愿面对，可它们毕竟是基本事实，而且是主要事实。对这些事实进行解释和评价时，仅仅用"传教手段，动机不纯"一笔带过，恐怕也失之于过分简单。我们认为，宗教与政治、商贸和帝国主义海外殖民扩张，毕竟是两回事；教会内部的不良分子与不良行为，毕竟与教义及教会全体应该分开对待；而在中国人的反应中，盲目仇教、盲目排外，与爱国主义也似乎应该予以区分。正是在以上方面，我们很长时间里一直缺乏严肃的理性态度，我们拒绝基本事实，拒绝量化分析的方法。近代以迄当代，面对基督教在中国传播的历史事实，我们不论在当年的直接对待上，还是在后来的学术探讨上，往往是盲目化情绪化的时候较多，以同情与了解的态度对待和研究则较少矣。当然今天的情况已经有了不少的改变，并且相信会越来越趋于客观公正。

　　在对待上，首先便是众多的一系列大小教案了，据统计，从鸦片战争结束到二十世纪二十年代，大小教案计达六百余起，[83]其中最典型的数义和团运动（庚子教案）中的杀教民、杀传教士、焚毁教堂。据基督教广学会季理斐（Rev. D. M. Gillivray）所著的《庚子教案受难记》的不完全统计，从1900—1901年12月，义和团杀死来华的天主教主教五人、教士四十八人、修女九人、修士三人、中国教徒三万人；杀死的外国基督教新教传教士一百八十八人、教徒五千人，教堂有近四分之三被毁。[84]二十年代，又有知识界发起的非基督教运动，一直持续六年多时间，尤其到后期，越来越"义和团化"，即暴力化。四九年以后，曾经有采用政治手段对教会力量的压制与剥夺，尤其文革期间对天主教，许多神父被投入监狱，甚至死于非命。所有这些行为、事件甚至运动产生的原因，分析起来，大约不出如下五种：

---

83 同注41，第11页。

84 张力、刘鉴唐：《中国教案史》，四川省社会科学院出版社，1987年版，第513页。

一、妖魔化

许多地方绅民，包括许多官吏，相信并传布各种污秽荒诞的诬教言论，把基督教妖魔化。如教堂以迷药诱人入教；教士能以术御女，或以媚药奸淫妇女；男女同室听道聚会，被认为男妇群聚行淫乱之事；育婴堂被指责为"诓骗婴儿，挖目剖腹，吸食脑髓"；教会医院被怀疑挖眼剖心以为药，西医解剖尸体或制作之人体标本，均被认为是出于各种匪夷所思的邪恶动机；甚至教会所办慈善施舍事业，亦被认为只是为了诱骗愚民入教；信徒临终圣事被认为教士挖取死人眼睛以为炼银之药等等。以上之想象，多首出于士绅之口，与基督教实际相去甚远，其于基督教毁损若何，可以不论；但这中间难道没有折射出我们的文化道袍下面，所遮掩着的淫秽与污浊吗？设以健康的文化心态，会这样想象别人吗？义和团时期，"义和团在解释攻打教堂屡次失利和遭受重大伤亡的原因时，常说是因为对方有裸体妇女从屋里跑出来；守卫者在塔尖上悬挂妇人皮和其他'秽物'；洋人剖开孕妇的肚子，然后把她们订在墙上。据说天主教守卫者还有一面用妇女阴毛编织的'万女旌'，用它在塔尖上指挥作战时能阻止义和团的神仙附体。"[85]类此说法的还有如对教会各类圣事方面的想像："教中默置淫药，以妇女入教为取信，以点乳按秘为归依，以互相换淫为姻缘。示之邪术，以信其心，使死而不悔。"[86]

为进一步加深印象，我们就当年侮教言论中著名的"采战"、"吸精"、"炼银"三事，分别具体举例如下：采战，"伊传教人伪为无邪、正襟危坐，妇女皆跪前罗拜之。彼受以药丸，名曰仙丹，实媚药也。服之欲火内煎，即不能禁……伊原习房术善战，而妇女亦贪恋而甘悦之。故被采战者，视本夫如粪土。"[87]吸精，"该教有吸取童精者，迷骗十岁以外男童，以濂水滴诸顶门，或作膏药，贴诸眉额，其童之精，即从下部流出，彼则如吮乳然，尽情取之，彼童瘦软数日而死。又或以药贴足心，以针破泥丸子（气蒙子），脑浆并通身骨髓，自顶涌出，伊搜取入瓶，余则舔而食之，彼童即死。似此贻害，能不悲哉！"炼银："从教者将死之时，必有同教数人来，屏去其家之亲属，

85 [美]柯文：〈义和团、基督徒和神——从宗教战争看1900年的义和团斗争〉，载《历史研究》.2001第1期，第26-27页。

86 苏及寓：〈邪毒实据〉，载《圣朝破邪集》第3卷，第34页。引自顾卫民《基督教与近代中国社会》第50页。

87 吕实强：《近代中国官绅的反教原因，1860-1874》，第142-144页。引自顾卫民《基督教与近代中国社会》第170页。

伊等在内念经求救。其实乘其人尚存气息，即剜其目，剖去其心，为彼国造伪银之药，然后以布束尸，听家人殡殓。盖谓人之精灵在身，而五脏之精华在目，新目存，其人犹未死，对之念经，则必登天堂，至于躯壳，犹传舍也，不必惜之，此害人也，终自害也。"[88]这些说法，仅仅用"愚昧"二字来认识，是远远不到位的。

二、政治化

许多人认为基督教是帝国主义侵略中国的工具，把基督教政治化。这一看法中绝大部分实在多出误解，起因有四：第一、误太平天国之拜上帝教与天主教相同，其实它乃一中国特色的四不象。清廷痛恨洪秀全者，一并及于天主教，认为其煽惑人心，图谋不轨。当时有人从因果关系上有如下说法："粤匪滋事，始于夷人；夷人横行，由于粤匪。粤匪鼠扰十五省，污先圣之庙，生灵涂炭，民不聊生，夷人乘其隙而传教。"[89]但在外国人眼里又如何呢？曾任英国驻上海领事翻译官的富礼赐指出："天王之基督教不是什么东西，只是一个狂人对神圣的最大亵渎而已；而他的部下之宗教，简直是大笑话和滑稽剧。天王是一个最为顽固、不能匡正的异端之徒。……天主教教皇如有权治他，早就把他烧死了。"[90]

第二、《黄埔条约》、《天津条约》和《北京条约》等不平等条约中，有间接或直接保护外人传教及教民利益条款，从而置教士、教民于一特殊群体中，使传教活动大大超出了纯粹宗教范围。这种情况最容易引起民族情感上的反感、反弹，传教士内部有欢呼的，也有表示忧虑的。比如，法国的朗怀仁主

---

88 王明伦编：《反洋教书文揭帖选》，第5页。引自顾卫民《基督教与近代中国社会》第171页。

89 吕实强《近代中国官绅反教的原因，1860—1874》，引自顾卫民《基督教与近代中国社会》第167页。

90 《天京游记》中国近代史资料丛刊《太平天国》（二），第950页。引自顾卫民《基督教与近代中国社会》第131页。关于太平天国政权的性质，历史学家郭廷以认为："太平天国的政治是神权专制政治，政制是极端中央集权制"。洪秀全革命的目的是："要来一个翻天覆地，重写中国的历史，甚至人类的历史；改变旧有的文物制度，排除其信仰，消灭传统思想，奴役人民，控制财物，最后是建立自己的王朝，一切归自己统治支配。他不仅要做中国真主，还要做万国真主。"（《郭廷以口述自传》，中国大百科全书出版社2009年版，第182页。）这样的目标，与基督教超越于世俗王国之上的"天国"完全是风马牛不相及的，甚至完全是相反的。

教和中国各代牧区主教，向法国皇帝拿破仑三世呈递的请愿书写道："1860年的条约为我们在中国的传教士开辟了新纪元。现在我们能够自由地深入久闭的中国内地，在那里可以讲道、设堂、建设慈善机构，取得这个自由应当归功于陛下的大力保护，归功于北京的密切注视条约执行的公使。"[91]美国传教士丁韪良主动要求担任美国公使与清廷谈判"天津条约"的翻译，结束后曾说："按照上帝的意旨看来是必需的，首先应该使用武力，令这些高傲的亚洲人谦恭下来，然后才能够以福音把他们抬高。[92]"早期来上海的美国传教士晏玛太，在写给美国的差会报告中却说："我们进入中国的时候，鸦片战争刚刚结束四五年。中国人在这次战争中被英国人击败，被迫签订了一个条约，开放五口与外国通商，赔偿了沉重的战费。这说明，为什么中国人如此强烈地反对一切外国人，他们也分不清外国人的国别……所以，当我们开始在上海传教的时候，我们必须同一个已被征服但却不可掉以轻心的敌对情绪作战。"[93]法国天主教耶稣会在华传教士梅得尔神父，在回答征求他的意见的法国订约公使葛罗男爵时说："我们只坚持为接受我们福音的人民做善举，我们不要求、也不希望什么特殊照顾。假如我们要挟过多，人们必将痛恨我们，反而妨碍了我们的慈善事业。我们最好还是一心仰赖天主的上智，和天主委托玉成这种使命的人们的仁爱。"[94]

在教会传教事业与不平等条约的勾连中，尤以法国运用政治、军事力量对于天主教给予保护为典型，他们干涉地方行政司法事务，偏袒教民，引起官民极大愤慨。如此，西方教士远道来华布道的宗教动机，已与各国政府的对华侵略混合为一，难以分别；并且，这中间确实出现过不少十分伤害中国主权和利益及民族感情的事件。在此可以引用莫理循的观察为证：传教士，尤其是罗马天主教的传教士遭中国人仇视，因为"他们要求并得到很大的权力。根据 1899 年 3 月 15 日颁布的一项法令，罗马天主教的主教与总督平起

91　史式徽《江南传教史》第 1 卷，第 194 页。引自顾卫民《基督教与近代中国社会》第 92 页。

92　Ralph Covell,W.A.P.Martin:Pioneer of Progress in China,p.90. 引自顾卫民《基督教与近代中国社会》第 103 页。

93　Charles E. Taylor,The Story of Yeats the Missionary,as told in His Letters and Reminisoenoes,p.59. 引自顾卫民《基督教与近代中国社会》第 107 页。

94　史式徽《江南传教史》第 2 卷，第 6 页。引自顾卫民《基督教与近代中国社会》第 107-108 页。

平坐，赐有全套官服排场——顶戴花翎，跟班随从，仪仗伞盖，鸣炮迎送，甚至一般的教士也有知县官衔。在上海召开的一次英国国教主教会议上，与会代表一致'警觉地'注意到'罗马天主教传教士干涉中国各省和地方政府事务的现象变得越来越严重'。基督教传教士虽然理论上没有非宗教的权力，但是他们对所入侵国家的人民经常像天主教教士一样蛮横无情。中国人相信某些地方不能盖房子，因为这会破坏当地的风水，可是传教士却不顾中国人的反对，盖起了屋顶尖尖的教堂。正如一位中国作家说的那样：'如果有人在威斯敏斯特教堂旁建一座令人讨厌的皮革厂，一定会引起英国人举国上下的强烈抱怨。在中国人心目中的风水宝地盖一座尖顶教堂同样也会引起中国人的强烈抱怨。'"[95]作为外国人，莫理循的观察很能击中要害，说明某些传教士面对一个备受欺凌的民族，而不能体察其痛苦的处境，却居高临下，骄横粗暴，其已远远超出了作为基督徒所应具有的谦卑情怀，这些做法严重伤害了中国人的民族感情和民族尊严，其引起仇视与激烈反弹势在必然，这是他们应该深自反省的。

此外还有一种情况，也应予以专门指出。就是不少传教士由于先入中国并且掌握汉语，便被动或主动充当过殖民者与清政府谈判中的翻译，比如马礼逊、丁韪良、卫三畏、艾嘉略等人。其中马礼逊还接受了英国驻中国商务副领事一职，为调停领事律劳卑和两广总督卢坤的冲突，奔走于广州和澳门间，因辛劳过度患急病而去世，时年仅五十二岁。但作为传教士，不管主动还是被动，在外交和政治事务中的介入，都易造成误解和看法的。[96]

最后，我们当了解相反的情况，比如乐灵生、司徒雷登等教会人士，均对二十年代中国"非基"运动中要求废除不平等条约的要求，深表同情，乐灵生自己就曾会同其他一些传教士，亲赴美国驻华公使馆向公使请愿，要求美国取消对华的一切不平等条约。[97]

第三、教会内部出于传教或赈灾目的，所作的一些社会调查、数据统计，以及绘制的地图表格，被误认为间谍行为；另外，由于传教士到达中国后，深入内地，无远弗届，三教九流，无不接触，传教的方式方法又异于国人所

---

95 [澳]西里尔·珀尔：《北京的莫理循》，檀东鍟　窦坤译，福建教育出版社 2003 年版，第 158 页。

96 同注 37，第 83、103、105 页。

97 同注 37，第 359 页。

能了解、理解和接受的范围，这一切，亦易引起怀疑和猜测。当然，我们不否认个别传教士干过与自己身份不相称的事情，也不排除一些统计和图表为帝国主义分子所利用的情形。

第四、不少入教者素质极为低劣，实为地痞流氓无赖之徒，入教以获得庇护。他们逃避政府政令役税，犯案可倚势从轻，其跋扈乡里，为所欲为，外来教士每每不察或难察实情，有意无意袒护之，于是引起公愤和官绅对基督教之鄙视。费正清在《剑桥中国晚清史》中指出：中国的有教养和有社会地位的教徒的人数从来都微不足道。中国有了基督教信徒，但"他们从来人数不多，也几乎只限于贫苦的农民和市民、犯罪分子和其他声名狼藉的人、以及通商口岸上弄得贫无立锥之地的人。对于大多数与现状仍然象鱼水一样和谐的中国人来说，基督教不仅缺乏号召力，也好像是一种明显的威胁。"[98]有些中国教徒"利用他们和外国人的关系进行敲诈勒索和拒不纳税。特别令人愤愤的是，中国教徒普遍乐于依仗教会的支持和庇护，同非基督教徒的对手打官司。某些传教士（主要是天主教传教士）纵容、甚至鼓励这种行为。因为他们能够对衙门施加相当大的影响，使得有时做出偏袒基督徒压制非基督徒的、是非颠倒的裁决。事情一发不可收拾到这种地步，即莠民自然要纷纷攀附教会，这便进一步加剧了中国教徒和普通中国人之间的摩擦。"[99]备受教案困扰的曾国藩在奏折中写到："凡教中犯案，教士不问是非，曲庇教民；领事亦不问是非，曲庇教士。遇有民教争斗，平民恒曲，教民恒胜。教民势焰愈横，平民愤郁愈甚。郁极必发，则聚众群思一逞。"[100]曾出使欧洲思想极为开明的郭嵩焘在1877年明确指出："天主教以护教为名，恃其权利，以纵庇之。于是作奸犯科，一依教堂为抗官之具。至有身犯重罪入教以求庇者，有与人为仇依附教士以逞其毒者。府、县、厅、镇凡建天主堂者，地方则不得安其生。"[101]教民素质低劣，此可另举创立"福汉会"的德籍牧师郭实腊为例。据记载，郭牧师雇佣的传道助理，不少即是游民和鸦片吸食者，他们领取了宣传品、路费和津贴以后，并未深入内地认真发送，只是暂时避开外国传教士的耳目，把宣传品按斤两出售给邻近的杂货铺，以为包装商品之用，

---

98 同注51，第602页。

99 同注51，第610页。

100 同注39。

101 同注39。

到预定的时间再返回训练中心作虚假报告，以便领取薪水。[102]最后，我们且看看郑观应的说法："凡进教者或为财产所诱不克自持，或以狂病未瘳失其本性，或奸民倚为声势，或犯罪求为系援。必先有藐官玩法之心，乃欺作逆理拂情之事。"[103]这里面除偏见之外，是有其可坐实之处的。

对于基督教是帝国主义侵略中国的先驱之说，基督徒胡簪云在《基督教与帝国主义》一文中有最为透彻的阐述，他指出这种说法是中国文人牵强附会能力的反映，基督教与帝国主义不仅是风马牛不相及的东西，而且是两件相反的东西。因为耶稣本人即反对帝国主义，历史上基督教与帝国主义不两立，尤其是，基督教在华事业与帝国主义无关。胡氏认为，说基督教是帝国主义侵华的先锋队，乃出于成见，并无真凭实据，"仍未脱我们祖先'莫须有'、'其大罪十也'的老手段"。"其实各国来中国的传道会，俱由各国信徒自己组织，完全与各国政府无涉"，其所办者如设教会、开学校及创办医院、疯人院、孤儿院等，皆"造福中国而非侵略中国的事情"。他在文章最后指出："总之，我们可以干脆地反对帝国主义，不必混扯基督教；反之我们如果觉得基督教不好，我们可以干脆地正旗正鼓地反对基督教，不必混扯帝国主义，故入人罪。因为如此做来，其结果不但不能令人服输——因为问非其罪，反足激起无知的下级人民蠢动，演成一种卑劣、无理、可叹之悲剧结局而已。义和团其前车也。"[104]

三、异类化

在文化上认为基督教不讲伦常道德，类于禽兽，将其异类化。这些观点主要集中于旧式士绅与官僚阶层。现录湖南士绅全省公檄如下，很能说明当时士人阶层的总体看法：天主教"不扫墟墓，不祀木主，无祖宗也；父称老兄，母称老姊，无父子也；生女不嫁，留待教主，无夫妇也；不分贫富，入教给钱，无廉耻也；不分男女，赤身共沐，无羞恶也。"[105]很显然，这里边有些是文化与习俗之差异，有些则是误解甚至是莫须有。另，

102 同注37，第114页。

103 郑观应：《郑观应集》（上），上海人民出版社1982年版，第121页。

104 胡簪云：〈基督教与帝国主义——对于非基督教同盟的杂感〉，《晨光》周刊第1卷，第3、5、6号。转引同注41，第270-271页。

105 李恩涵：〈同治年间反基督教的言论〉，引自.刘小枫主编：《道与言——华夏文化与基督教文化相遇》，上海三联1995年版，第213页。

湖南衡阳绅民呈请禁教的公呈有议论说："窃维天主教者，肇自岛夷，情同禽兽，前古未之有也。""设使彼教终得行于中华，则数千年衣冠礼仪之邦，一旦化为倮虫鳀人之域，狷狷兽畜禽群，岂不大可痛哉！岂不深可恨哉！"[106]另有："一旦使夷教入境，满地腥膻，坐视中国三千年诗书礼乐之化夷于禽兽，圣朝二百年来爱民养士之恩付诸流水。"[107]如此想法与情绪，除了莫名其妙外，还有让人厌恶的奴性在。有人指出，同治年间多次反教案件中，"士绅人物常是主要策划者与煽动者，而读书应考的士子则常是打教的群众。"[108]"反外揭帖通常是由士绅写成，并且经过地方官的详细审阅，只是落款时才打着民众的旗号。"[109]还有人说过："凡谋与洋人为难者，非进士，即举人，非举人，即秀才，从未闻无功名之士，能煽动愚民，为其效力者。"[110]谈到义和团运动（庚子教案），1900 年 5 月底随英国侵华军舰"奥兰度"号来到天津，并参加了战争的 G·吉普斯准尉，在他后来写的《华北作战记》中，有这样一段话："每一事件都清楚地表明：灾祸并不是来自中国人民，而是来自清朝的官吏以及文人阶层。官吏和文人们通常虽不直接参与暴行，但是，他们教唆、煽动乱民对平安相处的基督教'蛮夷'横加凌辱，甚至迫害。"[111]

以上情况，似乎是由于文化差异及闭目塞听，所导致的观念与行动上的大的误解与冲突；然而，在根本上，实际与现实的利益因素密切相关。梁启超就曾指出过，"耶教之入我国数百年矣，而上流人士从之者稀。"[112]原因

---

106 朱克敬：《暝庵杂识·暝庵二识》，岳麓书社 1983 年版，第 88，90 页。

107 [台]中央研究院近代史研究所编：《教务教案档》第 3 辑，中央研究院近代史研究所（台湾）1975 年版，第 895 页。转引同注 9，第 21 页。

108 同注 105，第 215 页。

109 《义和团研究会通讯》（总）第 6 期，中国义和团研究会 1988 年，第 21 页。引自顾卫民《基督教与近代中国社会》第 159 页。

110 《论中国停试事》宣统年间刻。另参顾卫民：〈十九世纪中国社会排拒基督教的原因〉，载《江海学刊》1991 年第 2 期，第 160 页。

111 天津社会科学院历史研究所编：《八国联军在天津》，齐鲁书社 1980 版，第 2 页。

112 梁启超：〈保教非所以尊孔论〉，引自杨天宏：《基督教与近代中国》，四川人民出版社 1994 年版，第 27 页。另，Paul Cohen 也有同样的观察："在十九世纪，受教育的中国人当中变成基督徒的比例微乎其微。各社会阶级，尤其是精英阶级对基督教的抵制和仇恨十分普遍。"（转引自陈荣毅、王忠欣等《解构与重建——中国文化更新的神学思考》，加拿大恩福协会，1998 年版，第 126 页。）

何在，大可深思。顾卫民对此有比较深入的回答："虽然排教运动的深刻根源在于教会作为一股外来的力量，进入中国社会以后，与以官绅为代表的传统势力存在的利益纠纷与冲突。但是这种对峙与撞击，却以激烈的意识形态对抗的外观表现出来。'其辟邪书文各种，有具名大清臣子周孔徒者，有统称大清天下儒、释、道三教公议者，有孔、颜、曾、孟四氏裔孙及周、程、朱、张四氏裔孙公同刊布者，有全湘士绅公刊者，立论各有不同，大都详叙邪教四处结匪巢、散妖书、放迷药、行淫术、逞毒威、诱胁愚民投叛异族之恶。'"[113]除了利益考量外，顾先生还从异端角度，对文化上的反教举动有补充解释："基督教新教和天主教在近代的中国信徒，是一支有别于传统的士、农、工、商的特殊的社会群体，他们多数是下层社会中的印刷工、贩夫走卒、渔民、农人、客家人，即使有一部分殷实的商人，也因为他们拒绝参加科举、步入仕宦而游移于上层社会之外。"这些信徒面对自己的信仰时，都严格按照教义、教规行事，因而与周围习俗悖离甚远，引起疑忌、误解和嘲讽，被目为社会异类，不为所容。[114]

可堪注意的是，一些非常有名的"睁眼看世界"的先进人士，在提倡西学的同时，却对基督教深怀偏见，后来诸多侮教言论，在源头上就始于他们，比如魏源的《海国图志》、夏燮的《中西纪事》、冯桂芬的《校邠庐抗议》等。在《海国图志·天主教考》里，魏源广征博引前人关于天主教的种种荒诞不经的臆测和传闻，并于最后综述道："查西洋之天主教不可知，若中国之天主教，则方其入教也，有吞受药丸领银三次之事；有扫除祖先神主之事；有同教男女共宿一堂之事；其病终有本师来取目睛之事。其银两每次给百三十两，为贸易资本，亏折则复领，凡领三次，则不复给，赡之终身。"夏燮在当时绝非愚昧昏聩者辈，但他对基督教的成见一样地根深蒂固，在书中，他重述了流行的关于天主教的各种讹言："近年来始有传其取婴儿脑髓室女红丸之事，播入人口，盖又于天主堂后兼设育婴会也。道家修炼，其下流者，流入采补，此固邪教中必有之事。"著名维新家冯桂芬一方面大力鼓吹西学、西艺，但同时却不忘指出"耶稣教者，率猥鄙无足道。"[115]一叶知秋，由以

113　王明伦编:《反洋教书文揭帖选》，齐鲁书社 1984 年版，第 182 页。具见顾卫民《基督教与近代中国社会》，上海人民出版社 2010 年版，第 138 页。另可参顾书第 160 页之论述。

114　同注 37，第 117-118 页。

115　同注 37，第 161-162 页。

上所举事实，便很好理解 1895 年英、美著名传教士戴德生、李提摩太等二十人，对总理衙门的联名上书《永息教案策》了。他们明确指出，教案实因《海国图志》等书"诋谤教会之语、诬赖教民，累牍连篇耸人观听之所致也；而于教中所行之善事，概不提及；即或有所称述，亦隐刺西人心怀叵测，务使见此书者皆视教民如秕莠，避之唯恐不及而后已。"他们请求朝廷"明谕各省，将《海国图志》、《经世文续编》内谤教之文及各种污蔑教会之书，一律按法实在剔除禁止，声明各教士既系为中国办理有益诸事，中国人民不得视为异端邪教。"[116]

文化反教方面的另一可注意处在于，官绅阶级之反教言论，往往以高尚的"保国保教"之文化与道德观点立论，但在实际行动和手段上，却"口孔孟而行盗跖"，每每表现出为传统道德所不容许的极端残忍性，欲将对方斩尽杀绝而后已。比如郑观应："如改约而彼不肯从，则别习教之民，编为教籍，子孙世世为庶人，不许娶亲、不许应试、不许捐纳、不许充兵……"这其实质是贬教民为贱民，使其成为一般社会所不齿的异类。《辟邪纪实》规定，有从教者，或者在宗祠内处死，或者由团总当众处死，其中鼓励人民随处告密。有十九世纪七十年代发生在天主教江南教区的教案，极为残酷，"人们将神父剥得'一丝不挂'击杀后，还'剖开神父的肚子，拉出内脏，割下四肢，躯体当场被焚毁'。一个中国教徒被击杀后，'暴徒们在他的老母亲面前焚烧他的尸体'。一位天主堂中的幼儿被杀后，'小孩尸体被斩成肉块投入生石灰中'。"天津教案发生时，有十位修女被杀害。"修女们在被害以前，曾被剥去衣服，赤露身体。她们的尸首，也只能找到一些烧焦的断足残肢。"[117]有传教士曾对中国的士绅阶级有如下指控："在中国文人主要从儒家学到的温文尔雅的外表下面，几乎只有狡诈、愚昧、野蛮、粗野、傲慢和对任何外国事物的根深蒂固的仇恨。"[118]这仅仅是偏见吗？

从明末清初的利玛窦，到晚清、民国时期的李提摩太、林乐知等人，都深刻地认识到了中国社会结构的特点，主张走一条"从上而下"的传教路线，强调将传教工作的重点放在中国知识精英身上，他们为此做了大量工作。

---

116 同注 37，第 160-161 页。

117 同注 37，第 169 页；第 156 页。

118 保罗·科恩：《中国与基督教：传教运动与中国排外情绪的滋长》，第 80 页。转引自顾卫民《基督教与近代中国社会》第 164。

李提摩太在来中国之前，派遣他的差会即以此叮嘱他；李氏此后终生奉行的信念便是：只要知识阶层皈依了基督教，中国才有可能转向上帝。他初到中国时，在烟台向下层社会宣教，结果收效甚微，反省之下，他向差会报告道："我现在专门找上等人，只要得到了上等人，就可以得到其余的一切。"[119]从那时起，他改穿儒生的长袍，并在脑后留了一根假辫子，开始学习儒家、道家等的典籍，同时积极与地方官吏和士绅交游。他甚至做过详细的调查，涉及面包括中央到地方的大小文武官员，各类在职官吏及在野士大夫，还有全国的秀才和应试书生，并包括官吏和文人家里的妇女儿童，最后数字是四万四千零三十六人。他认为这四万四千余名人，构成了中国社会的上层人士，其表面看来是一个大数目，但分散到幅员辽阔的帝国境内，平均每县仅有三十个人。李氏声称："我们提议，要把这批人作为我们的学生，我们将把有关对于中国最重要的知识系统地教育他们，直到教他们懂得有必要为他们苦难的国家采用更好的方法时为止。"[120]无论是传教方略还是参与晚清新政，李氏的路线都是："首教官员，次教富绅，三教儒士，四教平民。"[121]这样的眼光与策略，不可谓不深刻久远。

---

119 Timothy Richard, Conversion by the Millions in China, Shanghai, 1907, Vol.1, p.81. 丁韪良和李提摩太等人虽然几乎尽毕生之力向士大夫阶层宣传福音，成效甚微。正如Paul Cohen 所指出的："在十九世纪，受教育的中国人当中变成基督徒的比例微乎其微。……各社会阶级，尤其是精英阶级对基督教的抵制和仇恨十分普遍。"（引自：陈荣毅、王忠欣等：《解构与重建——中国文化更新的神学思考》（非卖品），加拿大福恩协会 1998 年，第 126 页）

120 1891 年 10 月 31 日，《同文书会年报》第 4 号，《出版史料》1988 年 3、4 合期，第 60 页。引自顾卫民《基督教与近代中国社会》第 223-224 页。

121 王树槐：《外人与戊戌变法》，第 28-29 页。引自顾卫民《基督教与近代中国社会》第 224 页。为呼应李提摩太的观点，这里附上清代早期大官僚、大才子纪晓岚编写的一则故事，其中对传教士的看法，尽在四字中矣："巧"、"黠"、"痴"、"颠"。这其中透露出的信息颇值得玩味。李提摩太的传教策略，对于中国的士大夫，其实是一个范式转换的问题，也就是一个"世界观"的问题。要转换，得有信息对称的比较，条件是"自由"——言论自由，信仰自由。纪的时代没有"自由"。以下是故事本身：（狐鬼）其一举手北指曰："此故明首善书院，今为西洋天主堂矣。其推步星象，制作器物，实巧不可阶。其教则变换佛经，而附会以儒理。吾曩昔往窃听，每谈至无归宿处，辄以天主解结，故迄不能行。然观其作事，心计亦殊黠。"其一曰："君谓其黠，我则怪其太痴。彼奉其国王之命，航海而来，不过欲化中国为彼教。揆度事势，宁有是理！而自利玛窦以后，源源续至，不偿其所愿终不止，不亦颠欤？"（纪晓岚《阅微草堂笔记》，浙江古籍出版社 2010 年版，第 144 页）

四、愚昧化

在文化上把基督教愚昧化，认为基督教与科学完全对立，将其等同于黑暗与愚昧的迷信，誓言要对其"作战"、"决斗"，必"铲除"而后快。[122]这种看法主要集中在五四前后觉醒的一批新式知识分子中间，至今虽说有所松动，但依然没有根本性的改变。二十年代的"非基督教学生同盟宣言"及"非宗教大同盟宣言"均持此观点："我们自誓要为人类社会扫除宗教的毒害，我们深恶痛绝宗教之流毒于人类社会，十倍千倍于洪水猛兽。有宗教可无人类，有人类应无宗教。宗教与人类，不能两立。""好笑的宗教，与科学真理既不相容；可恶的宗教，与人道主义完全违背。""我们于一切宗教中特别反对基督教。"[123]"我们相信在宗教迷信之下，真理不能昌明，自由不能确保。"[124]这批新式知识分子，虽然在内心深处与十九世纪的反教者一样，都涌动着强烈的民族意识和国家观念，但他们所使用的反教理论和思想武器，却已不再是传统的夷夏之防和人禽之辨，而是来自近代西方从文艺复兴到启蒙运动以来的诸种新学说，如马克思主义、无政府主义、科学主义、理性主义、经验主义等等。他们在五四前后都受到西方科学与民主精神的洗礼；又于二十年代初受罗素、杜威来华讲学所宣传的实用主义，尤其是罗素的反基督教立场的影响，所以坚决反对宗教尤其基督教。具体言之，如1922年的上海非基督教学生同盟宣言，明显与社会主义思潮有关："各国资本家在中国设立教会，无非是要诱惑中国人民欢迎资本主义；在中国设立基督教青年会，无非要养成资本家底善良走狗。简单一句，目的即在于吮吸中国人民底膏血。""现代的基督教及基督教会，就是经济侵略的先锋队。"[125]另如湖南学生非宗教同盟宣言："福音书多印一章，中国人即多死一个，礼拜堂多建一座，中国无产阶级身上的肉就多被割去一方。"[126]反教者声称：他们"秉爱国之热忱，具科学之精神，以积极的手段，反对基督教及其所办一切事业。"[127]胡适说："叫人知道为全种万世而生活就是宗教，就是最高的宗教，而那

122　同注41，第129页。

123　〈北京非宗教大同盟宣言〉、〈非基督教同盟宣言〉，自刘小枫主编：《道与言——华夏文化与基督教文化相遇》，上海三联1995年版，第130页，第129页。

124　〈反对宗教的文电又一束〉，《晨报》1922年4月4日。

125　同注41，第107页。

126　〈纪湖南非宗教大同盟〉，《大公报》1922年4月5日。转引同注41，第126页。

127　〈非基督教同盟简章〉，《觉悟》1924年8月19日。转引同注41，第236页。

些替个人谋死后的天堂、净土的宗教，乃是自私自利的宗教。"还有蔡元培，在1922年北京非宗教大同盟开会时，抱病发表演说："因为现今各种宗教都是拘泥着陈腐的主义，用诡诞的仪式、夸张的宣传，引起无知识人盲作的信仰，来维持传教人的生活。这完全是用外力侵入个人的精神世界，可算作侵犯人权的。我尤所反对的，是那些教会的学校同青年会，用种种暗示，来诱惑未成年的学生去信仰他们的基督教。"汪精卫则说："耶教因为狭隘，所以见了不同教的人，便要拿他落地狱受苦……这种残忍、狠毒的思想，在礼拜堂中养成。如今欧洲民族，自己也有些觉悟了，信仰自由，国国都载在宪法，却还有一班夜叉，跑到中国，要将我等拿住发往地狱受苦呢。"[128]

"非基"运动期间，有人攻击教会教育说："于中华民族前途有至大危险的，当首推教会教育。教会在中国取得了传教权与教育权，实为中国历史上之千古痛心事。"文章认为教会教育的罪行有：侵略性、制造宗教阶级、妨碍中国教育之统一等。[129]"他们来中国办学，完全是利用耶教来灭中国。圣经、祈祷，是杀我们的灵魂底利器，青年学子的精神，完全被它消磨了。"[130]运动期间，甚至有人攻击由基督教青年会发起的旨在废娼的"贞洁运动"，他们认为"贞洁运动是基督教的把戏"，"是借题目出风头"，说"基督教是不贞洁的渊源"，[131]"基督教启导多妻制，基督教启导卖淫制度。"因此，"贞洁运动"的后果必然是"真贞洁的人们被假贞洁的基督教愚弄，小不贞洁的娼妓被大不贞洁的基督教牺牲"。[132]这样不顾基本事实，把基督教与多妻制和卖淫制度连接起来的做法，已经完全成了情绪的宣泄。

然而，我们且听听当时个别的不同声音，梁启超对非宗教同盟"讨武檄"式的电报，及"灭此朝食"、"铲除恶魔"一类的激烈言辞提出批评，他认为这种做法淹没了"恳切严正的精神"，并暴露出国民"虚骄的弱点"。他说："在我所下的宗教定义之下，认宗教是神圣的，认宗教为人类社会有益且必要的事物"。因为大千世界纷繁复杂，科学理性并不能包罗一切。人除

---

128 同注37，第317，318，319，322页。

129 余家菊：〈教会教育问题〉，张钦士辑《国内近十年来之宗教思潮》，燕京华文学校1927年版，第305页。转引同注41，第203页。

130 觉我：〈可怜监狱条件下的学生〉，《中国青年》第2集第33期。转引同注41，第206页。

131 补碎：〈宗教与贞洁运动〉，《广东群报》1922年3月30日。

132 何觉甫：〈基督教与贞洁运动〉，《广东群报》1922年4月4日。

了理性之外，尚有感情，宗教乃感情的产物，"要用理性来解剖他，是不可能的"。[133]傅铜认为非基督教运动本身便带有宗教色彩，并且是非科学的，"所发表的都是情感上的话，都是门外汉的反对。"即就反对宗教，也不应仅仅抓住基督教，放过"比基督教更可反对的宗教"。[134]《剑桥中国晚清史》指出："二十世纪中国人反对基督教的主要论据之一是，它的主张与现代科学的成果有出入。具有讽刺意味的是，新教传教士在十九世纪把西方科学传入中国时都起了主要作用。……新教徒创作的科学和数学著作比所有其它非宗教问题的著作的总数还要多。"[135]这一现象的存在，至少告诉我们，宗教与科学之间的关系，比所谓的对立要复杂得多。

　　另外，"非基"运动期间，教会人士的声音也非常重要，值得一听。他们首先对各种反教言论认真进行了回应与评论，如刘廷芳为证道团机关刊物《生命月刊》撰写社论，回答《非基督教学生同盟宣言》说："这篇文章有三样特色；1、这是一篇很好的白话文，措辞很清顺；2、这是一篇很嫩的文章，全凭意气，不讲理性；3、这是一篇鼓吹作用的文字，从头至尾偏执激烈。这篇文章是要反对基督教，因此也反对基督教的产物'世界基督教学生同盟'。但反对的论调，是像初学布尔什维克的口吻，不是科学家、哲学家、历史学家平心静气、切实具体的研究和有研究后细心精确的批评。"[136]另有简又文等人在基督教青年会机关刊物《青年进步》上，联名发表《对于非宗教运动的宣言》，分十款阐述了自己的看法，内容大致如下：1、非基督教同盟的言论违反了科学精神；2、破坏了信仰自由的原则；3、运动攻击世界基督教学生同盟大会，名为爱国，实则辱国；4、非基督教人士徒尚空言，于社会改造毫无建树。简又文另有文章指出非宗教人士少专门的学者，而这反映了教育上的一个大弱点："试看一个研究生物学或政治学或其他科学的人，

133 梁启超：〈评非宗教大同盟〉，原载《哲学》第 6 期，1922 年 6 月。见张士钦编《国内近十年来之宗教思潮》，燕京华文学校 1927 版，第 369-370 页。梁的原话有曰："我以为许多'灭此朝食'、'铲除恶魔'一类话，无益于事实、徒暴露国民虚骄的弱点，失天下人的同情。至于对那些主张信教自由的人加以严酷的责备，越发可以不必了。"

134 傅铜：〈科学的非宗教运动与宗教的非宗教运动〉，原载《哲学》第 6 期，1922 年 6 月。引自杨天宏《基督教与民国知识分子》第 144 页。

135 同注 51，第 622 页。

136 〈非基督教学生同盟〉，《生命月刊》第 2 卷第 7 期，1922 年 3 月。转引同注 41，第 159 页。

竟敢用武断的威权，冒学理的招牌，居然用最确定的字句以断定宗教生死的命运。……这些'学者'和'名流'对于社会上、学术上任何问题，不问是自己专门研究的范围不是，几乎无一不书，无一不道，复在处处都妄用同等的威权，以作不易的结论。像这样'道台式'的学者和'通天晓'的名流，新教育界万不要劝后辈学子学他们，还要引以为戒。"[137]

在护教的同时，基督教界是非常积极地对待各种批评的，比如美国南浸礼会传教士、《教务杂志》主笔乐灵生，即认为教会应正视各种批评，从自身作出反省与革新。吴雷川、赵紫宸等中国教会人士，也明确指出西方传教士在传教及对中国文化的了解方面的缺陷与不足："传教士既不得窥见中国旧有的文明，方以为中国也和初开辟的澳洲和非洲，同是野蛮的民族，因为预备的传教方法，显然不合于中国国情。……基督教在中国，向来为士大夫所轻蔑，近且激起无谓仇视，这既不是基督教本身原有的缺憾，也未必是中国学者不能接受真光，乃是传教者未得着合宜的方法与工具。"西来教士传教热诚固然可嘉，但面对中国，许多人"万不能免去自尊自大的傲慢，独行独断的专横。"[138]赵紫宸在《中国教会的强点和弱点》中指出："平心而论，今日中国教会对于道德的觉悟，除极少数人外，实在肤浅。……教友既系愚鲁，复患贫困，道德一坏，诸恶相随。"[139]徐庆誉明确指出："这次非宗教同盟的组织，造成有力的舆论，痛诋教会的弊端，汹涌一时，风动全国，不仅可以促国人的注意，更可以促信徒反省。信徒在这个时候，要问我（信徒）到底是信教还是吃教？如果是信教，基督教那些牺牲平等博爱自由……各种教义，我实行了没有？……我从前那些贪婪、纷争、嫉妒、骄傲、虚伪、狡猾、自私……种种劣根性，现在除去了没有？若自己觉得没有圆满的答复，我便是一个冒牌的教徒，应该悔改。"[140]

五、地域化

在政治尤其文化上，对基督教的拒绝有一个通俗的说法，即基督教是所谓"洋教"——西方的宗教。这是一种民族主义的视角，但是只要稍微知道

---

137 简又文：〈非宗教运动与新教育〉，《青年进步》第 54 期，1922 年 6 月。转引同注 41，第 162 页。

138 同注 37，第 325，326，348 页。

139 《生命月刊》第 3 卷第 5 期，1923 年 1 月。

140 张钦士辑:《国内近十年来之宗教思潮》，燕京华文学校 1927 年版，第 226-227 页。

一点基督教历史的人，便都了解，基督教的源头并不在西方，而是在东方，具体在犹太教。它是从犹太教里分化出来的，并一直被正统犹太教视为异端，而受到严重迫害，耶稣严格说来就是被他的犹太同胞杀害的。基督教在初起时，与犹太教的基本区别就是普世性和民族性的不同。使徒约翰讲："神爱世人，甚至将他的独生子赐给他们，叫一切信他的，不至灭亡，反得永生。"（约3：16）神爱的不仅仅是以色列人，而是普世间一切人。保罗讲："他愿意万人得救，明白真道。因为只有一位神，在神和人中间，只有一位中保，乃是降世为人的基督耶稣。他舍自己作万人的赎价。"（提前2：4-6；另参：罗10：11-13）神要拯救的不仅仅是以色列人，而是普世间一切人。这种普世性特点，自有深层的教义根据，从创造论来说，神创造的是整个人类，而非某一地域或某一民族的人；从罪性论来说，是所有人犯了罪，"亏欠了神的荣耀"，不是个别人或某一类人；从救赎论说，神要拯救的是天下万国万民，不是单单的那一个种族。进一步，基督教在诞生之初的两三百年里，在罗马帝国境内（所谓欧洲，即西方），一直处于异端的地位，大受迫害，深受迫害，直到公元313年，君士坦丁大帝首先以罗马官方名义承认了基督教会，基督教才一跃成为罗马国教，以上都是众所周知的事实。在古典世界（希腊—罗马），基督教绝对是属于"东方宗教"，因为在好几百年里，它的四大中心有三个就在亚洲，即耶路撒冷、安提阿、君士坦丁堡；另有一个在非洲，即亚历山大。进入中世纪，基督教一统欧洲，但文艺复兴尤其新航路开辟之后以迄于今，基督教从欧洲出发，传遍了北美、澳洲、非洲、亚洲。尤其经历最近一百多年的传播之后，如今的亚、非、拉国家，基督徒数量已经远远超过欧美发达地区，基督教已经不复以前给人的印象，它不仅是欧美白人的宗教，也是黄种人、黑种人、混血人的宗教，它已经成为所谓"南方"的宗教，"第三世界"的宗教，而且这种数量上的增长，还在急剧扩大中。由以上所述教义及史实，怎么能说基督教是特定的地域性和民族性的"洋教"呢？

　　基督教无远弗届，广被寰宇，从宗教学角度自有解释：所有追求终极关怀的高级宗教，均"具有超越国界种界"的特征，"无南北东西之可分"。比如佛教产于印度而行于中国、泰国、高丽、日本；回教产于阿拉伯而盛行于土耳其及中国西部，包括东南亚；基督教产于犹太而遍行于欧美各国，并漂洋过海传入美洲、非洲和亚洲。"现在全世界十个基督徒人数最多的国家中，有七个在亚洲、非洲和拉丁美洲，发展中国家的基督徒人数已经大大超过了发达国家。"最后作一总结："基督宗教并不专属任何民族、任何国家、任何时代和任何地区，它乃是属于所有民族、所有国家、所有时代和所有地区的普世宗教。"这样说，既有基于内在教义的明晰根据，更有基于外在史实的充分证明。[141]

总括以上五种反教理由，大抵不出蒙昧主义、民族主义、国粹主义、人文主义、理性主义、科学主义及社会主义几种思想倾向，而很少顾及事实之全部与学理之深入。这中间的第二条，即政治倾向中，相当原因应归之于西方的殖民侵略及传教方式上的问题外，其余四条，皆属于我们应从自身检讨的范围。

最后，让我们用"非基督教运动"时期三位有代表性的五四新文化领袖人物的话作结。陈独秀："我们今后对于基督教的问题，不但要有觉悟，使他不再发生纷扰问题，而且要有甚深的觉悟，要把那耶稣崇高的、伟大的人格和热烈的、深厚的情感，培养在我们的血里，将我们从堕落在冷酷、黑暗、污浊坑中救起。"[142]钱玄同："我认为耶稣基督是一千九百年以前有个倡导博爱、平等、牺牲各主义的伟人，他并且能自己实行。""我以为基督的可佩服，是由于他有打破旧惯、自创新说、目空一切、不崇拜任何的革命精神……""总而言之，我承认基督是古代一个有伟大和高尚精神的'人'，他的根本教义——博爱、平等、牺牲——是不可磨灭的，而且人人——尤其是现在的中国人——应该实行的。"[143]周作人1921年在西山养病期间读到中国教会领袖英敛之的著作时，写过一段感想："老实说，对于英先生的议论未能完全赞同，但因此引起我陈年的感慨，觉得要一新中国人的人心，基督教实在是很适宜的。极少数人能够以科学艺术或社会的运动去替代宗教的要求，但在大多数是不可能的。我想最好便以能容受科学的一神教把中国现在的野蛮残忍的多神教打倒，民智的发达才有点希望。"[144]周作人这里说的"多

---

141 何光沪：《秉烛隧中》，北京：新星出版社2014年版，第43页下注①，第50页。

142 陈独秀：〈基督教与中国人〉，《新青年》第7卷第3号，1920.2.1。

143 〈新文化中几位学者对于基督教的态度〉，《生命月刊》第2卷第7册，1922年3月。

144 周作人：〈山中杂信〉，自《周作人散文选集》，百花文艺出版社1987年版。严复也有类似观点："教者，随群演之浅深为高下，而常有以扶民性之偏。今假景教大行于此土，其能取吾人之缺点而补苴之，殆无疑义。且吾国小民之众，往往自有生以来，未受一言之德育。一旦有人焉，临以帝天之神，时为耳提而面命，使知人理之要，存于相爱而不欺，此于教化，岂曰小补！"（孟德斯鸠《法意》第十九章十八节译者按语，转自[英]特斯切顿《回到正统》之何光沪：〈基督教经典译丛·总序〉，第4页。）

神教"所指者何？恐怕许多人其实是不甚了了的，所以，要反对周先生的意见，请先搞清楚他为什么说多神教"野蛮残忍"。

第二章 基督教与近代科学

第一节 事实与历史的描述

一、科学家的信仰事实

宗教与近代兴起的科学文化，一般流行的意见总是认为，它们之间是绝对对立的，水火不容的。然而，不论验之以史实还是学理，情形远为复杂得多。[1] 诚如有人敏锐指出的那样："盛行的宗教其教义总和科学的发现大相径

---

1 本章内容曾公开发表于《世界宗教研究》2003 年第 2 期第 9-15 页上。发表时有大量删节，不过未征求本人同意，于文意有极大损害。本文的发表，系他人剽窃所致，现已达成法律协议，该刊在 2004 年第 4 期第 21 页，刊登了剽窃者的更正及道歉声明。此次成书，内容上进一步做了充实，补充了许多新材料，相比已发表部分，这里的内容在篇幅上增加近三分之二。关于科学与宗教，尤其是近代科学与基督教的关系，是一个非常大的题目，也是一个热点性题目，自十九世纪后期以迄于今，著作数量繁多，观念几经变迁和丰富，而且探讨的热情在今天是有增无减，据统计，相关文献，仅"列在（美国）国会图书馆'科学与宗教'主题下的书籍，每年平均出版数量从 20 世纪 50 年代的 71 本，增加到 20 世纪 90 年代的 211 本，是原来的三倍。"（巴伯《当科学遇到宗教》，第 1-2 页）。国内近十几年间在这方面的翻译介绍很有成绩，已出版的译著有：[美]伊安·G·巴伯《科学与宗教》（阮炜、曾传辉、陈红炬、陈昆路译，四川人民出版社 1993 年版），[美]伊安·G·巴伯《当科学遇到宗教》（苏贤贵译，三联书店 2004 年版），[英]阿利斯科·E·麦克格拉思《科学与宗教引论》（王毅译，上海人民出版社 2000 年版），[英]约翰·H·布鲁克《科学与宗教》（苏贤贵译，复旦大学出版社 2000 年版），[美]兰西·佩尔斯、查理士·撒士顿《科学的灵魂

庭，这种不相容的程度远甚于宗教与别种文明的冲突；科学居然在这样一种文化氛围中得以勃发成熟，这实在属历史的一大悖论。"[2]

是真悖论吗？先看科学家们的信仰事实：近代科学的先驱者们实际上都笃信宗教，物理学家普朗克指出："宗教和自然科学是珠联璧合相得益彰的。其最直接的证据大概要算这样一个史实：所有时代最伟大的自然科学家，诸如开普勒、牛顿、莱布尼茨，对宗教无不抱着笃实虔诚的信仰。"[3]我们还可举出许多名字来：培根、哥白尼、伽利略、拉普拉斯、笛卡尔、帕斯卡尔、欧拉、法拉第、波义耳、焦耳、麦克斯韦、伏特、欧姆、安培、爱迪生、道尔顿、马可尼、伦琴、开尔文、林奈、居维叶、法布尔、孟德尔、巴斯德、高斯等，都是有神论者，[4]他们中的有些不仅仅是普通信徒，而是圣徒，比如帕

——500 年科学与信仰、哲学的互动史》（潘柏滔译，江西人民出版社 2006 年版），[英]罗素《宗教与科学》（徐奕春、林国夫译，商务印书馆 2011 年版），[美]泰德·彼得斯、江丕盛、本纳德编《桥：科学与宗教》（中国社会科学出版社 2002 年版），江丕盛、梁媛媛、杨思言编《科学与宗教对话在中国》（中国社会科学出版社 2008 年版），[美]威廉·邓勃斯基《理智设计论——科学与神学之桥》（卢风译，中央编译出版社 2005 年版），[美]爱德华·格兰特《科学与宗教——从亚里斯多德到哥白尼（400B.C. ~ A.D.1550）》（常春兰、安乐译，山东人民出版社 2009 年版），理查德·奥尔森《科学与宗教——从哥白尼到达尔文（1450 ~ 1900）》（徐彬、吴林译，山东人民出版社 2009 年版），[英]丹尼斯·亚历山大《重建范型——21 世纪科学与信仰》（钱宁译，上海人民出版社 2014 年版），等等。相比真正的研究，本章内容在今天看来只能算一个引论，介绍一些基本的常识和基本的观点。

2 [英]司·安德洛斯基：〈宗教、科学与伦理〉，柯克译，载《世界宗教资料》1991 第 3 期，第 23 页。

3 [东德]奥拉夫·克勒尔：〈为什么有些科学家信神？〉，王先睿译，载《世界宗教资料》1982 第 2 期，第 54 页。

4 分别见：[美]兰西·佩尔斯、查理士·撒士顿《科学的灵魂——500 年科学与信仰、哲学的互动史》，潘柏滔译，江西人民出版社 2006 年版，第 18、90、99、111、113、114、152 页。理查德·奥尔森《科学与宗教——从哥白尼到达尔文（1450~1900）》，徐彬、吴林译，山东人民出版社 2009 年版，第 2、6、46、127 页。[美]莫里斯·戈兰：《科学与反科学》，王德禄、王鲁平译，中国国际广播出版社 1988 年版，第 20-21、18 页。江丕盛格蒙·本纳德编：《桥：科学与宗教》，中国社会科学出版社 2002 版，第 9、148 页。[奥地利]雷立柏：《论基督的大与小：1900-1950 年华人知识分子眼中的基督教》，社会科学文献出版社 2000 年版，第 200 页。[美]微言：《科学与宗教——给中国知识界朋友的一封信》（修订简体字本），（美国）基督教使者协会 1998 版，第 3 页。另外，请参见维基百科（Wikipedia）：List of Christian thinkers in science

斯卡尔。提出日心说的哥白尼，他本人即是波兰的一位神父；[5]以牛顿为例，他在 1693 年曾直言不讳地说："写作《原理》的目的，是向思索着的人们灌输上帝存在的信仰。"[6]他研究《圣经》的浓厚兴趣绝不在科学之下。他所发表的科学著作只占他所有著作的百分之十几，他百分之八十以上的著作皆为神学著作，总字数超过一百四十万字。[7]在牛顿这里，科学是认识上帝，接近上帝的一种途径，是与上帝直接相关的事业，上帝是神圣的，体现上帝存在的力学规律也是神圣的，这种神圣感促使牛顿做出了巨大的科学贡献。现代科学发展初期，英国社会的基督徒，约占总人口的百分之二十，但在英国早期皇家学会中，基督徒的比例却高达百分之九十！其中有十分之七是清教徒，许多人甚至就是神职人员。[8]另据统计，耶稣会对早期现代科学一定领域内的贡献，与耶稣会机构数目大大地不成比例。在 1600 年至 1773 年之间，大约一千六百个不同的耶稣会贡献了近六千部科学著作。对 1600 年至 1789 年电现象实验研究领域所出成果的详尽分析显示，超过百分之十五的作者是耶稣会人士，而且他们的投稿占到出版专著的近百分之三十。[9]

现代统计学的奠基人法兰西斯·高尔顿在 1873 年的调查报告《英国科学人：他们的本性和教养》中显示："在他收到的一百二十六位科学家（都是男性）的回答中，十分之七的人报告说他们是某个建制教会的成员，其余三十八位受访者或者承认不是教会成员，或者对'建制教会'提供了进一步说明。

---

http://en.wikipedia.org/wiki/List_of_Christian_thinkers_in_science#cite_note-45 最后有必要说明下，关于科学家的信仰状况，应该是一个严肃而复杂的统计与分析的工作，相信肯定已经有人做过细致认真的研究。无奈本人视野有限，迄未发现比较集中扎实的研究论文和专著，这里的举例基本很零碎。希望在未来能有机会接触更多更可靠的信息源，以丰富这一话题。

5　[美]理查德·奥尔森《科学与宗教——从哥白尼到达尔文（1450～1900）》，徐彬、吴林译，山东人民出版社 2009 年版，第 6 页。另参：[英]彼得·泰勒克 编《科学之书——影响人类历史的 250 项科学大发现》，马华、张震 等译，山东画报出版社 2004 年版，第 38 页。

6　李次章：〈试析牛顿的科学思想与宗教精神的统一性〉，载《四川教育院学报》1998 第 1 期，第 78 页。

7　里程.游子吟[EB/OL].信仰之门-作者专栏-里程文集，第 55 页 http://www.godoor.net/, 2002-2-7/2002-2-14

8　同注 7。另见：[美]伊安·G·巴伯《当科学遇到宗教》，苏贤贵译，三联书店 2004 年版，第 20 页。

9　同注 5，第 53 页。

在回答直接的询问'直接信条是否对你年轻时的研究自由产生阻碍影响？'八分之七的受访者的回答是'没有'。"[10]那么，在科学占主导地位的时代，宗教信仰的程度又如何呢？为了探讨这一问题，杰出的美国心理学家詹姆斯·留巴（James Leuba），于1916年做了一次著名的调查，结果发现，在一千名随机选择的科学家中，将近百分之四十二的人相信有"一个向其祷告并期待得到答案的上帝"，百分之四十一的人不相信，另有百分之十六点七的人没有明确的信念。留巴预言，这种情况将随着教育的普及而不断增加。1969年卡耐基委员会调查了六万名美国大学教授，调查表明百分之五十五从事物理和生命科学的教授自称有宗教信仰，大约百分之四十三的人定期参加教会活动。1979年勒梅特对美国科学家的宗教信念的调查报告显示，百分之六十三的物理科学家赞成宗教。1996年，美国研究人员拉尔森和威泽姆为了验证留巴1916年的预言，尽可能精确地重做了留巴式的调查，结果发现，仍有将近百分之四十的科学家信仰能回应祈祷的有位格的上帝，并相信有来世；大约有百分之四十五的人不相信上帝，百分之十五的人则对上帝持怀疑或不可知论式的态度。这个数据显示，美国将近一个世纪的科技进步对科学群体的个人信仰的影响程度其实很小，因为调查结果的前后差异很小。[11]另据《诺贝尔奖获得者辞典：1901-1991》统计：诺奖自设立的九十年里，生物医学奖获得者一百五十四人，其中基督徒五十人，天主教徒七人，因资料所限，不易落实，但很可能有基督宗教信仰者二十九人；物理奖获得者一百四十一人，其中基督徒四十五人，天主教徒九人，很可能有基督宗教信仰者二十六人；化学奖获得者一百一十六人，其中基督徒三十五人，天主教徒七人，东正教徒一人，很可能有基督宗教信仰者二十八人。如此最保守地算来，信仰耶稣基督的获奖者也在百分之三十七点五，而很可能是百分之五十七点七。[12]至于有其他信仰的获奖者，还不算在这里。比如，几乎所有犹太人都是犹太教徒，而诺奖获得者中的犹太人比例，是相当高的。

---

10 [英]丹尼斯·亚历山大《重建范型——21世纪科学与信仰》，钱宁译，上海人民出版社2014年版，第43页。

11 同注10，第43-44页。另，请参[美]爱德华·J·拉尔森，拉里·威译姆：〈一份科学家信教调查卷的思考〉，风雷译，载《世界宗教文化》1998第1期，第18页。

12 杨建邺、朱新民主编：《诺贝尔奖获得者辞典：1901-1991》，湖南科技出版社1992年版。另可参阅〈诺贝尔奖得主信仰小考〉（人民政协报 2002.6.29 http://www.livingwater4u.com/article/2005/05/13.html "活水网站"）。

对于以上事实如何解释，学术界已经有基本的定论，就是科学家尤其是早期科学家的研究工作与他们的信仰密不可分，他们探索大自然，根本的动机是为了荣耀创造万物的上帝，科学研究主要是一种信仰行为，其犹如对上帝的感恩与赞美祷告，而非为了单纯地征服和利用大自然。"当时研究物质宇宙的人不称为科学家（科学家这一名词直到 1834 年才出现），乃是一些教会中人士，尤其是英国乡村的牧师常以研究大自然出名。""每一个自然定律的发现都被誉为证明神的智慧的证据，而非发现者的荣耀。"[13]三百五十年前英国皇家学会在伦敦成立时，其口号是"荣耀造物主，及增进人类福利。"[14]在基督教各派别中，尤以耶稣会的科学成就最大，这其实与他们的信念有关。耶稣会创始人罗耀拉的圣依纳爵（Ignatius of Loyola）在其社团章程中写道："行动与学习的过程中，人类的心智可以提高到神的高度。通过将一切奉献给神的事业，一切都是在祈告上帝……此等为成就神的更崇高事业而进行的职责转换符合神的意旨……不仅可以等同于不倦思

---

13 [美]兰西·佩尔斯、查理士·撒士顿《科学的灵魂——500 年科学与信仰、哲学的互动史》，潘柏滔译，江西人民出版社 2006 年版，第 13 页，第 141 页。

　　1865 年英国科学会发表了一篇由 617 人签署的关于宗教和科学的宣言，现存于牛津溥德伦（Bodeian）图书馆。其宣言如下：

　　"我们以自然科学家的立场发布我们对于科学和宗教关系的意见。现在科学界若干人士，因为探求科学真理，从而怀疑圣经真理及其正确性：吾人于此，深感遗憾！

　　我们认为神存在，一方面写在圣经上，一方面写在自然界，尽管在形式上有所不同，却绝对不能彼此发生冲突。

　　我们应当牢记，物理科学，尚未臻于完善，尚在不断改进之中。目前我们有限的理解中，仿佛对着镜子观看，还是模糊不清。

　　现在许多自然科学的学者，对于圣经，不加研究，徒凭其不完善的定律和一知半解，怀疑反对，这种态度，实不能不令吾人为之痛惜。

　　我们深信，每一位科学家研究自然，其唯一目的，在阐明真理。倘使他们研究的成果，发现圣经和科学有所抵触（其实只是对圣经的曲解），千万不可轻率武断，以为他的结论是正确的，圣经的记载是错误的。而应持客观的态度，平心静气，听神的指示，确信二者必然相符，绝不可偏执成见，以为科学和圣经，有冲突分歧之处。"（里程.游子吟.信仰之门-作者专栏-里程文集第 73 页，http://www.godoor.net/,2002-2-7/2002-2-14）对此宣言，我们当然可以从时代角度去理解，但毕竟它表达了那个时代的科学家的意见，故录此参考。

14 钟峻父《科学与信仰》，香港：宗教文化学会出版，道声出版社发行，1971 年版，第 48 页。

索的融合与再现，甚至是更值得嘉许之行为，因其实为更积极、更有力之善举。"[15]

二、科学与宗教关系的历史演变及其具体模式

再看科学和宗教关系在具体的历史发展中所经历的四个变化阶段：第一阶段，可称为基督教与科学的混合阶段，科学从属于信仰，这时的科学许多只是神学论证的工具，缺乏基本的独立性，是依附或受制于基督教神学的。这一阶段大约在伽利略——牛顿力学兴起之时，属实验自然科学得到初步发展的阶段，其时宗教力量强大，新的科学思想往往受到压抑，如伽利略被强迫放弃他关于宇宙的科学见解。这段历史一直被宣传为宗教逼迫和阻碍科学发展的见证之一。这一阶段里，人们对宗教和科学关系的认识与处理是错误的和有害的，它既有害于科学，也有害于信仰，从有些学者拒绝看伽利略的望远镜，教廷对伽利略的审判等，足以证明这一点。僵化的神学教条既压抑阻扼了科学的发展进步，同时也严重损害了基督教信仰的声誉，束缚了神学问题的深入探讨。但这只是问题的一个方面，是部分事实，相反地，大量事实表明，当科学与宗教在十六至十七世纪相遇时，相互是友善的，这从科学革命的创始人大多数是虔诚的基督徒可以得到证明。因此二者关系的本质在这一阶段究竟如何还有待深化。

第二阶段，是二者的分化阶段，信仰在后撤，科学的地盘则在不断扩大，且声誉日隆。这一阶段乃为牛顿力学被广泛接受的时期，约十七世纪到十八世纪中叶，科学通过艰难的斗争，摆脱了神学的束缚，逐渐走上了独立发展的道路。由于科学的不断胜利，宗教对自然的认识开始越来越不得不让位于科学。这时二者的相互关系有相当协调的一面，也有激烈斗争，争持不下的一面，宗教至少在表面上仍居于主导地位，它们各自对自身的有效意域完全缺乏认识。

第三阶段，对立阶段，这一阶段始自启蒙时代，到实证主义和科学主义思潮兴盛的十九世纪后期和二十世纪初期，达到高潮。十八世纪下半叶，特别是十九世纪，科学的全面胜利，宣称牛顿力学已经达到最终真理，关于自然的基本知识构架已经完成，只剩下一些扩充、增补、运用的工作。在这个阶段，任何和科学不一致的学说、观点、立场，都被宣判为迷信，予以抛弃。

---

15 同注5，第52页。

这也就是科学主义[16]的最早形式。这时，从世俗的角度看，对于任何问题，具备最后发言权的越来越属于科学。这一阶段里的认识和对待方式，同样是错误的，原因是由一个极端走向了另一个极端，它企图以科学代替宗教，认为随着科学的进步，宗教生活将趋于消亡，当时有人甚至认为"富人与穷人的普遍对立"、"国家之间的政治冲突"，都可以通过科学加以克服。[17]

然而，事实并非如此。人们发现，科学以及它所推动的工业的发展，尽管创造了巨大的物质财富，但是各类社会问题和道德问题却日益严重：财富和资源在穷人和富人、在地区之间的分配极其不公，甚至悬殊巨大；人与自然的关系急剧恶化，资源、环境与生态遭到极大的破坏；高技术使大规模的杀人武器得以出现，核战争的威胁使世界末日成为可能；人们在声光电化的现代社会里感到孤独和空虚，享受不到心灵的宁静。所有这一切，都说明：第一，科学不是万能的，它不可能满足人们的一切需求，比如情感需求，道德需求，和安全需求。第二，科学并不总是有益的，它只提供工具和手段，而不提供价值和目的；它有如一把双面刃，既可以造福于人类，也可能给人类带来灾难，甚至巨大的灾难。这就提醒我们，在科学之外慎求更高的规约性力量。"科学主义"准确说应该是"科学帝国主义"，这是一种错谬的意识形态。因为"包括艺术、伦理、人际关系、哲学和宗教等广泛的人类知识和经验存在于科学的范围之外。在非科学的范围内，宗教特别解决的是终极意义和目的以及我们应该怎样生活的密切相关的问题。没有人能在实践上避免这样的问题，因为每个人都要生活，……科学信息丝毫没有告诉我们终极意义和目的，也丝毫没有指示我们应该如何生活。这种事必须通过科学不能提

---

16 何天择博士在《人从哪里来？》一书中对"科学主义"这样描述说："将科学局部的知识视为人类全部的知识，将科学有限的范围视为唯一的境界，将科学相对的学说视为绝对的真理，并以为在科学之外的其他学问都没有研讨的价值。以为科学可以解决人生一切问题，所以高唱'科学万能'。这便是科学主义。"（自里程：《游子吟》[EB/OL].信仰之门-作者专栏-里程文集，第59页 http://www.godoor.net/，2002-2-7/2002-2-14）科学主义之所以是错误的，正如古尔德的评论所说："我们与诗人和政治家、传教士和哲学家住在一起。所有人都有他们的认识方式，在他们自己的领域中，都是有效的。世界太复杂、太有趣，不能通过一个方法掌握所有的答案。"（[英]丹尼斯·亚历山大《重建范型——21世纪科学与信仰》，钱宁译，上海人民出版社2014年版，第238页。）

17 [法]古维尔（语见威廉·莱斯《自然的控制》第70页），出自孙雄：〈当代基督教与科学关系的新变化〉，载《世界宗教文化》1995第2期，第12页。

供的其他标准来解决。"[18]

第四阶段，即当代，具体说，应为二十世纪中后期至今，这是各自独立发展，又相得益彰的阶段。这一阶段里，科学和宗教都充分认识到了各自的有效意域，"科学并无权干预信仰，信仰亦无权干预科学。一个意域是不能干预另一个意域的。""科学只能与科学相冲突，信仰只能与信仰相冲突；保持为科学的科学不可能跟保持为信仰的信仰发生冲突。这对其它科学研究领域来说也是如此，比如生物学和物理学。""信仰之真理是不能以物理学或心理学的晚近发现来证实的，正如它也不能被这些东西所否定一样。"[19]与此同时，科学和宗教又都意识到了人类在今天所共同面临的，涉及社会正义、安全、环境、道德以及心灵等诸方面的危机和困境，所以，相比于以往历史，它们都在各自的领域里，做出了更为深入和广泛得多的研究和探索，许多旧的观念均得到了重大修正。

比如科学，随着牛顿所建立的古典科学的一些基本论点的被放弃和被取代，旧的关于"科学和真实间的确切一致的观念开始动摇了。自启蒙运动开始，"基础论者"就相信，所有的人类知识都建立在无可辩驳的基础上，这些基础可以是感觉经验、科学数据或是自明的概念。但今天的众多学者认为，并不存在这样的基础，也不需要这样的基础，思想体系只需诉诸其整体上的一致性和实践上的有效性，就可使之得到确认。不同理论只是解释世界的不同"范式"，好的理论只是一个好的范式而已。当今，多数科学家认为，科学概念不完全符合真实。他们不把科学看作是真实的再现，而仅仅是由经验中得出的资料的系统化。"今天的科学家都清楚地知道，"他所创造的理论仅仅具有一种假设的和暂时的价值，……这种价值纯粹是近似性的，因为它们仅仅能够不完整地，并在避开现实生活所发生的质变的情况下得到证实。"[20]也就是说，解释事物的科学知识绝不等同于事物的本体，科学知识不是事物的"照片"，只是事物的"蓝图"而已。当代杰出的科学哲学家卡尔·波普尔，曾深刻地揭示出科学理论在根本上的"神话"性质。说到科学理性的局限性，

---

18 [英]丹尼斯·亚历山大《重建范型——21世纪科学与信仰》，钱宁译，上海人民出版社2014年版，第245页。

19 PAUL TILLICH. Dynamics of Faith. New York : Harper and Row,1958.P81-82, 82-83,85.

20 [意]马蒂斯塔·蒙丁：〈基督徒与科学〉，默然译，载《世界宗教资料》1990 第 4 期，第30、31页。

最具典型意义的是现代数学（哥德尔定理及非欧几何等）的进展。"数学在二千年来都被誉为最完美的科学——源自不能争论、不证自明的真理，根据无误的理性来发展，可代表人类理性的巅峰，发现神在宇宙中的设计，使人了解神的思想。"但 1931 年哥德尔的研究结果发布后，数学家对一致性的寻求不得不予以搁置。此后，一条数学定理之被证实，必须说明它是根据何种标准被证实，数学失去了代表真理的诉求。"数学危机在学术界的引申是非欧几何的发扬光大。欧氏公理二千年来经过了历史的考验，欧氏几何可解释现实似乎是人类的共同常识。但如今欧氏几何被贬为各种几何之中的一员而已。它不再是普遍性的真理，而只是人类思维的产品，只在某种场合之下才派用场。""非欧氏几何的观念被普及化，夺走了各种理性化系统对寻求真理的宣称。"[21]其实不止非欧几何学，二十世纪的科学领域除了数学上的非欧几何外，还有物理学领域的相对论尤其量子力学、生物学领域的遗传生物等，都在在表明科学"真理"的不确定性一面。

关于科学的假设性质，如许多人所指出的，所有科学都是以几个不能被证明的信念（假设）为基本前提的，即：1. 存在可被客观研究的对象；2. 这个对象即大自然，是有秩序的，所谓自然定律；3. 自然定律是人类所能了解的。[22]即就科学所引以自豪的所谓"客观事实"，其对理论的关系（证明或证伪），已如休谟和波普尔所分别指出的：事实是不完全的（有限性），也是不纯粹的（约定性）。这里的"不完全"，很大原因是由于观察手段所造成，比如肉眼与显微镜和望远镜之所见大不相同；"不纯粹"，很重要的原因是由于观察者的先入之见所造成，即所谓"前理解"（包括"生存性的"与"思想性的"）的存在，使观察本身渗透了理论。另外，今日最先进的科研常常是由许多组的科学家合作进行的，个人研究需要依赖别人的数据成果，无法重复每一项实验，只是凭信心接受。因此有人说，没有信心，就没有科学。[23]总之，"科学所本的事实，以及基于这事实所建立的理论，以至于由这理论所衍生

---

21 同注 13，第 172、173 页。另可参：[美]M·克莱因《数学：确定性的丧失》，李宏魁译，湖南科学技术出版社 2007 年第二版。

22 关于这几条假设，其根源其实在于圣经与基督教教义，这一点已有多人指出过。比如：兰西·佩尔斯、查理士·撒士顿《科学的灵魂——500 年科学与信仰、哲学的互动史》第 16-33 页，就有比较详细的论述。

23 陈荣毅：〈科学、理性与信仰〉，见陈荣毅、王忠欣等《解构与重建——中国文化更新的神学思考》，加拿大恩福协会，1998 年版，第 57 页。

的价值及意义等往往涉及更深层的形而上学假设及其它哲学范畴。科学因而与宗教一样有其自身所不能证实的前设。"[24]

科学并不是万能的，它有其自身不可克服的局限性，比如：1. 科学只能发现自然律，却不能创造或改变自然律。2. 对一些最基本的物理定律，如质量守恒定律，科学家只能知其然，而不知其所以然。3. 自然科学只能研究分析可被重复的现象，那些不可重复的事件和现象就超脱了自然科学的范围了，比如精神现象和灵性世界，具体如审美问题、个人体验等。4. 科学的成果是中性的，它不可能解决道德问题和价值问题。[25]

在过去，人们总认为，科学的知识、实验的手法一直可以无限地发展，今日的无知，可以成为明日的可知。但测不准原理告诉我们：测量物质的位置与速度，误差永远大于一个常数。并非是今日的仪器不够精确，而是永远无法精确。同样，哥德尔定理告诉我们：数学中一些命题不能证明或证否。并非是我们今日的数学知识不够，而是永远不可能被证明或证否。这两个原理告诉我们，科学有永恒的局限，有不能在将来而改变的局限。由于它们是科学的原理，它们当然不能告诉我们在这局限以外是什么。许多科学家认为，这局限之外的问题是毫无意义的。但是人类始终追求高一层次的统一和完备。这两个原理本身虽不能告诉我们这高一层次的原理是什么，但是却能告诉我们这高一层的原理不但不会与今日的科学发生冲突，也不会与未来的科学发生冲突，因为这高一层的原理是建筑在科学永恒的局限之外的。

由于这些认识，科学开始变得谦虚了，不再像以往那样简单地把一切宗教信念都斥之为迷信和愚昧，相反，随着现代科学的研究深入，许多重大的科学理论，对于宗教信仰反倒成了一种印证和解释，比如大爆炸理论对于创世说的支持，即，这个宇宙是在一有限时间之前从无创造出来的，而生命存在的无限小几率说明理智设计的存在。科学家指出，在大爆炸中有五十多个常数和物理量，如果这宇宙及生命要发生，必须要精确地调好，一位物理学家评论道，"通过我的工作，我越来越强烈地相信物理的宇宙是以如些让人惊奇的灵巧被整合在一起，以致我不能只是把它作为一个偶然的事实接受。"

---

24 江丕盛：〈认知的伙伴：科学与神学的对谈〉，自江丕盛、格蒙·本纳德编：《桥：科学与宗教》，中国社会科学出版社 2002 年版，第 55 页。

25 同注 7，第 59-60 页。另参：陈荣毅〈科学、理性与信仰〉，见陈荣毅、王忠欣等《解构与重建——中国文化更新的神学思考》，加拿大恩福协会，1998 年版，第 57-58 页。

[26]再比如新达尔文理论，它刚好从反面证明了进化背后的神圣超越者的存在可能，根据其理论，随机突变和自然选择的机制，实在是慢到以致于单靠它，根本就不可能产生有知觉的生命。他们报告说，"在进化论学者中已经形成了一种普遍的共识，即认为相比于人类的信息处理能力，理智生命的进化在整个宇宙中都是这样的不可能，以致它几乎不会出现在任何星球上。""地球上的生命在其最基本的层面上，就其最基本的构成来说，只能是理智活动的产物。""如果在进化过程背后有理智的原因，而不只是盲目的自然机制，生物复杂性的逐渐进化论或许会有更好的解释力。"[27]其实单就进化论本身而言，如有人所质问，进化的方式何尝不可以看作上帝创造的方式？此所谓"有神进化论"（柯林斯 Francis Collins）是也。

以上对科学的当代认识，是建基于科学数世纪发展所取得的伟大成就的基础上的，尤其是建基于现当代"科学哲学"对科学本身的全面深入反思的基础上的。科学，不仅包括科学技术和科学理论，还包括科学方法和科学精神。科学，在根本上带有"神话"的性质；科学活动的展开，以一些基本的预设（信念）为前提；科学的技术、理论和方法，都有其自身之不可克服的有限性（边界）。这些认识，未尝不是今日"科学"的伟大成就！

再比如宗教，"当代的基督教已经从传统的以信仰上帝为中心的神学宗教向以关心人的世俗利益为中心的道德宗教转变。宗教的认识论功能被淡化。"[28]这一转变表明，基督教已不再着意在认识领域同科学争夺地盘，科学的发展

---

26 威廉·莱恩·克雷格：〈科学与宗教彼此无关吗？〉，出自海尔曼·德·丹、麦尔维尔·斯图沃特等：《欧美哲学与宗教讲演录》，赵敦华编，北京大学出版社2000年版，第230页。

27 同注 26，第233、234 页。另外，可参阅里程《游子吟》有关宇宙的起源、生命的形成、进化论的难题的论述。（里程.游子吟[EB/OL].信仰之门-作者专栏-里程文集，第6、66、71 页。http://www.godoor.net/,2002-2-7/2002-2-14）。

28 自《世界宗教文化》1995.2 第 13 页，孙雄〈当代基督教与科学关系的新变化〉。另外，涉及世俗化倾向，比如宗教组织大批参与世俗经济活动，如经商，从事金融业、旅游业，在各类企业中投资，积累了巨额财产。70 年代中期，美国记者罗伯特·里根研究了教会财富以后宣告，美国教会所拥有的财富约有1000亿美元，其中天主教会就有 445 亿美元。德国的福音派教会也拥有巨额财富。70年代初的调查材料表明，教会是联邦德国最大的企业主和土地占有者之一，20个新教地方教会和 22 个天主教区拥有的产业价值为 60 亿美元。（《中学政治教学参考》（西安）1996.2.1，第 86 页）。

也不再对它构成真正的危险，于是基督教对科学采取了和解的态度。1927年，全世界教会代表大会决议强调："神学界与科学界人士，应多寻求一共同的基础。"1936年，在梵蒂冈正式成立了"教皇科学院"，科学院的院士都是世界上最著名的科学家，其中不少是诺贝尔奖金获得者，他们有着不同的信仰，有的甚至是无神论者。教皇号召神职人员和教徒钻研科学，尤其要注意研究科学界的最新成果。他说："科学可以去除宗教的错误和迷信，宗教可以去除科学的偶像崇拜和虚妄绝对。各自都可以将对方带入一个更宽广的世界，在这个世界中，两者都可以得到繁茂的发展。"[29]1979年，在梵蒂冈纪念爱因斯坦诞辰一百周年之际，教皇约翰--保罗二世宣布要为伽利略平反，并承认对伽利略的迫害"成了教会发展中不可磨灭的污点"。[30]而在传道方式及礼仪上，教会亦充分利用现代化的科学手段为宗教活动服务，如广播电视和电脑，所谓"电子教会"。与此同时，挣脱了狭隘僵化的教条束缚的宗教神学，如约翰·麦奎利所述，在本世纪进入了一个远为开阔深远的领域，显现了勃勃生机，出现了前所未有的丰富性和生动性。[31]宗教思想家们既不再坚持否定科学思想，亦不因科学的巨大成就而寻求宗教神话的科学解释，他们在充分意识到自身有效意域的前提下，独立谋求着自身更高与更深的思想进路。

另外，如许多科学家和基督徒所指出的，在根本上，真正的科学研究，实在是荣神益人的伟大事业，虽然"科学实在不能发明上帝，但却可助人去寻求上帝。""科学发现了宇宙间的许多秘密，使人对于这现实的宇宙，感到更诡谲奇妙的理想，而宗教上的兴趣和信仰，也便往往由此油然而生了。"[32]这一点由有史以来为数众多的大科学家之为虔诚的信徒可以得到证明。

总之，在今天，启蒙主义者和实证论者所认为的科学垄断着真理，只有科学掌握着发现真理的合适手段的观点，已经过时，即使在世俗界，也找不到多少辩护士了，胡塞尔、海德格尔、波普尔、阿多尔诺等当代杰出思想家，对这种科学观都做出了严厉批评。科学家们也公开承认其学科界

---

29 [美]伊安·G·巴伯：《当科学遇到宗教》，苏贤贵译，三联书店2004年版，第12页。

30 同注17。

31 [英]约翰·麦奎利：《二十世纪宗教思想》，高师宁、何光沪译，上海人民出版社1989年版，第471-472页。

32 [英]汤姆生：《近代科学家的宗教观》，大林出版社（台湾）1927年版，第73、131页。

限了："科学仅仅涉及可感觉的、物质的、客观的范畴，它本质上是一种部分的和可伪造的知识。因此，它的范畴完全不同于宗教的范畴。宗教涉及的是绝对的、超然的、主观的和不可证实的（如果可证实是指客观的、经验的证实的话）东西。"[33]正因此，在梵蒂冈第二届大公会议上，天主教会宣布："受造物拥有人类必须逐渐发现、运用和驾驭的固有定律。这不仅是现代人的要求，而且也符合造物主的意志。……人类在承认各种科学技术所固有的方法方面的要求的前提下，必须尊重这一切。因此，各门科学的研究方式，如果真是科学的方式，而且又依照伦理原则进行，则不可能与信仰发生矛盾，因为人世间的现实和信仰的现实都发源于同一上帝。而且，凡是怀着谦虚和恒心努力探讨事物奥秘的人，尽管他没有意识到，他也是受上帝引导的，上帝在使万物存在的同时，使万物是其所是。"[34]一句话，在科学和宗教都得到发展的今天，信仰真理和科学"假设"在精神文化领域是可以和平共处的，在信徒身上则是可以统一起来的，它们之间坦诚友好的对话成为可能，并在逐步实现。我们认为，这不仅是一种进步，尤其是对它们各自的本来面貌的回复。

以上就科学和宗教的关系从纵向上予以简明的梳理，其实关于二者的关系，还可以有一个横向的平面的分析，如伊安·G·巴伯在《当科学遇到宗教》中所概括的，基本模式不外有：冲突、无关、对话、整合四种。1、冲突说：四种模式中最不可取的是冲突说。它的广为人知得力于两本书，德雷柏（John William Draper）的《科学与宗教冲突的历史》和怀特（Andrew Dickson White）的《科学与神学的大战历史》。这一模式分别由两个领域内的极端群体所代表，即科学唯物主义和圣经直解论（基要主义），前者表达的实际是一种哲学立场而非科学观点，后者则是信仰和神学上的教条主义，这两种倾向远不能代表各自领域里的实际情况。相比而言，后三种模式各有其优长。2、无关说：这一模式在哲学上的根据，最早出在康德对"理性"的批判，后来又有维特根斯坦从"语言"角度的划界。"自然"之外的"物自体"、"不可说者"，均在科学的范围之外，其属于宗教言说的对象。"无关说"可以看着一种分离的模式，它的重点在强调二者的"异"，即它们各自的问题、领域、方法、功用都极为不同。a、科学问客观性的"什么样"的问题，宗教问个人性的"为什么"

的问题；b、科学力图解释客观的、公共的、可重复的材料，宗教询问世界秩序和美，以及我们内心生活的经验（如负罪、焦虑、虚无、信任、希望、爱等等）；c、科学权威诉诸于逻辑的自洽和实验的充分，宗教的权威则在于上帝的启示，以及这启示被获得觉悟或洞察的人们所理解，并在经验上被体证；d、科学使用精准的逻辑和数学语言，可以做出为实验所检验的预言；宗教则使用象征和类比的语言，提供一种全面的世界观，一种生活哲学，一种伦理规范，对其解读有着很大的阐释空间。从根本上，《圣经》本就不是论述物质宇宙起源的书，它只是一种象征，其作用是使信奉者升华出对现世存在的正确理解，并赋予信奉者个体以生命的意义。以科学与宗教相冲突，肯定是误解所致。"无关说"在宗教领域的代表性派别是以巴特为代表的"新正统主义"，他们强调不应该从字面意思去理解《圣经》，"《圣经》本身并不是启示，它是人类见证启示性事件的一个会出错的记录。"上帝的启示的中心在于耶稣基督。"无关说"还强调"第一因"和"第二因"的区别，宗教涉及第一因，科学涉及第二因。"无关说"尽管尊重了科学与宗教的各自独立性，但也排除或忽视了二者发生积极互动的可能性。对话说和整合说则更多着眼于历史事实的复杂性，强调二者相互的支持和改造。3、对话说：这一模式更多关注科学与宗教间更富建设性的一面，指出二者的"同"，尤其特别强调宗教对于科学的正面意义。比如基督教提供了近代科学事业的诸多前提性预设，如自然的非神性、秩序化、可理解性等等；还有就是宗教能接替科学回答科学所提出的一些极限问题（"边界问题"），比如科学的初始条件问题、自然的规律性根源问题、科学应用中的伦理问题等等。对话模式中，还有人指出二者在方法上有其相似的一面，认为科学并不像人们假想的那样客观，宗教也不像人们假想的那样主观，科学哲学家库恩的"范式论"应用到科学和宗教领域，很能印证这一情况。4、整合说：这一模式更多强调的是科学对于宗教的积极价值，这是巴伯最看好的模式。他在指出传统的"自然神学"作为这一模式的表现形式的同时，更倾心于构建一种"关于自然的神学"，即在持守基督教基本信仰的同时，积极吸收利用和整合现代科学新成果，以使基督信仰能与时俱进，焕发新的活力。他的思路由"过程哲学"提供。[35]

---

35 同注29，第4-37页。

三、对所谓科学与宗教"冲突"问题的辨析

对所谓"冲突论"，如巴伯所言，由于其失诸简单粗糙，如今已经被主流学术界所放弃或限定使用，但是在我们的文化和社会背景下，这一观念在大众层面却仍据于主流，故有必要加以认真辨析。一般所谓宗教与科学的冲突，主要发生在《圣经·创世纪》与近代天文学和生物学之间，具体到科学方面，有两个典型，一个是哥白尼日心说，另一个是达尔文进化论。由于时代先后不同，在前者，一般认为冲突的表现为基督教会压制科学迫害科学家；在后者，则认为科学获得了凯旋，基督教只有招架之功而没有还手之力。关于进化论，发展到今天，争论的情形已很复杂，虽然科学一方被有些人认为是胜利者，但也有"创造进化论"之说，等等，这里存而不论。关于日心说，因为涉及被迫害，这里有必要仔细一说。要说，得结合具体的人，有三个：布鲁诺、哥白尼、伽利略。

流传甚广的说法认为，布鲁诺（1548-1600）是因为热情传播哥白尼的日心说，而被宗教裁判所活活烧死在罗马的鲜花广场的。但是这是错误的说法。他受到教会法庭的审判，不是为了他的科学，而是由于他的哲学，由于他热中于宗教改革，于 1600 年被教庭烧死。[36]另据 1964 年出版的 Frances Yates 的《布鲁诺与隐士传统》一书更为详细的研究，布鲁诺非但不是所谓科学的殉道士，而实在是一位周游欧洲的术士（巫士），他的灵魂并非被哥白尼的理论所燃烧，而是被异教燃烧。他以自己是隐士传统的传道人，相信据说是摩西时代的一位埃及圣贤赫尔墨斯（Hermes Trismegistus）的学说，到处传扬以隐士的神秘作品为根据的异教福音。这些隐士们以太阳为神，认为其他星辰也是有生命的。正是出于这种信念，才使得布鲁诺支持哥白尼的太阳中心说。他的被教会烧死，"不是提倡普遍以为的新的科学理论，而是传播他所谓更好的宗教。他认为在隐士传统中的埃及多神教远比基督信仰高超。"他不仅鼓吹赫尔墨斯巫术，而且宣称摩西和耶稣都是魔法师。[37]这一案例，只能说明基督

---

36 参见：[英]亚·沃尔夫：《十六、十七世纪的科学、技术哲学史》，周昌忠译，商务印书馆 1984 年版，第 30 页。[英]W·C·丹皮尔：《科学史及其与哲学和宗教的关系》，李珩译，张今校，商务印书馆 1975 年版，第 175 页。

37 [美]兰西·佩尔斯、查理士·撒士顿《科学的灵魂——500 年科学与信仰、哲学的互动史》，潘柏滔译，江西人民出版社 2006 年版，第 41-42 页。[美]理查德·奥尔森《科学与宗教——从哥白尼到达尔文（1450～1900）》，徐彬、吴林译，山东人民出版社 2009 年版，第 45 页。

教会在宗教方面的不宽容，其属于不同信仰之间的冲突，而并非如许多人所以为的那样，是宗教对科学的压制和迫害。

另外，即就哥白尼（1473-1543）学说，天主教会反对它的说法也是很不准确的。1530 年左右，哥白尼将他的成果写成论文，并发表了提要。"教皇克力门七世表示赞许，并要求作者将全文发表。"后有红衣主教柏拉明宣布，哥白尼学说是"错谬的和完全违背圣经的"要求停刊，但"……停刊的命令一直没有得到教皇的批准。"[38]哥白尼有意在临终前才将他的书印妥出版，并非是怕受到教会的迫害，而是担心那些持亚里斯多德宇宙观、坚信地心说的天文学家们的反对。事实上，极力鼓励哥白尼出版著作的人士中，就有一名枢机主教和一位基督教（新教）的天文学家；身为波兰裔天主教徒的哥白尼，则在书的开端将此书献给当时的教皇。[39]有研究进一步指出，作为波兰克拉科夫的一名天主教官员，哥白尼写作《天体运行论》的部分目的，就是为了找出一种天体理论，以便精确预知复活节的日期。[40]有人认为哥白尼放弃人所生活的地球作为宇宙的中心，而主张日心说，贬低了人的地位。但须知，中古亚里斯多德等所主张的地球作为宇宙中心，并不意味着这个中心就是一个重要的地方，恰恰相反，它是邪恶的所在。因为宇宙的中心恰好是地狱，向外顺序伸展则为地球，和较好的境界，最高的地方是天堂。如此，人处在宇宙的中心并非一种尊荣，改变这一处境相应也就不是一种贬值。"其实，……中古时代的宇宙观中，人的价值是奠基在神对人的尊重，并非因为地球是宇宙的中心，所以认为哥白尼理论威胁基督徒的人观的立场是现代的错误观念，将现代的烦恼写在了中古历史中。"[41]

三人中，真正受到迫害的是伽利略（1564-1642）。他于 1610 年用望远镜的观测结果来支持哥白尼的日心说后，当即受到其他大学教授的围攻和教廷的警告。但伽利略受迫害的主因是否是日心说，并非症结所在，与伽利略同时代的天文学家开普勒同样公开支持哥白尼观点，却未遭到任何迫害，因为他住在马丁·路德领导的"新教"（即基督教）的势力范围之内，天主教鞭

38 [英]W·C·丹皮尔：《科学史及其与哲学和宗教的关系》，李珩译，张今校，商务印书馆 1975 年版，第 175 页。

39 同注 7，第 47 页。

40 [美]理查德·奥尔森《科学与宗教——从哥白尼到达尔文（1450～1900）》，徐彬、吴林译，山东人民出版社 2009 年版，第 6 页。

41 同注 13，第 34 页。

长莫及。伽利略和开普勒的不同境遇，是很能为基督教信仰在哥白尼、伽利略事件上的无辜申辩的。[42]被普遍推崇的 Giorgio de Santillana 的书《伽利略罪案》认为，伽利略事件完全不是"科学家与宗教规条的冲突。其实反过来教会的主流和知识分子是支持伽利略的。"甚至下令要将伽利略押至罗马面对异端裁判处的教皇，也曾经是伽利略的信徒。天主教对伽利略的科学理论并无异议，他们所反对的是伽氏对亚里斯多德哲学形而上学理论的攻击，因为亚氏理论被认为是宗教与道德的基础。尤其是，伽利略在个性上狂放不羁，他在撰写《关于托勒密和哥白尼两大世界体系的对话》时，采用意大利语而非拉丁语，以便最大限度取悦那些不谙世事的读者，争取舆论的支持，而置关注此事的教会领袖于不顾；还有，他在书中让教皇的论述出自一个叫 Simplicio（意大利语为"单纯"、"傻瓜"之意）的人之口，这使他过去的朋友和支持者（教皇）处在被嘲弄的境地，从而引起教皇的恼羞成怒，与他结仇，必欲惩之而后快。有人认为，引发这一事件的原因是伽利略的敏感和傲慢，与其将事件看着科学与宗教的根本矛盾，还不如理解为个人恩怨的爆发倒比较合理。[43]

涉及历史和现实中的科学发现与宗教教义的冲突，怀特海的观点不无启发。他说："理论的冲突不是一种灾难而是一种幸运。""冲突仅是一种朕兆，它说明了还有更宽广的真理和更美好的前景，在那里更深刻的宗教和更精微的科学将互相调和起来。"[44]他指出，宗教和科学之间一再发生的冲突，并不意味着宗教永远是错的，而科学永远是对的，因为宗教和科学内部同样分别不断地在发生着各种冲突和变化以及改进。通过冲突，双方各自澄清了自身真正的使命，从而有利于各方自由独立地向纵深发展。[45]

最后，应该对"科学与基督教之间的冲突"的说法予以梳理。首先，许多所谓冲突，本质上实际是新旧两种科学观的冲突，即新的科学理论和基督教信仰所固守的旧的科学理论之间的冲突，或者说，是新科学与旧科学所支撑的基督教形态以及教会之间的冲突。例如，托勒密的地心说在整个中世纪都是支撑基督教信仰的一个理论支柱，当哥白尼的日心说以及后

---

42 同注 7，第 47 页。

43 同注 13，第 35-37 页。另同注 5，第 13-14 页。

44 [英]A.N.怀特海：《科学与近代世界》，何钦译，商务印书馆 1959 年版，第 177、176 页。

45 同注 44，第 180、181、182 页。

来伽利略的科学发现和科学学说提出时，必然与基督教的正统观念发生矛盾。"从日心说和地心说两种科学观念之间的冲突，可以发现科学与基督教之间的复杂关系：一方面，特定的基督教观念总是和特定的科学观念结合在一起的；另一方面，恰恰是由于科学和基督教之间的这种特定结合，又反过来构成了科学与基督教冲突的重要原因。"[46]于此我们当明白，基督教和基督教信仰应该予以区分，科学与基督教的冲突并不完全等于科学与基督教信仰本身的冲突。正因此，许多反对教会正统学说的科学家，本人却往往是虔诚的基督徒，他们忠实于基督信仰，信守基督教的精神观念，这不仅在中世纪基督教占统治地位的情况下如此，就是近代到现代的许多科学家也都是如此。在这里，成问题的既不是科学，也不是基督教信仰，而是教会的僵化教条与专制武断。总之，这里的冲突是科学和科学、科学和教会之间的冲突，与信仰本身无涉。

其次，并不是所有冲突都是这一模式，比如进化论与创世说的冲突中，就不能说创世说是"科学"理论。不过，这里的问题又很复杂，它牵涉到科学和宗教的划界问题以及它们各自的有效意域（参见本章最后部分的论述）及言述方式的问题，还牵涉到对科学的性质尤其是局限性的认识的问题，也包括宗教和迷信的判别问题。不能以宗教立场随意判断指斥科学理论；同样，也不能以科学为万能和绝对，而对宗教问题妄加评断。还有，不能混同宗教表述的寓意方式，和科学表述的逻辑描述方式。在这里，去除僭妄为基督教的迷信形态（比如当避雷针发明时，一些教会曾予以反对，认为这是不敬，打雷时应敲教堂的钟等等），如果还存在冲突，那实质上是基督教与"科学教"之间的冲突，这里成问题的仍然既不是科学，也不是基督教信仰，却是"科学教"所信奉的"科学主义"，此时，科学以自己为万能，放之四海而皆准，雄视天下，睥睨一切。科学在这里已僭越过自己的界域，变成了一种信仰、一尊偶像。事实是，科学并不能作为"信仰"形态而存在。在这里，或者是科学和迷信在冲突，或者是真信仰（基督教）和伪信仰（"科学教"）在冲突，其间并不存在科学和基督教信仰的冲突。

---

46 田薇：〈试论基督教和科学的关系——从霍伊卡《宗教与现代科学的兴起》谈起〉，载《学术月刊》2001 年第 2 期，第 25 页。

第二节　基督教是近代科学基本的促发要素

一、一些著名科学家和学者的看法

对于宗教尤其是基督宗教与科学之间的正面促发关系的认识，广泛认同和深入研究在当代，实际存在却并不仅在当代，且看一些最杰出的科学家和一些学者的意见。普朗克说："宗教与科学之间，绝不可能存在真正的对立，因为二者之中一个是另一个的补充。"[47]培根写道："为了免我们于错误，我们的救主在我们面前放置了两卷书册供我们学习：首先是《圣经》，将上帝的旨意启示给我们；其次是显明了他的权柄的造物。而后者是开启前者的钥匙：通过理性的概念和语言的法则，它开启了我们的智力去理解《圣经》的真正含义；而通过使我们对铸刻在万物中的上帝的全能进行应有的沉思，它开启了我们的信仰。"[48]他把科学技术称为"向着上帝的荣耀而上升、为着人类的幸福而下降"的事业。[49]伽利略曾明确指出："而对整个（天文）科学的禁止就等于是对一百多段的《圣经》进行责难。正是这部分的《圣经》教导我们，我们能在全能上帝的所有工作中惊奇地发现他的荣耀，我们能在打开着的宇宙书卷中庄严地读到全能上帝的伟大。"[50]宇宙作为"上帝之书"，为世人提供了对上帝的间接的可知性，因此，探索宇宙自然，发现宇宙的美与和谐，既是对上帝本身的间接感知和把握，也是对上帝的赞颂。开普勒认为自己是被神"呼召"使用自己的才能去研究天文学的，他在一本记事簿中写下自发的祷告："创造主和上帝，我感谢你赐我在你创造中的喜乐，我以你手所造的为乐。看哪，我已完成你托付我的使命，我在这使命中已用尽你借给我灵魂的才干。"[51]受韦伯启发，美国社会学家默顿在其博士论文《十七世纪英国的科学、技术与社会》（1938）中，论证了清教伦理和科学精神之间所具有的内在一致性。他注意到清教伦理的社会功利主义倾向，其中诸如宣扬自助、关心

47　小愚：〈科学的维他命与荷尔蒙！？〉，载《读书》1990 第 8 期，第 54 页。

48　[美]彼得·M.J.赫斯：〈"上帝的两本书"：基督教西方世界中的启示、神学与自然科学〉，载江丕盛格蒙·本纳德编：《桥：科学与宗教》，中国社会科学出版社，2002 年版，第 189 页。

49　同注 47，第 55 页。

50　同注 48，第 199 页。

51　同注 13，第 18 页。

社会福利、敬仰上帝的作品，清醒、勤勉、对理性与经验的信心，关心实际和应用等等，都会促发科学实践的兴趣，为科学实践提供神圣合法的宗教依据，并为科学认识活动提供方法论支持。特别是清教摈弃权威的思想使得理性的地位进一步巩固。

著名的科学史专家霍伊卡的《宗教与现代科学的兴起》，堪称韦伯《新教伦理与资本方义精神》的姊妹篇。按照流行的观点，科学的发展得益于古典的希腊文化传统，而不是犹太——基督教的《圣经》传统，基督教长期以来只是科学的阻碍甚至反对性力量。但霍伊卡经过认真仔细研究，得出了不同结论，他认为，不能由于教会对《圣经》的理解有误，就把错误归之于《圣经》；不能因教会曾起过抵制科学的作用，就把基督教理解为与科学不能相容。他深刻揭示了宗教与近现代科学之间内在的精神联系，指出："希腊——罗马文化与《圣经》的相遇，经过若干世纪的对抗之后，孕育了新的科学。这种科学保存了古代遗产中的一些不可或缺的部分（数学、逻辑、观察与实验的方法），但它却受到不同的社会观念和方法论的指导，这些观念主要导源于《圣经》的世界观。倘若我们将科学喻为人体，则促进生长的维他命与荷尔蒙，乃是圣经的因素。"[52]

二、基督教为近代科学的产生和发展提供了基本的思想条件

受霍伊卡等人启发，结合许多新的研究成果，通过比较希腊因素和《圣经》因素各自在对待自然时所发挥的不同作用，以及中世纪尤其是宗教改革以来基督教对自然所持的基本观念，我们可以概括出如下数条结论，这其实也是目前学术界所公认的看法：

第一、自然的祛魅化。《圣经》上帝造物的思想有助于破除希腊人对自然的神化，推动了自由探索自然利用自然的科学的自然观的形成。圣经宗教之前和之外的许多宗教和哲学，无论是前苏格拉底时期还是后来，往往把整个大自然视为具有神性，甚至把具体的自然物奉若神明。典型的异教属于"拜物教"和"多神教"，异教徒们生活在一个充满精灵的世界中，于是对大自然的探索和利用，被视为冒犯或亵渎神灵。这一点可由普罗米修斯的故事、代

---

52 [荷]R·霍伊卡：《宗教与现代科学的兴起》，钱福庭等译，四川人民出版社，1991年版，第187页。

达罗斯的故事和米达斯的故事见出。[53]这种自然观，必然会以不同的方式、在不同程度上妨碍科学的发展和技术的进步。但是，圣经宗教促成了宗教世界观方面的一个巨大转变，即把世界视为上帝的造物，严格区分造物主与被造物，自然本身并不具有神性，《圣经》禁止敬拜一切自然物，视之为偶像崇拜。这就为人类探索自然从而利用自然提供了神圣的道德上的核准，从而放开了人类发展科技的手脚。这一点，实际就是韦伯所讲的自然的"祛魅化"。如有人所说："大自然的非神化是科学研究的关键性的大前提。要是大自然是人类崇拜的对象的话，将它剖开研究是不虔诚的举动。若世界充斥着精灵和魔力，人唯一应有的反应是向它祈求或避开它。……人若不克服对大自然的恐惧，科学就不能有突破性的发现。圣经的一神论将大自然的神灵赶走，使人能毫无惧怕地享受它和研究它。只有当大自然不再是崇拜的对象时，它方可成为研究的对象。"[54]

对自然的彻底的非神化的思想，还有助于世界图景的"机械化"，因为机械的世界必定由制造而来，这比有机世界观更加符合《圣经》的观点。而这一图景，正是近代科学关于世界的最基本的观点。自然的祛魅化的观念下，其实还蕴含着大自然是"真实的"和"有价值的"意涵。基督教思想之外的许多思想系统，视物质世界为"影像"（柏拉图）和"幻觉"（印度教），如此

---

53 我们可以通过三个古希腊神话看到这一点：1. 普罗米修斯的故事，它向我们提出如下问题，我们的技术是正当的还是偷窃来的？我们像神一样的权力是否表明我们违背了我们在宇宙中应予保持的谦恭地位？我们该为我们这"偷窃"来的能力欣喜自豪呢还是担心慎悔？等等。2. 代达罗斯的故事：发明家代达罗斯和儿子伊卡洛斯用蜡和羽毛作成翅膀，从牢中逃脱。他因之得救，儿子却因飞得太高，离太阳太近，使蜡翼融化，掉进海里结束了年轻的生命。这个故事苦乐参半，有得救，也有死亡，它建议人类应该谨慎地对待自己的越权行为，学会正确地运用技术。3. 米达斯的故事：米达斯国王渴望掌握点石成金的技术，结果梦想成真，但他却受到了惩罚，他碰到的一切东西——尝到的食物，摸到的鲜花，甚至被他吻了一下的女儿，都变成了金子，闪闪发光却毫无反应，他失去了一切。这个故事讲的是人的贪婪和愚蠢，讲的是欲望操控下的技术的性质。（参[法]F·费雷：《技术与宗教信仰》，吴宁译、张国栋校，载《哲学译丛》2000第1期，第50-59、65页）总之，这三个故事中，第一个涉及的是科学、技术的合法性问题，后两个涉及的则是技术的运用性问题。和《圣经》相比，希腊传统在对待自然的态度上，要被动消极许多，当然也谨慎许多。从孕育和发展科学技术上，这是不利的；但从对科技的反省批判上，则值得借鉴。

54 同注13，第19页。

低估大自然的哲学很难启发科学家有系统地去进行实验研究。而基督信仰的创世论，却并不认为有限的事物是永恒无限者的影子，神所创造的事物有其真实的存在，因而"它是一个具有可被阐明的构造和真实关系的领域，所以是科学和哲学的研究对象。"[55]大自然不仅不是虚幻、虚无的，而且是有价值的，因为它是神所创造的。《创世纪》一开篇记录神的创造工程，连用多个"神看着是好的"，传达的正是这一思想，这使《圣经》的世界与希腊等许多思想系统区别了开来。在希腊文化里，物质世界往往被认为邪恶、混乱，一切与物质有关的事物都是低贱的。初期教会因了《圣经》的资源，而发展出一套尊重物质世界的信念，从而为此后人们对物质世界的进一步探索研究及利用，预备下基本的思想前提。

第二、宇宙的秩序化。现代科学得以发生的重要思想前提，除了"宇宙的非神化"以外，还有"宇宙的秩序化"一条。即相信宇宙万物是按一定的规律运作的，这种规律不随时间、地区和研究者而改变。这一前提被称之为"自然划一原理"。这一原理也是直接来自基督教的一神世界观。无神论演绎不出这一原理；使宇宙此起彼伏的多神论，也无法使自然规律在整个宇宙中和谐统一起来。大自然有秩序，即有所谓的自然定律，这是因为上帝是充满智慧的，上帝创造的自然也是充满智慧而不是杂乱无章的。假如我们没有这个观念，而仅仅觉得自然是偶然构成的，那么我们就不可能去研究和探讨什么自然的规律了。诺贝尔奖得主、生物化学家 Melvin Calvin 说："由希伯来民族介绍给西方文化的概念：即宇宙是受制于一位独一的神，而不是很多不同的神，随己意运作他自己的小角落。这种一神论似乎是现代科学的根基。"当然，宇宙秩序不仅仅在于"一神"，也在乎这位神的本质。圣经中启示的神是有信用和可靠的，因此他的创造也同样是可靠的。"一个有信用的神所创造的大自然，表现于规律性、可靠性和顺序性。它能被触摸和研究，它展示一种可知的程序。"[56]由犹太——基督教的一神观延伸出了宇宙的秩序化的观念，进一步则有自然的"定律"的观念和自然在数学上"精确"的观念。物理学家 C.F.von Weizsacker 说："在柏拉图思想中的物质，不被理性的意念所控制，不完全遵守数学定律；但神从无中创造出来的物质却会完全依照创造主所设立的规律来运作。从这个角度来看，我称现代科学为基督信仰的衣钵，或更

---

55 同注 13，第 16-17 页。

56 同注 13，第 20 页。

进一步是她的儿子。"[57]

从中世纪开始，科学得以蓬勃发展，是因为人们信仰一位有理性的神，这位有理性的创造主渗透着整个文化，这信仰使人对宇宙的理性有信心，对其进化有信心，对定量的方法有了解；这都是进行科学研究所不可少的要素。在这一过程中，尤其重要的是阿奎那彻底的唯理论，他主张用理性去检查和领悟基督教信仰，这在很大程度上促成了现代科学研究的学术氛围的形成；人们除了在神学领域运用理性之外，也努力尝试在神所创造的自然领域，通过对事物的理性把握而达到对上帝的理解。还有，自十六世纪宗教改革以来，关于自然的秩序化观念，随着笛卡尔等所倡导的"机械模式"宇宙观的产生而进一步得到加强，从哥白尼到牛顿，科学发现所呈现出来的世界，正是一副宏伟而秩序井然的机械图景，这世界"只能"是上帝理智设计的结果。

第三、研究和利用自然是神赋予人的神圣权利与责任。古典时代关于人不能胜过自然，以及人同自然竞争乃是罪过的观点（参注53），被《圣经》关于人能够而且应该"支配和利用"自然的观点所取代。《圣经》明确记载上帝按自己的形象造人，并将自己的气息吹进人的鼻孔，使人成了有灵的活物；并且上帝将自然（伊甸园）赐给人，让其看守和治理。[58]这两条十分重要，它一方面表明人有能力研究、认识和利用自然，另一方面，则表明人有权力和义务去研究、认识和利用自然。"照他的形象"意味着人分有上帝的能力，包括认知能力，神和人的理性在某种程度上是相似的。让人"治理这地"，使人成了上帝的工作伙伴，分享着上帝对其它受造物的统治，这提高了人在自然界的地位，为人类探索自然和利用自然提供了神圣的根据，人类可以或者说应该放心大胆地去发展科学和技术。十三世纪英国圣方济各会修士罗杰尔·培根宣称：上帝通过两个途径来表达他的思想，一个是在《圣经》中，一个是在自然界中。两者都应该研究，但对于后者的研究很长时间以来一直被忽视。

---

57 同注13，第24页。

58 "神说：'我们要照着我们的形像，按着我们的样式造人，使他们管理海里的鱼、空中的鸟、地上的牲畜和全地，并地上所爬的一切昆虫。'神就照着自己的形像造人，乃是照着他的形像造男造女。神就赐福给他们，又对他们说：'要生养众多，遍满这地，治理这地；也要管理海里的鱼、空中的鸟，和地上行动的各样的活物。'"（创1：26-28）"耶和华神用地上的尘土造人，将生气吹在他鼻孔里，他就成了有灵的活人，名叫亚当。……耶和华神将那人安置在伊甸园，使他修理看守。"（创2：7；2：15），自《新旧约全书》（和合本），中国基督教协会1989年版。

⁵⁹"上帝创造的宇宙是有法则有秩序的,而人的职责是运用理性去发现宇宙的秩序和法则,这是近代以来许多大科学家所接受的一条基本信念,从牛顿到爱因斯坦都是如此。"⁶⁰他们中的许多人相信,揭示出宇宙的法则和秩序,显示出宇宙巨大的和谐与美,正是对上帝最高的颂扬和赞美,也是他们信心的最好表白。他们进行科学研究和探索,远非出于一般的功利考虑和单纯的好奇心,他们抱有更为崇高的动机。开普勒就说过,"我们天文学家是至高无上的神在大自然方面的代言人,大自然提供我们研究的机会,并非让我们自命不凡,而是为了荣耀神。"⁶¹这样,以求知(也就是接近上帝)为最高目的,便保证了他们思想探索和学术研究趣味的纯正性和神圣性,也保证了理性运用的合理性与合法性。

第四、对事实的尊重。希腊理性精神固然是现代科学产生的十分重要的条件,但不是充分条件,现代科学的根基是对事实的尊重。基督教在这一点上极大地支持了经验论和归纳法对唯理论和演绎法的突破。⁶²基督教认为,尽管上帝所创造的世界是有法则有秩序的,但它同时也是上帝自由意志的体现,上帝的创造是不受任何限制的,其中包括人类理性的限制,因此,人类必须接

---

59 [美]莫里斯·戈兰:《科学与反科学》,王德禄、王鲁平译,中国国际广播出版社,1988年版,第18页。

60 [美]余英时:《内在超越之路》,中国国际广播电视出版社,1992年版,第55页。爱因斯坦说:"我们认为在科学上有伟大创造成就的人,全都浸染着真正的宗教信念,他们相信我们这个宇宙是完美的,并且是能够使追求知识的理性努力有所感受的。"(爱因斯坦:〈宗教与科学不可和解吗?〉,自《爱因斯坦文集》第三卷,商务印书馆2009年第二版,第300页)

61 同注7,第55页。

62 唐逸先生以简洁清晰的语言概括道:"古代希腊没有实验科学,出于这样的语境:希腊人深信理性是人类的尺度和真理的源泉,可以从理性原则推导出知识体系,没有必要进行实验的检验。基督教则认为,上帝是真理的源泉,上帝创造了人类去管理世界,而世界有着内在的理性规律,需要一点一滴地认识和验证。所以基督教文化更适于产生实验科学。"(沉睡:《后现代与上帝已死——唐逸先生访谈录》,载《东方文化》(广州)2001年第2期,第48-60页)当然,强调希腊因素和《圣经》因素的不同,以及《圣经》因素对经验事实的开放态度,不能绕过中世纪。中世纪虽然是基督教的天下,事实上却受希腊哲学很大的影响,某种意义上,《圣经》的教导在当时并不能胜过希腊哲学对基督教神学的影响,比如影响巨大的阿奎那神学体系,便深受亚里士多德哲学的影响。它虽然体现了充分的逻辑精神,但却缺乏对经验事实的关注和尊重。所以,《圣经》因素在经验事实方面的开放态度对于科学的影响促进,只能是近代尤其是新教以来的事了。

受事实，其中包括自己的理性所不能理解的事实，所以会有"神迹"。也就是说事实是上帝造的，人只能努力重新理解这事实，而不是否认或回避事实。科学正是在尊重事实，修正理论的过程中得到不断发展的。如有人所言，"这世界是有规律和可靠的，因为神是守信和不任性的；但这世界的详情不能按理性的演绎获晓，却要靠观察。因为神有自由，不一定要创造一个特定样式的宇宙。"[63] 也就是说，神有自由意志，神的创造是自由的创造，神不仅创造了自然，也创造了自然规律，对此自然律，神保有超越的意志。因此，寻找知识首要的方法，是对大自然的观察和实验，而不是任凭人的理性凭空地推理和演绎。霍伊卡引证了赫胥黎的一句话："在我看来，科学似乎是以最崇高、最有力的方式来传授伟大的真理，而这种伟大的真理正是体现在完全服从上帝意志的基督教观念之中：像幼童般面对事实，随时准备放弃任何先入之见，谦恭地跟随自然的引导，即使是坠入深渊也在所不惜。否则，你将一无所获。"[64]

第五、对手工工作的尊重。古典社会对手工工作的轻视，后来被犹太教、基督教对手工工作的尊重所取代，也为现代科学所必须的实验工作打开了观念的禁锢。古希腊人认为，凭借手工工艺是无法与神性的大自然竞争的，这种竞争本身也是有悖天理的（参注53），人造之物永远劣于自然之物，这些都影响了科学实验的开展。与希腊人的赞赏"闲暇"不同，《圣经》则为诚实生活规定了六天的劳碌做工。在人类堕落以前，要求人"修理看守"这园；在人类堕落以后，"对人类所作的惩罚是劳动的疲乏，而不是劳动本身。"[65]上帝把所有劳动都看作是神圣的，因为浩大的创世工程，首先就是上帝劳动的结果；并且，福音书记载中的耶稣，就是木匠出身，他的许多门徒也是打渔做工的普通劳动者，比如彼得、约翰是渔夫，保罗是缝制帐篷的工人，等等；教会的教导是一日不作一日不食，中世纪的修道院开垦荒地，酿制酒类赫赫有名。诚如英国科学哲学家 Mary Hesse 所言："在希伯来和基督信仰传统中，从来没有物质邪恶和看破红尘的思想。物质要被人用来荣神益人。"因此"在以基督信仰为主流的西欧社会，劳力工作从未被贬低，没有只干劳工的奴隶阶级，巧手的工匠是受尊敬的人士。"[66]

---

63 同注 13，第 28 页。
64 同注 52，第 64 页。
65 同注 52，第 98 页。
66 同注 13，第 17 页。

第六、宗教改革造就了宽容与自由的环境。霍伊卡详尽分析了宗教改革对现代科学的正面影响，其中最显著的是改革后的宗派林立，造成了相互宽容和自由辩论的环境，从而使新的科学思想很容易为那些作好了充分准备以接受任何类型变革的人们所接受。"清教以及禁欲主义新教，从总体上来说……为唤起人们对科学的持久兴趣而发挥了不可低估的作用。"[67]

总之，正如有人所明确指出的："第一，从历史的观点看，现代科学是神学的繁衍；第二，现代技术至少可以部分地被认为是基督教教义中关于人类统治自然的理论的西方化的实现。"[68]雅斯贝尔斯也有过类似的观点，他说，"如果没有源于基督教历史的精神阐述和冲动，现代科学的诞生也许是不可想象的。"[69]在此，我们可以对基督教如何影响科学的发展作一系统的总结："起初，基督教给科学事业一个'大前提'（即一个有理性的神应创造一个有理性和秩序的宇宙）。其次，基督教也'支持'科学研究（即科技是用作解除人类痛苦的工具）。第三，基督教给人研究科学的'动机'（即要彰显神的荣耀和智慧）。第四，基督教也有制定科学方法的贡献（即神学上的意志论被用来支持实验科学）。"[70]最后，我们不妨以波义耳的一段话做结："启示的真理如果是理性的负担，那不过犹如羽毛成为鹰的负担一样。羽毛并未因其重量而妨碍鹰的飞行，相反，它使鹰得以展翅翱翔，并且使鹰的视野比没有羽毛时更为广阔。"[71]

当然，以上各点，特别是前三条中，不是没有问题。科学技术发展到今天，生态、环境和能源已经成为严重困扰人类的重大问题，不少人便将责任归罪到《圣经》和基督教传统中所蕴涵的机械论世界观，以及人在自然万物中凌驾于一切之上的至尊地位，即人类中心论等。对此，基督教内部已有积极回应，比如"生态神学"、"创造神学"的探讨，这方面最杰出的代表为莫尔特曼，他在 1985 年出版了《创造中的上帝——生态的创造论》，提出圣灵论的上帝论，以呼应八十年代的生态理论，改述神学的基本论题。不过，这方面的讨论已超出了本章论题范围，此不赘。

---

67 同注 52，第 185 页。

68 [法]F·费雷：〈技术与宗教信仰〉，吴宁译、张国栋校，载《哲学译丛》2000 第 1 期，第 53 页。

69 [德]雅斯贝尔斯：《历史的起源与目标》，华夏出版社 1989 年版，第 106 页。

70 同注 13，第 32-33 页。

71 同注 7，第 55 页。

不单是西方近代科学的兴起，有人从整个科学发展史角度指出：“在西方，宗教与科学并不单纯是对立，其关系是十分微妙的。我们可以举出最少四个例子来说明这层关系：即埃及--巴比伦的神庙，具有神秘宗教性质的毕达哥拉斯学派，伊斯兰教宗在巴格达所建立名为‘智慧之家’的科学研究所，以及中古时期从教会学校演变而来的大学。在所有这些例子之中，宗教对科学都起了极大的促进作用。这一方面是由于它能提供独立于世俗政治力量以外的资源和活动空间；另一方面，由于西方宗教本身对超越于俗世之上的境界的向往与追求，它对寻求自然规律的科学家也提供了精神力量。事实上，大部分中世纪科学家亦是教士，甚至有不少是主教。伽利略与教会的冲突虽然非常之激烈，但十七世纪大部分科学家还是虔诚信徒，而且坚信他们的工作能够体现以及表扬造物主智慧，所以是有宗教意义的。”[72]

第三节　宗教与科学——人类生活与文化中两个完全不同而又不可或缺的领域

我们可以进一步从理论角度对前两节所讨论的情况做出集中解释。科学所追问的总是有限的存在、部分的存在，但人性总不满足于有限，总想对无限作整体的把握，总有一种对无限性整体的敬畏、仰望与崇拜的感情，所以科学追问的极限之处，就有由宗教来回答问题的余地。科学和宗教之所以并行不悖，康德在明确区分纯粹理性和实践理性时已然说明，后来维特根斯坦在《逻辑哲学论》中的“划界”，更是另一层次上的申说。科学属于经验事实的领域，是对外在事物的陈述；宗教属于超验信仰的领域，是内在信念的表达。前者探讨客观物质世界的物物关系，涉及的是客观存在的自然事实；后者关注主观心灵世界的人神关系，涉及的是个体生存的价值态度。前者属于可说者，提供事实判断，为工具理性；后者属不可说的神秘，它只诉诸于生存体验，为价值决断。借用马丁·布伯的说法，前者关涉“我——它”关系，后者关涉“我——你”关系；一与“知识”有关，另一则与“意义”有关。在认知渠道上，前者切于逻辑和理性，后者则及

---

[72] 陈方正：〈为什么现代科学出现于西方〉，载《二十一世纪》（香港）1997 第 6 期，第 15 页。

于想象和灵性。有人指出："科学和宗教二者都试图解释同一个神秘的世界。有条理的宗教借助于生活的意义系统地解释世界，并通过敬畏、崇敬、热爱和善恶观念把我们与世界联系起来。科学旨在创造非个人的和客观的知识，它借助于这种知识系统地为我们解释世界，并通过合理性的认识和惊奇把我们与世界联系起来。在协调科学和宗教中能够做出任何进展之前，必须理解的极其重要的一点是，它们既不是竞争对手，也不是二者只应择一；世界从根本上讲是神秘的，我们总是想更充分地了解我们的世界经验的意义，在这样的尝试中，我们需要科学和宗教。它们没有一个能够自称独占了'整个真理'——不管这种真理可能是什么。"[73]斯蒂芬杰·古尔德认为："我无法理解为何这两种体系会产生矛盾。科学试图记录自然世界的事实特征，并且发展适合于解释这些事实的理论。宗教虽然同等重要，却是在一个完全不同的范畴内起作用，关注的是人生的目的、意义和价值。"[74]进一步甚至有人说，科学的终点就是信仰的起点。美国国家航空及宇宙航行局太空研究院的创始人泽斯爵博士（Robert Jastrow）就讲过，"对于一个靠理性的力量而生活的科学家而言，这个故事的结局像是个恶梦。他一直在攀登无知之山，并且快要到达巅峰。当他攀上最后一块石头时，他竟受到一群神学家的欢迎，他们已经在那里恭候无数个世纪了。"[75]这种说法里不无其深刻之处。爱因斯坦有言："仅凭知识和技巧并不能给人类的生活带来幸福和尊严。人类完全有理由把高尚的道德标准和价值的赞颂置于客观真理的发现者之上。在我看来，释迦牟尼、摩西和耶稣对人类所做的贡献远远超过那些才智之士所取得的一切成就。如果人类要保持自己的尊严，要维护生存的安全以及生活的乐趣，那就应该竭尽全力地保卫这些圣人所

---

73 [澳]汉伯里·布朗：《科学的智慧》，李醒民译，辽宁教育出版社1998年版，第161页。爱因斯坦有段话，可以作为这个意思的印证："科学只能断言'是什么'，而不能断言'应当是什么'，可是在它的范围之外，一切种类的价值判断仍是必要的。而与此相反，宗教只涉及对人类思想和行动的评价：它不能够有根据地谈到各种事实以及它们之间的关系。依照这种解释，过去宗教同科学之间所共知的冲突应当完全归咎于对上述情况的误解。""科学没有宗教就像瘸子，宗教没有科学就像瞎子。"（爱因斯坦：〈科学和宗教〉，自《爱因斯坦文集》第三卷，商务印书馆2009年第二版，第216、217页）

74 [美]爱德华·格兰特《科学与宗教——从亚里斯多德到哥白尼（400B.C.~A.D.1550）》，常春兰、安乐译，山东人民出版社2009年版，序第2页。

75 同注7，第59页。

给予我们的一切，并使之发扬光大。"[76]

正因此，在近现代，直至当代，科学的高度发达并不能也不应取代和排斥深刻的神学研究，和神圣的信仰生活，因为，对人与世界谋求理解，以及在现世寻找安身立命的家园，乃是人之为人的永恒命题。近现代神学研究指出，在人的意识深处，本身就蕴含着宗教生活的强烈渴望，施莱尔马赫发现了"绝对依赖情"（the feeling of absolute dependence），或称"关于神的意识"（the consciousness of God）；后来，蒂利希提出作为人性内在需求的"终极关怀"（ultimate concern），类似于施氏之说，而有所纠正。[77]当代著名宗教社会学家罗德尼·斯达克提出了内在于人性追求中的基于超自然的一般补偿物（compensaters）概念。不论施还是蒂，还是斯，都在指明一项事实：人是宗教的动物，而作为宗教动物，人是不可能摆脱自己的宗教情的。鲁迅说过："人心必有所冯依，非信无以立，宗教之作，不可已矣。"[78]而这，正是几世纪以来，那么多大科学家在走出实验室时，能够走进教堂、虔诚敬拜上帝的根本原因所在。汤因比讲"高级宗教洞察事物的本质，这对于人类来说确实是价值无限的瑰宝。这种本质的洞察同宗教的传统表示形式不同，其区别在于没有时代的界限。即使我们的宇宙观会因科学而变化，这种洞察也不会不符合时代的节拍。从人的本质条件看，到目前为止，没有因科学、技术的影响而改变，看来今后恐怕也不会受其影响。这些洞察在提示时所采用的传统形式也许落后于近代科学。可是洞察本身仍不失为解决宇宙根本问题的唯一希望，任何人都不能置之度外。这是近代科学领域以外的问题。因而在我们看来，它比科学所能回答的问题重要得多。"[79]也许有人会从所谓认识水平、社会生活状况、教会组织的存在，以及文化传统、家庭乃至学校教育影响的角度，

---

76 [美]爱因斯坦：《爱因斯坦谈人生》，世界知识出版社 1984 年版，第 61 页。

77 陈荣毅、王忠欣等：《解构与重建——中国文化更新的神学思考》（非卖品），加拿大福恩协会 1998 年，第 186 页。

78 鲁迅：〈破恶声论〉，自《鲁迅全集》第 8 卷，人民文学出版社 1981 年版，第 23 页。

79 [日]池田大作：《科学文明与宗教》，何劲松译，载《世界宗教资料》1990 第 2 期，第 23 页。另，汤因比还说过："我相信，科学和技术不能作为宗教的代用品。科学技术不能满足各种宗教努力提供的精神需要，虽然科学技术可能损害所谓'高级宗教'的某些传统教条。在历史上，宗教是先产生的，而科学又从宗教中成长。科学从来没有取代宗教，而且我希望永远也不取代。"（[瑞士]汉斯·昆：《论基督徒》（上），三联书店 1995 年版，第 48-49 页。）

对西方的这些科学家的信仰事实提出解释，但这些毕竟都是比较外围的原因，尽管它们也是很重要的原因。[80]

---

80 不可否认，出身于基督教家庭，从小耳濡目染，少有无神论与有神论的冲突，不会有太多的理性挣扎，比较容易接受基督信仰；也确有人是在这种环境中"糊里糊涂"地成了基督徒的。然而很难想像，那些有高度智慧、理性、逻辑思辨能力、在科学上取得非凡成就的基督徒科学家，会在信仰上采取人云亦云的轻率态度。事实上，从上面所举的例子可以看到，他们一面努力搞科学研究，一面严肃地思考、寻求信仰。他们的信仰不是盲从的，而是经过深思熟虑的。他们知道他们所信的是谁，知道为何要信。（里程：《游子吟》http://blog.sina.com.cn/s/blog_4dd821800100zbwu.html）

第三章　宗教伦理与宗法伦理比较
——以"孝"为例[1]

　　孝，是中国传统价值体系中最基本的行为规范，也是最具体和最有操作可行性的规范。数千年来，不仅历代哲人、学者对之反复论述申说，而且历代统治者也对之崇礼备至。它在历史上确实起到了稳定家庭，规范社会的重要作用。然而，自汉武帝始，虽然无数帝王提倡"以孝治天下"，而事实却是他们首先连自己的家也治不好，多少父子兄弟相残的人伦惨剧，就发生在皇宫内院；后世出现的孝道榜样"二十四孝"，中间诸多昏愚残虐，数百年却少人发现、指出并纠正；至于更后来的"国骂"，亦少有人将之与大力倡导孝道相联系。[2]正是这种明显的悖谬，促使笔者尝试在本章中进行思考和探索，以求能对问题有一初步的把握。

---

1 本章内容虽说是伦理比较，其实更多的动机，是要对自身所从出的传统，在比较参照的背景下，做一批判性清理。形成文字后，心中忐忑，总希望逻辑的结论，能与情感的牵引可以协调一致。这里引骆一禾的几句诗作为题记，表明心迹：

　　　当你穿过古代的时候

　　　你要彻夜失眠　直到天亮

　　　当你被咒语贬抑的时候

　　　你要置若罔闻

　　　勿使你的见地委婉　更不要乘人之危

　　　或迁怒于你的亲人

　　　　　　　　——骆一禾：《蜜——献给太阳和灿烂的液体》

（自骆一禾《世界的血》，春风文艺出版社 1990 年版，第 67 页。）

2 "国骂"可以和孟子的"老吾老以及人之老"联系起来看。胡适曾引汪精卫的说法："中国号称以孝治天下，而一开口便侮辱人的母亲，甚至祖宗妹子等。"这大概算较早注意这一现象的人了。（胡适《写在孔子诞辰纪念之后》，见《胡适随笔：再造文明》，北京大学出版社 2009 年版，第 159 页。）

进行这一探索，比较的方法是行之有效的。以下欲通过先行进入异质的犹太——基督教文化，即圣经传统，以之作为参照，然后反观传统的儒家文化，具体分疏，以为检讨，以见得失，以明就里。

第一节　"孝"在两种传统中的不同表述

一、孝在圣经传统中的经典表述

孝在《圣经》传统中，所占篇幅有限，但所居位置却并不微末。孝敬父母是上帝的诫命，是基督的教训。

《旧约》中，"十诫"是核心（"摩西五经"）的核心，其首出于《出埃及记》20：3-17，后又在《申命记》5：7-21 里予以重申。它是上帝通过摩西颁发给以色列人的十条神圣命令，必须无条件遵守。其中前四条涉及神、人关系，属神伦；后六条涉及人、人关系，属人伦。前四条对于我们可能显得比较陌生，后六条则十分朴素和单纯，诸如不可杀人，不可奸淫等等。后六条的第一条，便是孝敬父母，居人伦之首："当孝敬父母，使你的日子，在耶和华你神所赐你的地上，得以长久。"[3] 这里的"孝敬"一词，在希伯莱原文中读如 kabad，在全本旧约《圣经》中共出现 110 多次，主要译为"荣耀"、"使得荣耀"、"尊敬"、"孝敬"，此外还译为"敬奉"、"抬举"、"尊荣"等。英文本此处译作 honor，或译作 respect。十条诫命中，第四（守安息日）和第五（孝敬父母）是唯一两条正面肯定性诫命，其它皆禁止；而第五条，又是十条中唯一一条直接带应许的，即"使你在地上的日子长久"。在《利末记》中，第五条诫命在表述上有所变化："你们每人应孝敬母亲和父亲。"[4] 母亲先行于父亲，这表明，养育之恩来自父母双方，对父、母的孝敬应是平等的。

在《旧约》的《箴言》和《德训篇》等中，于孝亲之道有多处具体论述。比如要听从父母："我儿，要谨守你父亲的诫命，不可离弃你母亲的法则，要常系在你心上，挂在你项上。你行走，他必引导你；你躺卧，他必保守你；

---

3 新旧约全书（和合本），中国基督教协会 1989 年版，出 20：12。以后凡引用《圣经》文句，均随文注明出处，不另做注。

4 《圣经》（思高本），中国天主教教务委员会 1992 年版，肋 19：3。本章引用《圣经》文句一般以和合本为主，但个别地方用思高本，因其译法更准确，或该卷书和合本未收。

你睡醒，他必与你谈论。因为诫命是灯，法则是光，训诲的责备是生命的道。"（箴6：20-23）要体贴父母："我儿，你父亲年老了，你当扶助；在他有生之日，不要使他忧伤。若他的智力衰弱了，你要对他有耐心，不要因你年富力强就藐视他；因为，对父亲所施的怜悯，是不会被遗忘的，天主必要赦免你的罪过，复兴你的家庭。因你容忍母亲的过失，必获赏报；天主必依公义，建立你的家庭；在你困难之日，要纪念你，要消灭你的罪过，有如晴天溶化冰霜。背弃父亲的，形同亵主；激怒母亲的，已为上主所诅咒。"（思高本，德3：14-18）论到那孝敬父母的人，说他们不仅可以戒避罪恶，得享长寿，而且家庭必蒙祝福，在子女身上获得喜乐（思高本，德3：4-13）；对不孝者，惩罚和诅咒必落下，打、骂父母的必要把他治死（出21：15、17），人若有顽梗悖逆、贪食好酒不听惩戒的儿子，父母可将之带到本城长老那里，众人要用石头将他打死（申21：18-21）。《箴言》说："咒骂父母的，他的灯必灭，变为漆黑的黑暗"（箴20：20）。"戏笑父亲，藐视而不听从母亲的，他的眼睛，必为谷中的乌鸦啄出来，为鹰雏所吃。"（箴30：17）必须注意的是，在所有论及孝道的地方，都是父母并提的，有时甚至还专门强调母亲一方，比如多俾亚之父生前专门训诲多俾亚，在他身后要敬奉母亲，不可使其伤心。（思高本，多4：3-4）

《新约》里，耶稣批评法利赛人借口给神奉献而不奉养孝敬父母，并引用先知以赛亚的话说，"这百姓用嘴唇尊敬我，心却远离我；他们将人的吩咐当作道理教导人，所以拜我也是枉然。"（太15：3-9）他从反面强调了孝敬父母的重要性。但是，光有孝敬父母是不够的。当一个年轻人来见耶稣，请教自己该做什么才能得永生时，耶稣首先提到了遵守诫命；当得知他从小就遵守了这些时，他提出，"你若愿意作完全人，可去变卖你所有的，分给穷人，就必有财宝在天上，你还要来跟从我。那少年人听见这话，就忧忧愁愁地走了；因为他的产业很多。"（太19：21-22）于是耶稣说："骆驼穿过针的眼，比财主进神的国还容易呢！"（太19：24）耶稣曾讲过，他来不是要废掉律法和先知，而是要成全（太5：17），何谓"成全"？耶稣宣布说："我来是叫人与父亲生疏，女儿与母亲生疏，媳妇与婆婆生疏。人的仇敌就是自己家里的人。爱父母过于爱我的，不配作我的门徒；爱儿女过于爱我的，不配作我的门徒；不背着他的十字架跟从我的，也不配作我的门徒。"（太10：35-38）这一意思，在《路加福音》中有更直接的表达："如果谁来就我，而不恼恨自己的父亲、母亲、妻子、儿女、兄弟、姊妹，甚至自己的性命，不能作我的门徒。不论谁，若不背着自己的十字架，在我后面走，不能作我的门徒。"（思高本，路 14：26-27）他向门徒讲道："我实在告诉你们，人为神的国撇下房屋，或是妻子、弟兄、父母、儿女，没有在今世不得百倍，在来世不得永生的。"（路 18：29-30）耶稣对律法的成全在于：作门徒，舍弃一切，背十字架，跟随他！在这里，传统的孝道是远远不够的，"旧约"已为"新约"所取代，旧有的针对家庭、社会和民族的"律"，已被"成全"为面向一切人，甚至包括仇敌的"爱"。"因为爱人的，就完全了律法。象那不可奸淫，不可杀人，不可偷盗，不可贪婪，或有别的诫命，都包在爱人如己这一句话之内了。爱是不加害于人的，所以爱就完全了律法。"（罗 13：8-10）这一成全里，使"孝敬父母"被置于一个广阔深远的精神背景下，被重新确定。

特别需要注意的是，《圣经》传统中，在子女孝敬父母的诫命之外，同时强调了父母对子女的态度和义务："你们作儿女的，要在主里听从父母，这是理所当然的。"（弗 6：1）"你们作父亲的，不要惹儿女的气，只要照着主的教训和警戒，养育他们。"（弗 6：4）关系是双向的、相互的，但都是在"主"内。

在仅次于《圣经》的犹太教法典《塔木德》中，孝敬父母作为一项宗教义务，被置于至关重要的位置。犹太拉比指出："《圣经》将敬奉父母与敬奉无所不在的上帝放在同等地位。"（kid. 30b）[5]甚至在当财力有限，而不能奉行关于祭献、施舍等敬奉上帝的规定时，可以免去；但在奉养父母上，无论财力如何，都必须履行，即使你不得不挨门挨户地乞讨。（p. Peah 15d）[6]不过，当敬奉父母需要违抗神的其他律令，比如在父亲命令儿子亵渎自己，或者命令捡到东西不物归原主时，对上帝的敬奉则超过对父母的敬奉。敬奉父母的家庭，能得到上帝的光临以表示恩宠："当一个人敬奉父母时，上帝说，'我犹如住在他们中间一样，并且我感到荣幸。'当一个人让父母伤心时，上帝说，'没跟他们住在一起，我是做对了；因为，如果跟他们住在一起，我也会伤心。'"（kid. 30b etseq.）[7]犹太人讲：当小鹳鸟飞出去——飞过海洋和陆地，为了供养父母一点一点收集食物的时候，年老不能飞的鹳鸟呆在巢里……在这

---

5 [英]亚伯拉罕·柯恩：《大众塔木德》，山东大学出版社 1998 年版，第 204 页。）

6 同注 5，第 204-205 页。

7 同注 5，第 206 页。

样的榜样面前，不把父母放在心上的人难道不羞愧地把脸埋起来吗？[8]孝敬之事，不但在于衣食供养，更在于态度和心迹：《塔木德》讲到一个故事称，"有一个人用肥胖的禽肉供养其父亲却下了地狱，而另一个让他父亲在磨坊里磨面却进了天堂。"（p. Peah 15c）[9]原因是前者态度恶劣，而后者却恭顺体贴。《塔木德》认为，如果一个人看到父亲正在违犯《托拉》的律法，他不能斥责说，"父亲，你在冒犯《托拉》。"而应该委婉地说，"父亲，《托拉》上是这样写的"。甚至有人认为还应更含蓄地说，"父亲，《托拉》上有这么一句经文"，以便让父亲自己得出结论。（kid 30b etseq）[10]《塔木德》中有不少尊敬父母的著名故事：拉比塔丰的母亲，安息日在院子里散步，突然鞋带断了，于是他把手放在母亲脚下，让她踩着回到床前。（p. Peah 15c）[11]有人问一位拉比，"尊敬父母应该到什么限度？"这位拉比讲了一个异教徒的故事作为说明。说的是有一次，圣哲们去达玛家买大祭司法衣上用的珠宝，出价很高。但因钥匙放在父亲的枕头底下，而他父亲正在睡觉，儿子便没有打搅父亲。第二年，上帝降生一只纯红色母牛[12]给他作为奖赏，以色列圣哲又找他买牛，他知道可以索要天价，但他却说，"我只要因为孝敬父亲而损失的那么多"，他解释说，他不想出卖自己对父亲的尊敬。（kid 31a）[13]在《塔木德》中，不仅讲到生前侍奉，还讲到死后之宗教义务，父母死后十二个月内，子女应祈祷代其赎罪，以示孝敬。

综上，《圣经》传统中，孝仅仅是作为宗教伦理一部分的家庭伦理在起作用，而且此家庭伦理，是置于终极视域的神性目光注视和引领之下的，其作用范围也仅止于父母血亲，内容无非物质的奉养和情感的爱敬，它决不涉及祖先及后辈儿孙的范围，也不牟于治国安邦和风俗教化；并且，代际之间在关系上是平等和双向的。此所谓思不出其位是也。何以能"不出其位"？是值得深入思考的。

---

8 褚松　郭朋编著：《犹太人的礼物》（下），金城出版社 2002 年版，第 215 页。

9 同注 5，第 206 页。

10 同注 5，第 206 页。

11 同注 5，第 206-207 页。

12 这个故事见《大众塔木德》第 207 页。纯红色的母牛因其罕见而被用来作为重要祭物，因而被视为十分珍贵。见《民数记》19。此处上帝赐他以这样一头牛，是作为奖赏以让他好卖个好价钱。

13 同注 5，第 207 页。

二、孝在儒家传统中的经典表述

孝在中国传统文化中，是作为儒家最重要的行为规范而被强调和推崇的。从语义上，中国最早的一部词典《尔雅》释孝曰："善父母为孝。"[14]此后的《说文》曰："孝者，善事父母者。从老省，从子，子承老也。"[15]孝所涉及的基本对象，显然是血亲关系的父母。这里的"善"字，不仅包括事亲（养）方面，更包括爱亲（敬）的方面，因此，孔子强调说："今之孝者，是谓能养。至于犬马，皆能有养；不敬，何以别乎？"（论语·为政 2.7）[16]

从语用上，在儒家产生以前的上古原始文化中，孝的观念已经产生。《左传》记载，"舜臣尧……举八元，使布五教于四方。父义，母慈、兄友、弟共、子孝，内平外成。"（左传·文公十八年）[17]可以看出，五教内容，全属家庭伦理；而布五教，则属于政治教化行为。《孟子》讲，"尧舜之道，孝弟而已矣。"（孟子·告子下 12.2）[18]在《尚书·舜典》中，载有舜命契之语，可证以上二书之所说："契！百姓不亲，五品不逊，汝作司徒，敬敷五教，在宽。"[19]大意是：契，现在百姓不能相亲友好，在父子、君臣、夫妇、长幼、朋友之间不能够和睦相处，因此让你担任司徒，对人民进行上述五伦的教育，重在宽厚啊。此外，历来被称赏的关于舜在孝行方面的传说，亦可作为辅证。关于夏禹，《论语》记载孔子赞扬他的话："禹，吾无间然矣。菲饮食而致孝乎鬼神……禹，吾无间然矣。"（论语·泰伯 8.21）意思是，禹，我是没话说的了。吃得很差，祭祀祖先却很丰盛。这说明，孝的对象不仅止于父母，可延及祖先，涉及祭享。

在商代，已很重视孝行。《吕氏春秋·孝行览》说："商书曰：'刑三百，罪莫重于不孝'。"[20]《商书·太甲》明确提出："奉先思孝，接下思恭。"（尚书·太甲中）的德行标准。至殷末周初，孝不仅在家庭生活，而且在政治生

---

14 [晋]郭璞注，[宋]邢昺疏：《尔雅》，北京大学出版社 1999 年版。

15 [汉]许慎著，[清]段玉裁注：《说文解字段注》，中华书局 1988 年第二版。

16 杨伯峻：《论语译注》，中华书局 1980 年第二版。文中此后所有关于《论语》的引文，均随文注出，不另做注。其它古籍的引用，亦仿此，第一次出现设注，其后皆随文加注。

17 [晋]杜预注，[唐]孔颖达等正义：《春秋左传正义》，上海古籍出版社 1990 年版。

18 杨伯峻：《孟子译注》，中华书局 1960 年版。

19 孙星衍：《尚书今古文注疏》，中华书局 1986 年版。

20 [秦]吕不韦：《吕氏春秋》，上海古籍出版社 1989 年版。

活中反复被提及。《周书·酒诰》中说："纯其艺黍稷，……孝养厥父母。"周公告诫殷民在卫国专心种植，孝顺侍奉父母；《周书·君陈》中说："惟尔令德孝恭，惟孝友于兄弟，克施有政。"孝对父言，恭对兄言，友对弟言，"克施有政"是指将孝友恭之心移用于施行政务上。孝不仅表达一种人伦自然感情，而且可表达一种对祖先的宗教性感情，前者如《诗经·小雅》中的《蓼莪》篇，追念父母养育之恩，有人称之为"千古孝思绝作，……可抵一部《孝经》读。"[21]后者则如《诗经·大雅》中的《既醉》，写子孙感念祖先恩德，以求保守福禄。正因为孝的这一宗教性内容，周诗中贵族的颂扬孝行，多在祭享之时，"率见昭考，以孝以享。"（《臣工·载见》）陈来指出，"周礼在社会层面的意义是巩固宗法秩序，培养宗族内的生活规范，强化宗族内的凝聚力，这些内容可以一言以蔽之，就是'孝'。在这个意义上，'孝'不仅仅是子女对父母的孝养，而是代表宗族利益、秩序、繁衍的一个普遍性价值。事实上，周代的冠昏丧祭养老诸礼无不贯穿着'孝'的原则与精神。"而"冠昏丧祭礼所举行的场所，周代规定为在宗庙，而不是一般原始社会规定的公共场所，突出地说明这些礼仪都是在'家'所代表的家族或宗族利益的框架内展开，并为之服务的。"[22] 显然，在儒家产生以前的三代甚至更早，孝已不仅仅是作为家庭血亲伦理而存在的一个概念，它的外延由父子关系延伸到了家族、宗族关系范围；而在内涵上，它由自然的奉亲敬亲，进而泛化加进了宗教祭享乃至政治教化的内容。

儒家思想承西周宗法制度及礼乐文化而来，孝在其间居于非常重要的位置。《孝经》托孔子之言说："夫孝，天之经也，地之义也，人之行也。"（孝经·三才章第七）[23] "夫孝，德之本也，教之所由生也。"（孝经·开宗明义章第一）孟子曰："事亲为大。""事亲，事之本也。"（孟子·离娄上）有人甚至宣称，六经要旨，皆可归源于孝："百行孝为本也……六经孝之流也。"

---

21 [清]方玉润：《诗经原始》，中华书局 1986 年版，第 418 页。

22 陈来：《古代宗教与伦理——儒家思想的根源》，三联书店 1996 年版，第 304 页。

23 汪受宽：《孝经译注》，上海古籍出版社 1998 年版。关于《孝经》，早先有人说是孔子自作，但南宋时已有人怀疑是出于后人附会；明代的吴廷翰《吴廷翰集·椟记·孝经》、清代的姚际恒《古今伪书考》等都认为该书为汉人伪托；清代纪昀在《四库全书总目》中指出，该书是孔子"七十子之徒之遗言"，成书于秦汉之际。不过汪受宽认为该书可能出于曾参高足孔子嫡孙子思之手，大概成书于春秋晚期的前428-前408年之间。不管出于何时，不是孔子之作是肯定的。

²⁴在儒家著作中，孝字出现频率很高，《论语》中凡十八见，《孟子》中凡二十八见，《荀子》中单见二十六次，组词如"孝子"、"孝已"十七次，在这些著作中，它们全部是被从正面肯定与提倡的。相反，先秦其它各家著作中，孝字出现得就少，而且往往是在要批评儒家时才用到，²⁵如《老子》："六亲不和，有孝慈。"（老子·18章）"绝仁弃义，民复孝慈。"（老子·19章）²⁶

孔子的道德理想在"仁"，但其入手处却在孝悌。"孝弟也者，其为仁之本与！"（论语·学而1.2）他教导年轻人说："弟子，入则孝，出则弟，谨而信，泛爱众，而亲仁。行有余力，则以学文。"（论语·学而1.6）孔子重视实践，在家庭内孝顺父母，应该是实践的最切近法门了。在《论语》里，孔子论到孝，就像他论仁、论政一样，并不抽象地下定义，往往因时、因地、因人而有不同的回答，他首先强调的是态度和方式方法，而不在于单纯的奉养。比如子夏问孝，子曰："色难。有事，弟子服其劳；有酒食，先生馔，曾是以为孝乎？"（论语·为政2.8）不给父母好脸色看；有事时，年轻人效劳服务；有酒饭，让年长的先吃；这难道就是孝吗？如荀子所言，在夙兴夜寐，手足胼胝，以养其亲之外，还应作到身敬、辞逊、色顺，才算孝。（荀子·子道）²⁷《礼记》说："孝有三，大孝尊亲，其次弗辱，其下能养。"（礼记·祭仪）²⁸也正是要强调一个"敬"字。孔子对孝的许多解释回答体贴入微，亲切感人，显示出仁者的情怀，比如："父母在，不远游，游必有方。"（论语·里仁4.19）"父母之年，不可不知也。一则以喜，一则以惧。"（论语·里仁4.21）孟武伯问孝，子曰："父母唯其疾之忧。"（论语·为政2.6）孟武子谥"武"，可能一向勇猛，父母老怕他惹是生非，遭难遇祸，所以孔子回答说孝便就是使父母亲只担心子女的疾病。同样的意思还有："子路问'"闻斯行之？"'子曰：'有父兄在，如之何其闻斯行之？'"（论语·先进11.21）子路向来刚勇卤莽，故孔子有此回答。孔子很强调儿子听从、跟从父亲的意志和愿望，包括死后的

---

24 同注23，第107页。隋·刘炫：〈孝经述义序〉。

25 这些统计数字据《论语引得》（燕京大学引得编纂处1940年版）、《孟子引得》（燕京大学引得编纂处1941年版）、《荀子引得》（燕京大学引得编纂处1950年版）、《墨子引得》（燕京大学引得编纂处1948年版）、《庄子引得》（燕京大学引得编纂处1947年版）、《韩非子引得》（燕京大学引得编纂处版）得来。

26 陈鼓应：《老子注译及评介》，中华书局1984年版。

27 [清]王先谦：《荀子集解》，中华书局1988年版。

28 [汉]郑玄注，[唐]孔颖达等正义：《礼记正义》，上海古籍出版社1990年版。

跟从，所谓继承遗志。"子曰：'父在，观其志；父没，观其行；三年无改于父之道，可谓孝矣。'"（论语·学而 1.11）另，"曾子曰：'吾闻诸夫子，孟庄子之孝也，其他可能也；其不改父之臣与父之政，是难能也。"（论语·子张 19.18）后来孟子讲"不孝有三，无后为大。"（孟子·离娄上 7.26）其实与孔子在这里所强调的应属一类，都是时间坐标上的代际传承的问题，所谓后继有人，不过孟子讲的是血脉自然传承，孔子则在于精神传承，并强调了情感问题。关于死后之孝，孟子还强调了厚葬久丧的礼数。（孟子·滕文公上 5.2）

孔子十分重视孝道在道德教化及政治实践方面的积极功用，这是对三代及周公遗教之继承。"季康子问：'使民敬，忠以劝，如之何？'子曰：'临之以庄，则敬；孝慈，则忠；举善而教不能，则劝。'"（论语·为政 2.20）孔子学生有子说："其为人也孝弟，而好犯上者，鲜矣；不好犯上，而好作乱者，未之有也。君子务本，本立而道生。"（论语·学而 1.2）"齐景公问政于孔子。孔子对曰：'君君，臣臣，父父，子子。'"（论语·颜渊 12.11）在这方面，孟子曾有明确的举例："舜尽事亲之道而瞽瞍底豫，瞽瞍底豫而天下化，瞽瞍底豫而天下之为父子者定，此之谓大孝。"（孟子·离娄上 7.28）这是说舜竭尽心力侍奉父母，父亲瞽瞍虽愚顽也变高兴了，天下的风俗因此转移。他还讲："道在迩而求诸远，事在易而求诸难，人人亲其亲，长其长，而天下平。"（孟子·离娄上 7.11）

孔子有"父子相隐"的思想，这记载在《论语》里："叶公问孔子曰：'吾党有直躬者，其父攘羊，而子证之。'孔子曰：'吾党之直者异于是：父为子隐，子为父隐。——直在其中矣。"（论语·子路 13.18）父亲偷了别人的羊，儿子不该去告发，而应该设法隐瞒，直率正在这里。为什么，因为孝在这里面。《孟子》中讲舜父瞽瞍杀人，"舜视弃天下犹弃敝屣也。窃负而逃，遵海滨而处，终身欣然，乐而忘天下。"（孟子·尽心上 13.35）这两处记述，共同传达的信息是，在孝的问题上，私情大于公法。[29]

---

[29] 关于《论语》和《孟子》中的亲亲互隐的案例，还有一个，就是舜把自己的"至不仁"的弟弟像"封之有庳，富贵之也"（《孟子·尽心上》）。这三个故事，曾经引起过很热烈的讨论，前期成果聚结在郭齐勇主编的《儒家伦理争鸣集——以"亲亲互隐"为中心》（湖北教育出版社 2004 年），但最值得一看的是邓晓芒的《再议"亲亲相隐"的腐败倾向——评郭齐勇主编《儒家伦理争鸣集》》（载《学海》2007 年第 1 期，第 5-24 页），如网上留言：邓先生思维的逻辑性的确要高于诸儒生，当然，这也正是西学之所长。中学多纠缠于历史或政治泥淖，而短于阐明公理。历史的合理性不等于普遍之正义，这是个老话题了。隐与不隐，都有理由，问题是，哪个理由更为根本。于今（全球化时代）而言，恐怕是普遍的正义更为根本。

孔子讲到儿子劝谏父亲的过失："事父母几谏，见志不从，又敬不违，劳而不怨。"（论语·里仁 4.18）即多次委婉劝告，如若不听从，仍然尊敬而不背逆，虽然忧伤，却不埋怨。这有点威权主义，近于绝对服从了。荀子不同意这一点："入孝出弟，人之小行也；上顺下笃，人之中行也；从道不从君，从义不从父，人之大行也。……孝子所以不从命有三：从命则亲危，不从命则亲安，孝子不从命乃衷；从命则亲辱，不从命则亲荣，孝子不从命乃义；从命则禽兽，不从命则修饰，孝子不从命乃敬。故可以从而不从，是不子也；未可以从而从，是不衷也。明于从不从之义，而能致恭敬，忠信、端悫以慎行之，则可谓大孝矣。"（荀子·子道）故他说："审其所以从之之谓孝。"（荀子·王制）

孔子之后，儒家后学有人假托孔子，专著一书论孝，凡十八章一千八百余字，该书后被列为儒家十三经之一，名曰《孝经》。古人称其为六经总汇，世代作为儿童启蒙教育的主要教材；先后有魏文侯、晋元帝、晋孝武帝、梁武帝、梁简文帝、唐玄宗、清世祖、清圣祖、清世宗等君王，和五百多位学者为之作注释义。《孝经》不但被历代统治者奉为治理天下的至德要道，同时也是普通百姓做人的基本道德法则。有人称《孝经》："斯实生灵之至德，王者之要道。孔子既叙六经，题目不同，指意差别，恐斯道离散，故作孝经，以总会之，明其枝流虽分，本萌于孝者。"[30]

《孝经》开篇就讲："先王有至德要道，以顺天下，民用和睦，上下无怨。"（孝经·开宗明义章第一）孝是天之经，地之义，而"人之行，莫大于孝。"（孝经·圣治章第九）于孝行的具体实施，《孝经》讲道："夫孝，始于事亲，中于事君，终于立身。"（孝经·开宗明义章第一）又讲："身体发肤，受之父母，不敢毁伤，孝之始也。立身行道，扬名于后世，以显父母，孝之终也。"（孝经·开宗明义章第一）还具体提出五要三戒的孝道准则："孝子之事亲也，居则致其敬，养则致其乐，病则致其忧，丧则致其哀，祭则致其严。……事亲者，居上不骄，为下不乱，在丑不争。"（孝经·记孝行章第十）论到孝行的功能，《孝经》特别突出地强调了孝道的政治教化与社会稳定作用："君子之事亲孝，故忠可移于君；事兄悌，故顺可移于长；居家理，故治可移于官。"（孝经·广扬名章第十四）指出三种不孝的行为："要君者无上，非圣人者无法，非孝者无亲。此大乱之道也。"（孝经·五刑章第十一）作为家庭伦理的

<hr />

30 同注23，第110页。唐·魏徵《隋书·艺文志》孝经类小序）

孝，明显泛化了，变成了政治伦理，至于这一变化的内在机制何在，有无充分的逻辑根据和事实根据，则不得而知。和孔子相比，《孝经》在孝的问题上已完全体系化，尤其是政治化了。这从全书的章节分布便可看出，几乎绝大部分文字，都是从政治的角度论述孝道孝行的，目之为"孝的政治哲学"并不为过。其开篇"开宗明义章"即从此切入，而不是从家庭血亲伦理出发；紧接着的二至六章，分别阐述了天子、诸侯、卿大夫、士和庶人五种不同身份者的不同孝行要求，通称"五孝"；七至九章更是从理论上讲述孝治观，孝为德政之根本，凭孝道之广行，圣人使天下得到治理，所谓"以孝治天下"。此后章节内容总不能出此范围。无怪乎刘炫讲，《孝经》论治世之大法，述先王之要训。"[31] 而历代帝王对之大力推崇便不难理解。孝道之功能甚至更大，所谓："孝悌之至，通于神明，光于四海，无所不通。"（孝经·感应章第十六）《孝经》亦特别强调对祖先的祭祀，其中多有"守其宗庙"、"守其祭祀"、"以事其先王"、"以事其先君"、"宗庙致敬"等记述。

不过，《孝经》第十五章《谏诤》，与其他各章不同，其他各章多说的是顺，此章则说逆。曾子在听了"孔子"的讲论之后问，儿子完全顺从父母的意见是不是孝，孔子连用两个"是何言与？"对之予以否定，然后说："故当不义，则子不可以不争于父，臣不可以不争于君。故当不义则争之。"（孝经·谏诤章第十五）只有这样，君才可以不失天下，父才可以不陷于不义。争了半天，还是为了君和父。

在《孟子》中，已明确有五伦之说："父子有亲，君臣有义，夫妇有别，长幼有序，朋友有信。"（孟子·滕文公上5.4）至西汉董仲舒，又于五伦中独取三伦，成三纲之说："君臣父子夫妇之义，皆取诸阴阳之道。君为阳，臣为阴；父为阳，子为阴；夫为阳，妻为阴。……王道之三纲，可求于天。""三纲者何谓也？谓君臣、父子、夫妇也。故君为臣纲，父为子纲，夫为妻纲。"（春秋繁露·基义）[32] 纲者，主也，在阴阳关系中，总是阳尊阴卑，阳贵阴贱，如此一来，尊卑等级秩序定矣。三纲思想的提出，不仅使孝所规范的父子关系明确成一差等格局，而且为这一格局找到了形而上学根据，所谓"天"、"阴"、"阳"，使其理论化、神秘化。随着汉帝国"罢黜百家，独尊儒术"政策的推行，三纲思想彻底成了大一统国家的意识形态，孝也就完全失去其道德意义

---

31 同注 24。

32 [汉]董仲舒著，苏舆义证，钟哲点校：《春秋繁露义证》，中华书局 1998 年版。

上的独立性，而政治意识形态化了。冯友兰说："三纲之说，在中国社会伦理上，尤有势力。依向来之传统的见解，批评人物，多注意于其'忠孝大节'；若大节有亏，则其余皆不足观。……于是臣、子、妻，成为君、父、夫之附属品。"[33]此外还可注意者，董之三纲较诸孟子之五伦，明显突出了君臣关系的忠，将其提到首位，并且去掉了唯一作为社会伦理而存在的朋友一伦。本来原儒认为孝优先于忠，忠只为孝之推，所谓求忠臣必于孝子之门。至后世出现的《忠经》，忠更是尊之又尊，不仅似在孝之上，而且忠孝被混而为一，几以忠代孝。"天之所覆，地之所载，人之所履，莫大于忠。"（忠经·天地神明篇）"善莫大于作忠，恶莫大于不忠。"（忠经·证应章）"君子行其孝必先以忠。"（忠经·保孝行章）[34]于是世俗有所谓"自古忠孝难两全"之说，言下之意，如遇此种情形，只能舍孝而尽忠了。

孝道思想，汉代之后，在儒家道统内代有表述，但新意无多，大体不超出以上所述之意义范围，最多不过细化而已，甚至教条化、僵化，故不赘。

第二节　宗教伦理的特质——以《新旧约全书》为例

通过上面分别地排比分疏，我们可能已有一个较为全面的现象上的感应了，以下尝试进入理性的分析和批判。根据截然相异的伦理背景，我们分别提出两个核心概念："宗教伦理"与"宗法伦理"，并力求完整地指认它们的特点。这一过程中，比较的方法当然是不可少的，而且是最基本的方法。言及比较，必然要强调"客观中立"的立场态度，但此态度却必然要依赖于一个借以展开的平台，或者说依赖于一个基本的价值标准，这便是所谓的"前理解"，这是无可如何的事。在我们的比较中，标准是什么呢？曰"超越性信仰"（高级宗教）。为什么采用这一标准？原因有二：首先，是理论的，具体如施莱尔马赫的"绝对依赖感"（the feeling of absolute dependence），蒂利希的

---

33 冯友兰：《中国哲学史》，中华书局 1961 年版，第 522 页。关于"三纲"，陈寅恪有一根本性的判语，曰"吾中国文化之定义，具于白虎通之三纲六纪之说，其意义为抽象理想最高之境，犹希腊柏拉图之 Eidos 者。"（〈王观堂先生挽词并序〉）陈氏的断言，可资思衬作为伦理范畴的"孝"的泛政治化之变化的问题。

34 转引自钱世明：《说忠孝》，京华出版社 1999 年版。

"终极关怀"（ultimate concern），还有当代著名宗教社会学家斯达克的"一般补偿物"（compensators）的概念。在他们看来，人类对信仰的寻求，即过宗教生活，先天地内在于人性结构之中，是人类生活的天然部分。其次，是事实的，这一点可以从古往今来各种文明、民族、文化、社会的基本统计数据得到印证，即：有信仰是绝对常态，无信仰是罕见的非常态，此是常识，无需赘言。[35]综上，在比较之先，我们已有一基本的论断，或曰假设，其实说成"信念"更好：宗教生活是人类生活不可或缺之一部分，甚至是最基本最核心的部分，有信仰是人之为人的正常状态。这样的立场，肯定有人会说偏离了中立原则。其实不考虑以上所列理论和事实上的理由，退一步，单刀直入从信仰的视角审视各民族文化，包括审视缺乏信仰生活的文化，又有何不可？至少它将提供一个新的而且十分重要的参照系，使我们看到习以为常的事物的另一面貌。以此为契机，也许将促使我们重新深刻认识这种文化的所长所短，而开展出新的和更高的生命境界。其实从解释学常识，我们知道，这世界本来就不存在什么纯而又纯的中立与客观的立场的，"前理解"谁都难以摆脱。心中明了并确信自己所持守的这个"不够"客观的先在条件，认真地安之若素，有何不可。

《圣经》传统下，孝是作为信仰背景下的一种伦理要求而出现的，其属于宗教伦理的范畴。作为宗教性伦理，它的最根本特征便是在人伦之外有神伦在，而此神伦是高于和先于人伦的，神伦是人伦存在的根据；所有人伦规范均属神的要求，为救人去罪趋善，出死入生而设。在虔信精神下，人之外之上有神在，人虽分有神性，但人不是神，人乃出于神，属受造物；相比于神的全知、全能和全善，人为一有限肉身偶在，人自其始祖起，即禀有与生俱来的先天遗传罪性；人的自救不可能，人只有靠神而得救，人义论没有根据。正是在这一神人二分格局下[36]，《圣经》传统形成一种内在张力和生发意义的无穷活力与机制，也形成对人性和人生的深度把握。尼布尔认为，基督教能够为伦理问题提供的最大贡献，是"在于对生活之深度的理解。"基督教

---

35 请参本书绪论之"一、中国传统之于超越意识"最后所罗列的统计数字，及相关注释36；包括第一章第一节之"一"的相关文字。

36 关于西方文化的二分问题，不光有人神二分，还有灵肉二分，心物二分。正是在此区分中，构成了强大的内在张力，从而使每一方都得到了深入和展开。这三重二分十分吃紧，它是西方文化内在活力之根本所在，由此三点，完全可以说西方文化是"分析"的，于此进行深入探讨，必大有创获。

对"意义"的追寻和对生活"深度的理解"，造成了一种独特的根本性的伦理基础，即"现实存在与理想存在之间的张力"。[37]以下就宗教性伦理之特点分别论述之。

一、伦理周全，德目详备

"伦理"者，关系之理也。犹太——基督教传统中，伦理关系归根究底实际很简明，只有两条，这就是爱神和爱人，且爱神先于爱人。《旧约》十诫表明了这一点，已如前述。《新约》中，耶稣明确宣布："你要尽心、尽性、尽意爱主你的神，这是诫命中的第一，且是最大的。其次也相仿，就是要爱人如己。这两条诫命是律法和先知一切道理的总纲。"（太 22：37-40）另如主祷文："我们在天上的父，愿人都尊你的名为圣。愿你的国降临。愿你的旨意行在地上，如同行在天上。我们日用的饮食，今日赐给我们。免我们的债，如同我们免了人的债。不叫我们遇见试探，救我们脱离凶恶。因为国度、权柄、荣耀，全是你的，直到永远。阿们！"（太 6：9-13），按意思，共八句，除最后一句赞词外，其余七句可一分为二，前三句关于神，后四句关于人。迈蒙尼德也指出过："众所周知，所有的戒律也可分成两大类：一类涉及人与上帝的关系；一类涉及人与人的关系。"[38]这种对伦理关系的把握看似单纯，实则周全无遗。首先，它触及到人生之最根本的一层关系，即人与终极实在的关系，所谓人神关系，于是有神伦焉。其次以人伦言，无论是家庭伦理、社会伦理，还是政治伦理，甚至包括环境伦理，在逻辑上无不隐含在"爱神"伦理诫命下的"爱人"伦理要求中，而为其题中应有之义，以上就一般关系言。而就单独的个人，又有相应的个体伦理，指涉其精神与人格操守的领域，以为其规模自身之灵肉关系的准则，因为人不仅在人我关系、人神关系中对他人、对自然、对神负责，而且在神圣视域下的灵肉关系中对自我负责。总之，所有这一切关系，无一不在神的界阈之内，因而在涉及其伦理规约时，无一不会被启示给人类。

再次，以德目言，大处着眼，有所谓超性三德信、望、爱："如今常存的有信，有望，有爱，这三样，其中最大的是爱。"（林前 13：13）此爱并非世俗意义上的人人之爱，它首先意味着对神的爱，有了这一点，"信"和"望"

---

37 杨慧林：《基督教的底色与文化延伸》，黑龙江人民出版社 2002 年版，第 315 页。
38 摩西·迈蒙尼德：《迷途指津》，山东大学出版社 1998 年版，第 490 页。

当然已被包括其中了，爱人的要求更不在话下。具体处着眼，如保罗所列："圣灵所结的果子就是仁爱、喜乐、和平、忍耐、恩慈、良善、信实、温柔、节制。"（加 5：22-23）注意，这些果子（德性）乃"圣灵"所结，自于神。《塔木德》讲："上帝的宝座面前有七种品质：虔信、正直、公平、善良、慈悲、真实，以及和睦。（ARN 37）[39]这些条目代表了至高的美德，而将虔信放在首位，则是要表明，它乃是人与上帝全部关系赖以存在的基本原则。虔信之外，犹太—基督教传统尤其强调谦卑、公义、怜悯和贞洁诸德目，"世人哪，耶和华已指示你何为善，他向你所要的是什么呢？只要你行公义，好怜悯，存谦卑的心，与你的神同行。"（弥 6：8）"你要逃避少年的私欲，同那清心祷告主的人追求公义、信德、仁爱、和平。"（提后 2：22）德目如伦理一样，之所以详细齐备，乃是因为其出于神，因神是完备的。耶稣说："所以你们要完全，像你们的父完全一样。"（太 5：48）归结一句，伦理止有两条：神伦和人伦；伦理要求（德目）一个字：爱。

为了对以上所言有一个更深刻的了解和理解，有必要将思路做一纵向延伸。考察西方伦理学说史，在古典时期，关于德目有所谓"四主德"说，即智慧、勇敢、节制、公正，柏拉图、亚里士多德等人都分别予以认真论述和推崇；至中古时代，奥古斯丁和托马斯·阿奎那在四种自然德性，即正义（Justice）、勇敢（Fortitude）、节制（Temperance）、宽容（Prudence）的基础上，提出和论证了三种神学德性，即信（Faith）、望（Hope）、爱（Charity），合称"七主德"（The Seven Holy Virtues）。在奥古斯丁，七主德的首德是爱，爱首先是对上帝的爱。爱是最高的德性，是一切德性之源，是唯一能占领和充满永恒的东西。爱使人变得圣洁，使人变得虔诚；圣洁使人高尚，虔诚使人笃信。在阿奎那，认为四种自然德性是建立在人的自然本性之上，包括自我保存、追求幸福、生养后代、同情别人等。如果人能公正第、审慎地、刚毅地和节制地追求这些东西，他就获得了自然德性。自然德性既是理智的德性，也是实践的德性，人经过训练、教育和培养才能养成。自然德性是人在世界上安身立命、达到完善（获得幸福）的准则；但只具备这四种德性尚不能达到至善至福。只有凭借三种超自然的神学德性，人才能在尘世幸福之外，达到永恒的至福，尽管这种至福只有在来世才能实现。[40]在这些关于德目的经

---

39 同注 5，第 91 页。

40 参见周辅成编《西方伦理学名著选辑》，商务印书馆 1964 年版，第 378-383 页。

典论述中，中世纪显然比古典希腊增加了内容。而所增部分，与信仰有关，其区别于世俗生活，而关涉至神圣生活领域，其由现世尘凡超越至来世永生。联系历史与现实中人类宗教信仰之状况，无论从量还是从质，都在在说明奥古斯丁、阿奎那的补充与论证的真理性，即：在伦理德目中，失去神学一维，这德目是不完备的，是有着巨大缺陷的。因为如蒂利希所言，"终极关怀"（宗教信仰）乃人之为人的本质所在，是不可以删除的。具体而言，从"量"，不该忽略或者说遗忘古往今来占人口绝对多数的人群（宗教信众）的神圣的道德实践和伦理追求；从"质"，神圣规约和引导下的道德生活，更其坚实而光辉，这不论从普通信众的日常生活，还是从历代圣徒的卓越表现，都可以得到印证。

二、神人二极的伦理架构下，平等成为可能

个体身份虽然在世俗意义上千差万别，相互关系也往往不能平等；但面对永恒唯一、无处不在、至善至美的"终极存在"（神）时，个体之身份差别势必趋于消失，一切世俗等级秩序完全被解构，身位间只能是完全平等的。因为，《圣经·创世纪》一开篇即明确宣示：人为神所造，神是"所有人"的父亲。（创1：26-27；2：7、18-22）亦即，虽然在世俗秩序中，人有阶级、阶层、种族、性别、辈分等等的差别，但在信仰中，在上帝面前，所有人作为神的儿女，相互间享有绝对的平等。如此，神的永恒临在，构成了对所有一切世俗秩序的挑战、批判甚至"否定"，它引人超出俗世秩序、地上王国，而瞩目永恒秩序，追寻天上王国，从而赋予每个人以世俗关系之外的，更为平等和自由的关系。正是因为这一点，《圣经》传统在亲子关系上，不仅强调子对父的尊敬奉养，而且强调父对子的责任和爱。这是一种双向伦理，父母子女在神里面是相互平等的，他们共有一位父亲，并不存在谁是纲谁是目，谁是阳谁是阴的问题。不仅在亲子关系上，在涉及一切俗世关系，诸如兄弟、男女、官民等时，《圣经》启示莫不如此：大家是兄弟姐妹，是朋友，也就是说，是平等的。

三、神人二极的伦理架构下，自我意识成为可能

自我意识首先即"罪"与"死"的意识。神人二极的伦理架构下，每个人，不管是罪人还是"善人"，首先都是作为独立自主的个体面神而立的，是

自我负责的；在根本上，他不再作为家庭、家族、种族、国家、党派、阶级的附属品而存在。它粉碎一切世俗依傍，使人直面自身偶在和虚无深渊，此之谓"自我意识"。自我意识实即"主体意识"，"终极意识"，"永恒意识"，此意识迫使个体对自身"性"（罪）、"命"（死）之体察成为可能，从而使个体"精神空间"的拓展，和"灵魂向度"的深入的主题，呈现在个体生命以及民族文化的视野里，逃无所逃。我们知道，所有精神事件，无不起于偶在个体与终极实在的内在紧张和相互摸索，而无关于中间物。也许正是在此一意义下，黑格尔才有中国文化中缺乏精神性内容的断语，"凡是属于'精神'的一切（在实际上和理论上，绝对没有束缚的伦常、道德、情绪、内在的'宗教'、'科学'和真正的'艺术'），一概都离他们很远。"[41]阅读儒家典籍，最强烈的一个感受便就是对世俗伦理和政治的过分热情，个人完全被范围在一张关系的大网之中，甚至乐此不疲。随着儒家学说后来的被变为国家意识形态，自我负责的独立的个人，就更难以出现，于是，人们从生到死便只能浮沉于世俗伦理和政治所框定的人际的海洋之上，而难得返回自我意识的内室，反问道德与政治的根据，直面自身在"性"之"罪"与在"命"之"死"，追索生存和生命之本，使精神与灵魂燃烧起来，又沉静下来，以承纳超验之光、救赎之光。一切都是早就安排好了的，没有秘密、震颤、困惑和焦虑可言。

儒家也讲性、命之学，但他们不是从"罪"与"死"讲起。在儒家经典中，"性"、"命"每每莫测高深，如"天命之谓性。"（中庸）"夫子之文章，可得而闻也；夫子之言性与天道，不可得而闻也。"（论语·公冶长 5.13）"子罕言利与命与仁。"（论语·子罕 9.1）"不知命，无以为君子。"（论语·尧曰 20.3），等等。我倒愿意先撇开这些高渺的说辞，立足于个体生命的切己经验，和这两个词语在今天最显豁的意涵，做一个直白的解读。"性"，就是性，男女之事也；"命"，生命之谓也。进一步，性可以看着"欲望"，而欲望与"罪"天然相近；命则可以从"死亡"来训释，所谓"向死而生"，所谓终极情境和绝望体验、深渊体验是也。如此，"性"可以首先从"罪"的方面起步来理解，"命"则可以从"死"的方面起步理解。当然了，这种解读是一种完全个人化的、现代的解读，但未尝不是一种创造性的解读。是否可以将其看着一种立足个体生命的"存在主义"式解读？关于"命"的这个训释，可以举一个

---

41 [德]黑格尔《历史哲学》，王造时译，上海：世纪出版集团 上海书店出版社 2006年版，第 128 页。

小例子，就是托尔斯泰有一篇长篇论文《论生命》，两百页篇幅里，将近三分之一的内容是直接谈论"死亡"的，而且这部分内容被置于全篇重心所在的结尾部分。现在还是回到儒家的本意，儒家的性命之学，要在"成圣"，所谓"内圣"之学是也。其根本在于"人"的道德自觉和自信，说穿了，它其实是"自圣"之学。这样的性命之学，缺乏深入可靠的人性根基，因为它对于人性认识之肤浅和过于乐观，其与想象不易区分（可详参本章第三节论述之三"罪目缺席"一段）；还有，就是它在内在逻辑上，对于超验之维的必然悬搁或者说拒绝，因为按它的说法，人性本来完满俱足，不假外求的。

关于"罪"与"死"，在《圣经》中是相连为一体的，如保罗言："因为罪的工价乃是死"（罗6：23）。这种相连，是源头性的，上帝在伊甸园中早就明言："只是善恶树上的果子，你不可吃，因为你吃的日子必定死。"（创2：17）如所周知，始祖经不住诱惑，吃了那果子，犯了罪，是为"原罪"。在相连的意义上，知"罪"则知"死"矣！所以，自我意识，在根本上即"罪"的意识。

在《圣经》传统中，最可注意者莫过于无处不在的关于"罪"的意识。《创世记》一开始，就有了"原罪"；此后，罪在经书各卷中绵绵不绝，直到末了的《启示录》而被审理赎清。就罪目言，天主教早有七宗罪（The Seven Deadly Sins）的说法：傲慢（Pride）、悭吝（Greed）、迷色（Lust）、忿怒（Wrath）、贪饕（Gluttony）、嫉妒（Envy）、懒惰（Sloth）。就《圣经》本身，《箴言》里讲："耶和华所恨恶的有六样，连他心所憎恶的共有七样：就是高傲的双眼，撒谎的舌，流无辜人血的手，图谋恶计的心，飞跑行恶的脚，吐谎言的假见证，并弟兄中布散纷争的人。"（箴6：16-19）耶稣论到人心里的恶："因为从里面，就是从人心里，发出恶念、苟合、偷盗、凶杀、奸淫、贪婪、邪恶、诡诈、淫荡、嫉妒、谤讟、骄傲、狂妄。"（可7：21-22）保罗说："情欲的事都是显而易见的：就如奸淫、污秽、邪荡、拜偶像、邪术、仇恨、竞争、忌恨、恼怒、结党、纷争、异端、嫉妒、醉酒、荒宴等类。"（加5：19-21）

以上所列，基本属所谓世俗之罪，尚未提到渎神罪或曰宗教罪。在《旧约》中，有大量罪目属于此列，迈蒙尼德在《迷途指津》中，将"律法书"所列六百一十三条戒律归为十四类，其中只有三类半涉及人与人的关系，其余皆涉及人与上帝的关系，[42]对之违犯，即构成渎神罪。耶稣说："我实在告

---

42 摩西·迈蒙尼德：《迷途指津》，山东大学出版社1998年版，第487-490页。

诉你们，世人一切的罪和一切亵渎的话，都可得赦免；凡亵渎圣灵的，却永不得赦免，乃要担当永远的罪。"（可 3：28-30）犹太法典《塔木德》讲："有四种罪，一经犯下，其惩罚在今世处理，其死刑留待来世执行。这四种罪恶是：偶像崇拜、淫荡、杀人和诽谤。偶像崇拜的严惩程度相当于其余的全部加在一起。"（p. Peah15d）[43] 偶像崇拜被列为诸罪之首，是因为它必定导致对神的启示的否定，从而破坏了宗教以及道德这个完整体系的基础。

在这里，尤其要强调的是，"罪"在《圣经》和基督教神学中，是一个具有本体意义的概念。千头万绪，"罪"首先是"原罪"，此罪人人有份，无可逃遁，其它诸罪皆导源于此。正因此，才有对人的自义、自救的断然否定，和对来自超越源头的救赎的渴望，以及寻求和承纳。关于罪与恶的本原性，犹太教的《塔木德》里有非常明确的强调："恶的冲动是人类与生俱有的，而善的冲动则是人到了十三岁可以为自己的行为负责时才显示出来的。……这一观点在下面的文字里得到了清楚的表述：'恶的冲动比善的冲动年长十三岁。孩子从母体一出生它就存在了；它与人一起长大并陪伴人的一生。它开始亵渎安息日，杀人并且堕落，但是人（体内）却无力抵御它。过了十三年之后，善的冲动降生了。如果人再亵渎安息日，善的冲动便警示他，"废物！《圣经》上说，'凡干犯这日的，必要把他治死'（出 31：14）。"如果他意欲杀人，善的冲动便警告他，"废物！《圣经》上说，'凡流人血的，他的血也必被人所流'（创9：6）。"……'" [44] 稍微熟悉儒家经典的，马上会有一个对比，就是儒家与此不同，儒家相信人性本善。

适应罪的广泛性，律法中也是禁止多于吩咐，比如十诫，其中八条就是以否定的方式被宣布的；犹太拉比作过统计，授予摩西的戒律共有六百一十三条——其中三百六十五条是禁止某些行为的，与公历年的天数相等，因为每天都会有诱惑；二百四十八条是鼓励某些行为的，与人体肢节数相合（Ohaloth1：8）[45]，因为人身体的每一部分都有其神圣的功能。阅读中国典籍，你绝难看到对罪目这么详细而又反复的罗列；而中国的伦理句式中，以否定形式出之者也很少，这里的区别至关重要。

其实，对罪的觉醒，是自我意识觉醒的标志。伊甸园里的始祖，只是在

---

43 同注5，第111页。

44 同注5，第102-103页。

45 同注5，第82页。

食了禁果犯罪之后，才知道自己赤身露体，开始考虑要用无花果树叶编作裙子，并初次躲避耶和华神。这一"知道"，正是自我知道，是自我意识。这时，他们从自然中分离了出来——被逐出了伊甸园，知罪即知我，"我"即"罪"。另外，所谓忏悔意识、赎罪意识，也是以对罪的觉悟为前提的，一个缺乏罪恶感的人或民族，那里谈得上什么忏悔和赎罪。犹太——基督教所强调的"忏悔"，实际是对上帝的"回归"，由承认罪孽、悔恨、忏悔开始，到恢复信仰、回归正途结束。现代犹太哲学家罗森茨维格指出：一个人对上帝的忏悔导致了人与上帝之间的一种爱的关系……这种秘密的爱，能够使人想祈祷，想克服对死亡的恐惧。这就像一个秘密订立的婚约，慢慢地发展到公开表明恋爱关系，最后到举行婚礼。当一个人在上帝面前净化自身之后，一个人将能爱他的邻人，并对改进这个世界作出贡献。人类应当对自己负责。人的心灵必须净化。不忏悔就得不到幸福。人必须先忏悔，而后上帝才会喜爱他们。[46]至于"赎罪"，它首先要求的也是对个人罪责的承认，和对所犯过失的实际改正。"各人必因自己的罪死亡。"（耶 31：30）但"主耶和华说：我指着我的永生起誓，我断不喜悦恶人死亡，惟喜悦恶人转离所行的道而活。"（以 33：11）

　　最后，可以用几句话归结一下所谓的"自我意识"。人的自我意识之所以首先是"罪"与"死"的意识，乃是因为，当人意识到"罪"与"死"的时候，也就是人有了边界意识的时候，是人知晓自己此生的绝对限制的时候，也就是人开始知道"我"是谁的时候。

　　然而，从《圣经》的观点，从终极的视域，人之所以知"罪"知"死"，乃是因为有"圣洁"、"永恒"的神圣在，因为有这个"完全"的参照系在。具体到文本，人在被造时，是按着神的形象造的，（创 1：26）神"将生气吹在他鼻孔里"，使他分有神性，"成了有灵的活人"。（创 2：7）在神圣的意义上，"自我意识"就不仅仅是"罪"与"死"的意识，更包括"灵"的意识。因了这一意识，生命才有盼望，才真有意义。

四、神律之下人律的超越性、稳定性、理想性和可行性

　　就超越言，神伦先于人伦，信仰高过道德。面对永恒神圣，任何世俗的道德标准和习俗要求，都必须让位和绝对服从。《旧约》中，亚伯拉罕以独生

---

46 罗森茨维格语。自黄陵渝：〈论犹太教伦理的核心主题〉，载《世界宗教研究》2001
　　年第 1 期，第 103 页。

子以撒献祭的故事，说明的正是这一点，克尔凯郭尔于此有细致入微的体会和阐释；[47]而约伯的痛苦，因了是全能至善神的注视下的人的痛苦，因而也得到安慰。《新约》中，耶稣多次严厉斥责法利赛人"借着遗传，废了神的诚命。"（太15：6）而表彰信他（如迦百农的百夫长，太8：5-13；一个迦南妇人，太15：22-28）或遵行神旨意的外邦人（如善良的撒马利雅人，路10：25-37）；他更宣布，"人的仇敌就是自己家里的人。"爱父母、儿女过于爱他的不配作他的门徒；为神的国，人应该舍弃一切，甚至恼恨自己的父母、妻子、儿女、兄弟、姐妹、包括自己的生命，背起十字架跟从他。（太10：34-38）

耶稣在这里并不是要人真恨自己的父母亲人，而是要人放弃一切世俗的牵挂，舍己爱人，爱一切人，这一切人当然包括自己的亲人；而最关键的，其实是只有在此时，在神的国里，爱亲人的道德律令，得以突破人性之暗而有可能真正实现。他在此是要打破家庭、民族等世俗伦理的束缚，在永恒唯一的神圣——爱——之下，重新定位人与人的关系，成就一有别于世俗王国的神圣王国——天国。耶稣说："我赐给你们一条新命令，乃是叫你们彼此相爱；我怎样爱你们，你们也要怎样相爱。"（约：13：34）在爱里，他把每一个人带到了父神的面前，因为"神就是爱。"（约壹4：8）《福音书》中，耶稣多次称神为父亲（Father），称自己为神子（the Son of God）。他教训说："你们不要受拉比的称呼，因为只有一位是你们的夫子，你们都是弟兄；你们不要称呼地上的人为父，因为只有一位是你们的父，就是天上的父。"（太23：8-9）他宣布："谁是我的母亲？谁是我的弟兄？……凡遵行我天父旨意的人，就是我的弟兄姐妹和母亲了。"（太12：48；12：50）耶稣复活后，亲口称他的门徒为弟兄（太28：10）。临终前，他托付母亲给约翰："耶稣看见母亲，又看见他所爱的门徒站在旁边，就对母亲说：'女人，看，你的儿子！'然后又对那门徒说：'看，你的母亲！'就从那时起，那门徒把她接到自己家里。"（思高本约19：26-27）这是信仰合一角度上的托付。

对于世俗亲情伦理，耶稣何以如此？因为他深味人的罪性——人性的有限、软弱甚至黑暗，以及人的存在的偶在性和无根基性。《福音书》中，有多处记载了耶稣对人性的透视和警醒，比如《约翰福音》中："有许多人看见他所行的神迹，就信了他的名。耶稣却不将自己交托他们，因为他知道万人；

---

47 [丹麦]克尔凯郭尔：《恐惧与颤栗》之（叙，亚伯拉罕颂），贵州人民出版社1994年版。

也用不着谁见证人怎样，因他知道人心里所存的。"（约 2：23-25）论到末世，耶稣说："弟兄要把弟兄，父亲要把儿子，送到死地；儿女要起来与父母为敌，害死他们。"（可 13：12）耶稣热心传道，救治病苦，忙得连饭也顾不得吃，他的亲人却不理解，说他疯了，要抓住他。（可 3：20-21）耶稣在加利利向众人讲道、治病，他的弟兄却要他去犹大，显奇迹给世人，原来他们不信他。（约 7：3-5）至于在《旧约》中，明确记载的兄弟阋墙、父子相残的事就不少，比如人类第一件罪行，即发生在兄弟之间，该隐因嫉妒而杀死了弟弟亚伯（创 4：1-8），其他如雅各与以扫，约瑟与他的兄弟，大卫儿子暗嫩和押沙龙之间，都是兄弟相争；父子欺瞒相害如雅各之于以扫，押沙龙之于大卫王等等。中国文化大讲孝悌，可宫庭内部的血腥和阴谋却代不乏其事，有的甚至超过残忍的限度；至于数世同堂的大家庭内部的狗血剧以及罪恶，在《红楼梦》和《家》中有最形象的反映，而文学当然来源于生活本身。这些，不正说明人性之暗，及单纯世俗人伦之软弱无力吗？

就稳定言，因为所有诫命和律令均源于神，故绝对而不可变易，其价值不能是相对的。《申命记》记神的话："凡我所吩咐的，你们都要谨守遵行，不可加添，也不可删减。"（申 12：32）耶稣教导说："我实在告诉你们，就是到天地都废去了，律法的一点一画也不能废去，都要成全。"（太 5：18）关于律法的普遍有效性，迈蒙尼德论证说："如果律法因人而异，它从总体上讲就不可能完备，其每条诫律也会变化不定。因此之故，让律法的根本原理依从时间、地点而改变就会很不恰当；相反，依神之所言，各种律例和典章必须是确定的、无条件的和普遍的，……条例和典章不论在何时对何人都是一律的。"[48]然而，问题也有另一面，律法显然不可能把所有例外情况都考虑在内，对此，迈蒙尼德说："上帝允许每个时代的有识之士，即大法官，为维护《律法书》中的各种典章，通过判定补充性律法来设定护栏以查漏补缺。这些护栏一旦建立就永远有效。……同样，上帝也允许他们在特殊环境下或非常时期，废止律法所规定的某些活动或允许人们做律法所禁止的事情；但这些决策只能暂时有效。……借此，律法才能永久地保持同一，但又随时可以因环境的改变而接受必须的暂时性变更。不过，如果每个有识之士都有权进行这种变更，那么，他们之间的众说纷纭和意见分歧就将遗害无穷。因此，上帝规定，有识之士中只有大法官有权对律法作出变更；谁若反对他们的意见就

---

48 同注 37，第 487 页。

要被处死。"⁴⁹律法的稳定性，表现在犹太人对《托拉》的崇敬态度上，《塔木德》记载义人西缅的话说："世界的基础有三：《托拉》、神的崇拜、人的善行。"（Aboth1：2）另有拉比说："没有膳食，便不会有《托拉》；没有《托拉》，便不会有膳食。"（Aboth3：21）⁵⁰

就理想言，《马太福音》记耶稣登山圣训，其中有"新五诫"（太 5：21-48），将律法的理想性表现得淋漓尽致，诸如"爱仇"、"看见妇女动淫念的在心里已经犯奸淫了"、"打右脸，把左脸也转向他；要里衣连外衣也由他拿"等等。在《塔木德》中，也有要求人们遵从严格的性道德准则的论述，"不仅肉体犯禁者称之为奸夫，以目行淫者也当如是称。"（《大利未记》23：12）⁵¹在这里，已经远远超出了律法的表面条文，和人的外在可见的具体行为，而直接深入到律法的内在精神实质之中——对神和对人无限的爱，舍己。这是灵魂觉醒后生命方式的彻底转换，它不留余地，没有任何可以含糊其词的地方。

托尔斯泰论到基督教训的理想性时说："贞洁不是一条规则或一个观念，而只是一个理想，毋宁说是理想的一个条件。理想之成为理想，因为它只能在理念、想象之中达到，所以向它接近是向着无限接近。如果理想一旦达到了，或者说我们可以想象到人类怎样地完成这个理想了，那时候，它就不再是理想了。""基督教的教义与其他宗教之不同就在这里。它并不要求人们做这做那，它只是供给了一个引路的理想。"⁵²靠着这一理想，可以使行路者有可以遵循的标志，从而走正他的路；同时，在走错路的时候，则可以立刻知道。"一个基督徒不能说他的道德高于或低于另一个人。一个人在多大程度上是一个基督教徒，这要看他向无限的完美进展的速度和比例，他在什么时候达到了一个什么平面并不重要。"⁵³这是因为，人离神的要求有无限遥远的距离，面对无限，任何有限的行为和努力，都不足以构成自我骄傲的资本，比较只存在于新我与旧我之间，而不在人我之间。如此，一个在正义的程途中举步不前的法利赛人，其价值比不上一个在十字架前忏悔的盗贼。因此，保

49 同注 37，第 515 页。

50 同注 5，第 142-143，145 页。

51 同注 5，第 112 页。

52 [俄]托尔斯泰：《酒色与生命》，徐迟译，湖南文艺出版社 1988 年版，第 45，48 页。

53 同注 52，第 64 页。

罗说："你们得救是本乎恩，也因着信，这并不是出于自己，乃是神所赐的；也不是出于行为，免得有人自夸。"（以 2：8-9）

中国古语有"百善孝为先，论心不论迹，论迹家贫无孝子；万恶淫为首，论迹不论心，论心千古无完人。"在规范人的行为的道德领域，使用"心"和"迹"的双重标准，从而造成规范本身的相对性和行为本身的随意性，因而形成必然的道德漏洞，相比耶稣基督的神圣标准，这显然是属人的世俗化表达。耶稣只论"心"，此心非私心，乃公心，是理想之心，信仰之心，神圣之心，恩典之心。有了此心之引导和激励，"迹"自必紧随其后，而且成一无限向前向上之趋势，却又不为其所判定限死。这和孔子的"人能弘道，非道弘人。"（论语·卫灵公 15.29）完全不同，或者说刚好相反。

就可行言，律法出于神，属神对人的恩典；而人对律的遵守奉行，并不靠自身的能力，而是源于对神的信靠。耶稣在客西马尼园对彼得等说："你们心灵固然愿意，肉体却软弱了。"（太 26：41）保罗叹息说："我也知道在我里头，就是我肉体之中，没有良善；因为立志为善由得我，只是行出来由不得我。故此，我所愿意的善，我反不作；我所不愿意的恶，我倒去作。若我去作所不愿意的，就不是我作的，乃是住在我里头的罪作的。……我真是苦啊！谁能救我脱离这取死的身体呢？感谢神，靠着我们的主耶稣基督就能脱离了。这样看来，我以内心顺服神的律，我肉体却顺服罪的律了。"（罗 7：18-20；24-25）由于人那取死罪性的肉身，守律行善并不能由得人自己，更何况这律乃神无限完善的律。但"你若能信，凡事都能。"（可 9：23）"因为神凡事都能。"（可 10：27）信心可以移山（太 12：20）。神伦高于人伦，只要敬神，必然要求爱人；最关键的，这里的爱人舍己并不是简单的道德命令，它因了领有神圣超越的维度而成为可能，成为一自然的趋势，并具有无限的内在丰富性和包容性，而显示为一种谦卑与柔和的品质，这种人伦背后，拥有一个无比深厚的支援系统，神赐予你舍己爱人的能力，此即恩典。否则，"打你的右脸，把你的左脸也转向他"的教训便难以理解和接受，更不可能去实行；基督教历史上无数品格超卓，满怀慈悲心怀，舍己救人的圣徒和信徒便成为不可能。"因信称义"正是在如下意义上可以得到领悟：之所以因了信，你才能成为义，是因为当你信了的时候，神便使你拥有了行义的勇气、力量和智慧。可是孔子却讲："仁远乎哉？我欲仁，斯仁至矣。"（论语·述而 7.30）"行仁"似乎是自由意志之内的事，真的这么容易？

第三节　宗法伦理的批评——以《四书、五经》 为例

　　和犹太——基督教文化的《圣经》传统相比，中国传统孝道，属宗法人伦范畴，是适应宗法制社会结构以及后来的大一统帝国意识形态，而产生和存在的一种基本行为规范。它自始至终都是宗法式人本、人文的，而缺乏超越维度上的神性之光的照耀和引导，因而具有强烈的等级色彩和政治色彩。以下描述和认识，是在终极超越意义上的审视，故多批评性意见，这是事先必须交代的。

一、关于"天"

　　《孝经》虽讲孝为天之经，地之义，但此"天"此"地"，意义并不明晰，并不象希伯莱之耶和华神（Lord），或基督教之基督（Christ），是具体临在于人类历史并参与到人类生活之中的。《圣经》中的上帝与人订约，有明确的启示诫命，与人祈祷对话，介入历史有所行动，化成肉身，为人的罪受难，以此救赎人的罪，复活升天，以圣灵引导人，将再来审判活人死人，带来新天新地。"[54]但中国的天，虽说现代写哲学史的人有归纳，说有"物质"之天，有"人格神"意义上的"主宰"之天，有"运命"之天，有"自然"之天，有"义理"（德性）之天，[55]等等，但它其实是一个具体所指相当宽泛且游移不定的观念，一般来说，人们对之也并非从内心深处敬畏有加，认真对待的，所谓"天道远，人道迩"（左传·昭公十二年）是也。"上古的人格神祇，诸如《诗经》、《尚书》中的上帝、天帝，虽然受到敬畏，在人采取行动时或亦引用其意志，但神的意志既无启示诫命又不与人交通，十分模糊分散，并不构成秩序化的宇宙目的。"[56]在"地天通"的时代，人人为巫，"天"歧义纷出；殆黄帝"绝地天通"（尚书·吕刑），"天"又被国家政权所垄断，完全世俗化、单一化。及西周后，人文肇兴，孔子讲"未知生，焉知死。""未能事人，焉能事鬼。"（论语·先进11.12）"敬鬼神而远之。"（论语·雍也6.22）所有这些，

54　唐逸：《基督教信仰中国本土化的症结》，载《战略与管理》（京）1998年第1期，第116页。

55　冯友兰：《中国哲学史》上册，中华书局1961年版，第55页。

56　同注54。另参唐逸：〈佛教、基督教的传华与中国文化的特质〉，见唐逸：《文化批评》，浙江大学出版社2008年版，第141-158页。

都说明了我们对此生经验世界之外的超验之维的漠然态度，其心平气和地悬搁了永恒神秘的彼岸世界。章太炎讲中国人"志尽于有生，语绝于无验。"[57] "天"（神）对于我们，实在是太过渺茫了。真所谓"天道幽且远，鬼神茫昧然。"（陶渊明〈怨诗楚调示庞主簿邓治中〉）李零指出："中国的礼仪是既拜神，也拜人，早期是拜'天、地、祖'，晚期是拜'天、地、君、亲、师'。'天'、'地'当然是神，但'祖'或'君、亲、师'却是人。总趋势是'天地'淡出，下降；'祖'变成'君、亲、师'，上升。"也就是说，"天"不是唯一的，而且越来越虚化和淡出。[58] 其实，从我们的语言实际中，也可以见出天的有名无实，和人与现实的无上优先地位：人伦之乐被说成了"天伦之乐"，人伦成了天（神）伦；父亲死了说"天塌了"，肉体凡胎的人成了至高无上的天，汉代扬雄就认为，"父母，子之天地与!"（法言·至孝）[59]；皇帝被称为"天子"，"祭天"之权只属于皇帝，所谓"不王不禘"（礼记·大传）是也[60]，这种不平等的宗教制度，使得人民同上帝疏远，这也许是造成中国人信仰荒芜的最早的制度根源。"民以食为天"，解决温饱问题，满足口腹之欲，变成了至高神圣的事。以上种种真可谓"天人合一"矣，实质却是以人代天，有人而无天。梁漱溟先生早就敏锐指出："缺乏宗教是中国社会人生一大特色。虽然古书中有'上帝''上天'等词，俗话亦常说'老天爷'，天子祭天之礼且行之数千年，但要注意像'皇天后土'的古语，'谢天谢地'的俗语，总是天地并举。……中国社会上邻近于宗教的种种散碎杂乱迷信崇拜是不少的，独没有土生土长的伟大宗教，所以外来的佛教、基督教、伊斯兰教便乘虚而入。尽有各宗教输入，对于如此广大人口来说，仍然影响甚小，此非有目共睹者乎？"[61] 为什么没有"伟大"的宗教？因为没有真正的终极关怀对象。

《圣经》中，任何一页都不可能找到对"神"字如中国的"天"字的这种用法。顺便一提，在《圣经》中，"天"与"神"（上帝）绝对是两个不容混淆的"概念"："天"是受造物，而且几乎是唯一被贬抑的受造物；[62] "神"

57 汤志钧编：《章太炎政论选集》（下册），中华书局 1977 年版，第 689 页。

58 李零：〈绝地天通——研究中国早期宗教的三个视角〉，见 http://www.douban.com/group/ topic/49377068/

59 [汉]扬雄撰　汪荣祖疏：《法言义疏》，中华书局 1987 年版。

60 [清]孙希旦：《礼记集解》，中华书局，2012 年第一版。

61 梁漱溟：（《梁漱溟全集》，山东人民出版社 1989 年版，第七卷，第 476 页。

62 作为与中国之"天"的对比，可引用施特劳斯《创世纪》释义的精微解释，以见出"天"在希伯来传统及希腊传统中的地位。施特劳斯说：《圣经·创世记》中，"几则是至高独一的造物主，万物由其所出，"天"亦不例外。在今天，到处有人讲什么"天人合一"。可是要知道，无论是从头脑的概念推演上，还是从心灵的神圣敬畏上，我们从来就缺乏对"天人之际"的严格界别。没有"天人之分"，何来"天人合一"？没有"天人之分"，实际透露出来的是：有"人"而几无"天"，进而便有"以人代天"，"以人弄天"，乃至"以人欺天"。[63]

二、宗法制度及宗法伦理

欲阐明孝道及儒家伦理的宗法性质，先须讲明宗法制度。殷末周初，社会政治制度以及文化特点均发生巨大变化，周公在政治上确立了宗法制度，在文化上奠定了礼乐文化，其以国为家，欲合天下于一泛化了的家庭道德架构之内，成长幼尊卑之秩序，所谓为政以德。所谓宗法，可以理解为宗子（族长）之法，包括宗子的确立与继承，宗子权力的范围与行使。它注重嫡长子继承和大小宗差异，核心是维护大宗特别是宗子（族长）的绝对权力，建立起宗子（族长）与诸弟（含庶兄）及其家族（小宗）管辖与服从的等级秩序。其特点是宗统与君统为一，宗族制与政治合流。[64]如此，家庭、家族道德，必

乎所有事物都被上帝称为'好的'，惟有的例外是天与人。但有人会说，明确地称人为'好的'没有必要，因为人是惟一按上帝的形象被造的存在物，也因为人受到了上帝的祝福。无论如何，惟一没有得到上帝的赐福、也未以上帝的形象被造，从而没有被称为'好'、没有得到救赎是的天。……天受到贬抑而地、地上的生命、人——则获得青睐。这意味着什么？对于严格被理解的宇宙论——希腊宇宙论而言，天是远比地以及地上的生命更为重要的主题，对希腊思想家而言，天意味着与世界、与宇宙的等同。天意味着一个整全（a whole），天穹包容了一切其余之物。地上的生命需要天，需要雨水，而不是相反。如果更为精深的（more sophisricated）希腊宇宙论者意识到人不能保留天的至尊地位，他们就超逾天——如同柏拉图所说——到达一个超越于天的位置（a superheavenly place）。在希腊哲学中，人类事物（human thing）是一个贬义词（a word of depreciation）。"（刘小枫编，《犹太哲人与启蒙——施特劳斯讲演与论文集：卷一》，华夏出版社 2010 年，第 332 页。）

另，《圣经·旧约》中，反复申说的一个原则就是对造物主（神）和受造物（万物）的严格区分，十诫第二诫讲的是这个，《申命记》4：15-19 讲的也是这个。如若混淆，很可能就是偶像崇拜的大罪。

63 关于现代新儒家所津津乐道的"天人合一"，曾庆豹以基督神学的"神人差异"为参照，曾给予过有力的批评指认。详参：曾庆豹《上帝、关系与言说——批判神学与神学的批判》之〈代结语：上帝的愚拙与道德的人〉，华东师范大学出版社 2011 年版，第 543-591 页。

64 常建华：《宗族志》，上海人民出版社 1998 年版，第 21-22 页。

然政治化、泛化乃至差等化，使之与此一等级秩序相适应，或曰以维持此一等级秩序。王国维讲到宗法制度，说："中国政治与文化之变革，莫剧于殷周之际。……欲观周之所以定天下，必自其制度始矣。周人制度之大异于商者，一曰立子立嫡之制，由是而生宗法及丧服之制、君天下臣诸侯之制；二曰庙数之制；三曰同姓不婚之制。此数者，皆周之所以纲纪天下，其旨则在纳上下于道德，而合天子、诸侯、卿、大夫、士、庶民以成一道德之团体。""是故有立子之制，而君位定；有封建子弟之制，而异性之势弱，天子之位尊；有嫡庶之制，于是有宗法，有服术，而自国以至天下合为一家；有卿、大夫不世之制，而贤才得以进；有同姓不婚之制，而男女之别严。且异姓之国，非宗法所能统者，以婚媾甥舅之谊通之。于是天下之国，大都王之兄弟甥舅；而诸国之间，亦皆有兄弟甥舅之亲，周人一统之策实存于是。此种制度固亦由时势之所趋，然手定此者实惟周公。"[65]有人指出，"没有周公就不会有传世的礼乐文明，没有周公就没有儒家的历史渊源，没有儒家，中国传统的文明可能是另一种精神状态。"[66]因此，"可以说，西周礼乐文化是儒家产生的土壤，西周思想为孔子和早期儒家提供了重要的世界观、政治哲学、伦理德性的基础。"[67]这方面，可由孔子对周代及周公的赞美景仰之情见出："子曰：'周监于二代，郁郁乎文哉！吾从周。'"（论语·八佾 3.14）"子曰：'甚矣吾衰也！久矣吾不复梦见周公！'"（论语·述而 7.5）

孝作为孔子思想的一个基本范畴，无论从制度背景还是从文化传承，其宗法特性自在必然。它并不以道德价值的独立面目存在，它适应变天下为一庞大的家庭私产的宗法制度而存在，并为其服务，它赋有特定的政治内容；至于在道德内容上，它已彻底泛化，由单纯的家庭道德变成了特殊的"政治道德"。"或谓孔子曰：'子奚不为政？'子曰：'书云："孝乎惟孝，友于兄弟，施于有政。"是亦为政，奚其为为政？'"（论语·为政 2.21）孝友并不仅止于孝友，孝友还是"参予政治"，因为"国"就是"家"，故家之德可以施于国之政。《孝经》以迄于董仲舒之三纲思想，孝的政治功能更是被反复强调，尊卑等级内涵完全明确化，并被彻底意识形态化了。总之，宗法制的本质乃以

---

65 王国维：《王国维论学集》，傅杰编校，中国社会科学出版社 1997 年版，第 2，12页。

66 杨向奎：《宗周社会与礼乐文明》，人民出版社 1992 年版，第 136 页。

67 同注 22，第 16 页。

国为家，以"德"为政，此"德"非它，泛化了的家庭道德是也，故现将此德名之曰宗法伦理。和西方文化相比，中国文化中的亲属、亲戚称谓繁多而细密，其原因正在于伦理的宗法化，它是与社会生活严格的宗法等级秩序要求相适应的。以下试就宗法制度下的宗法伦理之特性，分别论说之。

三、伦理不周，罪目缺席

晚清来华的西方传教士认为，儒教"所言尽人生在世之五伦"，而未有论及"天伦"和"物伦"，儒教"可以言道，而不可以尽道；可以尽道于国家，不可以尽道于天下也。"[68] 丁韪良指出："孔子虽然巧妙地织成了人类关系的网络，但是他未能建立与上天的联系，未能指出我们所有关系当中那个最高的关系。因此，不但我们义务之中的一个重要方面在他的体系中付诸阙如，而且也未能提供更高的真理之光和更强的动机。"他认为儒家的道德动机不是对真理和爱的追求，而着眼于道德规范的实际社会效用。[69] 相比《圣经》传统，"五伦"不仅缺乏神伦一极；即就人伦言，明显缺乏"个体"（自我）伦理一方，这是因为，第一，传统中国人的自我意识是未得展开的，因为缺乏反思，当然缺乏"自我"。任何的自我，都建基于反思的基础之上，是反思之下的"展开"状态，其于肉身之外，呈现为"精神"（Soul，包括知识、思想、情感、意志）和"灵魂"（Spirit）的样态。所以苏格拉底才说："未经反省的人生是不值得过的。"因为这样的人生不是"我"的！第二，中国文化从主流上，历来缺乏超越与永恒维度上的回视和审判，所以"个人"无由从此岸俗世的关系之海里独立出来，个体生命基本是沉沦于此世的"烦忙"（操劳）和"烦心"（操心）中，无缘独立面对自我的深渊情景，以及彼岸的光明前景，如此，"自我"何以显？我们所有的，只中间一截，于两头皆茫无头绪矣。

即就社会（公共）伦理而言，亦极微末。举例言之，政治伦理的"忠"，实为宗法化的家庭伦理的延伸比附，其并非出于法制精神之公义，其狭隘偏私不言而喻。明人陈献章说："夫忠，孝之推也。不孝于亲而忠于君，古未之有也。"[70] 至于社会伦理的"信"，应用范围也仅止于朋友侪辈，至于陌生人、

68　顾卫民：《基督教与近代中国》，上海人民出版社 2010 年版，第 210 页。

69　Martin, The Lore of Cathy 212，177。转引自陈荣毅、王忠欣等《解构与重建——中国文化更新的神学思考》，加拿大恩福协会，1998 年版，第 111 页。

70　[明]陈献章语。自李秋零：〈孝：中国文化与基督教文化冲突的一个症结〉，载《基督教文化学刊》（京），1999 年第 2 期。

邻人如何处，则付阙如；并且，朋友关系并不可"信"，须得变为兄弟，结为金兰才牢靠，所谓"哥们"。桃园结义脍炙人口，但究其实质，他们实为政治伙伴；至于朋友之谊，似应有之，然而这些都不可以，非得进入家庭伦理的范围，变为"兄弟"，方才放心。[71]由这一故事，也可以看出政治伦理和社会伦理之于我们，是何等脆弱无力，而源出于家庭伦理的宗法伦理，又是何等地深入人心。说我们缺乏社会伦理，昧于邻人爱，[72]这由我们的社会公德的缺乏，以及历来的社会慈善事业的无作为上，可以见出。斯密斯说："中国人同情心的缺乏，从他们对付残疾人的态度里，可以看出一部分来。凡是有什么缺陷的人，在他们自己固讳莫如深，但在缺乏同情心的别人，迟早总会向他提醒，决不放他'过门'。……中国人一面最讲究客气，一面往往最不能体贴别人的地位与感情。"[73]

关于邻人爱，《新约》中耶稣多次讲到，在《旧约》中，亦有明确表示："要爱自己的邻人，像爱自己一样。"（联合圣经公会版，利 19：18）这里的"邻人"，指随时随地可能遇到的人，"爱邻人"即爱一切人，甚至包括陌生人。在犹太教中，特别强调要爱那些社会上的弱者；而在基督教，则特别强调爱罪人。"爱邻人"是"爱上帝"的延伸，如罗森茨维格所认为的，这种爱的行为不是基于一种相互友情，而是基于上帝的诫命。你的邻人是 plesios，一个住在你隔壁的人，或站在你身旁的人，你可能认识他或你可能不认识他，但是你被命令去爱他，以同情心去对待他！明天你可能会有另外一个邻人，那时你要以同样的慈善与爱去对待这个陌生人。一个人帮助其邻人是在履行上帝的诫命。[74]"邻人爱"并非只是一个伦理的规定，它是具体落实在行动中的。比如要求平等地对待自己和儿女、奴仆（申 5：14），善待外邦人（利 19：33-34），体恤孤儿寡妇和贫穷人（出 22：21-27）；再比如"落穗制度"："在你们的地收割庄稼，不可割尽田角，也不可拾取所遗落的。不可摘尽葡萄园的

---

71 可参刘再复关于"桃园结义"的性质的分析，所谓"结成死党"、"团伙之内皆兄弟"等。见刘再复:《双典批判》，三联书店 2010 年版，第 131-132，139 页；165-168，230 页。

72 何怀宏认为，除了五伦，还应该有第六伦，就是陌生人和陌生人之间的关系的伦理作为纲常，因为五伦讲的都是比较熟悉的人的关系、亲人之间的关系。见：何怀宏、何光沪 等〈新世纪的伦理纲常——有关中国社会的伦理重建〉http://www.21ccom.net/articles/sxwh/shsc/article_2012041057256.html

73 沙莲香主编:《中国民族性》，中国人民大学出版社 1989 年版，第 48 页。

74 同注 46，第 102 页。

果子，也不可拾取葡萄园所掉的果子，要留给穷人和寄居的。"（利19：9-10）还有如后世犹太人的"策达卡制度"（Tzedakah，公义）[75]以及基督教的各类社会慈善和公益事业，其原初根据都在于《圣经》，是《圣经》教诲如十一奉献（申14：22-29）、借钱给贫者（利25-35-38）、豁免年的例（申15：1-11）的引申发挥和具体实行。总之，这种对邻人、穷人、罪人甚至仇人的爱，在中国文化来说，是相当陌生的。

儒家在德目方面，有"五常"说的"仁、义、礼、智、信"，有"八德"说的"孝、悌、忠、信、礼、义、廉、耻"等，但这些德目从深层分析追究，大都局促于家庭和政治生活领域，属于特定的人与人关系方面的要求，有着强烈的宗法等级内涵。在社会生活的"公共"领域，德目如象勇敢、智慧、节制、公正等，几为空白。有人说："亚里士多德说人是政治的动物，相比之下，中国人却是伦理的动物。'政治'在古希腊语的意思是城邦，换言之，亚里士多德认为人的本质只可能在城邦（政治）生活中才获得真正完满的实现。在政治生活中，真正重要的美德是勇敢、智慧、节制、大度这样一些充满男性气概的品格，而在伦理生活中则是善良、友爱、忍让这样一些粉红色的情感。"[76]注意，这里所讲的政治生活是在"城邦"（社会）的前提下的，与中国传统的宗法大一统专制皇权体制迥然有别。严格讲，在宗法皇权的中国，是没有公共"政治生活"的，因为没有"城邦"。一切都是皇"家"的"私人"事务。在这个意义上，中国历史传统中的所谓政治生活，其实是家

---

75 策达卡制度即犹太教公益事业，意味着共同善待他人、多行善事，体恤孤贫、济困扶危，是犹太人社会生活中不可或缺的一部分。这个制度突出了个人对他人、社会的无私奉献，增强了犹太人的社会责任感。这个制度不光是奉献财物，更是仁慈之心的体现。任何一个犹太人，都要理解策达卡观念，支持策达卡事业，将它代代相传。在耶路撒冷圣殿里，有一个永远黑暗的策达卡室，生活富裕的人可以不引人注意地留下捐赠，而那些穷人也可以不为人知、尽可能多地拿走他们所需之物。富人做善事不留姓名，穷人为生计不失脸面。正是这看上去漆黑一团的暗室，珍藏了多少仁爱和光明，这光明照亮了人心，因为穷人也有尊严！中世纪，犹太人的策达卡协会遍布整个欧洲，承担了许多重要的任务：养活穷人，给他们衣穿，为穷人的孩子提供教育，为贫困的女孩捐赠嫁资，为老人提供栖身之处，为那些付不起钱的人准备葬礼，用赎金赎回那些受人敲诈勒索而被绑架的人。如今，世界上成立了许多从事犹太教公益事业的组织，人们向社区捐赠箱捐款，支持犹太教育，拯救病人，帮助老人，保护无家可归者。

76 周濂：《你永远都无法叫醒一个装睡的人》，中国人民大学出版社2012年版，第192页。

庭生活的放大模拟，其"政治"（社会）德目之缺乏，自是题中应有之意。至于涉及独立个体的"私人"生活领域，尤其是许多宗教性德目，往往亦付诸缺如，比如象虔信、盼望、和平、温柔、谦卑、忍耐、贞洁、喜乐等等，我们的典籍中是从来都没有见到过的。须要特别强调的是，在考虑到宗法背景与差序格局后，仁并不等于善良，义也不是公义，礼同样不是节制，智不是智慧，信也不同于诚实，贞节更不是贞洁。[77]可以说，无论是宗教性私德，还是社会性公德，我们都是比较膈膜的，我们所有的止高度宗法化了的家庭道德、政治道德，其实政治道德在实质上也是家庭道德之泛化延伸而已。从西人"城邦"（社会）和"天国"（彼岸）的视角，我们既没有公共生活，也没有私人生活。

德目之外，还有罪目，这里之所言，当然不是在法律意义上，而是在道德意义上。在中国文化尤其儒家文化中，对于这个话题，应该是十分地陌生。但在犹太——基督教文化，包括印度的佛教文化中，这却是相当重要的一个方面，其被反复提及和强调，前者如上节所论，后者如"贪、嗔、痴"等。何以如此，还是得从宗法制度说起。宗法制度合人人于一伦理与政治的团体结构中，从而无形剥夺了个人生活的独立空间，使自我意识归于泯灭，甚或使自我意识根本就不可能产生和存在，因而使生命的精神维度与生存的深渊向度难以展开和呈现，"我"泯然众人矣，生命无由纵深维度的展开和立体空间里的上升渴望，一切在平面中，如此何谈罪的焦虑与畏惧。《论语》记载："或曰：'以德报怨，何如？'子曰：'何以报德？以直报怨，以德报德。'"（论语·宪问 14.34）孔子还说："唯仁者能好人，能恶人。"（论语·里仁 4.3）但耶稣基督的态度不同，他讲要爱罪人，救罪人，他把罪与罪人明确分开，他只恨罪而不恨罪人。由孔子的态度，也可见出我们于人性之"罪"的茫昧状况矣。当然，《论语》中引述过《尚书》里夏禹向天帝祷告的一段话："有罪不敢赦，帝臣不蔽，简在帝心！朕躬有罪，无以万方；万方有罪，罪在朕躬。"（论语·尧曰 20.1）但这里的"罪"更多强调的是政治方面的，它不是在普遍意义上，而是在特殊或曰"特权"意义上被提及的。至于孔子，他基本未

---

77 这里的具体辨析，不是三言两语可以说清楚的，在此只举仁、智二端的简单辨别为例。关于"仁"与"爱"等，请参看本书本章本节问题四及上节问题二的有关论述，另请参看本章注 86。关于"智"与"智慧"，请参看本书本章之第四节问题一的论述。

正面涉足罪的论题，在《尧曰》章，他讲到"四恶"："不教而杀谓之虐；不戒视成谓之暴；慢令致期谓之贼；犹之与人也，出纳之吝，谓之有司。"（论语·尧曰20.2）这明显是讲特殊的政治之道，政治之"恶"，而非普遍的人性本体之罪和恶。到了孟子，不仅于此付诸缺如，而且大谈"性善"；至后世，则有人人皆可一试的"圣人"论。当然，荀子有"性恶论"，但从正统的角度，于后世影响并不大。

时至今日，有人继续这样讲："今天有人板出一副面孔来遣责中国缺少罪恶意识，以至法律不张，民主难行，也如此，于此窃有疑义矣。中国人之乐天知命，俯仰不愧，申申夭夭，倒是值得肯定的生活境界。"[78]是否真地有人把罪恶意识和法律不张、民主难行联系起来以强调"罪"的问题，是否可以这样去联系，先不去说；光这一个乐天知命、俯仰不愧就够愚昧无知了。真地我们知"命"吗？连孔子都很少主动谈到"命"，（论语·子罕9.1）大概因为难谈，但这命又很重要，他说："不知命，无以为君子。"（论语·尧曰20.3）至于"俯仰不愧"，现实不说，只说历史；历史上廿四史中比比皆是的阴谋与血腥不说，剥皮碎割剿灭九族不说，只举一个例子，就是缠足。这样一件毫无实际益处，[79]沿续达一千年之久的惨无人道的习俗，为什么会莫名其妙地发生？发生之后，又为什么几乎没有一个人，尤其是几乎没有一个知识分子（士）站出来指明其昏愚残忍，并予以禁止？反倒有多少文人写诗著文歌颂其为美，甚至为香？[80]美有主观性，先不去说；但这香从何而来，何香之有？要知道，因

78　李泽厚：《论语今读》，安徽文艺出版社1998，第172页。

79　许多民族的宗教或生活习俗，在各种表面解释下，背后都有一定的实际功用和好处，比如犹太人的割礼，就有生理、生育卫生方面的益处。

80　说缠足达一千年，而几乎无人抗议，这是胡适的说法。他曾在多处反复申说过："即如'缠脚'，岂但是残败肢体而已！把半个民族的分子不当作人看待，让他们作了牛马，还要砍折她们的两腿，这种精神上的疯狂惨酷，是千百年不容易洗刷得干净的。""过遍世界，研究过初民社会，没有看见过一个文明的或野蛮的民族把他们的女人的脚裹小到三四寸，裹到骨节断折残废，而一千年公认为'美'的！"（《胡适作品集18·我们走哪条路》第40，65页，台湾远流出版公司）"即如中国八百年的理学工夫居然看不见二万万妇女缠足的惨无人道！明心见性，何补于人道的苦痛困穷！"（胡适〈我们对于西洋近代文明的态度〉）"一个文明容忍像妇女缠足那样惨无人道的习惯到一千多年之久，而差不多没有一声抗议，还有什么精神文明可说？"（胡适〈科学发展所需要的社会改革〉）本人一直留心这个话题，也一直希望能推翻胡的说法，但这今除了知道在风俗初起的宋代，有车若水在其

此而身体被致残的，是人群里面的一半，他们是我们的母亲、姐妹、女儿。有人作过调查，要缠成"三寸"金莲，大约得从五、六岁缠起，直到十五、六岁出嫁才成功，要整整十年时间。这期间，在白天，因为疼痛难行，许多时候是跪着爬着走的；在夜晚，整夜灼痛难眠，尤其像北方，都睡火炕，就更难以入被，因为遇热更痛。可以设想，一个人十多年里睡不成觉，是个什么感觉。其他不说，光是精神和心理，会是健康的吗？这样的母亲，生养抚

《脚气集》中有过疑问，理学家程颐在行动上有过反对外；止知道清代的袁枚（1716-1797）在《牍外余言》中有质疑，张宗法（1714-1803）在《三农纪·谋生·农女缠足》中有痛斥，李汝珍（约 1763-约 1830 年）在《镜花缘》中有反对，此外实在不知道历史上还有谁明确反对过缠足。相反，歌颂的诗文倒是连篇累牍，备极各种文体，甚至还有人模仿"二十四诗品"一类文字，对小脚也按品作出多种分类，予以品鉴，这方面有许多专著，如《莲吟》、《韵语》、《品莲宝鉴》、《香莲品藻》、《金莲四美》等等。清代的方绚在《香莲品藻》中对小脚的种类、样式作了多角度详细的分类描述，最后还弄出一个"九品"来，有所谓"神品"、"妙品"、"仙品"、"珍品"、"清品"、"艳品"、"逸品"、"凡品"、"赝品"等。意犹未尽，他又接着搞了个"香莲三十六格"。眠云在《玩莲举偶》中列举玩弄小脚的各种动作，诸感觉器官一齐上阵，法式达几十种之多。笔者最近才了解到，缠脚的过程的变态实在匪夷所思，许多地方，比如在缠足风气较盛的山西、台湾、河南、甘肃、河北等地，都采用碎瓷裹法。即在脚底和裹脚布之间夹尖锐的碎瓷片，缠好后再逼着女孩走路，让尖锐的瓷片刺进脚趾和脚掌里把脚割破，让脚趾脚掌上的筋肉发炎，肿烂以后再进一步缠裹用碎瓷割刺，原来红肿的组织溃烂化成脓血流掉，脚不但特别纤瘦而且关节韧带也变得很容易扭折、裹弯。（高洪兴《缠足史》第 211-215、168-169、67 页）关于缠足，简单可以看百度百科"缠足"条：http://baike.baidu.com/view/28744.htm_复杂点，已有不少专著，如：高洪兴《缠足史》，上海文艺出版社 2007 年版；陈存仁《被阉割的文明：闲话中国古代缠足与宫刑》，广西师范大学出版社 2008 年版；[日]冈本隆三《缠足史话》，商务印书馆 2011 年版；[美]高彦颐《缠足："金莲崇拜"盛极而衰的演变》，凤凰出版传媒集团、江苏人民出版社 2009 年版等。比较原始的资料汇编有 20 世纪 30 年代姚灵犀编辑的《采菲录》一套五册。中国古代妇女所受的压迫的情状，进一步可看舒芜《哀妇人》，安徽教育出版社 2005 年版。

也许有人会强调欧洲的"束腰"习俗，以与我们的缠足相对比。确实，束腰之事在欧洲有，但规模绝对没有我们的缠足广，且只限于上流社会的宫廷与贵族圈层；时间更没有我们的长，其始于十六世纪，盛行于十七世纪的巴洛克时期，至十八世纪，已有许多医生以科学的名义发起"反束腰运动"，大张旗鼓地反对了。关于束腰的简单知识，可参看百度"束腰"条 http://baike.baidu.com/view/91919.htm 在西方和"束腰"类似的还有"贞节带"，同样是很小范围的变异行为，时间也不长，同时有许多嘲笑和反对的声音。

育出来的后代，会怎样？那个"申申夭夭"的样子，已不仅仅是让人讨厌和莫名其妙，而是可怕了。另外，请不要忘记《孝经》里"身体发肤，受之父母，不敢毁伤。"（孝经·开宗明义章第一）的教训。须知，缠足是彻头彻尾的"毁伤"身体的行为，其毁伤的是人里面的一半人，并且是极其严重的毁伤（残废）。试问，在一千年里，那些"虔心"奉行儒家孝道的儒士们，有几人指出过这中间的矛盾了？

正是因为对人性之罪缺乏应有的或曰基本的体认和承认，也缺乏深入的思考和必要的应对准备，所以儒家对人性有太过乐观的估计。从而，便有对三代政制以及文教制度的理想化想象，有对圣王统治的崇仰和期盼，有对圣人境界的膜拜和追求。他们很少考虑这些东西是否曾经真正存在过，以及现在和将来有没有可能存在；相反，从易传的"顺天论"到公羊的"受命论"，到陆象山的"成命论"，再到王阳明的"造命论"，一路下来，一方面是越来越玄，另一方面则是越来越狂，最后竟然"满街都是圣人"，直至衍出"六亿神州尽舜尧"的圣剧来。

儒家的"圣人论"，必然隐含着"圣王论"，因为"内圣"的归宿在"外王"。可是，由于昧于人心之暗与人性之罪，儒家倡言的实乃人义论的"自圣"说，这种学说，先天地是排斥谦卑情怀和神圣规约的，如有人指出的，"儒教圣人比狂，或极狂方为儒圣，成为现代儒教精神现象的一大奇观。"[81] 相比于基督教、印度教和佛教，这样的文化精神，是绝难造就出像朋霍费尔、施怀泽、德兰修女、甘地这样的圣洁人格，或像马丁·路德金、昂山素季、曼德拉、金大中这样的杰出政治家的。循内圣而至于外王的道路，可能的结果只有两种：道德专制，或大盗欺世。前者也许还有一定的真诚度，后者则完全是愚蒙天下了；而不管是前者还是后者，灾难与罪恶的结果却是一样的。庄子说到圣人："世俗之所谓至知者，有不为大盗者乎？所谓至圣者，有不为盗守者乎？……圣人不死，大盗不止。"（《庄子·胠箧篇》）如果准乎以上之分

81　刘小枫：《儒家革命精神源流考》，上海三联书店 2000 年版，第 75 页。关于圣而狂，此可举近现代数人以为证：学者如熊十力、梁漱冥，试读其著述，尤其了解其生平情状，"狂"是明显的。与政者如康有为，"静坐时勿见天地万物皆我一体，大放光明，自以为圣人，则考喜而笑，忽思苍生困苦，则闷然而哭……"；毛泽东，"具往矣，数风流人物，还看今朝。""六亿神州尽舜尧"。关于康、毛之与儒家圣人心性之学，可参阅刘小枫《儒家革命精神源流考》。

析，那么，公共法度的建立（基于理性），和永恒规约的尊奉（基于神性），都将成为不可能，因为无论"理性"还是"神性"，都是超出人"私"之外的公度性价值，而"圣人"、"圣王"，却是人私之内的自我崇拜，是"我"说了算。于是，在中国，人（"圣人"、"圣王"）治便子子孙孙无穷尽矣。至于这"人"的底细究竟如何，通过四书五经去规定和想象是一种途径，但认真翻检二十四史，考察我们的真实生活场景，可能是更为可靠的途径。朱文公就曾老实地慨叹过："千五百年之间……尧、舜、三王、周公、孔子所传之道，未尝一日得行于天地之间也。"[82]

总之，不论是伦理不周，德目不全，还是罪目缺席，归根究底，都是因了一个汲汲于世俗的"人"本关心，因而不能进入终极视域下的神圣维度，和超越于此世的彼岸世界，我们缺乏另一种眼光，和另一类参照。

四、差等之爱，单向伦理，弱者道德

《论语》中，提到"仁"字的地方多达一百零九处，仁可算作孔子思想的一个核心概念了，但《论语》中又有记载说："子罕言利与命与仁。"（论语·子罕 9.1）即他很少主动谈到仁，[83]每次谈到，都是因人而异，并无一统一的定义或标准。那么，它到底是什么呢？是否与博爱同？也许从其后学的两句话可以窥见其实质："有子曰：……'孝弟也者，其为仁之本与！'"（论语·学而 1.2）孟子说："仁之实，事亲是也。"（孟子·离娄上 7.27）看来，行仁的基本下手处，即在于敬亲事长，奉行孝悌之道。据前面的论述，孝悌之义，实不能脱离其宗法制社会背景，故其中的尊卑等次明矣；至三纲之说出，"忠、孝、节"三者之等级实质，更是被明确规定了下来。仁与孝相联，仁关乎纲常等次。另，仁与礼相联，所谓"克己复礼为仁。一日克己复礼，天下归仁矣。"（论语·颜渊 12.1）而礼，是有着严格的尊卑等级次序的。墨家批评儒家道："儒者曰：'亲亲有术，尊贤有等。'言亲疏尊卑之异也。其《礼》曰：'丧，父母三年；妻、后子三年；伯父、叔父、弟兄、庶子期；戚族人五月。'"（墨子·非儒下）[84]胡适指出："孔门说仁虽是爱人，却和后来墨家说的'兼

---

82 朱熹：〈答陈同甫〉，载《晦庵先生朱文公文集》，卷三十六，收入朱杰人、严佐之、刘永翔编：《朱子全书》，第二十一册，上海：上海古籍出版社；合肥：安徽教育出版社，2002 版，第 1583 页。

83 从杨伯俊《论语译注》说。

84 孙诒让：《墨子闲诂》，中华书局 2001 年版。

爱'不相同,墨家的爱是'无差等'的爱,孔门的爱,是'有差等'的爱。……墨家重在'兼而爱之'的兼字,儒家重在'推恩足以保四海'的推字,故同说爱人,而性质截然不同。"[85]王富仁先生于仁之差等性有简捷准确的分析:"儒家的'爱'不是在人的平等关系的基础上产生的,而是在上下关系中被规定的。在这种情况下,儒家所谓的'爱'是对对方保持一定心理距离的结果。当你意识到自我在对方之上时,你对对方的'爱'是慈爱,而当你意识到自我在对方之下时,你对对方的'爱'是敬爱,这两种'爱'是两种根本不同的爱。真正维系儒家的'仁'的,除了主观目的意识外,起内在保证作用的是'恩',儒家的爱是有等差的,这种等差就在实际的利益关系,即恩情关系。'忠'为报君恩;'孝'为报亲恩;'节'为报夫恩;'义'为报友恩。因此,在儒家的伦理道德中,感情关系是被实利关系所规定的。"[86]总之,将"仁"与"孝"、"仁"与"礼"相割裂,孤立地以经典中的片言只字为依据,而不考虑三者的实质性关系,更不考虑它们赖以产生和存在的文化传统与制度结构,只是一味强调"孝"尤其是"仁"的所谓平等性和普世性价值,这

---

85 胡适:《中国哲学史大纲》,东方出版社 1996 年版,第 98 页。

86 王富仁:〈鲁迅在中国文化史上的地位和作用〉,载《中国文化研究》1995(春之卷),第 21 页。)关于"仁"与"爱"的不同,有人有如下观察和分析:"'仁'是在家庭、社会不平等关系中位上者对位下者的一种怜悯、同情和恩赐,是一种'恻隐之心','仁'是上对下的一种态度,通常是不可逆转的。""'爱'这个字在中国人口中似乎是一个很难说出口的字,我们很少听到中国人用'爱'这个字来表达其内心的感情。英语的'I love you'在英语世界中是一种非常自然的感情流露,夫妻之间,父母与子女之间,朋友之间,都可以用这句话表达内心的感情。但在中国人中,用中文说'我爱你'却是很少听到的,夫妻之间不多用,父母与子女间也不常用,朋友之间更没有听过。"(王忠欣《基督教与中国文化的建设》,见陈荣毅、王忠欣等《解构与重建——中国文化更新的神学思考》,加拿大恩福协会,1998 年版,第 84、82 页。)

想起 2002 年的一则关于所谓孝道的典型案例,就是留美赵庆香、魏斌博士夫妇,在回国探亲时,被农民父亲(岳父)赵玉令用斧头残忍杀害的案件。此事固然有中外文化差异及沟通方面的原因,但根本则在赵父的愚昧、狭隘和自私,尤其是自私,他因索要钱财不能遂意,而忿怒杀人。在他的深层意识中,女儿是私产,是养家、养老的工具,这些落后野蛮的观念,追根究底,无疑与中国社会数千年大行其道的"孝道"包括"重男轻女"的思想有关。这些思想观念的背后,亲情和爱的关系到底有多少分量,而实际的"利益"关系又占多大比例?这桩案件虽属个案,但因其丑恶和凶残,而有典型意义,故附录于此。关于赵案,可以网络搜索以详细了解和反思之。

是架空历史的一相情愿的想当然。[87]

　　《孟子》中有一个故事，在此可以稍作分析。孟子为匡章向公都子正名，称其并非不孝："夫章子，子父责善而不相遇也。责善，朋友之道也；父子责善，贼恩之大者。夫章子，岂不欲有夫妻子母之属哉？为得罪于父，不得近，出妻屏子，终身不养焉。其设心以为不若是，是则罪之大者，是则章子而已矣。"（孟子·离娄下 8.30）匡章因为以善责父，结果父子闹翻了脸，他以为自己罪过太大，为了赎罪，便把妻子儿女都赶了出去，不要他们来奉养。那么所责究为何善，原来"章子母启得罪其父，其父杀之，而埋马栈之下。"（战国策·齐策）[88]章子因此责备其父未教而杀。这样一个情理不通的愚昧故事，却受到了孟子的称扬。而这故事所表现出的父权、夫权的至高无尚、残暴不伦，十分显眼，三代人中，一切均以父、夫为中心，妻子、子女是毫无自主权甚至安全感的。有人讲，观察一个民族的文明程度，可以由其对待妇女、儿童的态度上准确判断。斯密斯讲："中国的家庭生活是建筑在亲亲主义之上的，但同情心的欠缺，往往在家庭里最容易看出来。中国家庭并不快活，是不会快活的，因为它根本缺少那种情绪上的关切性与联系性。一个中国家庭往往不过是一个许多人的集合体，他们因为血统关系，婚姻关系，利害关系，合则大家有益，分则大家吃亏，不能不维持一种集团的形式罢了。"[89]

　　伦理讲的是关系之道，关系必然涉及至少两方，但儒家伦理基本可以说是单向的，在《论语》、《孟子》、《荀子》及后世的儒家著作中，讲臣对君的"忠"、子对父的"孝"、妇对夫的"节"者所在多多，许多都变成了经书，如《孝经》、《忠经》、《女儿经》等；但反过来讲君道（《荀子·君道》并非讲君待臣之道的）、父道和夫道的却微乎其微。曾子讲君子有三乐："有亲可畏，有君可事，有子可遣，此一乐也；有亲可谏，有君可去，有子可怒，此二乐也；有君可喻，有友可助，此三乐也。"（韩诗外传·卷九）[90]在此对"君"、

87　有人认为："在哲学性质上，孔子的'仁爱'是一种超越宗法关系与社会等级的人类普泛之爱。用中国传统学术固有范畴来表述，叫作'爱无差等'。"可是在他所列举的论据中却包括了《墨经》和韩愈的《原道》中的文字，这显然是不够严谨的。而文中的这一观点，也是脱离历史与整体文本实际的。文见《文史哲》2002年第6期，第4-54页，曾振宇〈儒家孝论的发生及其变异〉。

88　王锡荣　韩峥嵘：《战国策译注》，吉林文史出版社1998年版。

89　同注73。

90　[汉]韩婴　撰　许维遹校释：《韩诗外传集释》，中华书局，1980年版。

"亲"如何对待，且不去说；对"子"则只是"谴"和"怒"的对象，并且以之为"乐"，可这是什么样的快乐呢？作为比较，犹太人有一则寓言，很能说明他们对于下一代的责任和关心。从前，有一只鸟，带着三只雏鸟要飞过波涛汹涌的大海。海洋辽阔、海风猛烈，父亲不得不用爪子把小鸟一只只带过去。当他带着第一只飞到一半时，忽然问道："孩子，看看我为了你怎么拼命努力，你长大以后，能象我照顾你这样照顾我的晚年吗？"小鸟回答说："只要把我带到安全的地方，当你老了的时候，要我做什么都可以。"父亲于是松开了双爪，说它是个骗子，于是这只小鸟淹死了。第二只的情况一样。到了第三只，它这样回答："我亲爱的父亲，你确实为了我冒着生命的危险，拼命地努力，如果你老了我不报答，那是错误的。但是，我不能束缚自己。可是我可以保证：如果我长大了，有了自己的孩子，我就要像你对待我这样对待他们。"对此，父亲说："说得好，孩子，你很有智慧。我带你到安全的地方。"[91]是的，这个故事很有智慧。这只小鸟和匡章的态度形成鲜明对比。

在犹太——基督教传统下，婚姻被认为是神所结合的，神圣不可分开，夫妻双方互有责任和义务。保罗说："丈夫当用合宜之分待妻子；妻子待丈夫也要如此。妻子没有权柄主张自己的身子，乃在丈夫；丈夫也没有权柄主张自己的身子，乃在妻子。夫妻不可彼此亏负。"（林前 7：3-5）《彼得前书》讲到夫妻之道："你们作妻子的，要顺服自己的丈夫；这样，若有不信从道理的丈夫，他们虽然不听道，也可以因妻子的品行被感化过来；这正是因看见你们有贞洁的品行和敬畏的心。你们不要以外面的辫头发，带金饰，穿美衣为装饰，只要以里面存着温柔、安静的心为装饰，这在神面前是极宝贵的。……你们作丈夫的，也要按情理和妻子同住，因她比你软弱，与你一同承受生命之恩的，所以要敬重她，这样便叫你们的祷告没有阻拦。"（彼前 3：1-4；3：7）这是一种相互的爱，尤其应予注意的是，这种爱是在爱神的共同前提下存在的。这和中国传统宗法制家庭里的夫权至上，颐指气使，为所欲为截然不同。"犹太社会生活的基础是家庭，因而《塔木德》总是十分注意保持家庭的纯洁和稳定。由于意识到妇女在家庭生活中所扮演角色的重要性，《塔木德》赋予她们极有尊严的地位。""在牵涉到《托拉》的一切律法时，《圣经》把男人和女人放在平等的地位上。"（B. K. 15a）[92]这和中国的三纲之说判然有别。鲁迅于中国传统社

---

91 同注 8，第 220 页。

92 同注 5，第 180、181 页。

会里的妇女儿童的地位，有很尖锐的批判，分别可见《我之节烈观》和《我们现在怎样做父亲》。[93]其实，我们在此还可以提供另一个角度，那就是文学，试想一下《红楼梦》和《家》，固然一个创作在"康乾盛世"，另一个则在混乱的末世，但其间所反映出来的家族伦理在面对弱者（女子、幼者、仆卑等）时的黑暗、虚伪、残忍和罪恶，却是共同的。总之，单向度的、差等之爱的宗法伦理的"忠"、"孝"、"节"，全部是针对臣、子、妻等相对弱者一方的道德要求，在本质上无不深蕴着权力结构和利害计较，并非纯粹独立的德行本身，其中的"爱"，是打了折扣的，即使有，也在很大程度上是扭曲了的。

现在，对国骂可以有一较为合理的解释了。"他妈的！"表达上比较委婉，但它并非着眼于性，若着眼于性，大可以说更年轻的"他姐的！"或"他妹的！"它的着眼点在权力，潜台词是："我是你爸爸。"意即我对你拥有权力，你应该对俺"孝敬"着点，别没大没小的。这是精神胜利法的典型实例。[94]

五、意义泛化，功能主义

宗法制度下以国为家，又以家之德延及国之政，施之国之政，必然导致伦理意义的泛化，包括政治化和意识形态化，最后乃至异化。儒家之孝，至《孝经》已在内涵上很复杂了，它提出了居敬、养乐、病忧、丧哀、祭严的五要说；还规定了天子至于庶人五种不同身份的人的不同孝行标准，所谓五孝。《吕氏春秋·孝行》论到孝的意涵，说："民之本教曰孝，其行孝曰养。养可能也，敬为难；敬可能也，安为难；安可能也，卒为难。父母既没，敬行其身，无遗父母恶名，可谓能终矣。"[95]这里从养说到了敬，从生说到了死，甚至说到身后之名。总之归结起来，汉前典籍中，孝的含意大约包括如下数点：敬奉父母、厚葬久丧、追思祖先、爱惜身体、传宗接代、显亲扬名、忠君许国。与之相应，孝的对象外延，就不仅止于血亲父母了，它还涉及祖先、

---

93 鲁迅：《坟》，人民文学出版社1973年版。

94 无独有偶，张宏杰在《大明王朝的七张面孔·朱元璋》中，也是从传统家庭中家长的权威角度，解释了小孩骂人的话语"我是你爸爸"、"我X你妈"等的权力内涵。（见该书天津人民出版社2013年版，第16页）。甚至他从"二十四孝"的郭巨埋儿得到启发，与希腊的"弑父精神"相对，中国是"杀子文化"。（见张宏杰《中国国民性演变历程——专制制度的演进导致国民性格大倒退》，湖南人民出版社2013年，第156-159页）。

95 同注20，第101页。

君王。联系《尔雅》("善父母为孝。")、《说文》("孝者，善事父母者。从老省，从子，子承老也。")对"孝"的语言字义解释，孝之语义和语用已大相偏离。

讲到不孝的行为，《孟子》有五不孝、三不孝的说法。"五不孝"，孟子直接说了出来："世俗所谓不孝者五，惰其四支，不顾父母之养，一不孝也；博奕好饮酒，不顾父母之养，二不孝也；好货财，私妻子，不顾父母之养，三不孝也；从耳目之欲，以为父母戮，四不孝也；好勇斗狠，以危父母，五不孝也。"（孟子·离娄下 8.30）这五条，考虑周到，合情合理。关于"三不孝"，孟子没有全说，只说了"无后"一条。（孟子·离娄上 7.26）但据赵歧注云："于礼有不孝者三者，谓阿意曲从，陷亲不义，一不孝也；家贫亲老，不为禄仕，二不孝也；不娶无子，绝先祖祀，三不孝也。"[96]这里虽说意思曲折了些，却倒也是围绕着父母说话。《孝经》亦有所谓三不孝：要挟君主、非议圣人、诽谤孝行，（孝经·五刑章第十一）意义明显泛化。到了《礼记》，是这样说的："居处不庄，非孝也；事君不忠，非孝也；莅官不敬，非孝也；朋友不笃，非孝也；战阵无勇，非孝也。"（礼记·祭义）[97]真所谓"夫执一术而百善至百邪去天下从者，其惟孝也。"[98]孝成了万金油，诸德皆可归于它的麾下。最后乃至有"伐一木，杀一兽，不以其时，非孝也。"（大戴礼·曾子大孝）[99]的说法。

固然，这些都是在强调孝行在诸德行中的根本初始地位，强调其它诸德皆可由孝推出，或者说在强调孝与其它诸德的优先关系。比如"忠"，如不忠，你便无德（忠乃八德之一），以无德之名便会辱没父母令名；更有甚者，不忠引起的不光是名声问题，它很可能引出更为严重的后果，比如杀身之祸，直至满门抄斩。所以不忠即不孝。不过，这里有两个问题：不忠何以就无德？对不忠者所实行的谴责和惩治有无终极根据包括道德根据？这两个问题回答不了，则忠和孝在逻辑上便很难联系起来。退一步，就算这两个问题能圆满回答，比如忠正是为了孝，要行孝即必须尽忠。可这时仍有一问题：为什么必须行孝，孝本身的根据又何在？关于忠和孝的根据问题，下文将有所讨论。

根据以上罗列，孝的意义和对象明显存在泛化趋势，在此泛化中，最可

---

96 同注 18，第 182 页。

97 同注 28。

98 同注 20，第 100 页。

99 [清]孙星衍辑：《孔子集语》；王通：《文中子中说》，上海古籍出版社 1989 年，第 9 页。

注意者当属政治化一面，这当然与宗法制背景有关。强调孝的政治教化功能，以德行政，孔、孟已很重视了；在《孝经》中，则大谈特谈，形成系统的孝治思想，几乎可说《孝经》并非在谈道德伦理，而是在谈道德政治。《吕氏春秋·孝行》概括孝的政治教化功能："凡为天下，治国家，必务本而后末。所谓本者，非耕耘种植之谓，务其人也；务其人，非贫而富之，寡而众之，务其本也，务本莫贵于孝。人主孝，则名章荣，下服听，天下誉。人臣孝，则事君忠，处官廉，临难死；士民孝，则耕耘疾，守战固，不罢北；夫孝，三皇五帝之本务，而万事之纪也。"[100]这里说得很流利清晰，但中间的逻辑是如何关联的，却很成问题，"本"和"人"、"人本"和"孝"在推理上怎么联系起来？人主、人臣、士民如果行孝道，在逻辑上是否就可以分别推出后面的相应结果来？这里只有结论，而无逻辑的步骤过程；并且，它不是省略了此步骤过程，而是在逻辑上本来就不存在此步骤过程。至宋代朱熹，他讲到忠与孝的关系："其为人孝悌，则必须柔恭，柔恭则必无犯上作乱之事。"（朱子语类·学而篇上）[101]这个讲得倒"实在"，也蛮有逻辑。

　　汉代以后，由于儒家思想被上升到了国家意识形态的高度，孝便获得了国家法律的保障，这可以说是政治化的最典型表现。这一点，尤其表现在民法和刑法方面。通过这些法律条文，我们能够明显看出，父母尊上和子女卑幼在法律上的极度不平等；而这种不平等，并不单纯是法律范围的事情，它是道德伦理上的不平等的反映。比如民法领域，父母依法享有殴杀子女权，送呈子女权，及对子女婚姻的决定权，对家庭财产的支配权。西汉王尊任美阳令时，一妇女控告"假子不孝"，"尊于是出坐庭上，取不孝子县磔著树，使骑吏五人张弓射杀之，吏民惊骇。"（《汉书·赵尹韩张两王传》）[102]唐李杰任河南尹时，一寡妇自诉其子不孝，后经取证，发现纯属诬告，但这名寡妇坚不撤诉，李杰只好处其子死刑。（新唐书·李杰传）[103]古代夫妻关系稳固与否，常取决于孝之一字，而夫妻感情倒在其次："子甚宜其妻，父母不悦，出。子不宜其妻，父母曰：是善事我。子行夫妇之礼焉，没身不衰。"（《礼记·内则》）[104]东汉鲍永是有名的大孝子，但只因其"妻尝于母前叱狗，而永即去之。"

---

100 同注20，第100页。

101 [宋]朱熹：《朱子语类》，上海古籍出版社1989年版。

102 [汉]班固：《汉书》，中华书局1962年版。

103 [宋]欧阳修 宋祁：《新唐书》，中华书局1975年版。

104 同注28。

（《后汉书·鲍永传》）[105]许多感情相得的小夫妻，皆因不合尊亲之喜好而告分手，《孔雀东南飞》的叙写不是空穴来风，陆游和唐婉的悲剧即其实例。

在刑法领域，严惩不孝是古代法律的重要任务之一，"五刑之属三千，而罪莫大于不孝"，（《孝经·五刑章第十一》）《隋律》将不孝列入"常赦所不原"的"十恶"条目，使之成为传统刑法打击的主要对象，不可享有被赦免权；《唐律》继承《隋律》，对"十恶"重罪的不孝作了详细解释，列有许多条目。这中间最关键的在于尊长卑幼相犯时的量刑原则，"尊卑贵贱，等数不同，刑名轻重，灿然有别。"（《唐律疏议》卷二十二）[106]尊长减免，卑幼重刑。在《后魏律》中，规定"祖父母父母忿怒，以兵刃杀子孙者五岁刑，殴杀者四岁刑，若心有爱憎而故杀者，各加一等。"（《魏书》卷一百一十一）[107]至《唐律·斗讼》则减免为："若子孙违犯教令，而祖父母、父母殴杀者，徒一年半；以刃杀者，徒二年；故杀者，各加一等。即嫡、继、慈、养杀者，又加一等。过失杀者，各勿论。"（《唐律疏议》卷二十二）相反，若子女侵犯直系尊亲属，量刑要严酷得多："诸詈祖父母、父母者，绞；殴者，斩；过失杀者，流三千里；伤者，徒三年。"（《唐律疏议》卷二十二）

孝的政治化一面，亦可于以下见之，就是从《尚书》到子思到孟子等，所称列的最高孝行榜样，无非舜、文王、武王、周公，无非帝王将相，并认为他们是"大孝"、"达孝"。汉代始，历代统治者对孝道的提倡不遗余力，楚汉相争时，刘邦曾要与项羽一起分食老父身体煮的羹汤，可一旦天下平定，却马上高举孝道旗帜，尊乃父为"太上皇"；汉惠帝始，汉代诸帝的谥号都有一"孝"字，如孝惠帝、孝武帝等。汉武帝"旅耆老，复孝敬，举孝廉"，以具体措施提倡和贯彻孝道，并将《孝经》作为对太子、诸王进行教育的主要教科书，形成制度。魏晋南北朝，各王朝都将《孝经》立于学官，而广加传播；学者编出了《孝经图》、《大农孝经》、《正顺孝经》、《女孝经》等书，以为呼应；《晋书》、《宋书》等正史均辟有专门的《孝义传》、《孝友传》，记载各类"奉生尽养，送终尽哀，或泣血三年，或绝浆七日……"的孝子事迹。隋唐之提倡孝道不减前朝，唐太宗亲往太学听经师孔颖达讲《孝经》；唐玄宗两次注释《孝经》，并亲书刊石，立于京师国学，人称《石台孝经》；科举制

105　[宋]范晔撰，[唐]李贤等注：《后汉书》，中华书局1965年版。

106　[唐]长孙无忌等：《唐律疏义》，中华书局1983年版。

107　[北齐]魏收：《魏书》，中华书局1974年版。

度更规定，能通诵《孝经》者与官。宋代皇帝亲书《孝经》赐给大臣，刻于金石，颁行天下州学。有的孝子为父母报仇杀人，朝廷竟"壮而释之"；有的子女割股挖肝掏眼为父母"治病"，竟"咸见褒赏"；有的家族数百千余人口同居，朝廷为之免去徭役。为表现"孝心"，人们已无所不用其极。辽、金、西夏、元等民族政权的统治者，也无不以提倡孝道作为治国之本，纷纷翻译《孝经》，予以推广。后世流传甚广的《二十四孝》一书，据传即为元朝郭守敬之弟郭守正所编。孝道、《孝经》在明、清两朝受到更大的重视，明太祖称《孝经》是"孔子明帝王治天下之大法大经，以垂万世。"清顺治、圣祖和世宗三代皇帝，皆亲自注释《孝经》，朝廷规定科举必考《孝经》，明清两朝都有旌奖孝子、孝义之家的政策措施。[108]由以上简略叙述可见，基本是无代不孝，无处不孝了。但孝之获此尊荣，并非仅因其独立的道德价值，而是由于意识形态强化，它是"帝王治天下之大法大经"，它已被完全地工具化了，这正是我们所要说的功能主义。

孝的泛化和政治化必致其意义的模糊乃至矛盾，进一步则有异化。兹举数例：《论语》借直躬之父攘羊的故事，表出孔子"子为父隐"的思想；但《孝经》中却又记载"子"说，"故当不义，则子不可以不争于父。"（孝经·谏诤章第十五）那么，父亲作贼偷羊，能说不是"不义"吗？儿子争还是不争？《孝经》强调"身体发肤，受之父母，不敢毁伤，孝之始也。"可到了宋代，却有掏肝挖眼疗亲的，并受表扬。"吕升，莱州人。父权失明，剖腹探肝以救父疾，父复能视而升不死。冀州南宫人王翰，母丧明，翰自抉右目睛补之，母目明如故。淳化中，并下诏赐粟帛。"（宋史·孝义列传）[109]这到底算不算孝？至于所记属实与否，可先不究。《宋史·选举志》揭了底细，"上以孝取人，则勇者割股，怯者庐墓。"（宋史·选举志）原来许多人真心里盘算的是被上所"取"，孝只是个方式方法而已。此是异化，由政治化而导致的异化。当然，如此做，有些也不一定就有什么太明确的目的，仅仅是愚昧所致而已。《明史》记载："日照民江伯儿，母疾，割胁肉以疗，不愈。祷岱岳神，母疾瘳，愿杀子以祀。已果瘳，竟杀其三岁儿。"（明史·孝义列传）[110]孝之至此，愚而至于残忍，大悖人伦，去仁不知其几千里矣。

---

108 此处所谈汉代至明、清孝的影响情况，均采自汪受宽《孝经译注》前言，第19-22页。
109 [元]脱脱：《宋史》，中华书局1985年版。
110 [清]张廷玉：《明史》，中华书局1974年版。

到了《二十四孝》，[111]其中感情朴素颇能感人者有之，但可怪可厌可耻者却不少，举其典型者如：王祥卧冰、吴猛饱蚊、黔娄尝粪、老莱娱亲、郭巨埋儿、乳姑不怠，或与事理情理不通，或伤损身体与古训不合，或愚昧丑恶，或残忍不仁，如鲁迅所言："以不情为伦纪，诬蔑了古人，教坏了后人。"[112]关于"诬蔑古人"，此可引《韩诗外传·八》的一则故事："曾子有过，曾皙引杖扑之地。有间乃苏，起曰：'先生得无病乎？'鲁人贤曾子，以告夫子。夫子告门人：'参！来。汝不闻昔者舜为人子乎？小杖则待答，大杖则逃。索而使之未尝不在侧，索而杀之，未尝可得。今汝委身以待暴怒，拱立不去，非王者之民，其罪何如？'"[113]传曾子性至孝，有言《孝经》亦为曾子所作，但他的愚行，老师并不会赞成。廿四孝中，真正顺乎情理且比较感人者，大约只有为母负米、单衣顺母、亲尝汤药、拾葚供亲、怀桔遗亲、行佣供母、弃官寻母七例，仅占全部的三分之一不到；除去前举彻底丑陋数例，及鹿乳奉亲、扇枕温衾、闻雷泣墓、扼虎救父、亲涤溺器等似有夸张或令人有异常感觉者；另至少有七例属匪伊所思的孝感故事，如孝感天地、啮指心痛、为母埋儿、卖身葬父、刻木事亲、涌泉跃鲤、哭竹生笋、卧冰求鲤等，这类东西也许有效力，但毕竟是没踪影的事，教化的同时，也是在愚弄人。但正是这种东西，反倒在民间流传很广，影响极大，如鲁迅在《二十四孝图》中所言，"那里面的故事，似乎是谁都知道的；便是不识字的人，例如阿长，也只要一看图画便能够滔滔不绝地讲出这一段的事迹。"[114]笔者幼时在农村，多次见到过刺绣于枕头之上的关于王祥卧冰、哭竹生笋的画图，并且确实感到人人都知道其中的故事。这里对这二十四个故事的分析，似乎有点苛刻，但这主要针对的倒不是老百姓如何接受这些故事，而是受过教育的文人士大夫何以会编出这种基本"不情不伦不实"的东西来。批评"二十四孝"，并不是说历史上就没有真的孝道孝行，随便举几例，如写《陈情表》的李密，上书救父的缇萦，为父申冤的吉翂，义奉常母的杜环，千里寻父的王原，[115]等等。他们的事迹既感人深切，又在历史上有根有据；其实如果真正留心普

111　《二十四孝》传元郭居敬编撰，后又有不少人为之插图，故社会影响十分广泛。
　　　参《图说二十四孝》，上海大学出版社 2011 年版。
112　鲁迅：〈二十四孝图〉，自《.鲁迅全集》（二），人民文学出版社 1981 年版，第 255 页。
113　同注 90，第 8 页。
114　同注 112，第 253 页。
115　宋一夫主编：《中华儒学精华画集·孝》，吉林文史出版社 1994 版。

通人的生活，这一类的事例所在多多。可是，编《二十四孝》的人，恰好没能很好地利用这一类材料，何以故？

六、以私代公，德政不分

宗法伦理一个最大的特点即是强调所谓德治，以家庭伦理泛化比附施行于政治领域，然而前者属私，后者属公，私多重情，而公应重法，存公义。但在中国社会，公私不分，公器因宗法而成私产，所谓"家天下"是也。于是德与政不分，泛道德主义，结果是德、政俱损，德因政而伪出，甚至异化沦落；政则因德之侧身其间，而于公、法两端难明、难行。

韩非批评"儒以文乱法"，指出"父之孝子，君之背臣也。"（韩非子·五蠹）[116]他举一例："鲁人从君战，三战三北。仲尼问其故，对曰：'吾有老父，身死莫之养也。'仲尼以为孝，举而上之。"（韩非子·五蠹）[117]《孟子》记帝舜与弟弟象、父亲瞽瞍之二事，也是以私代公的典型例子。孟子弟子万章问孟子："舜流共工于幽州，放驩兜于崇山，杀三苗于三危，殛鲧于羽山，四罪而天下咸服，诛不仁也。象至不仁，封之有庳。有庳之人奚罪焉？仁人固如是乎——在他人则诛之，在弟则封之？"孟子的回答是："仁人之于弟也，不藏怒焉，不宿怨焉，亲爱之而已矣。亲之，欲其贵也；爱之，欲其富也。封之有庳，富贵之也。身为天子，弟为匹夫，可谓亲爱之乎？"（孟子·万章上9.3）另一处，弟子桃应问曰："舜为天子，皋陶为士，瞽瞍杀人，则如之何？"孟子的回答是："舜视弃天下如敝蹤也。窃负而逃，遵海滨而处，终身欣然，乐而忘天下。"（孟子·尽心上13.35）据《尚书》记载，舜"父顽，母嚚，象傲"，（尚书·尧典）他书亦记载他们几次欲致舜于死地，可孟子却讲他重亲情如此，实在非圣人莫办。想起《圣经》中所记载的多起父子、兄弟相残、相欺的故事，[118]总让人怀疑舜的这些故事的人性可靠度。韩非就有不同版本，说舜"放父杀弟，不可谓仁。"（韩非子·忠孝）另外，就算舜为天子后，对

---

116 [清]王先慎：诸子集成·五《韩非子集解》中华书局1954年版。

117 同注116。

118 《圣经》中兄弟、父子欺诈、相残，典型者如该隐和弟弟亚伯（创4：1-16），雅各和父亲以撒及哥哥以扫（创27），押沙龙和他的兄弟暗嫩及父亲大卫（撒下13；撒下15-18），等等。

父、弟能那样对待，根本实质还是在于"权力"二字，但此权力属公产，他却私用之。如此私一己之弟、父，而置天下之公法、公义于不顾，安得谓仁？

也就是说，私德即使再好，其与公德之间还是有不容忽视的巨大界别，这是因为，"家并不是一个和平宁静的地方，而是一个任性妄为的地方。""所谓充满爱的家庭有时可能正是一个非常自私的封闭体。这个家庭越是自私封闭，就越是使其成员看不见这种自私封闭。如果家庭之爱不扩展成一种广大的他人之爱，这种爱就是一种微不足道的、狭隘渺小的爱。""属于一个'信仰的家族'比属于一个出生的家族更富有，更具有意义。因为属于'信仰的家族'没有空间、时间、国家和民族的限制。"[119]

七、根据不明

《圣经》十诫讲孝敬父母，根据在于此乃神之命令；而儒家讲孝道，根据实在却在人不在神，大约可归纳为四种情况：第一种，孝亲乃天经地义民行，民则天法地，始有孝行。但已如前述，这里的"天"渺茫难辩，骨子里实际仍是"人"在立法，故以此为根据，仅仅是说说而已，实不足以构成心性深处的认可与转变。第二种，孟子说："无父无君，是禽兽也。"（孟子·滕文公下 6.9）这是从人性上说，忠孝乃人区别于禽兽之根本，无此，则人与禽兽无别。但这说法亦免强，乌鸦反哺，当如之何？古人亦称乌鸦为"孝鸟"。许多鸟兽，均有领头者，比如狮子有狮子王，雁有领头雁，何言鸟兽无君？并且从人自身角度考虑，尤其在考虑到人生的终极处境时，以忠、孝为人之根本所在，实在是远未抓住实质，而且很可能落空，其实经常是落空的，因为"君"、"父"相比于"臣"、"子"，在人性及道德上并不更高或更可信赖。第三种，述父母养育之恩，从报恩角度讲孝道，这点很实在，如《诗经·蓼莪》感念父母抚育之辛劳，《创世纪》讲夏娃所受生产之痛苦皆是。但汉孔融倡言："父之于子，当有何亲？论其本意，实为情

---

119 [英]詹姆士·里德：《基督的人生观》，蒋庆译，三联书店 1998 年 10 月第二版，第 158、166、167 页。家庭伦理的私人性质，和它的不能通达于公共道德，再举一例：有一次，任继愈以中国人观念中的"六亲不认"为陈明解释中国人观念中"孝"的偏狭："我们如果说一个人'六亲不认'，这是贬人的一句话。但熊十力说过一句话：'现在的贪官污吏都是孝子贤孙。'这都是小农意识、家族意识，把对小家庭的孝放到了对国家、大众的忠的上面去了。"（任继愈：〈儒教的幽灵在游荡〉http://www.douban.com/group/topic/7309460/

欲发耳。子之于母，亦复奚为？譬如寄物瓶中，出则离矣。"（后汉书·孔融传）[120]胡适也说过"树本无心结子"，父母于子无恩的话。这种说法固然激烈，但不是没有一点来由，故从报恩角度立孝亦不是很充分。第四种，从功能方面讲孝，因为孝是先王之"至德要道"，所以从教化上反复强调推行。但从本体上，孝乃伦理道德范畴，要确立它，必须守住本位去言说，政治教化之功能不管有多大，实难以成为孝本身成立的根据；更何况如前所述，政治化之恶果不小，而道德根本上也无与于政治。总之，在根本上，人为自己立法必然难以成立，因为"人义论"难以成立。后世儒者在根据问题上也努力过，比如朱熹讲"太极"，讲"理"、"气"等，但这是哲学上的道理，而非信仰中的"神"，其区别有如哲学家和神学家的神，不同于亚伯拉罕的神、以撒的神和雅各的神一样。有人指出，"任何世俗的道德规范，都无法为自身提供合法性说明，无法解决内在的悖论，也无法从自身产生实际的约束力。"[121]要解决这一问题，必须于世俗道德和政治之外，诉诸神圣超越维度上的提升和规约引导。

宗法伦理与宗教伦理，一世间法一超世间法，所得结果截然不同！话说到这里，我们可能要问：信仰何以就远离于这"神州"大地呢？可能有许许多多的原因，比如经济的（小农）、政治的（宗法专制）、文化的（礼乐）、地理的（自然与文化孤岛），也可以有宗教的（神的奥秘）和人性的（黯于罪性）。但无论如何解释，在思想层面，首先当明于宗法与宗教之不同，深刻了解和理解它们之间的本质性差异。其次，当对周代以前之夏商巫觋祭祀文化，有一认真的关注；并对其何以转变成了此后的宗法礼乐文化，予以深入的思考和把握。这第二点，涉及对中国文化历史命运的深层理解，至关重要。至于在生活层面，在今天，对信仰的开放与承纳的心态，对宗法和宗教界域的体认，最直接的路径，也许首先存在于每一个体身位的具体生存经验和生命历险中。直面人生，真实地面对"自我"以及"世界"，也就是面对"神圣"！因为在今天，无论经济、政治，还是文化、地理，包括人心、人灵，其原有格局与情状均已被打破；而世界的茫无头绪，和人生的虚无不实，也均已裸露无遗。哲人有言：那里有危险，那里便有拯救出现！

---

120 同注 105。

121 同注 37，第 308 页。

第四节　方法上的两个启示

在经过以上的梳理、比较、讨论后，有方法上的两个思考，简述如下：

一、文化比较重在求"异"而非求"同"

在了解、输入和阐释异质文明与文化时，首须注意的应是其"异"，而非其"同"。邓晓芒谈到东西文化比较时指出："中西文化首先是异质文化。异质文化也有相同之处，但这种相同只是表面的（如中国人讲道德，西方人也讲道德；西方人有科学，中国人也有科学，如此等等）和抽象的（如中国人和西方人都是'人'），异则是具体的、历史的（如中国的道德、科学和西方的道德、科学差异极大）。中西文化的同与异并不处在平列对等的地位，特别在今天的中西文化比较中，强调其异的重要性远过于其同。只有强调其异，才会激发出对西方文化的好奇心和向外学习及'拿来'的动力；而强调其同，什么都是'中国也有'，就容易导致不思进取、自满自足的懒惰。"[122] 说到"中"、"西"之"科学"，这里恰好有余英时先生谈到它们之间的巨大区别的一段话，形象而生动，不妨转录于此："我们当然可以说'西方科学'、'中国科学'。但事实上，中、西这两种'科学'同名而异实；二者并不能用同一标准加以测量或比较，也就是'incommensurable'的。这好像围棋和象棋虽同属于'棋'类，却是完全不同的两套游戏。'李约瑟问题'说：中国的'科学'曾长期领先西方，但十六世纪以后'现代科学'在西方兴起，于是将中国远远抛在后面了。这无异于说，某一围棋手的'棋艺'曾长期领先某一象棋手，但今天后者的'棋艺'突飞猛进，已远远超过前者了。通过'棋'的模拟，我们不必再多说一句话，已可知'李约瑟问题'是根本不能成立的、中、西'科学'之间无从发生'领先'与'落后'的问题。'中国科学'如果沿着自己原有的轨道前进，无论如何加速，也不可能脱胎换骨，最后与以'数学化'为特征的西方'现代科学'融合成一体。"[123] 类似的似是而非的说法还有许多，比如明清之际有"资本主义萌芽"说，明清之际属中国"早期启蒙时代"说等等，殊不知"资本主义"、"启蒙"在西方自有其

---

122 邓晓芒：《读韦卓民先生西方哲学译著的文化断想》，见章开元、马敏主编：《韦卓民纪念文集》，华中师范大学出版社 2010 年版，第 43 页。

123 余英时：〈继承与叛逆——现代科学为何出现于西方·序〉，见陈方正：《继承与叛逆——现代科学为何出现于西方》，三联书店 2009 年版，第 XIV 页。

源于自身传统的内在含义，随便拿来比附，只足以自乱阵脚，混淆视听，搁置自身之真问题的发现与解决。[124]

人在封闭环境下，往往唯我独尊，唯我独有，四围皆属蛮夷，其外于教化，昧于人伦。而一旦界域打开，却又往往道听途说，随意比附，我有的，你没有；你有的，我全有，从而拒绝虚心与深入的了解和理解，更别谈学习和接受。于是，很可能错过自我理解与自我更新的机会。试举一例，也许正是在这一点上，汉语基督教的本色化诉求，尤其汉语基督教的伦理化倾向均须审慎对待，[125]"本色"很可能在有了汉语本色，而失落掉基督教本色；伦理化，很可能以伦理置换掉信仰，使其失去原有身份，从而沦为规约世俗秩序的教条。杨慧林先生指出："如果信仰本身已被逐步消解，取之于斯的伦理原则能够信靠吗？正义与否、道德与否的判定依据又何在？对此，汉语基督教的历史命运和现实处境是足资借鉴的。"[126]也正是在这一点上，本文试图辩明儒家之"孝"与《圣经》传统之"kabad"的异而不欲强调其同。在此另举两个简单例子：第一，是对于"智慧"的理解，《圣经》和儒家不同。孔子释智："务民之义，敬鬼神而远之，可谓知矣。"（论语·雍也6、22）《圣经》却说："敬畏耶和华是知识的开端。"（箴1：7）"敬畏主就是智慧，远离恶便是聪明。"（伯28：28）第二，是"仁"与"爱"的不同，仁已如前所述，有差别等次；而基督之爱，如保罗爱颂所言："爱是恒久忍耐，又有恩慈；爱是不嫉妒；爱是不自夸，不张狂，不作害羞的事，不求自己的益处，不轻易发怒，不计算人的恶，不喜欢不义，只喜欢真理；凡事包容，凡事相信，凡事盼望，凡事忍耐。"（林前13：4-7）涉及"同"与"异"，汉斯·昆有言："虽然文化和伦理完全有可能融合，但是每一宗教的真理都触及人的深层乃至最终要人做出取舍选择。……因而，尽管文化和伦理的双重身份并非不可能并且应当巩固这种可能性，但是双重教籍的可能性从信仰最深挚最严格的意义上看则应排除在外——被所有的伟大宗教所排除。"[127]他因为倡导普世主义，所以要讲文化和伦理的融合

---

124 参看：杨念群：〈中国的"另一个近代"〉，载《读书》2012年第1期。

125 关于汉语基督教的伦理化问题，杨慧林先生在《基督教的底色与文化延伸》（黑龙江人民出版社2002年版）一书中的相关篇目中有比较透辟的论述。

126 同注37，第300页。

127 秦家懿　孔汉思：《中国宗教与基督教》，三联书店1990年版，第255、256页。

可能性，可一旦涉及"教"的问题，他则不再通融。因为不能通融。至此，他讲的"融合"，究竟能到什么程度和层次，确须考虑。而在不能融合之际，该怎么办，尤须考虑。

陈寅恪因讲佛教的中国化，从而得出有关文化融合的结论说："窃疑中国自今日以后，即使能忠实输入北美或东欧之思想，其结局当亦等于玄奘唯识之学，在吾国思想史上既不能居最高之地位，且亦终归于歇绝者。其真的能于思想上自成系统，有所创获者，必须一方面吸收输入外来之学说，一方面不忘本来民族之地位。此二种相反而适相成之态度，乃道教之真精神，新儒家之旧途经，而二千年吾民族与他民族思想接触史之所昭示者也。"[128]这是很有名的一段话，被许多人称引过。他想强调什么呢？民族地位与民族文化，今天的话叫"中国特色"。但"民族"和"文化"并非价值性概念，其并无优先权，真正优先的应是每个具体生存着的偶在肉身个体，是其生死存亡。哈姆雷特念念叨叨的"to be , or not to be ."所指向的并非民族或文化之类，而是个体生存着的人。不同文化之最深层面的区别，可能都在价值理想，以及支撑此理想的终极信念上，比较一旦进入这一层面，如果是异质者，冲突和选择似在必然，只能是有你没我，不可能你好我好他也好。因此讲清区别是第一步，抉择是第二步。以佛教在中国的传播言，如原始的律宗与唯识宗，一重行为之严谨，一重头脑之缜密，皆老实下功夫作法，如若真能在华土扎根并最后开花结果，实足救补我们之大不足。玄奘自印度返回后，在译经的同时，与其弟子所努力宏扬的，也以唯识为主，可惜这两宗皆无疾而终。陈氏对佛教东来的这一情形亦有认识，他说："惟以中国人性趋实用之故，佛理在中国，不得发达，而大乘盛行，小乘不传。而大乘实粗浅，小乘乃佛教古来之正宗也。"[129]他所谓能"不忘本来民族之地位"的中国化佛教，当首推禅宗和净土宗，究其实质却如何呢？前者更多艺术化倾向，多用于文人自娱，为一高级智力游戏；后者更多世俗化倾向，所谓方便法门，一般老百姓之自我安慰，信徒有点类似于道教普通信徒，迷信和私利的成份多。像这样遗神取形，自己却换汤不换药，取之又有何益？涉及价值判断，"民族"、"文化"实不足为凭，此于基督教亦然。

---

128 陈寅恪：《〈中国哲学史〉审查报告三》，见 冯友兰：《中国哲学史》（下），中华书局 1961 年版。

129 吴学昭：《吴宓与陈寅恪》，清华大学出版社 1992 年版，第 12 页。

　　许多人讲旧瓶新酒，可耶稣却说："也没有人把新酒装在旧皮袋里；若是这样，皮袋就裂开，酒漏出来，连皮袋也坏了；惟独把新酒装在新皮袋里，两样就都保全了。"（太9：17）对于耶稣的教导，在此可以从译经方面举几个现成的例子，均出汉语和合本：一、（利19：3）"你们各人都当孝敬父母，……"希伯莱原文本是"你们各人都当孝敬母亲和父亲，……"，"母亲"在前，父亲在后。按犹太拉比解释，此次序很吃紧，其表明在受子女孝敬的问题上，父、母是平等的，这一次序正是针对通常习惯来强调这一点的。准此，汉译应忠于原文次序，而不应迁就汉语习惯。二、（约2：4）和（约19：26）记述耶稣变水为酒，及临终托付母亲给门徒约翰，两次提到母亲，在希腊文原文中，这两处均称"妇人"（woman）而非"母亲"（mather）。原文中如此称呼，并非不敬，但若直译到汉语语境，却似生硬寡情。然而考虑到这两处，包括《福音书》中其他好几处中耶稣对待母亲的态度，我们以为直译为"妇人"或"夫人"较"母亲"更好，这样，可以准确突出耶稣在天父信仰中对家庭血亲伦理的扬弃；与此同时如有必要，可在译文后作注，解释原文这般称呼并无不敬之意。三、（约19：12）记叙彼拉多欲释放耶稣，犹太人喊着说："你若释放这个人，就不是该撒的忠臣。""忠臣"在原文本为"朋友"（friend），译为"忠臣"，恰好落入汉语宗法伦理文化的陷阱之中了，意思明显加重且变了味。和上例一样，还是直译为好，这样使我们在语言的初次接触中，可以直接感受到异质文化的冲击，从而提醒我们更多注意并摸清这相异之点；也只有这样，才有可能谈到真正的评判、借鉴与学习。这个意思，在下一个例子中表现得更为突出。四、（路14：26）记述耶稣的训示："人到我这里来，若不爱我胜过爱自己的父母、妻儿、儿女、弟兄、姐妹和自己的性命，就不能作我的门徒。"这里的"爱我胜过爱"在希腊原文中本作"恨"（hate），即"人到我这里来，若不恨自己的父母、妻子……"。汉译者可能考虑到汉语语境中孝悌之义的强大影响力，以为如此译，冲击力太大，甚至会引起误解，故予以改译。但是这是迁就，且是丧失自我立场的迁就。如此一改，耶稣教导中的实质性内容——信仰高过伦理——全部失去。象这种地方，宁愿先引起误解，然后再去解释以消除误解，也不能改译。译者如此敏感和体贴于汉语之文化语境，可汉语读者又如何能通过此译本，去敏感和体贴于经文原本之意蕴呢？汉语世界拥有此一背离或至少遮蔽了原义而趋同于汉语文化之译本，究有何意义？

语言形式对思想形式和生活形式的规定性质，早已为唯特根斯坦和海德格尔所指出，维特根斯坦说："而想象一种语言就叫做想象一种生活形式。"[130] 海德格尔称："语言是存在的家。"[131]形式并非仅止于形式，形式就是内容。新酒必须装以新瓶。

二、区分书本的中国和实际的中国、小传统和大传统

书本的中国与实际的中国不同，小传统与大传统不同，而我们向来却忽略于此。孝道作为传统道德观念中最核心的行为规范，在过往数千年里备极尊崇，然而何以会有出于文人学者之手的《二十四孝》？其间所蕴含的腐朽、残虐和愚昧气息，何以历数百年而无人发现并指出，而任其四处流行，影响不衰？[132]进一步的例子尚有如"缠足"，[133]这样昏愚可悲惨的恶习，何以历一千年之久而几无人予以批评和纠正，反倒乐此不疲，赞美不已？是否我们的"心"亦或"眼"出了问题？面对如此惨酷的景象，我们凭什么还能以"仁、义"相标榜？这是典型的"良知的昏迷"。再举一例，一部《红楼梦》，靠此吃饭者不知多少，可有谁发现其中大权在握，阴毒无比的人物，竟是不声不响吃斋念佛的王夫人？却将王熙凤、贾政甚至那位老祖母骂倒一片。这里有事实为证，就权力，王熙凤固然是出头露脸的，但她必须听谁的？贾政在男权社会里是一家之长，可是由于他的平庸与迟钝，加以外面世界的大量无聊应酬，他对这个家有一打没一打地到底掌握多少？至于贾母，似乎万人敬仰的太上皇，其实她乃富贵闲人、老"花花公主"一个，以她的聪明与阅历，对这个家早已是心知肚明的，在这个家里，她除了疼宝玉外，就只有个人寻开心了，其实疼宝玉未尝不是寻开心，她才没有兴致和精力去过问那些偷鸡

---

130 [英]维特根斯坦：《哲学研究》，陈嘉映译，上海世纪出版集团 2001 年版，第 12 页。

131 [德]海德格尔：《人，诗意地安居——海德格尔语要》，郜元宝译 张汝伦校，上海远东出版社 1995 年版。第 76 页。

132 关于国人的糊涂思想，这里再引一段与"孝"有关的议论："国人有些传统观念是很奇怪的，譬如正人君子们常挂在嘴上的'万恶淫为首，百善孝为先'，就令人匪夷所思。专制暴政、祸国殃民、杀人越货、坑蒙拐骗……这些罪恶，在他们看来，都算不得罪大恶极，而男女之事，才是万恶之首。这令我大惑不解。人间若是没有男女之事，人类怎么繁衍呢？《史记》中明文记载孔子的父亲和母亲'野合'而生孔子，照'万恶淫为首'的理论，身为儒家宗师的孔子一出生就有罪！"（李钟琴：〈孝文化实是奴才文化〉http://bbs.zxip.com/simple/?t453103.html ）

133 请参前注 80，及与之相应的正文之分析。

摸狗的事呢。王夫人则不同，无论从地位从处境，她都能管且必然要管。从阴毒，三条丫鬟金钏、司棋、晴雯的命案，皆她一手造成，且毫不手软，却又不被人注意。若要说深得传统政治文化之神髓者，无过于王夫人，真正妙手空空。由王夫人在读者乃至学者中没有引起反应，进一步联想到相反的例子，即历史上及民间的对于曹操、王安石的百般丑诋和描画。试问，在我们的历史和现实中，到底有没有是非黑白？事实对于我们，究竟有多大的份量？在中国布教并居住长达五十年之久的美国传教士斯密斯，在他所写的《中国人的特性》一书中，指出："中国人的问题永远不是一个事实问题，而是一个格式问题，不是事实对不对，而是格式合不合。""中国民族是富于戏剧本能的一个民族。"[134]如此看来，缠足、二十四孝、王夫人是合格式的了，曹操、王安石则属于犯规者。由此，观察中国问题，似应有"另外的眼光"，不然如鱼在水中游，鸟在空中飞，并不知水和空气于他们之切身关联。

　　鲁迅当年对中国文化的激烈否定——"吃人"，胡适对传统道德的尖刻批判——"低浅"，岂是一个"偏激"所能概括得了？如此毒眼，仅仅考虑如上所提"缠足、二十四孝、王夫人"几项，便足以警醒我们须得认真听取他们的声音了。鲁迅骂中国是"文字游戏国"，试将论孝文字的连篇累牍，以及孝道的意识形态化和借体制的被推行，比照于二十四孝的非情不伦，还有家庭尤其是所谓四世、五世同堂的大家庭的压抑与缺乏欢乐和关切，甚至鸡鸣狗盗，可以证明。关于中国式的家庭温情，龙应台说得很尖锐："我更不忍心听人宣扬五代同堂的美德。在那个和谐的表面之下，有多少半夜的叹息、破碎的梦想、解体的个人意志，一切都为了一个抽象的理想，一个原本造福个人而往往牺牲个人的制度。"[135]龙说得有没有道理，我们可以想一想《红楼梦》和《家》这两部小说，都是写家庭生活的，都是严格奉行传统道德的数世同堂的大家庭，但是在这样的家庭里，有幸福可言吗？相反，其中有多少的压抑、黑暗和苦痛呢！胡适等五四前辈的痛恨于大家庭，良有以也。胡适说："忠孝仁爱信义和平，都是有文化的民族共有的理想；在文字理论上，犹太人、印度人、阿拉伯人、希腊人以至近世各文明民族，都讲的头头是道。所不同者，全在'有做法，有热心'两点。若没有切实的办法，没有真挚的热心，虽然有整千整万册的理学书，终无救于道德的低浅。宋、明的理学圣贤，谈性谈心，谈居敬，谈致良知，终

---

134 同注73，第52页。

135 龙应台〈难局〉，自龙应台《野火集》，广西师范大学出版社2014年版。

因没有做法，只能走上'终日端坐如泥塑人'的死路上去。""忠孝仁爱信义和平是永远存在书本里的；但是因为我们的祖宗只会把这些好听的名词都写作八股文章，画作太极图，编作理学语录，所以那些好听的名词都不能变成有做法、有热心的事实。""这些好名词的存在并不曾挽救或阻止'八股、小脚、太监、姨太太、贞节牌坊、地狱的监牢、夹棍板子的法庭'的存在。"[136]

本章所讨论的儒家孝道，主要依据于先秦文献，后世文献只作为辅助说明；并且，此讨论也不细及孝道所发挥的社会作用，即孝道存在的社会历史合理性。本章论域主要瞩目于作为纯伦理规范的孝，且是文献中的；至于实际历史与生活，尤其是普通百姓生活中的家庭关系，非本文所能涉及。但有一点猜想，就是孝道孝行在普通人之中，也许并不像在经典中讲得那么复杂，其中最关键者可能是赡养的问题。不过，经典和政治教化的大力提倡，肯定会影响到他们，甚至会很强烈地影响到他们。于是便有一问题：设若经典和教化本身存有漏洞且不纯，这影响会是健康的吗？

进一步，尚可设问，考察中国问题，经典和实际究竟应各自占到什么样的比例？于经典和实际，我们到底了解和掌握到什么程度？而由经典推想实际，是否可靠？或由实际去肯定、否定经典，又应该限定在一个什么样的层面上？于是，便涉及到经典和实际的关系问题，这首先涉及在理论训练和视野上，我们是否足以"穿透经典"？在生存的真诚度和强韧度上，我们是否能够"看见实际"？对这两点，我们暂时表示怀疑，因为不论从理性的训练，文化的视野，还是从生存的深度、广度以及高度，我们都是极其不足的。

当然，不能"穿透"和"看见"，原因不光是主观的，也有客观的。在此举一个小的例子。有人指出，周代的礼乐文化，实际上是以居住在城邑的贵族宗族共同体为基础而发展起来的，而周代对孝及家庭道德的强调，是与占统治地位的都邑的父系宗族的宗法制度相适应的。但是，周代社会结构是二元的，除了城邑的贵族宗族共同体之外，还有乡野的农村公社共同体，农村公社的特征，首先表现在它是由不同血缘的家庭联合而成的农村共同体，就其实体的形式而言，它可能是一个自然村落。这种不同血缘家庭组成的农村公社，固然需要家庭伦理来规范各家庭内部成员的关系；但个体家庭之间，共同体成员之间，却不可能利用家族伦理来规范和调节。相对于贵族宗法伦

---

136 胡适：〈再论信心与反省〉，自《新生活——胡适思想精选》，长江文艺出版社2012年，第239、240页。

理，适应非血缘家庭共同体的是乡野互助伦理。[137]孟子所谓"死徙无出乡，乡里同井，出入相友，守望相助，疾病相扶持。"（孟子·滕文公上 5.3）如此以来，我们今天所看到的经典记述，只表示着当时情形之一部分，其属于上层贵族；而下层乡野的实情，因了话语权力的缺乏，只能付诸缺如。这也许正是大传统和小传统的不同了。当然，大小传统不是铁板一块，互不往来，但它们毕竟"不同"。

于此便有进一步的问题，中国社会历来之实际究竟如何？在上层，有浩如烟海的话语积累；可在下层，对于那些沉默的大多数，我们能知道些什么呢？在知上，阅读文献是一方面，但还有另一方面，可能是更重要的一方面，就是田野调查，这应是今后努力的目标。并且，在阅读上，要能真读懂，尚得有别样的眼光和参照。

---

137 同注 22。

第四章 "原欲"与"理性"乎?
——郑编《外国文学史》对
"二希"精神的误读

第一节 问题的提出

一、"二希"及外国文学史教材编写中的相关问题

　　"二希"的说法耳熟能详,都知道是指西方文学和文化的两个源头:希腊,希伯来;说得完整深入些,则指西方的两大传统:希腊——罗马,希伯来——基督教。其中希腊代表人文精神,希伯来代表信仰精神,前者出于本土(南欧),后者出于域外(西亚)。在时间进程上,两大传统的文本奠基均在雅斯贝尔斯所谓的轴心期前后,[1]即希腊的古典时期,和希伯来的第二圣殿时期。其向外传布、影响世界,分别经历过一个帝国时期,即亚历山大帝国,和罗马帝国;最终安定下来,呈现为"世界"范围的成果,则为罗马文明和基督教文明。罗马受希腊影响大致始于前三世纪,成形于公元一世纪,终于公元 476 年西罗马帝国灭亡,更准确说似乎应该是公元 529 年查士丁尼皇帝关闭雅典学院。基督教诞生于公元一世纪,发展于罗马帝国内部,真正发生绝大影响遍及全欧则在中世纪一千多年,即公元五世纪到公元十五世纪。

---

1 [德]雅斯贝尔斯:《大哲学家》,社会科学文献出版社 2005 年版,李雪涛:〈论雅斯贝尔斯的世界哲学及世界哲学史的观念——代"译序"〉,第 5-6 页。另可参考余英时:〈中国轴心突破及其历史进程〉,见氏著《论天人之际——中国古代思想起源试探》代序,中华书局 2014 年版,第 1-15 页。

文艺复兴迄今五百年，一般人理解成一个世俗化的过程，复兴的只是希腊传统，基督教似乎日渐式微，如后来尼采所概括的，"上帝死了！"其实，这是一个很成问题的说法。西方在进入近代以来，除了文艺复兴，还有宗教改革，希伯来——基督教的信仰主义传统，并未中断，它通过自身内部的改革，继续发生着巨大而持久的影响。[2]

综上，西方的两个传统，从轴心期（公元前五世纪）算起，希腊一极，在中间（中世纪）有所中断，前后加起来，至今约一千五百余年；希伯来一极，从一开始就没有中断过，只不过范围在不断扩大，内部在不断调整变化，至今已逾两千五百年，如果从西方文化地理的观点看，似应除去犹太教的前五百年，即使这样，它在西方文明史中至少也有两千多年的历史。这两个传统，对于西方文学和文化，包括西方的政治制度及生活形态的影响，基本是各自平行或交叉展开的；所发挥的巨大作用，是不言而喻的。这中间的基督教的影响，在时间上甚至更为长久，可以说，不懂《圣经》和基督教，就很难真正走进西方文学的殿堂，至少从中世纪开始可以这么说。再深入些说，基督教从它一诞生起，就大量吸收了希腊因素，比如晚期希腊的新柏拉图主义、斯多亚主义等等；在中世纪，修道院内部对古代典籍的保存、整理和研究众所周知，而基督教神学深受古典哲学之影响，更是基本常识。言及开创近代文明的文艺复兴，其实也是从教会内部长期孕育出来的，中世纪一千年，希腊文化在社会层面的影响消失了，但它的火种并未灭绝，而是保留在修道院里，一线绵绵不绝，终于在十五世纪前后，相继燃起了"人文"与"科学"的冲天火光，铸成近代以迄现代辉煌灿烂的文明成就。至于基督教本身，则经宗教改革，调整和洁净了自身，以适应近代社会的生活实际，迄于今日，

---

2 这方面的论述，可以参阅何光沪〈文艺复兴中的基督宗教与人文主义〉（《人文杂志》2007 年第 1 期）、〈启蒙运动中的基督宗教与人文主义〉（《人文杂志》2007 年第 5 期）、〈科学革命中的基督宗教与人文主义〉（《中国人民大学学报》2008 年第 3 期），汪义群〈欧洲文艺复兴时期人文主义者'反宗教神学'说质疑〉（《外国文学评论》1992 年第 1 期）等论文。及本书第一章、第二章的相关内容。更为实证细致的论述，可参考一些著名的宗教社会学著述，比如：[德]马克斯·韦伯《新教伦理与资本主义精神》，三联书店 1992 年版；[美]彼得·伯格，[英]古瑞斯·戴维，[英]埃菲·霍卡思：《宗教美国，世俗欧洲？》商务印书馆 2015 年版；[美]罗德尼·斯达克，[美]威廉姆·希姆斯·本布里奇：《宗教的未来》，中国人民大学出版社 2006 年版；[美]玛戈·托德：《基督教人文主义与清教徒社会秩序》，刘榜离等译，中国社会科学出版社 2011 年版。等等。

它不仅在欧美继续拥有自由广大的影响，而且更阔步走出欧美，传遍亚、非、拉，呈现为真实、现实的"普世大公"面貌。最后，有必要提醒一下，文艺复兴所倡导的人文主义，严谨说来，除"世俗人文主义"之外，还有"基督教人文主义"，一般人对后者基本是无所知晓，这也往往导致对前者的肤浅甚至错误理解，以为"人文"与"信仰"是根本势不两立的。

由于我们的文化和生活的强烈"世俗化"特点（参本书绪论），具体在理解西方文明及其精神传统时，二希往往变成了一希，对希伯来——基督教这一脉络基本不甚了了。以外国文学研究界为例，历来比较留意和重视的是希腊——罗马传统，而忽视希伯来——基督教传统，甚至常常误读和曲解后一传统。这一点在外国文学教学和教材编写中，有突出的表现。

大陆建政六十多年来，私人和集体编写的各类外国文学教材不下数百部，其中最有影响，而被广泛采用的有三部：杨周翰等主编的《欧洲文学史》、朱维之等主编的《外国文学简编》、郑克鲁主编的《外国文学史》。[3]其中涉及《圣经》部分，在《欧洲文学史》中只是简单地用一段文字提及，介绍也客观准确。在《外国文学简编》中，《新约》放在了上册"欧美部分"的古代文学·早期基督教文学里，并作了相对具体生动的介绍；《旧约》则放在了下册"亚非部分"，专设一章，亦有比较详细的论述。在郑克鲁《外国文学史》中，全部《圣经》被放在"亚非文学"部分，专设一节，分《旧约》、《新约》具体展开论述；同时分别介绍了《圣经》赖以产生的历史背景，概括了圣经文学的特征。另外，在"古代亚非文学概述"部分，对《圣经》亦有集中概括的介绍。相比而言，郑本对《圣经》的处理比较妥当，论述更加完备。总之，在西方文学范畴内，是不宜出现《圣经》的章、节的，因为《旧约》毫无疑问属于东方文学，《新约》虽说是用希腊文撰写的基督教经典，但其作者全部是犹太人，他们活动和撰写的地点主要也是在巴勒斯坦地区，更重要的是在文化背景上，《新约》仍是以希伯来文化为其根本的。所以，《圣经》文学应该放在东方文学部分论述为妥，至于论述的篇幅，当考虑到其自身价值以及对后世的影响，也应以详细深入些为当。三本教材，由于各自所处时代不同，

---

3 杨周翰等主编的《欧洲文学史》（人民文学出版社，1979年第1版），朱维之等主编的《外国文学简编》（中国人民大学出版社，1980年第1版，2004年第5版），郑克鲁主编的《外国文学史》（高等教育出版社，1999年第1版，2006年第2版）

所处理的内容范围不同，对《圣经》文学的对待便有所不同，但大体上还是没有出现错误，尤其郑本，这一部分写得相当不错。

然而在涉及基督教时，三本教材的问题就比较多了。比如《欧洲文学史》讲："教会垄断着中古的文化。它从《圣经》中找出统治、压迫、剥削人民的'理论'根据。它销毁古代文物和书籍，对古希腊、罗马的'异教'文化基本上采取敌视、排斥的态度。"在涉及一些深受基督教影响的大作家比如陀思妥耶夫斯基时，简单对待，冠以"反动"之名而不问其余。[4]《外国文学简编》相对好一些，这可能与朱维之先生是圣经文学和基督教文学的老专家有关。但由于编写者有一个先定的大原则，[5]便难免观点的偏颇不周，比如说基督教在中世纪"变成了封建主统治的重要工具"，对弥尔顿《失乐园》里的魔鬼形象的分析，也有失简单化等等。至于郑编《外国文学史》，在涉及基督教的话题时，明显存在常识性和原则性错误，并且贯穿于教材（西方文学部分）始终，其自误误人，贻害匪浅，必须认真予以辨析和清理。此辨析和清理虽阈于文学，但因小见大，其意义绝不仅止于文学，它对理解宗教尤其是基督教文化，可能亦有示范和启蒙的意义。

本章的论述，具体针对郑克鲁先生主编的《外国文学史》（2006 修订版），对其涉及希伯莱——基督教思想与文化时所存在的问题，进行认真的讨论；并希望能举一反三，而对问题之根源做出分析，进而提出对治的办法。

郑本《外国文学史》，应该算是一部相当不错的教材了，许多章节写得相当好，其论述全面，分析精到，文采斐然；在总体架构上，本书也是费了心思的，有很不容易的创新，比如四个导论的安排；文学观念上，它突破传统限制，在修订版加进四个通俗作家如大仲马、凡尔纳、柯南道尔、米切尔，并专章论述。但我们在此的主要目的不是评功摆好，而是谈问题，以下议论，本着实事求是的精神，针对具体问题展开批评，不当之处，希望能得到回应，并以学术的方式解决之。

---

4 杨周翰等主编：《欧洲文学史》（人民文学出版社，1979 年第 1 版），上册第 81 页，下册第 339-342 页。在陀思妥耶夫斯基的有关章节里，相比给予托尔斯泰的 12 页篇幅，给予陀氏的只有 2.5 页，就在这么有限的篇幅里，光用来直接评价陀氏的"反动"一词就出现了五次之多。

5 朱维之等主编：《外国文学简编》（中国人民大学出版社，1980 年第 1 版，2004 年第 5 版），[欧美部分]第 3 页："以历史唯物主义和辩证唯物主义为指导，……是我们坚持的基本方法。"

二、希腊——"原欲"？希伯来——"理性"？

郑本一开篇，便从宏观上以"原欲"和"理性"分别概括、解读希腊精神和希伯来精神，但这既是一种本源性错误，也是一种常识性错误。我们且看十九世纪英国赫赫有名的文化批评家马修·阿诺德对"二希"精神的解读：

> "希腊精神以思想清晰、能洞察事物的本质和事物之美为人所能取得的伟大而宝贵的成就；而希伯莱精神所提倡的伟大基业，则是对罪恶的清醒意识，是觉悟到人皆有罪。""希腊精神最为重视的理念是如实看清事物之本相；希伯莱精神中最重要的则是行为和服从。""两大精神准绳，一个注重智慧，另一个注重顺服；一个强调全面透彻地了解人的职责的由来根据，另一个则力主勤勉地履行职责；一个慎之又慎，确保不将黑暗当成了光，另一个则是看到大的亮光就奋力向前——这两大准绳之中，自然是坚固人类道德力量、铸就必要的人格基础的准则处于优先地位。"[6]

阿诺德的观点，应该说是代表了西方学术文化界对"二希"精神的最基本的看法，这可由阿诺德本人在英语国家所享有的崇高思想威望来确证。[7]如果认可阿诺德，那么，我们的教材便明显搞错了，因为在阿诺德的理解中，希腊精神之根本显然是"理性"无疑，至于希伯来精神，用一个什么词来概括，可先不说，但用"理性"肯定不妥。

郑本和此前的其他教材相比，最大的一个特点表现在"导论"部分，它试图通过导论来加强文学史的宏观把握和理论深度。全书计有四个导论，均匀地分布在相应章节，其中西方文学占三个，东方文学占一个。西方文学的三个导论中，第一个导论最重要，它为此后的两个导论确定了言说方向。这个导论从"人本意识"出发，提出了西方文学的一个总体解释框架，它认为欧美文学从源头上存在两种人本意识：即"世俗人本意识"，和"宗教人本意识"。前者属希腊传统，其人性取向为"原欲"；后者属希伯来传统，其价值偏好在"理性"。[8]两种意识、两个传统各有优长，或平行展开，或此起彼伏，共同构成西方文学

---

6 [英]马修·阿诺德：《文化与无政府状态——政治与社会批评》，三联书店 2002 年版，第 116 页，112 页，118 页。

7 参韩敏中：〈文化与无政府状态·译本序〉，第 2、7、12、15 页。见[英]马修·阿诺德：《文化与无政府状态——政治与社会批评》

8 郑克鲁主编：《外国文学史》（修订版）上，高等教育出版社 2006 年第 2 版，第 5页、第 7 页。

的深层运行脉络。也就是说，希腊与希伯来的不同，实为"原欲"和"理性"的不同。然而我们认为，以"原欲"和"理性"对举来概括这两个传统的内质，大可商榷；特别是以"人本"意识来讲希伯来精神，更是相去甚远。

在具体进入讨论之前，有必要申明本文展开批评的方法论基点。我们认为，郑本这里所说的文学的源头，是在一个宏观的大背景下的言说，而不是就一时一地的具体作品的定性。如此一来，话题尽管起于文学，其实它必然会扩及文化，它真正是在言说西方文化的精神源头。就希腊说，具体体现希腊精神的文本，似乎不应该只是《荷马史诗》一部，它应该包括此后古典时代的希腊戏剧和诗歌，还应该包括历史和哲学散文。就希伯来说，具体体现其精神的当然是《圣经》了，但我们必须顾及全部《圣经》，而不是其中的某一个别卷册。不管如何，要言说文学的二希，必将延伸到文化的二希，最终真正被言说的只能是精神的二希。而二希精神的归纳概括，必须建立在对其基本文本的全面和深入的把握之上。并且，这一把握，还应该有更为广大的视野，即必须考虑到二希所延伸出来的新传统：罗马和基督教，必须顾及罗马文学与文化和基督教文学、神学与文化，必须完整进入"希——罗"和"希——基"这两个大传统之中，才可以谈所谓文学的两个源头，并看清其此后两千多年的走向。以下进入具体讨论。

先看希腊"原欲"说。郑本有言："古希腊文学的深层激荡着人的原始欲望自由外现的强烈渴望，蕴藉着人的生命力要求充分实现的心理驱动力。古希腊文学的文化内质呈'神——原欲——人'三位一体的结构框架，较之其他民族的文学与文化，它体现的是一种世俗人本意识，其人性取向是自然原欲。"[9]对这一说法，我们可以初步有以下质疑：第一，众所周知，西方文明的理性传统是源于希腊的，高度发展的希腊哲学、希腊科学在在证明着这一点。当然你可以说文学不然，但你读读奥德修斯的智慧，包括阿伽琉斯的愤怒，还有赫克托尔的责任心，以及俄狄浦斯对命运的抗争，谁说这里面仅仅是自然原欲在起作用？如果仅仅是原欲，那人和动物还有什么区别？进一步，重视个人权利，珍视个人荣誉，充分发挥个人才智，勇于承担个人责任，以个人之力去反抗命运，这其中蕴含的更多是"原欲"，亦或是"理性"？第二，希腊——罗马传统中，单单从文学言，说希腊人的精神取向是原欲还有一点道理，但说罗马就绝对不成立了，甚至刚好相反，郑本于此也是明确承认的。

---

9 同注8，第5页。

[10]第三、郑本以"原欲"和"理性"对举使用，要明了"原欲"，得先明了"理性"。通过对三个导论的仔细阅读，郑本所谓希伯来"理性"，大约指的是"集体理性"。[11]在逻辑上，能和"集体理性"对应的，应该是"个人理性"，而非"原欲"。即此，按郑本的逻辑理路，希腊精神表述为"个人理性"，似乎更为得当些。这样表述，既合乎一般所谓理性根源于希腊的说法，也可以避免以"原欲"解释奥德赛、阿伽琉斯等人的行为时所遇到的困难。他们对于权利、荣誉、责任的重视，对于命运的抗争，明显蕴含着更多文明的与理性的因素，而非原始欲望的自然反应。当然了，"个人理性"能否真正涵盖希腊精神，却又另当别论，此容后再议。第四，原欲与理性本来就分属于不同的范畴，在哲学上一为"体"，一为"用"，是不能对举并列来使用的。比如，在希腊——罗马传统中，既有原欲，也有理性，原欲为体（"人性"的一部分），理性为用（实现人性的"方式"），关键就看这个理性怎么去用了。用得适度，即为"理性的"；用得不适度，则为"非理性的"。另外，在原欲之外，还有其他更多的人性要素在一并起作用，比如荣誉感、道德意识、宗教意识等等，他们都可以在理性的范围来进行一定的考量。

再看希伯来"理性"说。"身为宇宙的最高统治者，宙斯却和众神一样有人的七情六欲，甚至比一般的神更放纵自己的原欲；上帝则几乎没有人的原欲，而仅仅代表人的原欲的对立面——理性，在这个意义上，他是极端化了的人的理性的化身。相反，人身上则普遍存在着被上帝扩大化了的原欲，或曰：恶，而理性似乎归上帝独有了，因而人永远有罪。由于上帝根本不需要人的那种原欲，因而……是抽空了人的血性的一种精神与理念存在。""人的无意义和无足轻重，归根结底是原欲意义上的人的无足轻重和无意义，至于理性意义上的人便是上帝。在希伯来——基督教文学中，'灵'取代了'肉'，

---

10 同注 8，第 22 页。郑本说："古罗马人崇尚武力，追求社会与国家、法律与集权的强盛与完美，富于牺牲精神和责任观念。这种民族与文化性格就使古罗马文学具有比古希腊文学更强的理性精神和集体意识，因而也具有更强的庄严崇高的气质，但缺少了……"亦可参见第 5 页的类似议论。

11 特别请参郑本（上）第 8 页，它以摩西与阿喀琉斯对举，强调摩西所谓的"自我牺牲精神，对民族、集体的责任观念和民族忧患意识。"说"这种群体本位的观念……这种世界主义——博爱主义精神……"，"这种尊重理性、群体本位、崇尚自我牺牲和忍让博爱的宗教人本意识，是后世西方文学之文化内核的又一层面。"将摩西与理性扯上，强调他的什么牺牲精神、集体观念等等，实在是不顾《圣经》文本的宣示和犹太教信仰的基本诉求，而强为之说。

在关于'人'的理解上，与古希腊文学表现出了明显的分野，'神——理性——人'呈三位一体之势，其文化内质是宗教理性型的，体现的是宗教人本意识。""上帝是人创造的，它的神性实质上是人的理性意志的体现，他的善也即人之趋善本性的体现，在这种意义上，上帝的神性原本就是人自己的属性，因而神性仍有其人文性。"[12]以上之所以摘引这么长的一段，是因为这其间表现出来的理论混乱和问题太多，需要仔细辨析。这段话中间涉及"原欲"、"理性"、"恶"、"罪"、"精神"、"理念"、"灵"、"肉"、"神性"、"人文性"等重要概念，其间以"精神"和"理念"来解释希伯来——基督教的上帝，把"上帝"等同于"理性"，"原欲"等同于"恶"和"罪"，"神性"等同于"理性"，进而视"神性"为人的属性，因而具有"人文性"等等。这其间有许多的似是而非，甚至错误。首先，对这一系列西方哲学和神学的基本概念缺乏准确界定和把握，是粗放式信口开河的运用，暴露出基本哲学与神学素养的不足。比如在"'灵'取代了'肉'"的说法里，揆之上下文意，这里的"灵"大约是指"精神"、"理性"。但"灵"在基督教信仰和神学里，是一个至关重要的观念或者说"概念"，[13]有其特定所指，根本无与于一般意义上的"精神"或者"理性"，甚至与之相反对。其次，许多解释都是根本不顾及《圣经》和基督教神学传统的基本说法的一厢情愿，是自树靶子自我瞄准，甚至完全采用"希伯来——基督教"传统所根本反对的对神的解读方式，即以"人"解"神"，自以为是，骄傲，将神人化，亦即偶像化。由于篇幅所限，以下论述只能摘要对几个关键问题稍作讨论，不可能详细展开，实际仅限"常识"之辨析介绍而已。

第二节　一些神学和哲学的常识

言及西学，以笔者多年的揣摩体会，其真正的秘密在于"科学"（包括哲学，与"理性"有关）和"神学"（与"灵性"有关），就像言及中国文化，其秘密在"历史"和"诗歌"一样。[14]然而，我们一百多年里对西方文化的学习、了解和选择，往往只知其一，不知其二。于科学，往往大加赞美；于神

---

12 同注8，第6页，第7-8页。

13 严格按照基督教神学，其实是不能用"观念"、"概念"这样的词来指称"灵"的，因为它们是人的理性能力的产物，是属人的产品。

14 张文举：致友人书——对自我、对学术、对传统、对历史和现实的一点反省 http://blog.sina.com.cn/s/blog_e48dbb8d0102vptk.html

学，则简单地嗤之以鼻而不闻不问。殊不知无论从典籍的汗牛充栋，还是思辨的细密深邃，包括对人心人灵的培育提升，后者是绝对不容忽视的。不过在本节的话题里，只能就常识层面略有涉及，更深的介绍和研究暂时无缘矣。说是常识，主要是相对于基督教文化背景而言，对于汉语文化背景，却不一定是常识了。在汉语文化背景中，如下所言，不要说对于普通人，就是对于受过良好教育的知识分子，也很可能是比较隔膜和陌生的。

一、上帝与理性

我们认为，要谈论上帝，必须以最原始的文本——《圣经》为根据，其次，则应该看看基督教历史上汗牛充栋的神学著作是怎么说的；至于理性，则肯定指"人"的理性了。如此，便有了下面的基本问题：上帝与理性相干吗？或者说，上帝"是极端化了的人的理性的化身"吗？还有，人能够靠理性来把握和谈论上帝吗？

请允许从《圣经》中的几个故事来开始我们的讨论。第一个故事，该隐杀弟，这是人类所犯的第一宗罪。这个故事里，上帝为什么厚此薄彼，喜欢牧羊的亚伯的供物，而不喜欢种地的该隐的供物，理性是解释不了的。而该隐的犯罪，其实正是肇始于上帝的"不公"（没道理），某种意义上，恰好倒是该隐具有"理性"，他通过自己的愤怒要与上帝"讲道理"。第二个故事，亚伯拉罕独子献祭。这个故事里，对于亚伯拉罕，献祭的要求是无条件的，也就是说没什么道理好讲。对于作为局外人的我们的理性，献祭的要求同样是没来由的，既然上帝全知全能，为什么还要去试探亚伯拉罕，他在试探之前难道吃不准亚伯拉罕对自己的态度吗？第三个故事，上帝击杀伸手扶住约柜的乌撒。运约柜的牛失前蹄，约柜眼看要倒地，乌撒伸手扶持，却被上帝发怒而当场击杀，这也无论如何是用理性解释不了的。我们看到的似乎是一个喜怒无常的暴虐的神。第四个故事，约伯的遭遇。约伯无辜遭受巨大的苦难，他呼天抢地向上帝寻求说明，但最后却并没有得到正面的回答，上帝只是用一连串问句，强调了自己的权能和智慧的至高无上。至于约伯，最后只以一句话来回应上帝的各种问题，表示在听到上帝声音后的谦卑与敬畏："谁用无知的言语使你的旨意隐藏呢？我所说的是我不明白的，这些事太奇妙是我不知道的。"上帝肯定了约伯在事件的整个过程中的反应，相反却责备了替上帝辩护的约伯的三个朋友："你们议论我，不如我的仆人约伯说的是。"然后加倍赐福给约伯。为什么好人受苦，理性能回答得了吗？上帝的作为，人能参透吗？对此，《约伯记》到了结尾，其实已经有了"明确的"回答。[15]第五个故事，《新约·福音书》记载的"神蚀"。[16]耶稣是神子，却在最后时刻被神所遗弃："从午正到申初，遍地都黑暗了。约在申初，耶稣大声喊着说：'以利，以利！拉马撒巴各大尼？'就是说：'我的神，我的神！为什么离弃我？'"[17]以上说的是比较典型的几个故事，至于从《旧约》到《新约》的大量"神迹"，更是理性所无法解释的，当然你可以说这是神话，但这不是《圣经》和基督教信仰自身的基本解释，要谈基督教，就得了解信仰和神学的解释，而不光是自说自话。退一步，即就算是神话，也是很难以理性的方式解释清楚的，比如创世六日的故事，象施特劳斯所指出的："倘若起初上帝在六天（日）内创造天与地以及其他一切事物，这'天（日子）'（day）不可能是寻常意义上的日子，因为寻常意义上的日子为太阳的运行所定，而太阳在第四个创造日才被造。"[18]其它还有比如植物创造在第三日，即太阳出现之前，人的创造有两个不同版本，等等。

涉及神学，有许多的话可说，这里只能粗略提及。德尔图良发问："雅典与耶路撒冷有何相干？"[19]他还有言"惟其不可能，我才相信。"[20]这里是在

---

15 对于约伯最后面对上帝的诘问时的缄默，奥特有言："约伯的缄默不是因为他必须缄默，他是弱者，他无法抗衡上帝的全能和全知，而是因为他认识到：上帝的奥秘和上帝的智慧围浸着他，认识到他必须——如果他还懂得'上帝'意味着什么——放弃把上帝带上他自己的理智和道德判断力的法庭。"（H·奥特：《不可言说的言说》，林克　赵勇译，三联书店 1994 年版，第 27 页）

16 "神蚀"是一个借来的概念，用以指称耶稣受难时，上帝天父对他的疏离。它在海因里希·奥特原来的文本《上帝》中，被用以描述上帝信仰在现时代的状况，请参阅海因里希·奥特《上帝》，第 9-21 页，辽宁教育出版社 1997 年版。

17 五个故事分别见《新旧约全书》创 4：1-16；创：1-19；撒下 6：1-8；伯 1-42；太 27：45-46

18 [美]列奥·施特劳斯：《犹太哲人与启蒙——施特劳斯讲演与论文集：卷一》，张缨等译，华夏出版社 2010 年版，第 322 页。

19 德尔图良表示对希腊哲学的抗拒："雅典与耶路撒冷有什么关系？（柏拉图）学园与教会有什么关系？异教徒与基督教有什么关系？……搞出那种斯多亚学派、柏拉图主义的、混杂于基督徒中的人走开吧！"（转引自曾庆豹：《上帝、关系与言说——批判神学与神学的批判》，华东师范大学出版社 2011 年版，第 265 页。）有 20 世纪的德尔图良之称的舍斯托夫，一再坚定地重申这个立场，可参见其著作《在约伯的天平上》、《雅典与耶路撒冷》、《旷野呼告》等。

20 赵敦华：《基督教哲学 1500 年》，人民出版社 1994 年版，第 107 页。德尔图良说：

表达一个基本的神学原理，理性与信仰之间从根本上是无路可通的，这一思想，在基督教初期教父以及后世历代的神学家的著作里不绝如缕。但丁在《神曲》里，也表达过类似见解："谁要是希望人的理性能够走遍三位一体的神所行的无穷的道路，谁就是疯狂。"[21]《神曲》里，象征理性的向导维吉尔便不能进入天国。对此，仅仅用一句宗教蒙昧主义是不能说过去的，因为不仅在基督教里有这样的思想，在其他宗教里也有，比如佛教所言"顿悟"的非关理路即是。

　　以上只是就其大端而言，具体到中世纪的教父哲学家和经院哲学家（他们也都是神学家），情况就比较复杂了，不是人人都像德尔图良这样决绝。在涉及上帝与理性、神学与哲学的时候，许多人还是很积极地肯定了理性和哲学之于上帝和神学的重要性，比如著名的拉丁教父奥古斯丁就说过："上帝不可能憎恨他所创造的、使我们优于其他动物的东西。让我们把信仰看作迎接与追寻理性的序曲，因为如果我们没有理性的灵魂，我们甚至不能信仰。"[22]再比如"经院哲学之父"安瑟伦和经院哲学的集大成者托马斯·阿奎那，都有著名的关于上帝存在的证明，前者即所谓从正确理解的上帝概念出发的"本体论证明"，属于先天证明；后者则是从此世经验出发的"宇宙论证明"，分五个途径（动力因、第一因、必然因、完善因、目的因），属后天证明。[23]这两个论证，是"信仰寻求理解"的绝好例证，对后世神学关于上帝存在的证明具有范式作用，此后所有这方面的证明，基本都是这两个论证的变体。但是，我们要知道：（一）他们的论证是有出发点和前提的，这就是"信仰"。

"上帝之子被订在十字架上，我不感到羞耻，因为人必须为之感到羞耻。上帝之子死了，这是完全可信的，因为这是荒谬的。他被埋葬又复活了，这一事实是确实的，因为它是不可能的。"关于雅典与耶路撒冷的关系，施特劳斯有很深刻的洞见："如果上帝难以理解（incomprehensible）、但并非未知（unknown），并且这一点隐含于上帝全能的观念中，不作出相互矛盾的陈述而谈论上帝就不可能。我们可以说，那个可理解的上帝、我们可以避免矛盾陈述来谈论的上帝是亚里士多德的神（the god of Aristotle），不是亚伯拉罕、以撒和雅各的上帝（the God of Abraham,Isaac,and Jacob）。"（刘小枫编，《犹太哲人与启蒙——施特劳斯讲演与论文集：卷一》，华夏出版社 2010 年，第 320 页。）

21 [意]但丁：《神曲·炼狱篇》，田德望译，人民文学出版社 1990 年版，第 18 页。

22 赵敦华：《基督教哲学 1500 年》，人民出版社 1994 年版，第 107 页，第 144 页。

23 同注 22。安瑟伦"先天论证"具体参第 241-246 页；阿奎那"后天论证"具体参第 369-374 页。

安瑟伦说："我决不是理解了才信仰，而是信仰了才理解；因为我相信：'除非我相信了，我决不会理解。'"[24]（二）他们对论证的局限性的明确强调。托马斯的神学、哲学体系中，哲学被限定在证明、解释和保护信仰的范围之内；[25]而这"证明"，也仅仅限于"自然神学"，至于"教理神学"，只能诉诸于启示的恩典，而非理性的努力了。托马斯表示，"虽然人人都有自然赋予的理性，但充分发挥理性是艰苦的努力，需要充裕的时间，只有少数人才情愿或能够充分使用理性，这些人在经过长期训练和艰苦探索之后才能够获得一部分真理；因为人的理性是不完善的，在运用过程中不免产生混乱、错误与不确定。总之，哲学是少数人的危险历程，如果哲学是通晓关于上帝真理的唯一途径，那么大多数人将失去这一真理，这将违反上帝拯救人类的目标，因此是不可能。'人类为了以更合适、更确定的方式获救，必然要通过神圣启示获得神圣真理的教诲。'"[26]

我们还可以从纯哲学（逻辑）的视角来检讨"上帝论证"的问题。以上论证，尽管都是在信仰的框架内进行，并且都强调了理性的局限，但还是有人从纯粹理性的角度，指出它们在逻辑上的不可能。对于安瑟伦的论证，托马斯首先就不同意，他指出，观念不是存在的原因。康德亦有指出：借助本体论论证来确证上帝存在的努力是无用的，因为"我们并不能凭借纯粹的观

---

24 同注 22，第 235 页。

25 同注 22。参第 368 页。

26 同注 22，第 367 页。托马斯还说过："用自然的理性能力去证明三位一体，会有两方面违反信仰：第一，违反信仰的尊严，因为信仰的对象是超出人类理性所能达到的不可见之物；……第二，违反引人信仰的益处，因为如用不足以取信于人的论证去证明信仰，这不免要引起不信教的人的嘲笑，我们凭论证去信仰就等于凭论证而信仰。所以，我们要证明信仰的真理，只能用权威的力量来讲给愿意接受权威的人，对于其他人，则只说信仰所坚持的事不是不可能，便已足够了。"（转引自曾庆豹：《上帝、关系与言说——批判神学与神学的批判》，华东师范大学出版社 2011 年版，第 132 页。）

另，休谟在《人性论》第三卷开篇有一段话，谈到逻辑推理在效用上的有限性："一切深奥的推理都伴有一种不便，就是：它可以使论敌哑口无言，而不能使他信服，而且它需要我们作出最初发明它时所需要的那种刻苦钻研，才能使我们感到它的力量。当我们离开了小房间、置身于日常生活事务中时，我们推理所得的结论似乎就烟消云散，正如夜间的幽灵在曙光到来时消失去一样；而且我们甚至难以保留住我们费了辛苦才获得的那种信念。在一长串的推理中，这一点更为显著。"（休谟：《人性论》，关文运译，郑之骧校，商务印书馆 1980 年版，第 495 页。）

念而使我们的［理论］见解的储存有任何增加，正如一个商人不能凭借着加几个零到他的现金账簿上去而改善增加的境况一样。"[27]瑞士当代著名神学家奥特强调说："对于我们，上帝的奥秘永远不会是我们的精神的对象，恰恰相反，它环绕甚至内在地限定着我们的精神。"[28]还有，如果以先天方式证明上帝的存在，那只能从最高原因，即作为最高存在者的上帝出发，但这恰恰是把需要证明的结论当作证明的前提，这是循环论证，这样的证明是无效的。[29]另外，在安瑟伦"正确理解"的上帝概念中，必然包含"上帝具有不可理解性"的意涵，如此，一位可以通过一个自成一体的论证过程，用几何求证方式证明的上帝，便不是上帝。即，"上帝论证"有违上帝的本质，所以是不可能的。[30]存在主义神学家蒂利希总结说：本体论证明从"内容"上作为"描写"是可以接受的，但从"形式"上作为"证明"则是无效的。[31]再来看托马斯的五个后天证明，有人指出，他的证明使用了不能推出必然性结论的类比推理，[32]和不完全归纳推理。他从人的经验出发，却又主观地超越人的所有经验，得出了我们在此世的客观的、人人可以达到的经验所无法证实的论断。由经验

---

27 [美]詹姆斯·C·利文斯顿《现代基督教思想》，何光沪译，赛宁校，四川人民出版社 1992 年版，第 133 页。康德不仅否定了本体论证明，也否定了宇宙论证明和自然神学证明，从而对根据理性的思辨原理而来的一切神学进行了批判，让知识退后，为信仰留出地盘。（参见：康德《纯粹理性批判》，韦卓民译，华中师范大学出版社 1991 年版，第 520-559 页）

28 [瑞士]H·奥特：《不可言说的言说》，林克、赵勇译，三联书店 1994 年版，中文版序第 4 页。

29 同注 22，第 372 页。

30 [瑞士]海因里希·奥特：《上帝》，朱雁冰、冯亚琳译，辽宁教育出版社 1997 年版，第 32 页。

31 [美]保罗·蒂利希：《基督教思想史——从犹太和希腊发端到存在主义》，尹大贻译，东方出版社 2008 年版，第 152-153 页。蒂利希说："如果着重于论证的'内容'，如一切伟大的奥古斯丁主义者和方济各会修士一直到黑格尔所做的那样，则本体论论证是可以接受的。如果着重于论证的'形式'，像同样伟大的思想家从托马斯·阿奎那到康德所做的那样，则这个论证必然垮台。""接受本体论论证的人看到它在人的心灵中，尽管人具有有限性，但有某种无条件的东西呈现于人的心灵中。对这种无条件的因素的描写不是论证。我是同意在这种描写的意义上肯定本体论论证的。另一方面，像托马斯·阿奎那、邓斯·司各脱和康德拒绝这个论证，是因为他们认为这个论证是无效的。在这一点上他们确实是对的。"我们说本体论论证在逻辑上不可能，显然是在托马斯、康德意义上，在"形式"方面说的。

32 同注 22，第 370-371 页。

到超验，这是跳跃，不构成逻辑的因果链条，如此，他的论证便不是必然的。蒂利希认为五个宇宙论证明实际只是有效的"分析"，而非"证明"。[33]其实，从近现代哲学的角度，"上帝论证"是早就解决了的问题。在康德，它被认为是超出于纯粹理性范围之外的信仰问题、实践问题，而非思想问题；[34]在维特根斯坦，则被认为是超出于语言表达之外的神秘存在，对之必须保持沉默。这些几已成定论和常识。总之，从纯粹哲学角度，上帝非关理路！

奥特指出：在"上帝存在"这个前提被社会视为理所当然的时代，对神学家而言，把上帝论证作为开场白，作为神学的导论，然后才切入正题、转入神学的实质性问题，这在某种意义上只是为了使论述臻于完美，它于信仰本身，实在却是无关紧要的。因为，"一项有力的证明只使我们的理智，却不能——至少不是必然地——使我们的整个人格、我们的感情和我们的意志、我们的责任感到满足。""信仰是总体性的东西，是一个人的整体人格的义务。""上帝的真实性在信仰之中。"对上帝的真实性的肯定并非以表达为基础的论证的肯定，而是建立在个人义务之上的信仰的肯定。这种肯定，不是一种理论上的、一次便可达到并永远占有的肯定，而是实践中（现在时）和期待中（将来时）的肯定；这种肯定，意味着"一个人总是充满信心地期待着上帝并与此相适应地理解、约束和安排自己的生活。"这是与我的生命有关的肯定。奥特总结到："我们认为是合理和必然的上帝论证只是在某种程度上在人类的生活经验中指出我们所由此而期待的上帝的方向，指出上帝可能突然向我们迎面走来的所在。"[35]这个意见，其实可以推扩到整个神学，而不仅止于"上帝论证"的问题。因为"神学是上帝之言的知识性反省和理解的应答，……任何神学家的话语都是一种个人信仰表白，无论它如何具有逻辑性、知识性

---

33 [美]保罗·蒂利希：《基督教思想史——从犹太和希腊发端到存在主义》，尹大贻译，东方出版社2008年版，第179页。

34 康德："我坚持认为，任何企图将理性用于神学的努力都不会收到成效，从其本性说也会毫无效用，将理性原理用于对自然的研究，也不会得到任何神学结论……（对于宗教）我发现有必要摒弃知识，如此方能为信仰留下空间。"（理查德·奥尔森：《科学与宗教——从哥白尼到达尔文（1450～1900）》徐彬、吴林译，山东人民出版社2009年版，第114页。这一段译文可参见韦卓民译康德《纯粹理性批判》第555页）

维特根斯坦："对于不可说的东西，必须沉默。"（维特根斯坦《名理论》（《逻辑哲学论》），张申府译，北京大学出版社1988年版，第88页）

35 同注30，第31、32、33、35-36、37页。

或合乎圣经；应该说，每一位神学家的话语仅走在与上帝之言相遇的路上。"[36]我们还可以引用巴特的话："人的作品无一例外仅仅是预备性的前期工作，神学著作尤其如此！"[37]

即此，相比于奥古斯丁、安瑟伦和托马斯，德尔图良对理性的决绝具有根本的道理。如路德所言："上帝是不可言说的存有，他超越于我们可以命名、可以想象的任何事物，也在这些事物以外，谁知道被称为上帝的是什么呢？它超越于身体，超越于精神，超越于我们能说、能听到、能想到的任何事物。"[38]这个道理在现代神学中有更为积极的转换，卡尔·巴特和布尔特曼的辩证神学重审人言谈论上帝的悖论处境、意义和可能性，而有圣言神学（Worttheologie），传统的证明上帝的问题，已经转换为如何言说上帝的问题，即"不可言说的言说"问题。说"不可言说"，是针对传统谈论上帝的言述方式，并非意味着绝口不言神圣之在。上帝之在的问题不是被取消了，而是上帝之在的神秘性被加强了。"'上帝在或不在'的论辩已丧失效力，论辩题旨转换为：人如何在自己的在中与上帝之在相遇。"奥特主张："神学的话语必须重返祈祷，人言谈论上帝的言语形式只能是象征语态。祈祷是基督信仰的唯一象征语态：祈祷从生存论上被界定为我在与上帝相遇，与上帝同在的言语性发生事件，是人之在的结结巴巴，人在祈祷中既独白属己的在又言说上帝之在。"[39]回到"祈祷"，就是回到信仰，回到生命的全副交托。"一个人成为神学家，靠的是生活、死亡、受罚，而不是靠理解、阅读、冥想。"[40]

何谓祈祷？"一个祈祷者并非理直气壮地想从上帝那里获得什么满足，一位在上帝之前祈祷的人一定是一个'罪人'。祈祷只能有一种，即是用最为彻底的语言进行自我批判，在无助地求告、自我有限根基的揭露之中，一次又一次地将自己置身于深渊之中，等待上帝的救助。人的祈祷是人之言，相较于上帝之言，人之言格外尴尬和无助，此时此刻的语言落入一种结结巴巴、牙牙学语、童言童语、欲言又止的状态。与此同时，仿佛一切的语言都被彻

---

36 刘小枫：《走向十字架上的真》，上海三联书店 1995 年版，增订版前言。

37 [瑞士]卡尔·巴特：《罗马书释义》，魏育青译，华东师范大学出版社 2005 年版，第 6-7 页。

38 同注 33，第 224 页。

39 同注 28，《不可言说的言说》中译本前言，第 1 页、第 2 页。另参第 30 页。

40 [美]詹姆斯·C·利文斯顿《现代基督教思想》，何光沪译，赛宁校，四川人民出版社 1992 年版，第 678 页。

底地否绝了，祈祷越来越言不由己，甚至成了一种就像没有任何表达的、空洞的祈祷之诗，诗人的祈祷更像是一种颂赞，如约伯的对白、耶利米的哀歌是诗也是祷词。总之，一个不祈祷的人是一个无法倾听上帝之言的人，因祈祷者的祈祷之言最后必然成了上帝向人言说的一种方式。祈祷者充分意识到自己的信念浅薄和自身迷误的事实，带着一种糟透了的真诚心灵求告上帝。"

"祈祷之言是一种无助求告的语言，在祈祷之中，人只能批判和揭露自我的悔罪，彻底放下自我，不惜以否定自己的一切而付出代价。"[41]

最后，对于神学中信仰和理性的关系，可以用安瑟伦的话作为总结："不把信仰放在第一位是傲慢，有了信仰之后不再诉诸理性是疏忽，两种错误都要加以避免。"[42]在当代，坦普尔大主教关于理性的意见，因其中肯恰切而非常值得我们记取："启示能够，而且从长期来看必须通过满足理性和良知来证实自身的说法，否则就可能表现为迷信，否认这一点是一种狂热的盲信。"这里恰当地表达了理性之于信仰在"破"的方面的价值，即"什么不是"；至于"什么是"，理性在根本上如前所述，是无能为力的。[43]

作为这个话题的补充，还可以从世俗的纯文学角度，来看看上帝与理性是否关联。如布鲁姆在《J书》中所发现的，《旧约》五经中的上帝，并不是一个"理性"的形象，相反倒有点像宙斯："J的亚卫乃是一个人——他太有人性了：吃吃喝喝，还经常发脾气，喜欢寻衅开心，嫉妒心重，报复心强，自诩公正却不断徇私；在将祝福从一位精英身上转移到整个以色列人时，他又变得神经质似的焦虑不安。在他引领着那群疯癫痛苦的人们穿越过西奈旷野时，他变得对己对人都如此疯狂和危险。"[44]如果是这样，又怎么能够笼而统之地讲上帝的神性"是人的理性意志的体现"呢？

以上说的是理性在知性上的局限，其实还可以进一步从实践上简单一提理性的更大局限。因为理性是被造物，它必得有一个自身之外的逻辑起点，缺乏依归与规约的理性是跛脚的理性，其狂悖而走火入魔后，必致灾难。有

---

41 曾庆豹：《上帝、关系与言说——批判神学与神学的批判》，华东师范大学出版社2011年版，第94-95页。

42 同注22，第236页。

43 [英]约翰·麦奎利：《二十世纪宗教思想》，高师宁、何光沪译，上海人民出版社1989年版，第420页。

44 梁工：〈仅次于莎士比亚戏剧的文学经典——哈罗德·布鲁姆论"J书"〉，载《外国文学评论》2008年第4期。

一个现成的例子：在全世界，德意志民族应该是最讲理性的了，康德所言"心中的道德律"何其神圣，但在现代屠犹焚化炉中，这一切顷刻间立即化为乌有！[45] 还有，现代科技的高速发展，所引发的一系列严重问题，比如环境危机、核战危机，等等，也在在透露出单纯理性的巨大局限性来。陀思妥耶夫斯基《卡拉马佐夫兄弟》中的伊凡，便是失去规约的理性的化身，他的归宿是神经错乱，由理性到非理性，何以故？

说了一大堆关于理性之局限性的话，最后有必要再次重申一下理性的功用。理性不仅如上面所说，其在神学和信仰上有其功用，而且在世俗生活中须臾不可缺乏。这是因为根据《圣经》的道理，"人的理性能力是神造的，'理性'是神赐给人的一分丰厚的礼物，人应该善用这个礼物，分辨是非，选择正当的行为，追求真理。要充分运用思考和逻辑推理的能力，辨伪求真。在这一方面，我们应当正视和纠正传统'敬虔主义'和'基要主义'所带来的一些弊端。"[46] 这些话是针对信仰者说的，其实它也适用于所有追求自身人性的丰富性的人类成员。

二、上帝与理念

上帝是人创造的理念（idea）存在吗？要讨论这个问题，关键看我们的立场在那里。我们编写的教材是谈论西方文学的，而基督教作为西方文化中两千年来的普遍信仰形式，其信仰核心是"上帝"，此"上帝"到底为何？如果对此不能有一个靠谱的回答，要真正了解和理解西方文学，大约是不切实际的。但要回答这个问题，与回答上一个问题一样，还是必须先进入原初经典《圣经》，进入《圣经》启示下的活的信仰——犹太教、基督教——去谈论，才真有意义；如果自说自话，罔顾其他，其实是不知所云。

真的上帝，如帕斯卡尔所言，是《旧约》中先知所倾听到的亚伯拉罕的上帝、以撒的上帝、雅各的上帝，不是哲学家和博学之士的上帝；[47] 也是如卡

45　关于纳粹及德国军国主义的知识与思想根源，施特劳斯在〈德意志虚无主义〉一文中有非常深入的分析和清理。见氏著《苏格拉底问题与现代性——施特劳斯讲演与论文集：卷二》，彭磊　丁耘等译，华夏出版社2008年，第101-130页。

46　陈约翰：〈科学、理性与信仰〉，见陈荣毅、王忠欣等《解构与重建——中国文化更新的神学思考》，加拿大恩福协会，1998年版，第62-63页。

47　[法]帕斯卡尔：《思想录》，何兆武译，商务印书馆1985年版，第250页。另参施特劳斯类似的说法，见注20。

尔·巴特所言,是《新约》中通过十字架受难来向人类自我启示的上帝。巴特在《罗马书释义》中有句名言:"上帝就是上帝!"他还说:"上帝是在天上,而你是在地上。……《圣经》在这条十字架之路旁发现了耶稣基督。"[48]什么意思呢?"绝不可以把上帝与人自己凭其思想臆造的范畴、形式、概念、需要之类的东西等同起来。上帝作为神圣根本就不是人类的构造,他与人类的理性、学说、幻想以至宗教都毫不相干,与人称为的上帝形象、与人所体验到的上帝、与人祈告的上帝都不相干。上帝之国与世间一切存在都有质的无限差别和距离。上帝是不可知的,倘若不是上帝在十字架受难中自己向人类陈说自己,人哪里会知道上帝是谁!"[49]汉斯·昆说:"耶稣基督的上帝是作为生存难友与人并肩而立的上帝,与受苦的人休戚与共的上帝,是'一位同情人的、与人患难与共的上帝,他在未来将改变一切,把人从罪恶、苦难和死亡中解救出来,把人类引向终极正义、彻底的和平和永生的上帝',这位上帝就显现在耶稣的受难和惨死之中。"[50]

上帝绝不是"理念",他是通过启示来向人显示自己的。通读《圣经》,就会发现,历史上上帝曾以各种方式向人类启示过自己,而最大的启示则是耶稣。这一次,是上帝亲自出面,降卑自己,道成肉身,通过自己的出生、受难、复活,来向世人表达自己的爱与救恩。说上帝是抽象的"理念",其实是人的僭越行为,是骄傲不敬虔的表现,是以"人"为上帝。因为理念也是人的认知能力所构造成的,其和以上帝为具象的"某物"一样,均属偶像崇拜,是以有限为无限。人与上帝之间有无限遥远的距离,无论是人的感性还是理性,都无法抵达上帝的存在。根据宗教改革的原则:"Finitum non capax infiniti(有限者不可能包容无限者)。上帝是全然相异者。他并不直接出现在人的心中或自然界中。""从人到神,无路可通。"[51]根本的途径不是通过人的努力,而是神的启示,是神在走向人,不是人走向神,所谓"觅人的上帝"是也。即:人之所以能认识神,乃是出于神恩。于此恩典,人唯有葆有一份谦卑的心怀意念,来悦纳和诚服。可以设想,如果上帝是理念,那对于绝大多数缺乏哲学训练的普通信徒,包括儿童少年,上帝实在就是遥不可及的不知所云了。

---

48 同注37,第7页、第6页。

49 同注36,第50页。

50 同注36,第140页。

51 同注40,第642页。

在此还可以介绍一个常识性的观念，即基督教对人的理解，它不是灵、肉二元，而是灵（spirit）、魂（soul）、体（body）三元，[52]其中的"魂"，包括思想、意志、情感等方面。这样，"理念"实属于"魂"的层面，无关乎"灵"的世界。在柏拉图，"理念"是可以被人通过理性而认知的。但人之于上帝，是属"灵"层面的关联，涉及灵的世界，理性是无与于其事的，准此，上帝断乎不可能是"理念"！

基督教神学认为：上帝是奥秘。"若非上帝自由地通过圣灵使自己在耶稣基督中为人所知，人是不可能认识上帝的。"[53]这启示是超出一切自然人类的理解

52　柯凯文：《基督教信仰真义》，齐复、翁李钧 译，台北：以琳书房（教导丛书）1991年版，第186-193页。另，圣经有记载的：帖撒罗尼迦前书5：23"愿赐平安的神，亲自使你们全然成圣。又愿你们的灵，与魂，与身子，得蒙保守，在我主耶稣基督降临的时候，完全无可指摘。"希伯来书4：12"神的道是活泼的，是有功效的，比一切两刃的剑更快，甚至魂（soul）与灵（spirit），骨节与骨髓，都能刺入、剖开，连心中的思念和主意都能辨明。"希伯来书中这段经文里的"骨节与骨髓"当与body相关对应了。

网上看到一段文字，对灵、魂、体说得比较到位：人与人之间，人与神之间的交流，是通过"灵"。"灵"无所不在，人眼却看不见。"魂"是人的身份证，其体现是人的思维，意志，和情感。人的"魂"是人的本质的所在。没有任何两个人的"魂"是相同的。人眼看不见"魂"，但"魂"却是人的生命的体现。通过一个人的行为可以知道他的"魂"是美丽还是丑陋。当我们欣赏音乐或艺术的时候，是在认识一个"魂"的生命，尽管作者可能已经离世了。所有的"魂"最后都要在神面前交账，不管是好还是坏。"体"就是血肉之躯，每个人都能看见。每个人的身体具有自身的特点：颜色，高矮，胖瘦。但不管人的身体有多么美丽，从哇哇坠地的那一天起，就开始磨损，一天一天地衰败。

另，华德福教育关于人的理念认为："人有精神、心灵及身体（spirit、soul、body）三个组成部分，心灵层面包括三个功能：思考、情感及意志（thinking、feeling、willing）。思考包含着理性的思想、想象性的图像思考。情感包括了感官知觉、七情六欲。意志力可以是动物式的本能反应，也可以是舍己救人的高尚行为。它们分别与人体的三个系统相关联：思考——大脑和神经系统对应，情感——心脏和循环系统对应，意志——肢体和新陈代谢系统对应。"（吴蓓：《请让我慢慢长大——亲历华德福教育》，天津教育出版社2008年版，第172页。）这一见解明显来自于《圣经》和基督教神学关于人的三元论的观点。这段文字的表述很清晰，亦引在这里以供参考。华德福教育关于"灵、魂、体"的更为原初和经典的论述，当然以华德福创始人鲁道夫·施泰纳的著作为根本，比如《神智学——超感官的世界认识与人的天职导论》，廖玉仪译，台湾：财团法人人智学基金会2011年版，等等。

53　同注51，第653页。

力的，在作为基督的耶稣那里，可以看见上帝令人敬畏的"隐秘性"，因了这隐秘性，启示成了恩典，要看见祂，需要一双"信仰"的眼睛，对于不信者，"听是要听见，却不明白；看是要看见，却不晓得。"（太 13：14）[54]关于上帝的隐秘性，在耶稣基督的悖论性处境中，有着最充分的揭示，巴特说："他出现的地方，是上帝的出现遭人怀疑的地方；他所取的形象，是一个奴隶的形象；他所走向，是十字架和死亡；他最大的成就，是一种反面的成就。他不是一个天才……他不是一个英雄或领袖。他既不是诗人，也不是思想家：我的神，我的神，你为什么离弃我？在耶稣身上，启示是一个悖论。……在耶稣身上，上帝确实成了一个秘密……对犹太人来说，他成了一个耻辱，对希腊人来说，他则变成了愚蠢。在耶稣那里，上帝之信息传递，是以一种拒绝或阻碍，是以暴露出一个巨大的深渊，是可清楚地揭示出一个庞大的绊脚石为开端的。……相信耶稣，这是一切冒险之中最冒险的事情。"即，在基督中，上帝之揭示同时也是掩盖，因此，人与上帝的关系永远是信仰，而不是看见。"在作为启示中，在耶稣基督中，隐匿的上帝确实使自己成为可以理解的了。但并非直接地，而是间接地。并非对眼睛而言，而是对信仰而言。并非在其存在中，而是在其征象之中。"[55]巴特还讲到了《圣经》启示的悖谬性：上帝竟然在相对的、会有疑问的圣经文献中启示自己，这可以与道成肉身的屈辱和神秘相比。[56]关于耶稣的悖论处境，帕斯卡尔在《思想录》第七百九十二、七百九十三条中有非常具体明晰的揭示。进一步，加尔文对于信仰的矛盾悖谬，亦曾有言："恩典并非没有矛盾的表象。……上帝之灵向我们揭示的正是隐而不露的、我们的感官不可认识的事物。他赋予我们这些不免一死者永生的希望。他向我们这些被腐朽包围的人谈论有福的复活。我们被称为义者，身上却遍布罪孽。我们据说是有福的，而现在却被无尽的苦难压得喘不过气来。我们得到富甲天下的许诺，拥有的却只是饥渴的煎熬。上帝大喊他马上就会与我们同在，却似乎对我们的呼号充耳不闻。假如不在希望中坚强起来，假如我们的心灵不在上帝之言和上帝之灵照亮的道路上马不停蹄地穿越夜幕超越尘世，那么我们会成长为什么呢？"[57]

---

54 新旧约全书（和合本），中国基督教协会 1989 年版。以后凡引用《圣经》文句，均随文注明出处，不另做注。

55 同注 40，第 642-643 页，第 643-644 页。

56 同注 40，第 650 页。

57 同注 37，第 21-22 页。

基督教神学还认为：上帝是位格的存在。[58]即，上帝具体临在于我们每个人的生活中，祂不是人的头脑中的存在，不是供人们理性地"认识"，也不是供人们相互"谈论"的，祂是让人来信仰的。而信仰，是一种涉及我们的整体人格的决断性行为，在这种决断中，我们"与上帝相遇"，倾听"圣言"的奥秘——关于耶稣生、死、复活的信息，我们的整体生命因之而发生改变，只有这时，才谈得上认识上帝。说到"谈论"上帝，传统的谈论上帝的方式，无论是否定法（无限的、不灭的、不可见的……）、无限升级法（全能的、全知的、最仁慈的、最智慧的……），还是类比法（父、智慧的……），在根本上都无与于上帝。巴特就说过："作为神学家，我们应该谈论上帝。但是我们是人，作为人我们又不能够谈论上帝。我们应该明白两点：我们的应该和我们的不能够，并由此敬仰上帝。这便是我们所处的窘境。其他一切统统是儿戏。"[59]对此窘境，奥特的回答是：虽然"我们不能谈论上帝，但却能与上帝对话。"[60]而对话的方式，便是祈祷。他从信仰的角度对祈祷予以定位，他说："信仰与祈祷重合。我所理解的信仰就是祈祷。信仰是一种全面对话行为；祈祷就是实施普遍的、包容一切的——原则上包括信仰者的整个生命的——对话：'不断地祈祷吧！'"[61]他引用马丁·布伯的一个小故事，来表达"祈祷"对于信仰的根本性意义："我在一次招待会上碰到我们的前总理戴维·本——古里安。他问我：'布伯教授，您究竟为什么信仰上帝？'我回答道：'假如这是一位人们可以谈论的上帝，我是不会信仰他的。然而，这是人们可以与之谈话的上帝，所以我信仰他。'"[62]

如上，谈论上帝，对于无神论者，是一件多么困难的事。但你如果还想谈，至少应该听听世世代代的信仰者——犹太教徒、基督徒——是怎么说的和怎么做的，这才比较靠谱。

---

58 同注30，第38-61两章："第四章：位格存在"，"第五章：作为位格的上帝"。

59 同注30，第92页。

60 同注30，第95页。关于人与上帝的对话，奥特说："人，信仰上帝的人（只有他才想谈论上帝；不信仰上帝的人最多只谈论一下上帝这个概念，而上帝本身对他来说并不存在！）与上帝处于一种对话关系之中，处于一种我与你的关系之中。他说到上帝时不可能用'他'，更不可能用'它'，而只是用'你'。这就是说，他根本不可能谈论上帝或者评述上帝。"

61 同注30，第89页。

62 同注30，第74页。

三、原欲与罪恶

原欲真的就是罪恶吗？根据《创世纪》记载，人类的犯罪是由于受魔鬼引诱吃了智慧果之后，发生了自我意识。人对赤身露体感到羞耻，即为自我意识觉醒的明证。

罪不在原欲，其实在犯罪之前，人类本就有原欲的，而且是得到了上帝的肯定和祝福的：人"要生养众多。"（创 1：1）"人要离开父母与妻子连合，二人成为一体。"（创 2：24）原欲之变为罪，乃在于以"我"（自我意识）为中心，在于过"度"，在于比如"奸淫"等，并不在原欲本身。从《旧约》到《新约》，人的合理和正常的欲望始终是得到明确的肯定的，比如：《传道书》讲到，"人莫如吃喝，且在劳碌中享福，我看这也是出于神的手。"（传 2：24）《雅歌》中对爱情有那么热烈的赞美、向往和追求。耶稣在传道过程中，从未拒绝过富人们的宴席，总是高高兴兴地接受他们的邀请和招待。保罗论到禁欲奉神："我说男不近女倒好。但要免淫乱的事，男子当各有自己的妻子，女子当各有自己的丈夫。……我说这话，原是准你们的，不是命你们的。我愿意众人像我一样，只是各人领受神的恩赐，一个是这样，一个是那样。……与其欲火攻心，倒不如嫁娶为妙。……只要照主所分给各人的，和神所召各人的而行。"（林前 7：1-9；7：17）这里绝没有禁欲主义的任何意思。

"禁欲"不是"禁欲主义"，禁欲是快乐自愿的，在根本上是教会内部因着"神召"而来的恩赐，不是你想做就能做得来，"强做"就是禁欲主义，不管对己对人。保罗在《哥林多前书》七章接下来便说："因现今的艰难，据我看来，人不如守素安常才好。你有妻子缠着呢，就不要求脱离；你没有妻子缠着呢，就不要求妻子。你若娶妻，并不是犯罪；处女若出嫁，也不是犯罪。然而这等人的肉身必受苦难，我却愿意你们免这苦难。……我愿你们无所挂虑。没有娶妻的，是为主的事挂虑，想怎样叫主喜悦；娶了妻的，是为世上的事挂虑，想怎样叫妻子喜悦。妇人和处女也有分别。没有出嫁的，是为主的事挂虑，要身体、灵魂都圣洁；已经出嫁的，是为世上的事挂虑，想怎样叫丈夫喜悦。我说这话是为你们的益处，不是要牢笼你们，乃是要叫你们行合宜的事，得以殷勤服侍主，没有分心的事。"（林前 7：26-28；7：32-35）这里明显地是在分别"禁欲"和"禁欲主义"，前者属神，后者属世。二者之区别，可以举一个生动现成的例子，就是雨果两部小说中的两个神父，一个是《悲惨世界》里的米里哀主教，另一个是《巴黎圣母院》里的克洛德副主教，前者过的显然是心甘情愿的"禁欲"生活，后者过的则是"禁欲主义"的生活；前者在"天堂"里，后者则熬煎在"地狱"里。在《新约·哥罗西书》中，保罗明确强调了以属世的规条实行的禁欲主义的徒劳无功："你们若是与基督同死，脱离了世上的小学，为什么仍象在世俗中活着，服从那'不可拿、不可尝、不可摸'等类的规条呢？这都是照人所吩咐、所教导的。说到这一切，正用的时候就都败坏了。这些规条使人徒有智慧之名，用私意崇拜，自表谦卑，苦待己身，其实在克制肉体的情欲上是毫无功效。"（西 2：20-23）保罗所言是有福音书的根据的，在《马太福音》中，耶稣与门徒讨论休妻另娶与犯奸淫的问题时，门徒提出为免于犯罪，干脆从一开始就"不娶"的设想。耶稣回答说："这话不是人都能领受的，惟独赐给谁，谁才能领受。因为有生来是阉人，也有被人阉的，并有为天国的缘故自阉的。这话谁能领受，就可以领受。"（太 19：11-12）

综上，在保罗、耶稣包括《旧约》的观点里，禁欲之外是允许欲望在婚姻的形式中实现的。那些向来指责基督教宣扬禁欲主义的论调可以休矣！"二十世纪英国杰出的护教学家切斯特顿特别强调'喜乐'的神秘与神赐性质。他强调说性爱、金钱、权力及感官享受等，都是神赐给人的礼物，'但在堕落的世界，这些礼物有如易爆物一样必须小心处理。我们已失掉伊甸园未受污染的纯真，如今每件美好的事物同时意味着危险，潜伏着被滥用的危机。''邪恶最大的胜利也许是把宗教描绘成享乐的敌人，真相却是：我们享受的一切，都是创造主慷慨地施与世界的。'"[63]

当然，不排除基督教历史上出现过禁欲主义偏差，更不能否认曾经有过的虚伪的禁欲主义道袍下的纵欲堕落。但这是人的实践中的问题，是人的罪性的表现，而不是《圣经》和基督教本身所主张的。顺便应该排除一个误会，基督徒并非不会犯罪，其实基督徒也是人，是人就会犯罪。只是基督徒在犯罪的可能性中多了一份来自神圣之维的约束（提醒）；在犯罪之后，也多了一份悔罪、净罪、不再犯罪的来自神圣之维的帮助（力量）。综上，原欲绝不等于罪恶，认为基督教把原欲当成罪恶，主张禁欲主义，是绝大的误会。

另外，基督教讲禁欲，讲对人的欲望尤其情欲的节制，乃是因为《圣经》认为人的身体是神的殿，是神圣不可亵渎的。保罗说："岂不知你们的身子就是圣灵的殿吗？"（林前 6：19）"若有人毁坏神的殿，神必要毁坏那人，因为

---

63 [英]切斯特顿《回到正统》，庄柔玉译，三联书店 2011 年版，中译本导言，第 6页。

神的殿是圣的。"（林前 3：17）保罗在这里禁止的是"毁坏神的殿"的行为，即"淫行"。他说，"你们要逃避淫行。人所犯的，无论什么罪，都在身子以外，惟有行淫的，是得罪自己的身子。"（林前 6：18）

四、理性与罪恶

根据郑本《外国文学史》前引，在希伯来——基督教传统中，上帝是人的理性的化身，理性为上帝所独有；而原欲则是恶，因而是罪，上帝没有人身上所具有的原欲。如此，很自然地会得出结论，理性与罪恶是对立的两级，有理性就无罪恶，而罪恶的出现必然是因为人丧失了理性。从前面的论述可知，这个结论完全是信口开河的想当然。为什么原欲是恶，而谈论上帝又怎么拿原欲来说事，同时又怎么把理性和上帝合到了一起，这些都是缺乏论述的，只是简单的比附。我想，这些结论的得出，很可能是通过对希腊的宙斯和希伯来的上帝的印象式对比而得出的。但是须知，在终极信仰的意义上，二希是完全不同的两种文化系统，一属多神，一属一神，在一神信仰看来，宙斯是偶像，上帝坚决反对偶像，怎么可以把二者放在一起，以一者（宙斯）来解读另一（上帝）呢？这样的解读下，结论便只能是混乱和不伦不类了。

其实不论是原欲还是理性，都是人的属性，如前所述，以人的属性来比附和窥测上帝，在《圣经》和基督教神学都是不被允许的。根据《圣经》，具体的人的罪——实罪，乃导源于始祖的原罪，而原罪乃起于智慧果，如此，人的智慧的集中表现——理性，似乎应该是和罪恶连在一起的，而不是相反。话题至此，自然使人想到后世广被诟病谴责的蒙昧主义来，谈到基督教，这是一个很重要的话题。在中世纪，蒙昧主义确实存在过，但问题又似乎很复杂，未必只有蒙昧，比如在中世纪，文化知识的保存、研究和传播，几乎全部集中在修道院和教会；教育的实施，也是几乎全权由僧侣来完成；文艺复兴的兴起，也绝不是凭空而来，它乃是长期孕育于中世纪的母体中的；近代的大学，也不是世俗化的产物，它直接诞生于修道院；许多著名的思想家、科学家、文学家、艺术家都是虔诚的基督徒，甚至是圣徒；宗教改革所宣讲的实践基督徒的天职，使从事文化教育事业的知识人获得神圣感和使命感，奋力前行，进行知识和思想文化的巨大创造活动，其与蒙昧主义不啻是针锋相对。理性之为罪，关键看你如何运用了，用之于上帝，即为罪；用之于基督徒的履行天职，则为天经地义。

要分清楚上帝的事和俗世的事，以及关于上帝的智慧和关于俗世的智慧。保罗于此有很好的议论："因为十字架的道理，在那灭亡的人为愚拙，在我们得救的人却为神的大能。就如经上所记：'我要灭绝智慧人的智慧，废弃聪明人的聪明。'……神岂不是叫这世上的智慧变成愚拙吗？世人凭自己的智慧，既不认识神，神就乐意用人所当作愚拙的道理拯救那些信的人，这就是神的智慧了。犹太人是要神迹，希腊人是求智慧；我们却是传订十字架的基督。因神的愚拙总比人智慧，神的软弱总比人强壮。……神却拣选了世上愚拙的，叫有智慧的羞愧；又拣选了世上软弱的，叫那强壮的羞愧。"（林前1：18-27）《圣经》中讲到的"智慧"，并不是理性的运用，而是敬畏上帝："敬畏耶和华是知识的开端，愚妄人藐视智慧和训诲。"（箴1：7）这是关于上帝的智慧。所以，谈到蒙昧主义，需要谨慎辨析，不可以一句话全称概括之，在上帝的事上僭妄地运用理性，和在俗世的事上不敢也不能运用理性，其实同为蒙昧主义。

最后，对于引起始祖堕落的"智慧果"之智慧须得仔细辨析，吃智慧果之所以会犯罪，乃因为此果引起人的自我意识的觉醒和强化，使人从自然、从神分离开来，自以为是，甚至自我膨胀。智慧果的严重后果是人的"骄傲"，骄傲乃属大罪，它使人背离天父上帝的爱的庇护，而入于罪的渊薮，以至于最终的"死"的结局。准此，此智慧非彼智慧，智慧果的智慧不同于敬畏耶和华的智慧，前者乃根源于理性分辨的知识之果，不同于伊甸园中上帝所赐下的生命之果。远离生命树，单单依靠知识树，以人智为神智，以人间秩序代替天上秩序，势必致人性与人心的悖逆灭裂和自我膨胀，使人生入于苦痛忧伤，生命入于穷途。

说"罪"与骄傲有关，且听听几位现代著名的神学家的看法，惊人地相似。巴特："罪就是不信。而不信就是人对自己的信仰。这种信仰总是在于这个事实：人把自己的能动性的奥秘，当成了自己的奥秘，而不承认它是上帝的奥秘。"[64]蒂里希："人的困境就是疏远，但他的疏远就是罪。"人的有罪的疏远，其特征是不信、狂妄和纵欲。"不信"使人的意志背离或脱离上帝的意志，而"狂妄"是不信的另一面，即转向自己并把自我抬高为世界的中心。"纵欲"是"把整个实在拉到自我里边来的无限制的欲望"，这在人类生活的一切方面都能看到。在唐璜的无限制的追求异性中，在浮士德的不知足的寻求经

---

64 同注40，第657页。

验和知识中，这种纵欲都得到了古典的表达；尼采所谓的"强力意志"，佛洛依德所谓的"性欲冲动"，则是对这个古典的纵欲观念所作的最近的概念说明。[65]在尼布尔看来：罪基本上就是傲慢。人是有限的、被造的，但人却不断地过高估价自己的力量和地位，在极端的情况下，人把自己作为绝对的东西，僭夺了上帝的位置。"存在着一种出于力量的傲慢，由于这种傲慢，人的自我自以为它是自满自足的、独立自主的，它想象着自己能抵抗一切的沧海桑田的变迁。它不承认自己生命的偶然性和依赖性，相信自己就是自身的生存的创造者，就是自己的价值标准的审判者，就是自己的命运的主人。"[66]

五、关于"主体性"和"个性"

郑编教材将"主体性"、"个性"归结到希腊身上，认为"希伯来——基督教"传统的特点是"尊重理性、群体本位、崇尚自我牺牲和忍让"，相比希腊，希伯来传统往往压制个体生命，弱化人的主体性，个性和人性似乎没有太多的自由空间。我们且看郑本是怎么讲的，《圣经》中"有的是神化的人，而非古希腊人化的神；是人向神的提升，人的主体性的萎缩，而非希腊式的神向人的下滑，人的主体性的高扬。""对上帝的崇拜又表现了人对自身之原始生命力和个体生命价值的一种压制，是人的主体性的一种萎缩，是对古希腊——罗马式的世俗人本意识的一种排斥。"[67]这段话中，说希伯来传统把人神化，也就是说它把人当成了神，众所周知，这是偶像崇拜，是犹太教第一要反对并竭力避免的。其次，既言把人向神的地位提升，却又说人的主体性在萎缩。人都成神了，主体被高扬到无以复加的地步，怎么能说主体性的萎缩呢？这样的说法里，显然是既不理解《圣经》传统中的"人"，也不理解《圣经》传统中的"神"所致。再次，说崇拜上帝导致对人的生命力的压制，意思大约是禁欲主义了，这样的说法完全是想象之词，这个问题其实在本章问题三中已经澄清。

在"希伯来——基督教"神学传统中，如前所述，人是人，神是神，二者之间有着无限遥远的距离，绝不可以僭越，人的主体性绝不因为自己把自

---

65 同注 40，第 709-710 页。

66 同注 43，第 432-433 页。

67 郑克鲁主编：《外国文学史》（上），高等教育出版社 2006 年第 2 版，第 8 页、第 5 页、第 8 页。

己当成或不当成神看待而出现什么张扬或萎缩。郑本之所以这么讲,大约是因为受费尔巴哈影响,它首先把《圣经》传统中的"神"解释成了"人"(由人创造的、神化了的人),然后又认为这个神化了的人("神")异在于人,压抑了人的存在,所以才有萎缩一说。这一套解释系统中,根本没有触及到被言说对象——"上帝"——本身,即帕斯卡尔所说在信徒真实信仰中所信的"亚伯拉罕的神、以撒的神、雅各的神",它只是自说自话而已。于是进一步便有了它之奇怪于这样的"神"("上帝")作为艺术形象而不具备人性的困惑,等等。郑本是这样说的:"作为一种神话形象,上帝因其与人的原欲的对立和排斥而丧失了艺术形象赖以成活的人性的自然根基,丧失了艺术形象应有的人的血色、人的生命活力、人的主体性,进而丧失了艺术魅力,以至于我们在讨论文学形象的上帝时,似乎是在讨论哲学与宗教问题。"这里最关键的问题还是"上帝"能否作为神话形象、文学形象来对待?特别是在宏观把握西方文学与文化的大传统时,"上帝"到底应该放在文学包括哲学的范畴,还是神学和信仰的范畴来谈论?上引郑本最后一句话,其实已经感到了这个问题的存在。这里想强调的是,从基督教神学和信仰的立场,绝不可以!认为上帝是人的创造,是神话形象、是文学形象,是哲学的观念或理念,都是以人来臆测神,是僭妄行为,这样的神与基督信仰中的上帝毫不相干。也就是说,以世俗不信的立场来谈论上帝,只能是郢书燕说,自说自话了。对于信徒,《圣经》和基督信仰中的神是又真又活的神,祂活在当下,活在每一个信祂的人的生命里,并且改变着他们的生命,使他们的生命从罪的奴役中解放出来,显出丰盛、壮大的样式,结出美好的果实(加5:22-23)。这在耶稣和他的使徒,及历史上无数具有伟大人格和事迹的圣徒,包括以亿万计的做光做盐的普通信徒身上,有着最充分的证明。试问,哪个神话或文学形象能有如此大的果效?当然,我们不能要求一本文学史以"信"的立场来谈论上帝,但我们可以要求它应该有一个同情与了解的立场,而不是盲目自大,武断想当然地信口开河。这不论对文学还是对信仰,都是损害性的,和不得要领的。

关于"主体性"和"个性"的问题,并非如郑本所言,只有希腊传统有,希伯来传统无。其实这两个传统对此问题各有各的回答,区别只在角度不同而已。希腊是人本的立场,希伯来是神本的立场,他们都是个体主义的。在希腊,人在最终的意义上是作为孤独的个体来面对"命运"的,比如知罪后的俄狄甫斯、海上的奥德修斯等等；在希伯来，最终的意义上，人也是作为孤独的个体而直接地来到上帝面前，以确定自己与上帝的关系，寻求个人的拯救，比如献祭时的亚伯拉罕、旷野中的雅各、灰土里的约伯、十字架上的耶稣、大马士革路上的保罗等等。想一想这些个人物，他们身上体现的个性魅力和强力绝不稍逊于希腊传统，他们哪一个不具有强烈的主体性和个性？只不过这种主体性和个性的取向不同于世俗人本的希腊传统而已。说到主体性和个性，帕斯卡尔讲到耶稣的独一无二性，[68]此非个性而何？他们的力量之源不在自然人性里，而是在他们所信仰的神性里。这里所谓的牺牲和忍让，并不是出于什么"群体本位"，而是出于个体的人对"上帝"的信仰和服从。至于他们所面对的上帝，也绝不能被看成什么"群体"价值的代表，上帝与群体或个体不搭界，因为无论群体还是个体，都属人的话语范畴，神与人无路可通，除非神恩赐启示。另外，我们还当记取，在最后审判的日子，面对上帝而立的是一个个的"个体"，他们都是带着自己的"个性"或曰"主体性"来到上帝的面前的，他们只能代表自己，绝不能代表任何的"群体"。

言及"主体性"，想起一个词，就是"自我意识"。何谓自我意识？从基督信仰的角度可有一解：自我意识首先即"罪"与"死"的意识，其次则是"灵"的意识。关于"罪"、"死"、"灵"之与自我意识，可详参此前第四章第二节问题三之详细论述。这样建构起来的自我意识，其区别于世俗哲理之学，将会呈现怎样不同的"主体性"呢？

六、希腊——人性、人文；希伯来——神性、神启

综上，可以提出正面的主张了，对于二希，我们觉得用"人性——人文"、"神性——启示"这两组相对的概念，来分别概括各自的精神内涵可能更准确些，也更妥当些。

关于"人性"，既包括原欲，也包括理性，还包括情感和意志，如果再提升一步，还当包括人所分享到的源于终极实在的灵性，这样才全面。若人性只有原欲，那人和动物何异？正是在对人性的全面肯定的意义上，我们才说希腊精神是"人文"的精神。当然，在希腊，在人性诸因素中，理性显然居于核心地位。

---

68 同注47，第393-396页。

关于"神性"，笼统讲，譬如全知全能、至善至美，再譬如超越性、理想性、神秘性，等等。"神性"降卑身位，为人所分享，则为人性中所呈现的灵性，基督教具体叫"圣灵"。然而神性究竟具体何谓？却绝不是几句话所能说明白的，也不是本文所要、和所能涉及的。但我们可以强调一个基本的态度和方法，这就是从基本文本和信仰实践出发，即从《圣经》和历代基督教神学，以及古往今来无数信徒的真实的信仰生活出发，来了解和言说。于此，我们便有了一个数量和质量上的自我提醒：基督教诞生两千年来，影响巨大，不仅有巨量的普通信徒（我们所谓的"愚夫愚妇"）追随事奉，更有无数杰出的心智虔心下首、拳拳服膺；在信理方面，历代的神学研究可谓汗牛充栋，无数的神学家终其一生，殚思竭虑，苦索冥想，欲求一窥圣神之堂奥。所有这些，岂能只一句愚昧无知就给打发掉？！说到神学，现代瑞士著名神学家卡尔·巴特临逝前曾说过："在所有知识学之中，神学是最美的知识学，它最能触动和丰富人的心灵和大脑，最贴近人之确实性，最明澈地探望一切知识学最终要询问的真理。但在所有知识学中，神学也是最艰难、最需小心审慎的知识学，它最杜绝望而却步和狂妄自负。"[69]这仅仅是一个局内人的自我吹捧吗？判断的方法其实很简单，就是我们读过神学著作吗？读过巴特，包括巴特之前的奥古斯丁、托马斯、路德、加尔文等吗？如果没有，那就先读一点再说。

有人讲，自己是无神论者，对基督教的解读只能从"人"的立场出发，不能先预设或承认"神"的存在。但是，从逻辑来说，我们凭什么就能肯定地说没有神？其实无神论不能被证明，就像有神论不能被证明一样，这一点无论在逻辑还是在神学上，都应该是基本的常识，因为神与逻辑和理性无涉（德尔图良、康德、维特根斯坦）。神如果能被人证明，需要人来证明，那还是神吗？想一想人之外的那个广大深邃的世界，再想一想人自身的处境（《约伯记》、蒙田、帕斯卡尔），谁敢于说在自己之外就没有一个绝对永恒的超越者的存在？谈到神，除了信仰者的态度（神无与于逻辑），唯一在逻辑上可以自洽的是怀疑论而不是无神论。怀疑论者不像无神论者，他不会把无知当有知，他对人的有限性是有所知的，他的存疑的态度至少不那么狂妄。退一步，要谈别人，先当了解，而不是一上手就漫无边际地说对方错了。总之，我们认为，如果要谈论上帝、神性、信仰生活，须得先行对《圣经》和

69 同注36，〈前言〉第3页。

基督教有一个基本同情的了解，然后开口不迟。哪怕是要去解释，也当先行进入，看看对方到底说了什么和没有说什么。任何不从文本和历史出发的判断，都是我们所不取的。

这里讲到的"神性"，是和"人性"对举而言的，"神"、"人"二性，是对二希精神的一种宏观概括，借此以强调它们的根本区别：一为神圣超越的维度，一为世俗人本的维度。也就是说，神性绝不能混同于人性，绝不意味着它"原本就是人自己的属性"。说"希伯来——基督教"精神为"神性"的，也就必然意味着它是"神本"的。但这并不是说这种维度里没有人性的内容，事实是，神本并不排斥人本，基督教信仰内蕴着丰富深刻的人性内容，它对人性有一个远为全面和高深的了解。在基督教看来，人性中除了原欲、情感、理性、意志外，还包括人所分享到的来自于上帝的灵性；并且，人性是统摄在神性之下的。前此已经提到，基督教对人的看法不是二分法：精神（灵）、物质（肉）；而是三分法：灵、魂、体。"原欲"和情感、意志以及理性一起，均属于"魂"的层面，灵则属于更高一层，其具有神圣的根源。

至此，我们便明白，以"宗教人本意识"来归纳"希伯来——基督教"精神的问题所在了。既讲"宗教"，又说"人本"，这本身是矛盾的。宗教讲超越精神，其聚焦点归结为神，即上帝，既以上帝为指归，却又说是"人本"，这显然是一种远离超越维度的人性化解释。合宜的说法，应该是"神本"。郑本导论把神当作神话形象、英雄形象等，[70]认为"上帝是人创造的，它的神性实质上是人的理性意志的体现，他的善也即人之趋善本性的体现，在这种意义上，上帝的神性原本就是人自己的属性。"[71]这都是典型的以"人"解"神"，屈"神"就"人"，把"神"偶像化，又把"人"神化——亦是"偶像化"，这是"希伯来——基督教"传统所坚决反对的，被认为是僭越，是人的骄傲，是人之罪性的表现，甚至是最大的罪性表现。人尽管能思想神、谈论神，甚至信神，但所有这些人的行为，其最终根据并不在人，而是在于神。因为神之所以为神，并不会因为人的想到、谈起、和信仰而存在或不存在，否则"超越"何谓？也就是说，"人"的想到、谈起、信仰神，并不说明"神"就出于人本，这些人的行为无与于神的存在；并且，它们本身的发生，如神学里所阐发的，亦当于神本里找根据，所谓"启示"是也。

---

70 同注8，第6页、第7页。

71 同注8，第7页。

"启示"者，按希腊文的"Apokalupsis"，为去除遮掩、除去面纱之意。一般的字典，包括《圣经》，均定义这个词为显露隐藏的事、公开秘密、显现、显明。启示在神学上指神向人去除遮掩显明自己，把真理传进人的内心，这真理是人无法用理智或其他方法寻到的。因此，"启示"可以用另一个词："神启"。基督教神学通常将启示分为一般启示和特殊启示。一般启示包括"自然"、"良心"、"历史"三种，是神面对全人类启示祂自己。特殊启示包括"神迹"、"预言"、"基督"、"圣经"、"个人经历"，之所以特殊，是因为神启示自己和自己的旨意给特定的人物。[72]

启示实乃上帝与人沟通的形式，这是由"上帝"的特性（如果可以用这个词来描述上帝的话）所决定了的。圣经的上帝乃是与宇宙相分离、而又作为宇宙的创造者的独一的神（One God），这样，上帝便不能"对象化"，即不能成为知识的对象，因为知识的对象总是可以按种和属来加以区分的事物；上帝也不可凭经验去想象，因为一个可以想象出来的神必是异教的神，因为它是偶像化的。"启示的标志是神迹"，这是因为"启示真理之为启示真理的本质在于它乃来源于上帝，关于这个上帝，信仰告诉我们说，他在自然秩序之外。"[73]也就是说，凭靠自然理性是不能把握关于上帝的事情的，因为理性的范围只在自然秩序之内，上帝的事只能由上帝告诉给人、要求于人，是谓启示真理。在启示中，上帝告诉人类他们在宇宙中的真实地位，他们与上帝的关系，等等。面对启示真理，人首先应该做的是谦卑与顺服，而非自以为是，自以为义。信仰的世界是一个蕴含了世俗世界而又远远超越于世俗世界之上的境界，绝不可以"人本"来描摹和测度，它必然以其永恒的神秘面向临在于有限偶在的人类，而呈现为无限的丰富性和可能性。人类唯一能做的是学会倾听，以及承纳——忏悔、求告、赞美、感恩……

总之，启示一般与理性相对而言，启示所及为信仰，理性所及为知识。质此，相对于希腊的人文与理性精神，希伯来则是启示与信仰的精神。在最后，我们可以尝试更进一步对两种精神给予具体描述：人本的希腊精神，可以用两个词来概括——自由、理性；神本的希伯来，可以用另两个词概括—

---

72 柯凯文：《基督教信仰真义》，齐复、翁李钧 译，台北：以琳书房（教导丛书）1991年版，第 21-28 页。

73 [美]雅法：〈施特劳斯、圣经与政治哲学〉，载刘小枫主编：《施特劳斯与古典政治哲学》，上海三联书店 2002 年版，第 173-174、189 页。

—公义、爱。这种概括，相比于"人文"和"启示"等，可能更加深入内里，也更加切中要害。我们在这里只简略提示下，希腊的史诗和悲剧，核心主题不正是人的"自由"吗？而希腊的科学与哲学，显示的不正是人"理性"力量吗？《圣经》之旧约，关注的中心即"公义"，《圣经》之新约，传达的核心议题即"爱"，不论是公义还是爱，都是源出于神圣超越的上帝而非此世的人。

七、误读的根源与对治的办法

论到误读的根源，可参考本书绪论所列的五条原因，这里从四个方面再略加重述。一、现实原因在于意识形态的干预、干扰。对于宗教尤其基督教，我们历来奉行的是费尔巴哈、马克思的立场和观点，但这只是一种人类学和批判社会学的视角，不论从神学教义还是从历史事实，远未进入基督教的本体。二、根本原因在于我们的旧传统（儒家）和新传统（五四、四九）的典型世俗化特点，使我们很难进入、不愿意进入或不能进入另一种截然不同的文明传统，更遑论对其做出深度理解和同情性体认。三、对于西方文化缺乏全局性深度把握，[74]对于基督教文明的理论（《圣经》、神学）和实践（教会史、文明史）缺乏基本了解。随手举二例：例一，"郑本"第一个导论中有这样的表述："真正的英雄不是摩西本人，而是上帝。摩西的继承人约书亚，后来的亚伯拉罕、约伯也都如此。"这里面出现的几个名字有一个先后顺序，但其中犯了一个常识性错误，即认为亚伯拉罕在摩西之后。须知，亚伯拉罕乃犹太民族始祖，怎么可能在摩西之后？例二，王佐良先生是英国文学权威，是英诗翻译的名家，他所受的教育非常完整完满，1939 年清华外语系毕业，1947-1949 牛津大学研究生毕业，但在他翻译的《彭斯诗集》中，注释〈佃农的星期六晚〉第十四节"爱做诗的国王"时，却说"出处待查"。[75]其实这里明显指的是大卫王，因为这节诗写的是佃农一家在晚饭后聚在一起的读经活动，本节概括写了《旧约》，分别涉及代表性人物亚伯拉罕、摩西、大卫、约伯、以赛亚。王先生的西学根底应该是很扎实的，但他对《圣经》却还不算太熟悉，而英译《圣经》詹姆斯王本，可是赫赫有名的英语文学经典呢。这里谈这样的问题，不是要挑郑本教材尤其王先生的刺，而是想由此指出一

---

74 具体请参本书第一章第一节之"二"，最后的论述。

75 彭斯：《彭斯诗选》，王佐良译，人民文学出版社 1985 年版，第 161 页。

项为大家所忽视的事实,就是我国外国文学界一个世纪以来,在对西方文学和文化的引进、学习和研究中,比较忽略或者说不够重视对《圣经》和基督教的深入了解。

四、应该倾听下当代神学对上帝问题的回应。这里举三位当代神学家对我们时代的上帝问题的解释,分别是:神蚀的时代,人类的成龄,上帝的沉默。具体说:第一位,马丁·布伯,他认为巨大的"我"遮蔽了上帝,引起"神蚀",他说:"当前,膨胀了的、巨大的我——它关系几乎未受到任何阻碍地攫取了主宰和控制权。这个关系中的我,一个没有能力与你对话、没有能力从本质上对待一个本质的我是时代的主人。这个我走到中间,遮蔽了上天之光。"[76]第二位,朋霍费尔,他认为宗教的时代已经过去,世界正走向一个无宗教的时代,世界已经成龄(World come of age),上帝在非宗教性的时代自我遁迹和隐蔽,使我们面对祂自己隐蔽的世界而去生活。面对成龄的世界,朋霍费尔区分了"宗教性"和"基督性"。"做基督徒并非必须宗教化,基督发出的号召不是要人加入一种宗教,而是要人进入新的生命,因此,一个人成为基督徒不在于他恪守宗教形式,而是切实地做人,在今生此世的生活中积极分担上帝的苦弱。"[77]第三位,卡尔·拉纳,他说上帝自己作为沉默者走向、面对着这个时代的人,"上帝既是无所不在地支撑和包围着人的存在的非语言所能表述的秘密,而且作为秘密也是随历史而活动的。"上帝"在今天恰恰对于具有真实信仰的人变得不可理解和'遥远'了……因为世界变得无限大、同时又很世俗,而上帝在世界对他的缺少奇迹的日常经验中并不是作为一件事实与其他事实'并立'出现的。上帝在极大程度上作为具有无限的不可言传性和不可理解性的沉默秘密被经验着……"[78]

关于对治误读的办法,这里只能粗略地提示一下要点。第一,应当进一步解放思想,开放心智,从而更新观念。要有反省反思的意识,敢于突破传统以及政治意识形态的各种教条束缚,以宽容博大的胸怀面对人类文明的一切成果,包括基督宗教等宗教性资源,广泛学习吸收,以拓展我们的精神空间,更新我们的思想观念。第二,读点《圣经》。不论是作为文学、文化的学习了解,还是作为精神与道德方面的修养,包括作为学术方面的研究,都

---

76 同注30,第15页。

77 同注36,第146页。

78 同注30,第19页。

应该认真地对待这本书。作为人类有史以来发行量最大，译本最多的一部书，我们没有任何理由来拒绝之，除非甘愿让自己愚昧无知。须知，《圣经》不仅仅是基督教的经典，它首先是犹太教的经典，而且也是伊斯兰教的蓝本，它孕育了世界上的三大宗教；尤其是，从现代文献学角度，《圣经》首先是犹太民族历史上的一部大型文献集成，从神话、历史、宗教，到法律、哲学、文学、民俗等等，无所不包，堪称百科全书，其对人类文明的影响举足轻重，无出其右。可是奇怪的却是，在我们这样一个号称有五千年文明历史的国度，时至今日，这本书在公共图书馆和国营书店不能上架，在公开的国家出版社不能出版，原因何在？第三，读点教会史和教义史。即要对基督教历史和基本教义与神学理论，有一最基本的了解、理解，而不是道听途说，一笔抹杀。当我们走进教会历史时，你会发现情况是何等地复杂，既有虔心向道、一心行道乃至殉道的惊心动魄的史迹，又有派别纷呈、歧见迭出、互不相容又并行不悖的史迹，还有假神圣以行贪财枉道、男盗女娼的苟且异化的史迹。而当我们走进教义与神学世界时，你会发现人类心灵与心智的何等深邃与巨大的持久努力，以及成就。

第四，尝试从信仰角度理解和阐释西方文学。这至少应该成为一个角度，而不是完全被排斥。有这样的意识，才能不犯常识性的错误。所谓常识性错误，试举二例：比如说弥尔顿的《失乐园》的"价值在于赞美了撒旦的反抗，他实际上把上帝写成了暴君……"，魔鬼撒旦"是一个革命战士的形象，体现了诗人清教徒的革命思想。"[79]再比如所谓"《神曲》的二重性"问题，等等。关于《失乐园》是否歌颂魔鬼的问题，可以从作者和作品两方面分别谈。从作者，众所周知，弥尔顿是虔诚的基督徒，怎么可能去歌颂魔鬼？从作品，《失乐园》全诗十二卷，如果单读前两卷，会误以为在歌颂魔鬼，但通读全部十二卷，无论如何都得不出歌颂魔鬼的结论来，并且在通读之后，会明白前二卷之所以那么写，是作者为了表现魔鬼色厉内荏的特点而有意为之。全诗中，魔鬼形象渐次在缩小，利维坦（巨鲸）、秃鹫、恶狼、鹈鹕、蟾蜍、蛇，正好象征了它欺诈虚骄的本质。将《失乐园》解读成弥尔顿歌颂魔鬼之作，也许恰好透露出了我们文化的本质所在。至于《神曲》的二重性，实际是一个假问题，它可以概括成一种表达遗憾的"虽然……但是……"式句型，比如：但丁虽然热忱歌颂现世生活，反对教会腐败，但"又不整个地反对宗

---

79 同注8，第110页。

教神学和教会"；虽然歌颂知识和美德，反对蒙昧主义，但"又借维吉尔之口表明理性的软弱"；虽然同情保罗和弗朗西丝卡的爱情，但又把实行禁欲苦行的圣方济各置于荣耀的天堂；虽然反暴政反分裂，但又把意大利的希望寄托在贤明的国王的出现上。[80]如果考虑到但丁所处的时代，及但丁本人的信仰认同，这一句式的意思实际是在责备"公鸡不下蛋，母鸡不打鸣"，是以共产主义唯物主义的意识形态来要求十四世纪的但丁，这是时代穿越剧。由这个问题，很容易想到我们思维模式里所谓的"历史局限性"的问题。人们习焉不察，其实在"历史局限性"说法的背后，常常隐含着一个自以为是的假设："今天"真理在握，"现在"是最好的，"我"是最正确的，等等。真的是这样吗？！

---

80 同注 8，第 64 页。

第五章　理解俄国——"圣愚"与基督信仰

　　提起俄国，首先呈现在我们眼前的是那茫茫的大草原，辽阔汹涌的河流，无边的森林，漫长的冬季，一望无垠的雪原，冬夜屋内的炉火和窗外的暴风雪，以及在那草原与河流间流动着的忧郁的歌声。正是在这样的土地上，才孕育出了那些天才和精神的巨人：普希金、托尔斯泰，陀思妥耶夫斯基、索尔仁尼琴、舍斯托夫、列宾、克拉姆斯柯依、希施金、列维坦、柴可夫斯基、肖斯塔科维奇；也正是在这样的土地上，才出现了十二月党人，出现了无数出身贵族或平民的优秀的知识分子和革命者，他们在深深的黑夜里走遍大地，四处流浪，他们的良心因祖国和人民的苦难而备受折磨，他们抛弃优越的身份和地位，置个人幸福于不顾，毅然踏上流放的道路；他们往往终老监狱和蛮荒之地，而他们的妻子或情人，那许多出身高贵的伟大女性，也追随在他们身边，在流放中甘愿与爱人一起承受苦难。正是所有这一切自觉自愿的受苦，成就了那些英雄的传说和美丽动人的灵魂，哦，伟大的罗斯有福了！

　　然而，这只是问题的一个方面，我们不当忘记一代代的沙皇的专制与暴虐，不当忘记帝国对周边民族和国家的残酷镇压与侵略，不当忘记在广袤的俄罗斯乡村庄园内生活着的那些野蛮的地主，以及广大蒙昧、顺服和迷信的农民，还有就是那些一群群在俄罗斯的大小城镇和乡村流浪着的乞丐与各式各样身心怪异的人物。在不忘记旧俄国的杀戮、流放和愚昧的同时，我们更不会忘记二十世纪初的"革命"，不会忘记这场所谓的革命的卑劣与野蛮血腥，以及后来越来越严重的变形。将近一个世纪的时间里，多少的残杀、阴谋和镇压，在极权专制的王国里，有驱逐出境，有政治迫害，有秘密枪杀，有契卡，有克格勃，有古拉格群岛，有庞大畸形的军事工业，有不断的武装干涉和军事占领。人民在安静地承受着，而俄罗斯的心魂，或者在荒凉的西伯利亚服苦役，或者在巴黎街头流浪踟蹰、哭泣默祷……

这是怎样的反差和矛盾呢？面对这样两个不同的俄国，你如何去整合，去理解？丘特切夫那首著名的诗说，"长期忍辱负重的故土"身上"隐隐地闪耀着光焰"，但这究竟是一种什么样的光焰，真的完全就是基督的爱的光焰吗？

在此，我们想介绍一本书，和一个新的进入俄国的角度。书名：《理解俄国：俄国文化中的圣愚》，作者系美国休斯顿莱斯大学德语和斯拉夫语研究系主任汤普逊（EWa M Thompson）教授，该书是她在上世纪八十年代中期出版的专著，属于宗教问题的文化社会学论题。"圣愚"本是俄罗斯民间社会的宗教现象，在传统上，它被认为是东方基督教圣徒崇拜的独特样式，本书作者却对这一传统解释提出了挑战。根据汤普逊的分析，圣愚现象的真正来源是东方的民俗性宗教——萨满教，只不过它借助作为国教的东正教，通过基督教式的解释而合法化了。

这是一个长期被忽略和遮蔽了的角度。比如科列沙（十九世纪中期）和拉斯普津（二十世纪早期）这两个圣愚，他们在俄国历史上不论对下层民众还是对上层皇室都有过巨大影响，但在当时的报刊和书籍中，却很少记述。在官方，"俄国外交部显然不希望让崇拜一名圣愚的令人困窘的事实披露于舆论界"，[1]对于拉斯普津，"那个时期禁止他的姓名披露于书报"；（P146）至于进步刊物，从斯拉夫派到西方派，都视圣愚为旧时代遗物，不予理睬，似乎根本就不存在这些人以及他们的影响似的。然而，他们对那一代的俄国人民及俄国政治生活的影响，"比那些为'厚本杂志'挥笔写作的许多知识分子要大得多得多"。（P57）关于圣愚的描述，仅见于"富于想象"的文学刊物和默默无闻的医学与人类学刊物，涉及其内在实质，很少为外人所知。至于萨满教，根据作者的研究观察，"欧亚大陆深厚的萨满教传统之对俄国文化的影响受到学者们的注意之少，足以令人诧异。这个问题常常被认为不值得认真研

---

1 [美]汤普逊（Ewa M Thompson）：《理解俄国：俄国文化中的圣愚》，杨德友译，生活·读书·新知三联书店　牛津大学出版社 1998 年版，第 56 页。本章属于爬疏介绍性文字，实际可看着对汤氏著作的"阅读札记"，勉强也可以叫述评，其中间以个人得自其它途径的补充资料，个别地方有一得之见。因为文中有大量引文出自该书，所以以后凡出自该书的字句或文意，均只随文注出页码，不另列注，以示言出有据。

究而被搁置";（P149）而"国家的检查机关对于公开承认'异教联系'是痛感不悦的"。（P146）

　　总之，圣愚是俄国文化史上十分重要的文化现象，是一种民间信仰形式，它之与基督教发生关联，其实是基督教的异端或者说异化表现。圣愚对俄国社会下层包括上层有着广泛影响，对知识分子也有重要影响，但这一现象却长期被人们忽视。由"圣愚"现象，使人联想到中国的"道教"，及鲁迅关于"中国根柢全在道教"[2]的论断来。

　　本章内容，是对美国社会学家汤普逊研究圣愚现象的著作，《理解俄国——俄国文化中的圣愚》一书的成果的梳理介绍，严格说，是一篇"阅读札记"，其间补充了一些本书之外的相关材料，并联系中俄历史实际，发表一点个人的感想和评论。因系"札记"，故有大量引文，以示言出有据。在以下，我们循作者之内在思路，对圣愚现象从具体描述开始，追溯本源；进而对其在俄国历史及社会与文化生活中的广泛影响，作一系统概述；间以个人的一得之见。"理解俄国"，何尝不是"理解中国"，这是笔者阅读本书时最强烈的感受。它山之石，可以攻玉，异域之镜，鉴人亦鉴己，是所望也。

第一节　描述

一、圣愚的识别性特征

　　"在十月革命以前，俄国的几乎每一个稍大的市镇和乡村居民中都有一个状貌奇特的人，他被称为为了基督的傻子，或者简称圣愚。他是市镇的受保护的人，人们供给他食宿，但这不是当局的规定。圣愚对他们好意的'回报'常常是咒骂恩人，在最好的情况下也是对恩人不予理睬。"（P3）

2　1918 年 5 月 15 日，鲁迅首次用"鲁迅"笔名发表短篇小说《狂人日记》。鲁迅好友许寿裳读后觉得"很像周豫才的手笔"，于是写信去问。鲁迅于同年 8 月 20 日回信说："《狂人日记》实为拙作，又有白话诗署'唐俟'者，亦仆所为。前曾言中国根柢全在道教，此说近颇广行。以此读史，有许多问题可以迎刃而解。后以偶阅《通鉴》，乃悟中国人尚是食人民族，因成此篇。此种发见，关系亦甚大，而知者尚寥寥也。"（具见《鲁迅全集》，人民文学出版社 1981 年版，第十一卷。）鲁迅在〈小杂感〉中说："人往往憎和尚，憎尼姑，憎回教徒，憎耶教徒，而不憎道士。懂得此理者，懂得中国大半。"（具见《鲁迅全集·而已集》）这可以看着他的"中国根柢全在道教"的一个脚注。

圣愚是俄国的一种十分古老的传统。首次记录在案的圣愚，生活在十一世纪；但他们在社会生活中占有突出地位，则始于十五世纪的莫斯科王国，从此以后，圣愚对俄国社会连续不断地产生了非常广泛的影响，这影响涉及宗教、社会包括政治和文化等诸多领域。十九世纪，由于一些贵族知识分子的亲和赞赏，圣愚不仅在社会下层，尤其在社会上层发生了十分强大的影响。（P64）对圣愚的崇拜，一直被延续到十月革命。

历史上比较有名的圣愚，有基辅的伊萨基，斯摩棱斯克的阿弗拉米，别洛耶湖的基里尔，克洛普斯基修道院的米哈依尔，莫斯科的瓦西里和约昂，（P142）此外还有莫斯科的科列沙（P56-62）和拉斯普津（P6-9）。前六人均被封圣。

圣愚们的外貌特点往往随时代的不同而有变化，但他们总有一些基本不变的识别性特征。概括言之，大体有以下七点：一、"他们一般都是赤身裸体，只在半身处系一块布；头发很长，披在肩上；他们很多人脖子上戴铁领，或者腰围铁链。即使时值寒冬，也莫不如此。"（P170）但在帝俄时期，在十九世纪的大城市，因欧洲公共场合衣着标准传入俄国，他们便开始穿衣。名气最大的圣愚，如科列沙和拉斯普津，都穿普通农民衣服。他们的不怕严寒，被解释为某种特定的精神和心理状态所致。圣愚身上一般都要披挂几磅重的铁制物件，有锁链、十字架、铜环、铁环，甚至铁帽盔，手里拿棍棒或通火铁柱；如着衣，总要添加各种细小物件如破布、条带、绳头等。（P4-5，169-177）二、圣愚被人认为是反对构建俄国社会生活的。他们过着流浪汉的生活，无家可归，无名无姓，没有妻子儿女。他们没有表现出定居下来，变成某种受法律保护的社会结构的一部分的愿望，他们站在法律结构之外，不涉及任何法律的义务。（P33）三、他们对自己和对别人，都极端蔑视或者更准确地说，是不重视肉体与物质的舒适和享受。他们的生活异常肮脏、污秽，基本不洗衣服不洗澡，食物完全靠别人供养提供，且往往非常恶劣。四、大多数的圣愚，可以完全肯定是属于精神残疾。他们在某种手艺或活动方面技巧高超、令人惊叹，但在其他方面则智力极端低下，几乎属于或就属于白痴，此即所谓"白痴圣贤"。（P65）他们的行为往往疯疯古怪，思想上明显地非逻辑非理性，语言能力低下，常常沉默不语，或则只发出片断不连贯的语句，甚至狂喊或吼叫。他们很少受过教育，绝大多数基本完全属于文盲。五、传说中，许多圣愚都有超人力量，能行奇迹。比如在水面上和火上行走，在天上飞，能用非医学的方法医好疾病，能通过占卜准确预言许多灾变等。不过，他们"完成的奇迹大致都是魔力行为，而非出自善意。引发疾病多于治疗疾病，灾难预言多于乐事预言。结果，圣愚激起的恐惧多于爱戴。"（P181）这些似乎更像是一种恐吓行为，由于他们身上似乎存在的超自然的神秘力量，人们对他们又敬又怕；当然，由于他们的"愚"，人们对他们又抱着轻蔑怠慢的态度，甚至经常恶待之。六、圣愚在行为上都倾向于表现自己，炫耀自己，以此来保持被公众注目的地位。"他们追逐，而不是躲避人群；他们是演员，而不是默默的苦行者。"（P185）他们不象修道士和隐士一样讲究独处，"他们的得意的地方是邻里聚会之地和集市。在这种地方，他们大吼大叫，咒骂行人，发出预言。"（P5）但有些大有影响的圣愚较有尊严，他们不去找别人，而是等待别人去找他们。七、圣愚们言行苛刻，常常十分粗暴无礼，有时甚至对他人施以暴力；（P34）他们强行予人告诫，经常搅扰干涉他人的生活和心理安宁。但是，又有不少时候，他们似乎又显得谦卑安静，全然远离于纷扰的世事，这似乎是一种相反相成的性格。但圣愚的谦恭有选择性，绝大多数情况下，他们指责的是对他们没有权力可施的成员，而非官员和权贵，这样，他们很少遇到真正的危险。

二、圣愚法规

汤普逊通过系统研究，指出"圣愚的行为是'悖论的'"，他通过五组二律背反的概念，尝试对圣愚的行为方式及其引起的反应作出定义，名之曰"圣愚法规"。这五组概念是：智慧——愚蠢，纯洁——污秽，传统——无根，温顺——强横，崇敬——嘲笑。（P26）"圣愚法规"的五组概念中，每一组的前一项都很少或可以说没有在圣愚现象中表现出来，真正充分直接表现出来的都是后一项。五组中的前一项所体现的，无疑是真正的基督教价值，而后一项明显是非基督教价值，然而通过解释，真实行为中的后一项又全部落在了前一项上，这便是所谓"圣愚辩证法"。根据汤普逊的研究，"在俄国圣愚现象中，有两种传统汇合为一：异教传统和基督教传统，从而大大促成了俄国的双重信仰。圣愚现象的某些特征来源于基督教传统，另外一些特征来源于萨满教。"（P22）随着时间的推移，俄国教会对于区分两种来源的意识逐渐消失，圣愚现象的基督教因素和异教因素之间的矛盾，经过圣愚辩证法的解释而被遮掩了起来，于是，作为民间信仰的"圣愚"，变成了俄国基督信仰的一种楷模和悠久传统。

但是，"圣愚法规"的两种因素之中，实质性因素实际是异教成分。在此可以第一组"智慧——愚蠢"为例，作一分析。这一组对立概念，意为圣愚的"愚蠢"行为没有排除掉他们的智慧，并且根据圣经告诫，愚蠢的行为事实上是智慧的象征。但是，十九世纪存在的大量证据，却说明某些圣愚在精神上是变态的，或者超感觉的，当时最著名的圣愚，莫斯科的伊万·科列沙是住在疯人院里的，他的行动象一个疯子，他反对理性智慧，当然这些情况并没有阻止成千上万的人前来寻求精神方面和实际生活方面的咨询。并且，圣愚们的智慧不可言传，当时几十名被尊为圣徒，几百名得到非官方承认的城乡圣愚中，只有极少数曾就某事作过连贯叙述；从来没有见过圣愚言论集，圣愚对神性和人性从未作出过任何论证。圣愚常常患语言障碍症以致完全不能说话，他们只能发出毫不连贯的呼吼，这些呼吼再由他们的崇拜者进行"阐释"。根据《圣经》，"神性智慧"和"尘世智慧"之间确有区别，《所罗门智训》称那些不认识上帝的人为"愚人"，他们认为过正义的生活是"愚狂"（智5：4）；保罗指出，"你们中间若有人在这世界自以为有智慧，倒不如变作愚拙，好成为有智慧的。因为这世界的智慧，在神看是愚拙。如经上记着说：'主叫有智慧的，中了自己的诡计。'又说：'主知道智慧人的意念是虚妄的。'"保罗又说，"我们为基督的缘故算是愚拙的，你们在基督里倒是聪明的。"《箴言》亦有言，"敬畏耶和华是知识的开端，愚妄人藐视智慧和训诲。""智慧必使你行善人的道，守义人的路。"[3]也就是说，世俗事物方面的聪明和经验知识的丰富是一回事，而智慧则是另一回事。真智慧在于敬畏耶和华，行善守义。圣徒的智慧在世人看来常常显得是愚拙，而世人的智慧在圣徒眼里也常常是愚蠢。但是，《圣经》对智慧和愚蠢的这种解释，与圣愚特征并无共同之处，圣愚"依靠神秘的，私秘的显灵，而不是遵守普遍的行动准则；蔑视逻辑思维而不是世俗的小聪明；以诺斯替教方式抛弃'这个世界'，而不是谦虚的接受；"（P28）他们还把癫狂行为看作高超智慧的表征。在福音书或保罗书信中，我们找不到如下的表述或暗示：真正的或者假定的精神变态或超感觉以及感受癫狂状态的能力，和神圣的智慧同义；相反，我们倒是知道，耶稣基督曾行神迹驱魔赶鬼治愈许多疯癫病人，解除他们的痛苦；而假先知却凭着来自

---

3 《新旧约全书》（和合本），中国基督教协会1989年版，林前3：18-19；林前4：10；箴1：7；箴2：20。

地狱而不是天堂的魔力，行许多大奇迹迷惑世人。圣愚所有的这些"智慧"特征，如作者所指出的，主要来源于萨满教传统。

"圣愚辩证法"对形成俄国人的民族性格，对俄国人的思想与行为方式，以及心理和精神取向，都有举足轻重的深刻影响。"圣愚最为突出的特征大概是对极端行为的嗜好，节制不是他们追求的美德。"（P23）而俄国人对这种嗜好极端行为的解释亦是不可思议：圣愚的反社会行为被认作是促进社会生活和谐的尝试，他们的粗野被看作是谦恭的表现，初看上去可视为精神变态和没有能力自理生活的作法被解释为大智大慧的表现，圣愚"故意"做坏事以求教导他人以道德，以求其本身变得更为道德。这就是说，早在黑格尔和马克思主义者向俄国精英解释辩证思维的原则之前，俄国人面对现实，早已开始运用这种辩证感受了。这种行为与思想的方式反对社会培育理性辩论的传统，"在圣愚崇拜中，人格的非理性方面受到了器重，而理性的和肉体的方面则被贬抑，圣愚的行为否定西方的逻辑，嘲弄西方的经验。社会接受圣愚，从而加强了俄国斯拉夫派对'理性主义的'和'重视物质的'轻蔑"；（P25）也为后来的苏维埃俄国较为容易地接受马克思主义辩证法铺平了道路。

三、俄国内外的研究情况

面对圣愚现象，无论在俄国国内还是国外，严格认真的观察和科学的研究都十分缺乏，大多数人都认为这是俄国基督教虔诚的独特表现，"他们坚持说，圣愚在精神上并非异常，在习惯方面不是异教徒，他们迫切地要为基督效劳。他们衣着可笑、过流浪生活、行为丑陋，都是有目的的，是要在精神上自我完善。他们的讨厌行为是一种手段，用以避免通常献给德高望重之士的敬爱和景慕。他们需要他们不良行为招致的蔑视和谴责，以避免不然就要蜂拥而来的对他们的赞誉。他们豪杰般地忍辱负重，甚至比'普通的'圣徒的殚精竭虑更为值得敬佩。事实上，他们是天下最完美的基督教圣徒。"（P12-13）

但也有个别不同认识，比如俄国学者德米特里·泽列宁提出，西伯利亚诸部落对萨满的信仰和俄国对圣愚的崇拜有关系。捷克学者托马斯·马萨里克在《俄国精神》中写道："在俄国人中间，正如在最原始的民族中间那样，由于缺乏批判能力和缺乏文化，神经和心智的病理状态很可能被看作是内心宗教生活的表现。在俄国，甚至在今天，圣愚（精神病患者，白痴和低能儿）是不仅仅被农民看作是神灵附体的人的。"（P11）俄国自由派知识分子，作家伊万·普雷若夫，在十九世纪六十年代研究并描述了莫斯科一地的二十六名圣愚，这是十九世纪关于俄国最不寻常的目击。这目击一部分来自他乔装打扮，参加由莫斯科一大群圣愚和乞丐发起的前往基辅的朝觐活动的经历，一部分来自他以往和俄国流浪汉的接触。在他的著作里，语调激烈，对圣愚现象进行了不遗余力的谴责。但他的恶感更多地是道德上的，而不象马萨里克是医学上的。他认为他们不是不健全，而是他们大部分人都是狡猾的骗子，他们是俄国社会野蛮虚伪的表现，而不是什么神圣现象。以下是他关于圣愚的著作中的一段：

> 这个世界充斥着闻所未闻的狂热、愚昧和甚至在野蛮人中间也不易见到的罪恶。对此我虽然早有所闻，但是当我亲临目睹之时，我感受到的震惊真是无法形容。为了更多地了解这个奇怪的世界，我穿上了农民长衫，随着一大群铁杆信徒（大约一百五十名，包括后来被出卖为妓的小姑娘）游荡，出入修道院，我目睹的一切实在出人意表：酗酒、亵渎、出售天真无辜、卖淫、癫狂的胡言乱语、高唱、祈祷、歇斯底里、朗读圣经和异教的连篇骂语。（P12）

对普雷若夫来说，圣愚们不是受人侮弄的白痴，便是狡猾虚伪的骗子。比如著名的科列沙，他认为这是"一个老奸巨滑的骗子和一个滑头的半傻子，欺骗过成千上万的人，对俄国社会习惯造成了极为有害的影响。"（P84）根据他的见证，有些圣愚本来是和蔼善良的人，为环境所迫而扮演了术士和预言家的角色，他把大部分妇女列入这一类。另外一些人则是精神错乱者，根本不知道别人把他们当成了有重任在肩的人。

第二节　溯源

一、圣愚与拜占庭"愚人"及东正教"圣徒"的关系

圣愚维护者追溯历史至公元四、五世纪拜占庭的希腊愚人，认为他们是俄国圣愚的先驱。十九世纪俄国大量宗教出版物和许多宗教界有影响的人物，都把圣愚行为描述成基督教美德的不容置疑的成就，革命前的俄国，对圣愚的信仰非常普遍。尼古拉二世时期重要的参考工具书，布罗克高兹——艾夫隆《百科词典》中，关于圣愚的条目有如下词句：

圣愚是实行基督崇拜方式之一的人们，是为了基督的愚痴。他
们这样做是为了爱上帝和同胞。他们不仅仅放弃日常生活的全部兴
趣和舒适，而且还装疯，他们的行为像毫无尊严和羞耻感的人一样。
有的时候他们甚至从事丑恶的行为。（P82）

然而，在普遍的肯定声中，无论在教内还是教外，还是存在不同的其它声音
的。在东正教内部，一五五二年，"百项决议集"宗教会议决议案有如下决议：

在乡村，在城市，虚假的僧侣和修女、男人和女人，抬着圣像
四处游荡，他们作出预言，到处募捐，为了建造教堂，或者为了饱
其私囊。这些人逃避工作，在正教信徒中时时出丑，令前来莫斯科
公国的外国人士诧异。（P84）

这是教会对圣愚的反对态度的首次出现。十九世纪后半期俄国主要的神学家
叶夫盖尼·弗鲁宾斯基认为，圣愚现象是一种"反教规行为"，圣愚现象对于
俄国基督教是一种祸害，而不是一种成就。大主教马卡里（M·B·布尔加科
夫）的《俄国教会史》持同样看法，"圣愚行为之所以吸引人，是因为它和冒
充的戏剧表演及娱乐有联系，而不是因为增进了基督教美德。他为俄国人根
深蒂固的异教迷信行为叹息，断定所谓俄国宗教的黄金时期，即十六和十七
世纪，应该改称为愚昧时期，因为那个时期大多数俄国人对基督教实际上一
无所知。"（P86）当时真正时兴的，是属于异教的东西。

汤普逊将俄国圣愚崇拜者所尊奉的六位拜占庭"愚人"，和俄国圣愚对比，
得出结论，"看来不是主流的拜占庭'愚人'传统不能被看作俄国'为了基督
的愚痴'现象的唯一渊源。它确实对圣愚现象发生了影响，但是，这种影响
绝对不是决定性的。"（P101）"愚人"称号是在圣愚传统确立之后很久才在俄
国使用的。他从几个方面强调了"愚人"和圣愚的区别：第一、在数量上，"愚
人"仅仅是希腊正统的次要部分，他们对希腊文化的影响很小。如有人指出
的，"过度地依靠对肉体的压抑和秘密的沉思祈祷是不能与福音书的教导、圣
保罗的使徒行传、正统基督教中盛行的节制精神和适度接受肉体需要的做法
协调起来的"，这些作法源于诺斯替教派，有异端味道。（P90-91）相反，圣愚
却对俄国文化有重大影响。第二、"愚人"是一小群分散的个人，他们的古怪
行为没有像发疯或者进入癫狂状态这样的共同特点，相反，他们几乎都（除
一个外）是饱学之士，具学者风度，善于论辩，具有知识成就；他们之中有
几个赤身露体，但这更多地应从南北气候差别去理解，而不是精神异常。圣

愚却相反。第三、"愚人"井井有条地为他人服务，而圣愚则只接爱他人恩赐，从不为他人效力，也不设法自助。第四、揭人之短，或者动辄责咎他人的姿态，是"愚人"所没有的，但这却是圣愚的重要特性之一。

在俄国圣愚传统中，据说有许多人被东正教会封为圣徒。汤普逊经过对各种资料的仔细分辩，指出：只有六个圣愚可以被认为是全国性的受封圣徒，即基辅的伊萨基、斯摩棱斯克的阿弗拉米、别洛耶湖的基里尔、克洛普斯基修道院的米哈依尔、莫斯科的瓦西里和约昂。六人中，有三个在马卡里会议上受封，第四个在一八七六年，下余的两个时间不详。六人中，只有莫斯科的两个，可能还有米哈依尔，是以圣愚身份受封的，其他三人虽被大肆颂扬，原因却和圣愚行为方式没有明晰关系，就他们而言，圣愚方式只是暂时性的。并且，瓦西里和约昂受封，至少部分地也是出自政治原因，因为他们是莫斯科城的代表。这六个圣愚之外的其他圣愚，不管传说如何，实际上从未被教会承认为圣徒，最多仅仅得到地方的崇敬。（P142）

"俄国东正教对民间崇敬圣愚的积习的反对态度软弱无力。结果，大多数俄国人把圣愚身份和圣徒身份等同起来，而实施这种圣愚作法的人是他人无论怎样异想天开也不能视其遵从了基督教价值观系统的。"（P142）俄国的圣愚现象，与其说是东正教现象，还不如说是俄国民间传统强加给俄国东正教的现象。有人分析了这种强加的一般程序："第一步是异教习俗激起的民众崇敬；第二步是教会的反对；第三步是教会接受民间习俗，并把异教迷信推升到基督教神圣特性的水平。"（P143）

二、圣愚的"萨满教"实质和渊源

既然圣愚现象的基督教合法性比较可疑，其内里实质更多源于异教传统，那么，这异教所指者何？汤普逊明确说是萨满教。萨满教系原始宗教的一种，因满-通古斯语族各部落的巫师称为"萨满"而得名。"萨满"意为"因兴奋而狂舞的人。"萨满教系原始的氏族部落宗教，各族间无共同经典、神名和统一组织，但有大致相同的特征。相信万物有灵和灵魂不灭。认为世界分为三界，上界天堂，诸神所居；中界地面，人类所居；下界地狱，鬼魔和祖先所居。宇宙万物，人世祸福皆由神鬼主宰，神灵赐福，鬼魔布祸。氏族萨满神为保护族人，特在氏族内选派自己的代理人和化身——萨满，并赋予特殊品格以通神，为本族消灾求福。有特定的宗教节日和宗教仪式。主要流行于亚洲和欧洲的极北部，在北美的爱斯基摩人和印第安人，宗教性质与萨满教同，中国的满、蒙、维均曾普遍信仰之。[4]汤普逊指出，"整个俄国历史过程中，都存在着萨满习俗渗入俄国宗教崇拜的广阔机会，"斯拉夫人长期与芬兰人、突厥人和鞑靼人在地理上接界，甚至混居通婚，所以这些民族的萨满习俗不可能不对俄国人产生影响，即使在基督教被俄国接受以后，这种影响也还在发生作用。诚如有人所指出的，"在俄国存在着双重信仰现象，亦即基督教信仰和异教信仰的结合，双方并存，混合为一，以致在日常生活中难以区分。"（P163）

圣愚从萨满积习中借用和保留了许多东西。一、便是对铁器和铁制饰物的爱好。铁在萨满文化中扮演着重要角色，铁制品被认为是神圣的，铁链能保护主人不受冰雹袭击，防止魔鬼窥视，不洗水而触摸铁链为亵渎行为，铁链的响声象征萨满神奇的力量。高级萨满携带铁棒，带很重的铁链、铁环。相反，在基督教，那怕是基督教苦行禁欲主义者中，铁根本不会有这么多名堂，而戴铁链的作法，一般仅限于封斋期化装游行，平时更多的是秘密穿戴粗毛布衣服等。无论是萨满还是圣愚，披挂叮嘡作响的铁饰品和携带铁器，实际效果都是向外的，在于引起畏惧和敬重。二、圣愚和萨满的另一个共同特征是裸体或穿着极少，而萨满衣着的装饰品、小铃、穗状物、悬垂物，都很像圣愚的褴褛衣着。三、在行为上，无论是圣愚还是萨满，在成圣或成为萨满之前都包括有"一段失去意识的时间"，人进入恍惚迷离的超感觉状态；此外，圣愚在十九世纪彼得堡贵族之家的"降神令"和萨满的"跳神会"极为相似，都表现为一种歇斯底里的癫狂状态；还有就是圣愚和萨满们据说所拥有的预言、占卜和行奇迹的能力，其均属魔力行为，他们强行予人以警告，常常很粗暴恶劣，引起的是恐惧和烦恼，不是爱与和平。四、圣愚之喜欢敲钟和萨满的喜欢击鼓，都是在使用音响的魔力来吸引观众，提高他们的威望。五、这两种传统都涉及乌鸦，而乌鸦在萨满教中属于魔鸟。

最后，可以从教士（或僧人）与萨满之不同，来辨识圣愚之与基督教远而离萨满教近的事实。教士竭力为超自然物服务，而萨满则是和超自然物讨价还价的人，萨满站在人和神灵的世界中间，不是因为他的美德，而是因为他能神奇地呼唤使用比他更为强大的各种潜在力量的能力，他能够驾驭超自然物为狭隘的人类目标服务，如诱发疾病、治疗，或者预言未来。教士不从

4《辞海》缩印本，上海辞书出版社 1989 年版，第 676 页"萨满"和第 677 页"萨满教"条。

事魔法，而这却是萨满活动的核心。尤其是，教士效法基督，教人以爱与希望，而萨满则引起畏怖和不安。（P148）

由以上情形可以看出，圣愚现象是一种"神话"，而此神话之所以得以产生并广泛流布开来，除了其内里的萨满教实质在民众信仰中的浓厚基础外，主要是由于它对拜占庭愚人传统的攀附，以及对基督教圣徒传统的渗透，还有就是由于后来的上层贵族和许多知识分子的提倡，包括一些作家在其作品里对其进行变形后的大量肯定性的描写。

第三节　影响

圣愚对俄国社会与文化生活的影响是长期的和深入的，它波及社会的各阶级阶层。

一、对农民和贵族的影响

首先，"圣愚对俄国农民的影响是怎么高估也几乎不过分的。他们常常是农村里最高的精神权威，"（P5）他们的毁誉往往形成乡村的誉论导向，人们对他们又敬又怕。不论在农民的茅屋还是在地主的庄园里，他们都象尊贵的客人一样被款待，而不像普通的乞丐。地主和农奴都和他们攀谈，都希望得到他们的教导和指点，"村民们对圣愚的器重胜过对地主神父的器重。"（P5）我们认为，俄国农村根深蒂固的迷信思想及各种野蛮与愚昧风习（这一点可通过俄国文学间接了解到），显然与圣愚影响密不可分。十九世纪后期民粹派的努力，在农村得不到响应而归于失败；二十世纪初出现了革命派，并终于取得胜利，这一反一正的结果，其实都可以从俄国农村极端贫困和愚昧的精神文化状况里得到一定的解释，这一状况与前者难以有共鸣，与后者则不难有呼应，因为后者与之有着某种天然的内在相似性或接近性。而这一状况的造成，不能不说与圣愚传统在俄国农村长期而深入的影响有直接的关系。固然，俄国革命自有其经济与社会的绝对必然性，但并不能因为这一必然性，就不能指认其在文化和精神上的贫乏和低劣。这一贫乏和低劣，在革命后的年代里越来越显现出来，并导致了人所共知的在人性上的黑暗、残忍和恐怖，以及在精神文化上的极度平庸和粗俗。俄国民间信仰的圣愚实质与非基督教性质，对我们不无启发。试问，中国民间信仰之实质，或者说主宰中国农村和农民精神生活、深入其灵魂内里的，究竟是什么？真的完全或主要是儒家或儒教吗？

其次，在城市里，在贵族中间，对圣愚的敬重很普遍。（P68）比如二十世纪初的拉斯普津现象，就与上层社会的这一普遍倾向有关。十九世纪上半期，彼得堡上流社会对神秘主义和唯灵论兴趣浓厚，不少贵族的客厅里常常举办圣愚的狂舞，这种作法后来受到俄国东正教会的谴责，但并未消失，也就是说，俄国社会影响力最大的阶层是接受圣愚现象的。作为俄国文化的一种因素，圣愚对俄国的统一和延续曾作出了贡献。莫斯科公国时期，在莫斯科王公们努力降服其他公国时，圣愚的亲莫斯科姿态尽人皆知，在创建俄国国家方面发挥了作用，并协助莫斯科王公竖起一种以莫斯科为中心的爱国主义，为神圣俄国的神话作了意识形态上的准备。（P32-33）在此，我们尤其应该注意圣愚对沙皇宫廷的影响，除过深受西欧思想影响的彼得大帝明确反对圣愚外，"历代沙皇和将军都很看重圣愚们的预言和进谏"，比如亚历山大一世、尼古拉二世，有的甚至带圣愚作为近侍一起出游。伊凡雷帝对圣愚一往情深，在某些公文里使用笔名"圣愚帕尔费尼"；沙皇尼古拉二世和皇后与赫赫有名的圣愚拉斯普津是莫逆之交，他自由出入宫廷甚至宫帏，在他最飞黄腾达的时候，可以说是"俄国的实际统治者"，他对沙皇及俄国的政治生活的影响举足轻重。然而此人的品质却颇为可疑，他在性生活和其他方面颇不检点，残暴、强横，引起神职人员和政治家的怀疑。（P6-9）也许只有在了解了圣愚对俄国上层社会，包括对沙皇和宫廷的精神影响之后，我们才能更好地理解俄国政治生活和政治品质的某些秘密：专制、专横、残暴、蒙昧，其渊源有自。

二、对"革命派"知识分子的影响

不论赞成或反对，俄国知识分子在根本上其实都是深受圣愚思想和行为方式的影响的。当然得注意，汤普逊所谈之"俄国知识分子"，有特定所指，"这一术语是指现代俄国社会中的一部分人，他们受过某种程度的教育，对俄国政府的对内政策持高度批判态度，相信建立正义与平等占主导地位的理想社会秩序是可能的。"（P246）俄国知识分子按其思想类型及出现先后，基本可以分为斯拉夫派、西欧派（自由派）、民粹派和革命派，这几派应该都合于上述定义。不过涉及圣愚影响时，汤姆逊主要谈的是第一派和第四派。

　　先看革命派。俄国知识分子的激进主义形成和表现于十九世纪六十年代及以后，它与当时俄国大学的改革有关。一八五五年，沙皇亚历山大二世废除了前任沙皇的大学入学限制，这一决定把社会下层学生送进了大学，他们就是所谓的"非贵族出身的知识分子"。"这些人在早年对圣愚文化的接触比前一代贵族同学和仰望西方的同学要多。他们的思维方式扎根于俄国社会习惯和风俗，而较少受到外国教师、家庭教师或国外旅行的影响。正是这一群出身下层的学生，在十九世纪六十至七十年代，促进了俄国知识分子的激进化。"（P247）圣愚现象所提供的背景，是自称的社会改造者们的一个重要的、显然没有得到公认的灵感源泉。俄国知识分子们，从圣愚那里继承了对大事、小事持高度严肃的态度，他们对行政结构和社会条件缓慢而渐进的改善不屑一顾，从别林斯基和车尔尼雪夫斯基到涅恰耶夫、特卡切夫和列宁，莫不如此。别林斯基在《致果戈理书信》中激烈谴责果戈理，说他"已经患病，因此……应该赶快就医。"（P72）说俄国要放弃果戈理提倡的"神秘主义和禁欲主义"，要坚决铲除旧俄的一切遗产，取而代之的应是拥抱"文明、启蒙主义和人道主义。"杜勃罗留波夫的著名论文《真正的日子什么时候来临？》，其语调类似于别林斯基，这是一个拿起武器反对传统的人的激情呼喊，他认为传统令人屈辱，令人愤怒。他们都认为旧俄是万恶之源，旧俄国的一切"尘埃和粪堆"都必须彻底清除，旧俄国必须用一个焕然一新的、更好的俄国取代。这种毫无宽容胸襟，往往超过了谦恭和常识界限的类似于最高纲领式的激烈告诫，其实表现了对古老模式的依赖。这种权力语调，在表达摆脱传统的强烈愿望的同时，却落入了传统的圈套之中；所达到的那点真理，最终复被黑暗谬误所吞没。因为这种粗暴的谴责语调，正是圣愚针对他人缺点时的作风。

　　车尔尼雪夫斯基的小说《怎么办？》（1863）中的人物，以及后来苏俄时期的小说《钢铁是怎样炼成的》（1934）和《青年近卫军》（1945）中的主人公，无不表现出过于苛责他人和自己的禁欲主义倾向，还有为实现一个完美社会进行努力的决心和意志。涅恰耶夫的《革命教义问答》（1869）"与其说是掺进了西方社会主义观念的精神产物，不如说是某一个熟悉作为圣愚特征的严肃神态和对'资产阶级'舒适生活持弃绝态度的人的手笔。理想的革命家就是世俗的圣愚："

　　　　革命者是一个遭受劫难的人。他既没有个人的爱好，也没有生活琐事，也没有情感、眷念、财产，甚至姓氏……在他生存的根基中，他不仅在口头上，而且在行动上也切断了与社会秩序、全部受过教育的人和这个世界的全部法律、财产、常规以及道德的联系。

他是——这个世界的冷酷敌人……

他轻视舆论。他蔑视和憎恨现存公共道德的全部动机和表现……他对自己严酷，他必定对其他人也同样严酷。（P249）

涅恰耶夫的《革命教义问答》是这样表述对更高级的道德的忠诚态度的：

亲属、友谊、爱情、报恩，甚至荣誉本身的全部温情的、婆婆妈妈的情感，都必须压制下去……取而代之的是为了革命事业的彻底的冷酷无情……日日夜夜，他（革命者）只能有一个念头，一个目标——无情地摧毁。他要冷酷地、时刻不懈地奔向这一目标，他必须时刻准备牺牲自己，用自己的双手消灭妨碍实现这一目标的一切。（P260-261）

《教义问答》是圣愚实行的残酷而无爱心可言的苦行生活的世俗性表述。俄国知识分子鼓吹的全心全意专注于表面上显得高尚的事业，和藐视社会生活常规的姿态，都已蕴含在圣愚的价值体系之中，整个俄国社会都钦佩那些既"对自己严酷""也对他人严酷"的人。（PP249-250）涅恰耶夫不光写了《问答》，他是一个真正的禁欲主义者和献身革命理想的人，他"既残忍又狂热，但他具有英雄的气质。他鼓吹欺骗和抢劫，把它们作为社会变革的无情的恐怖手段。他是一个如此有力量的人，在被押在彼得堡彼得保罗要塞的阿列克谢耶夫三角堡期间，他说服了监狱的警卫，通过他向外传递对于革命运动的指令"；[5]他甚至把监狱官员变成策划越狱的同谋者，事后有狱卒说："他下一个命令，你是没有办法拒绝的。他只要看你一眼就够了。"（P250-251）像往日的圣愚一样，涅恰耶夫"令人恐惧，令人屈服；他藐视他作为一名魅力十足的神奇领袖本来可能获得的物质财富，他享有全然忠诚于思想，对于大多数人所强烈追求的那些事物冷淡漠然的人的声誉。"（P251）但是须知，不论多么严格的禁欲主义，并不一定意味着爱与和平，它很可能与人心的怨恨和人性的骄傲有关，它常常有着一个黑暗的中心。它孕育产生的，很可能是属于魔鬼的破坏性力量，而非神圣的救赎性力量。《福音书》记载中的耶稣基督，从未刻意回避或拒绝过世俗的享受

5　[俄]尼古拉·别尔嘉耶夫：《俄罗斯思想》，雷永生　邱守娟译，生活·读书·新知三联书店1995年版，第118页。

和大众的赞美，他甚至寻求门徒们对他的神圣身份的承认，他多次出现在法利赛人、税吏、财主和官员们的宴会上，曾有一个女人用至贵的香膏浇在他头上，他向不满的门徒们解释说这是一件美事，他最后荣进耶路撒冷，欣然接受信徒和群众热烈的夹道欢迎。孔子在生活上也是十分讲究的，所谓食不厌精，脍不厌细等。

这是一种"革命的神话"。一方面，在思想风格上，在话语表述和行为方式上，是如此激烈、彻底和毫不妥协，其中确实似乎包含了某种可以名之为高尚和英雄主义的东西；但是在另一面，请看看它所实际导致的结果吧，对此我们一点也不陌生。整个二十世纪，不光是俄国，整个地球上有一半多的人，被卷进了这样的革命中，这革命持续近一个世纪，它带给人民、国家和民族什么呢？自由和幸福吗？尘世的天国吗？刚好相反：物质的贫困，政治的残酷与黑暗，文化和精神品性的极度僵硬、平庸与卑下无耻，谁能说这不是灾难？尤其可怕的是，它对于传统的强行中止和彻底摧毁，对于个人自由的无情剥夺，对于人性中所有一切丰富、高贵和隐微的思想与情感的无知以及肆意践踏，都达到了无以复加的残忍程度。《日瓦戈医生》很好地记录和表达了这些。革命"成功"后不久，一切最终落入了贱民（绝不是人民）组成的官僚手中；第一代一定数量的具有一定文化素养和精神诉求的少数革命的领袖消失后，代之而起的往往是反知识分子的愚昧无知的野心家和强权者，以及尾随其后的一大群私心重重平庸不堪的势利小人。关于革命，不光是这起头与收尾的巨大反差，以及过程中的不择手段和心狠手辣；更有这种神话背后所潜藏着的人性之罪，即人的骄傲——其实是人的虚弱、黑暗和绝望（这是一个心理学透视的问题）；还有这种神话赖以产生、流传和被炒作的文化背景以及精神质地的粗鄙与丑陋。别尔嘉耶夫尽管充分表达了对革命的理解，认为这是俄国的命运，但他还是明确表示："我十分厌恶大部分革命者和马克思主义者的精神文化的低劣状态。""我之所以不能接受布尔什维克的这次革命，其主要原因不在它的社会方面，而在它的精神方面。……我不相信他们有治愈创伤的任何可能，也不指望他们治愈创伤。"[6]对于革命，尼采曾有精辟的见解："'如果我是混蛋，那么你也应该是混蛋'：人们根据这样的逻辑闹革命。""当他们义愤填膺地要求'权利'、'公正'、'平等'之时，他们仅仅受

---

6 [俄]尼古拉·别尔嘉耶夫：《人的奴役与自由——人格主义哲学的自我体认》，徐黎明译 陈维正校，贵州人民出版社1994年版，代序第7，10-11页。

着他们的愚昧的支配，不知道他们究竟为何受苦。……必须有人对他们处境不好负责……"[7]

三、对"斯拉夫派"知识分子的影响

再来看斯拉夫派。俄国斯拉夫派（更确切地说是俄罗斯派）对圣愚诸种悖论的依赖特别突出。伊万·基列耶夫斯基在《论欧洲文明及其与俄国文明的关系》（1852）中提出："俄国生活的精髓可以推溯到形式最为纯粹的基督教……俄国的独特之处在于它吸收基督教学说时态度的彻底性和纯洁性。"（P287）阿克萨科夫说："俄国的自由概念"是以"道德真理"，而不是"常规的和形式的因素"为依据。这是"观念"，那么"现实"究竟如何呢？汤普逊指出，"俄国一流知识分子对这些观念的推崇给这个民族的自我形象造成了严重的后果。"（P287）这便是他们无视沙俄帝国在国内实行奴役，在国外进行扩张侵略的现实，包括无视底层社会生活的悲惨不幸和愚昧野蛮的现实，他们合力创造制作了俄国的"民族主义神话"。下面，我们从俄国生活和历史的几个基本因素：家庭、公社、国家，分别考察这一神话的神奇性。

基列耶夫斯基在许多文章中都赞扬了传统的俄国家庭，认为在古代俄国，一个农民家庭的生活特点是自我牺牲和自我否定，他们总是关怀他的家族的福利，但他们从来不过问全部收入的多寡和个人物质待遇的改善，这些特点一直保留到他那个时代。然而，从理性和经验的观点看，这种家庭不过是被迫在一起生活，却既不交流思想，又不共享收入的一群人而已，其中所有的只是对家长权威的屈服，而少有或没有家庭关系的亲密与和睦。（P288-289）

斯拉夫派，甚至包括西方派，都认为俄国农村公社（P256）的土地公有制，使俄国能够独特地发展一种肯定要高超于欧洲的社会制度，俄国农民没有机会发展在私有财产为基础的社会里繁盛起来的那种占有欲和贪婪性格。（P255-256）达尼列夫斯基称颂了据他认为通行于公社的诸种决议的群众性和友情，并进而把这幅融洽亲密的画面，和西方社会中伴随通过决议过程中的法律争吵加以对照，认为社会生活对法律保障的依赖，是某种形式的自私自利，幸而温顺的俄国农民没有沾染这一恶习。（P290）他们还把这种制度推溯到基辅俄国时代。但具有讽刺意义的是，关于俄国农村公社渊源的观念，是沙皇政府雇佣的德国旅行家奥古斯特·冯·哈克斯陶森男爵首先创造的，它

---

7 [德]尼采：《偶像的黄昏》，周国平译，湖南人民出版社1987年版，第92页。

并非俄国土产。西方历史学家指出，公社不是一种古代的制度，而是在农奴制确立时期形成的，在男性成员为主人在地里无偿劳动时，为了让农民家庭存活下来，把一定数量的农村土地拨出供农奴们共同使用。女人和儿童可以在那里采集浆果、蘑菇和木柴，放牧家畜。（P257）所以，公社和农奴制有共同的根。至于公社内成员之间的关系，一些俄国作家有不同说法，认为除过宗法农奴制以外部强力所强加的联系之外，个人之间、家庭和公社之间实际是缺乏精神联系的，随着一八六一年的农奴解放，由恐惧所造成的纽带消除了，于是那种被大肆吹捧的互相关怀和对共同利益的关心便也就消失不见了。（P290-291）其实在很大程度上，农民缺乏社会意识这一事实，正是七十年代民粹派知识分子，和俄国农村居民建立有效联系失败的原因。

十九世纪俄国派思想的矛盾倾向，特别强烈地表现在他们关于国家政治和军事问题的议论中。在十九世纪后期，俄国进行的侵略战争，征服得手的众多次数，在世界上都是首屈一指的。整个十九世纪，俄罗斯帝国的领土正是通过"温顺的农民"的侵略行径，一直在东方、西方、南方、北方一天天地扩张的。但是，德高望重的俄国派们对他们的国家却不如此看，"对他们来说，这是一个受到强行利用的国家，人民卑微，值得全世界同情和钦佩；这是一个爱好和平的农民国家，他们含辛茹苦，十分忍让，对他们在亚洲和欧洲的邻国人民表现出了'自己活也让别人活'的态度。"（P292）丘特切夫那首著名的《这些贫困的村庄……》，[8]表达的正是这个意思；伊万·阿克萨科在

---

8 [俄]丘特切夫

    这些穷困的村庄，
    这贫瘠的自然，
    长期忍辱负重的故土，
    你，俄罗斯人民的家园！

    异族人骄傲的目光
    怎能理解、怎能发现
    在你赤裸的身上，
    隐隐地闪耀着光焰。

    祖国啊，在你的大地上，
    背负着十字架的上帝，
    作为一个奴隶四处走遍，
    他祝福你每一寸土地。

自《丘特切夫诗全集》，朱宪生译，漓江出版社 1998 年，第 310 页。

一八八一年写道，"征服不是俄国历史生活的基调。"（P292）陀思妥耶夫斯基在一八八〇年宣称：

> 我要坦诚地说，在全部民族中，俄罗斯灵魂、俄国人民的天才，大概是最有能力容纳人类普遍情谊，兄弟之爱的观念的。这是一种清醒的观点，它能谅解一切敌意，区分和宽容一切绝望，消除一切矛盾。这不是一种经济特点或别的什么特点；这仅仅是一种道德特征。有谁能够否认或者驳斥俄国人民身上的这种特征呢？（P293）

一八八一年一月，就在逝世前数日，陀氏就俄军攻占土耳其斯坦时，对藏身于某一城堡中的男女老少斩草除根式的虐杀表示称许；（P294）可在他以往的《日记》中，却一而再，再而三地谴责拿破仑征服欧洲和进攻俄国。和陀思妥耶夫斯基一样，苏俄时代的索尔仁尼琴也"虚设了一个谦恭与受尽苦难的民族的形象，而俄国人的超凡绝伦、硕果累累的侵略扩张却没有受到他的注意。"（P295）索尔仁尼琴强烈谴责秘密警察和严格的政治监督、内部通行证制度、对出国和在东方集团国家内部旅行的限制、亚洲部分的劳改营和精细完备的密探制度，但他又认为这一切都是强加到俄国人民头上的，是非俄国的价值观，他极其强烈地反对把苏俄看成是沙皇俄国的延续，然而令人遗憾的是，所有这一切，早在十九世纪的俄国即已存在。人民对这些政治制度的反抗几乎等于零，他却脱口而出，要求对俄国人民表示钦佩和同情，因为他们"忍受了"苏维埃政权"对一切人的最狂暴、最漫长的攻击"。

综上，不论是对家庭、公社、还是国家的认识中，对于俄国派知识分子而言，俄国正像一个圣愚一样，他在外观上可能并不优雅（对内奴役，对外扩张），但是，其深藏的内心却是纯洁与正义的。如戈勒所说，俄国人的真理概念"是不符合西方的逻辑标准的"，（P297）他们最为得心应手的是"圣愚辩证法"。通过这种辩证法，他们创造了一个圣洁无比的民族神话。在对这个民族神话的各种言述方式的考察中，作为中国人的我们，似乎听到了众多耳熟能详的新老国粹派和新儒家们的高论，他们都拥有一个好像别人真的没有而自己独有的道德武器，而且，他们好像真的就拥有这个武器似的；他们都不满或不屑于西方的物质化、逻辑化、法治化和"伪善"，似乎西方再没有别的"化"了一样，也似乎自己"非不能也，是不为也"似的。

最后，无论是革命派知识分子还是斯拉夫派知识分子，其阶级出身似乎不该被遗忘，这就是前者的多属下层出身，和后者的地主、贵族出身。在革命者对革命的一往情深，奋不顾身中，除了他们所标榜的、也是最容易被认识到的某种所谓道德的纯洁性外，是否还隐藏着源于出身的强烈的"怨恨"在？而在斯拉夫派对俄罗斯道路、俄罗斯信仰的纯洁和彻底的赞美合唱声里，是否有对自己所属阶级和所拥有的地位的自我辩护和维护的味道，他们怎么可能不保守呢？然而，不论在前者神经质的激进里，还是在后者紧闭双眼无视现实的歌唱里，所共同缺乏的可能是"爱"，是爱的温柔与怜悯，是爱的公正与信实。圣保罗讲到爱时说："我若将所有的周济穷人，又舍己身叫人焚烧，却没有爱，仍然与我无益。爱是恒久忍耐，又有恩慈；爱是不嫉妒；爱是不自夸，不张狂，不作害羞的事，不求自己的益处，不轻易发怒，不计算人的恶，不喜欢不义，只喜欢真理；凡事包容，凡事相信，凡事盼望，凡事忍耐。"[9]我们还想说说俄国的"人民"——农民，如许多俄国知识分子所言，他们有伟大的忍耐性，但这忍耐里到底有多少属于基督性，又有多少属于奴性呢？正是这同一样的"人民"，在沙俄历次侵略战争中烧杀抢掠、无恶不作，在陀思妥耶夫斯基的笔下，他们被承认为"粗卤、丑陋、缺乏温文尔雅、形同野兽，天天犯罪、胡闹……"（P283）

四、对俄罗斯文学和俄国思维方式的影响

"圣愚对俄国文学的影响巨大，不可低估。圣愚向俄国文学提供了一种行为模式和关于人、关于社会的一整套观念。"（P191）比如：完美的人的形象，圣愚辩证法，不喜欢资产阶级事事讲究理性的生活方式，而选择精神和肉体都漂泊不定的人物，这一切都与圣愚的影响密不可分。

圣愚对俄国文学的影响可分作两个时期来谈：一、俄国历史上蒙古人统治时期和莫斯科公国时期，圣愚出现在各种《纪事录》、圣愚传和民间文学中。这些真伪可疑的"传记"由说书人编造，又由教堂文书记录下来。这些故事对俄国农民产生了深远影响，其对"俄罗斯性格"的形成起到了决定性的作用。直到十九世纪末，俄国人的五分之四都是文盲，他们吸收文化遗产依靠的是口头传说，而不是书籍。佚名的民间圣徒传，正是以圣愚为模特儿的世俗民间文学，在这类故事中，有一个原型式人物傻子伊万，他常常违背道德，却又永远幸运和被同情；他处境无论多么绝望，最后总是凯旋而归。但与此形成对照的却是，在欧洲民间故事中，愚人和恶棍却总是受到嘲笑，下场一

---

9 同注3，林前13：3-7。

般也不好。（P192-193）二、十九世纪名扬四海的俄国文学，一般认为它是当时激荡欧洲知识界的题材和观念的变体，但是，人们往往低估了它受惠于古代俄国的程度，须知欧化文学，是在俄国民间文学的背景下发展起来的。托尔斯泰《童年》的第五章，标题即为《圣愚》，里面描写了一个有真实原型的"圣愚"形象。在此后的第十二章，又一次专门写了这个圣愚（格利沙）一遍。他笔下的"圣愚"，住在粗陋的乡间茅屋中，却有着常人无法企及的大智慧；游离于所谓的"正常生活"和社会极权结构之外，却与俄罗斯土地血脉相连、受人爱戴。这些半癫的圣徒，构成了托尔斯泰生长环境中的重要部分，当时他们遍布俄罗斯。托尔斯泰后来在他的回忆录里有如下描述：

> 格利沙是一个虚构的人物。在我们家里有很多这样的半癫的圣徒，家里的人教我对他们特别敬重。即使他们当中有些人是不真诚的，或者他们有过意志薄弱和不真诚的时期，可是他们生活的目标，虽然事实上是荒谬的，却非常崇高，因此，我从小就不自觉地学着了解他们的目标的崇高。渴求人世的光荣，是那么有害，而不是那么不可避免，它常常玷污良好的行为，因此我们不得不同情这种不仅是避免赞扬，甚至还会引起轻蔑的努力。我妹妹的教母玛丽亚·格拉西莫芙娜、半白痴的叶夫多基木什卡和在我们家里的一些旁的人，正是这样的人。[10]

熟悉托氏生平和作品的人，不难看出成年尤其晚年的托尔斯泰身上，由"圣愚"而来的影响。

陀思妥耶夫斯基在《卡拉马佐夫兄弟》中写到一个叫费拉庞特的"神父"，这是一个典型的圣愚形象，属实写。作者称他为"疯僧"、"狂信者"、"疯子"，他的做派和汤普逊所描述的圣愚的典型特征若合符节。他持斋苦行，很少从自己的修道室里出来去教堂，他不遵守普通教规，但大家却对他宽容道："他比我们大家神圣得多，他修行的艰苦远超过教律所规定的。……他有他自己的规律。"当佐西马长老去世，尸体发出臭味时，他出场了，作者是这么描写他的：

> 他穿着粗陋的修士服，用一根绳子系着腰。麻布衬衫底下露出他赤裸的胸脯，上面长满了斑白的毛。脚完全光着。他一挥动双手，在修士服里面带着的沉重的铁链就抖动起来，叮当作响。

---

10 [英]艾尔默·莫德：《托尔斯泰传》，宋蜀碧　徐迟译，北京十月文艺出版社 1984 年版，第 23 页。

他高声对佐西马长老发出谴责……陀氏在感情和思想上明显并不认同他。[11]虽然，陀氏的思想与创作还是明显受到圣愚思想的影响。

受圣愚影响的十九世纪俄国文学中的人物，被汤普逊命名为"程式化圣愚"。他们的行头发生了变化，不再赤身裸体，披带铁链，浑身肮脏，到处流浪，他们中的许多人属于富人和有教养的人，说法语，并出国周游世界。但是"圣愚法规"依然如故。比如：精神变态和缺少"资产阶级的"（理性的、西方的）智慧预示了"真正的智慧；表面的、放肆的不道德行为很可能是高度道德标准的外衣；爱好流浪很可能和精神的纯洁与深刻并行不悖；温文尔雅和气势汹汹不仅互不排斥，反而在一种真正完美无缺的人身上相安并存。他们大肆诽谤资产阶级类型，灵感频频来临，常人不可企及的智慧每每突发。（P205-206）这类"程式化圣愚"，汤普逊开列了一个长长的名单，比如《战争与和平》中的皮埃尔、普拉东·卡拉塔耶夫、《安娜·卡列尼娜》中的列文、《白痴》中的梅思金、《群魔》中的谢缅、《罪与罚》中的索尼娅、《少年》中的马卡尔、《地下室手记》中无名无姓的"地下室人"、《日瓦戈医生》中的日瓦戈、《伊万·杰尼索维奇的一天》中的主人公；此外，还有许多受到圣愚行为模式影响的人物，如聂赫留朵夫、娜塔莎等等。

十九世纪俄国文学受圣愚模式的影响还表现在，小说中的贵族人物都具有和社会地位低下得多的人们交往并感到舒畅自如的突出能力，与此形成对照的是，在西欧小说里，习惯和思维的区别使出入大客厅的人物，不和仆人们交往。皮埃尔和"上帝选民"相处极好，日瓦戈和瓦夏相处得比和他昔日大学同学自在，梅思金和叶潘钦家的管事相处甚好，列文对他的农民怀有深切的亲近感，阿辽沙·卡拉马佐夫和格鲁申卡很快就找到了共同语言等等。关于圣愚的既定观念，不仅表现在人物或叙述者的行动和话语之中，而且也表现在小说的结构特点里，《战争与和平》、《白痴》、《日瓦戈医生》等，用欧洲"布局稳妥的小说"标准来衡量，都显得叙事"混乱"，而这却正是圣愚生活缺乏条理的反映，有时，甚至就是小说主角（比如梅思金）的性格本身限

---

11 [俄]陀思妥耶夫斯基：《卡拉马佐夫兄弟》（下），耿济之译，人民文学出版社1981年版，第373-377页。汤普逊不加区别地把费拉庞特与《战争与和平》中的皮埃尔、普拉东·卡拉塔耶夫、《安娜·卡列尼娜》中的列文、《白痴》中的梅思金、《群魔》中的谢缅、《罪与罚》中的索尼娅、《少年》中的马卡尔、《地下室手记》中无名无姓的"地下室人"、《日瓦戈医生》中的日瓦戈、《伊万·杰尼索维奇的一天》中的主人公等，一同归到所谓"程式化圣愚"的行列，显然搞错了。

制了情节的"有序"发展。当然，圣愚对文学的影响，并不是每一部作品和每一个人物都十分突出，但如能从圣愚文化出发去阅读俄国文学，无疑将大大加深我们的理解，拓宽我们的视野。

圣愚传统对俄国人影响最深的，也许在思维模式上，所谓"圣愚辩证法"。这最集中体现在"圣愚法规"的悖论性上，也体现在俄国社会各个阶级与阶层的生活与行为方式上。十九世纪斯拉夫派自豪地宣称，俄国生活的精髓在于"形成最为纯粹的基督教"，在于对基督教态度的"彻底性和纯洁性"，（P287）阿克萨科夫说，"俄国的自由概念"是以"道德真理"，而不是以"常规的和形式的因素"为依据。事实如何呢？由前面对各种"民族神话"的解构过程即可见出，在这些"神话"中，最为显眼的特征也许是对于历史和社会生活中真正发生了的大量事实的漠视，和对于逻辑本身的蔑视，或者说极度缺乏训练。难怪丘特切夫这样吟咏："凭智慧理解俄国不行，/对她不能用一般尺寸，/只有信仰赋予她生存。"（P284）汤普逊指出："在西方社会经历漫长而艰巨的过程，对各种概念的定义加以精确化，并对概念使用提出越来越准确的解释的同时，俄国却大力促发圣愚行为，鼓励对于三段论思维的鄙视，并且炮制出一种粗俗的辩证法，把智慧与愚昧、温顺与凶横、传统精神与无根意识莫名其妙地混杂为一。"（P30）一位神学校的教师这样告诫学生：

> 凡是喜欢几何学的人，上帝都讨厌；学天文学、读希腊书本，都是罪过，你们要是动脑筋想问题，你们就要犯大错误……如果有人问你们懂不懂哲学，就这样回答：希腊的那些无耻的胡言乱语，我不感兴趣；我是不看天文学家和修辞学家写的书的，我才不和滑头的思想家们为伍呢……"（P160-161）

根本上，逻辑固不及于信仰和灵性，但现实上，它却可以辩识出浅的与伪的信仰，从而对迷信和偶像始终持有一份坚决的拒斥态度，因而可以纯化和提高信仰。正是圣愚典型的反智主义作风，造成了俄国历史上长期以来的蒙昧野蛮状态，尤其在广袤的俄罗斯农村里迷信盛行，奴役被安之若素地长期容忍。所谓基督教的"纯洁"，实际与原始宗教相关，对"道德真理"的热爱，往往导致一种简单粗暴的强横态度，在激烈严苛的对己与对人的禁欲主义中，这种"道德"产生的往往是并不道德的"恶"，而非"爱和善"。俄国派认为逻辑是资产阶级思维方式，与他们所熟谙的辩证法相比，其地位低下。然而，正是对经验与逻辑的拒斥，扼杀了对俄国文化作任何内部批评的可能性，坏的东西长期被容忍，甚至视而不见，进而竟至将其美化与合法化：愚蠢成了智慧，粗暴成了温柔，奴性成了基督教美德忍耐，不一而足。从而改进的路被阻断。西欧派的恰达耶夫，由于对俄国及其文化的强烈的自我否定，[12]被尼古拉一世及其官员们宣布为精神错乱，把他软禁起来，强迫接受医疗诊断。（P71）斯拉夫主义的"民族神话"和革命派的"革命神话"，在很大程度上，无疑是圣愚思维方式的产物。

圣愚辩证法的一个有名成果即"目的说明手段"，所谓"如果意图'良好'，手段即使残暴也可接受"，（P271）"他们主张建立一个完美的社会，又提出实现完美社会的不人道手段。"（P270）涅恰耶夫的《革命教义问答》等革命派纲领，是这一观念的最充分解说，车尔尼雪夫斯基讲："历史的大道不是涅瓦大街的人行道；它要穿过开阔地，灰尘漫漫，遍布泥泞，有时候还要穿过沼泽和丛林。如果担心沾染灰尘、弄脏靴鞋，那就永远不能参加群众运动。"（P259-260）在他们，不道德行为如果不增加作坏事的人的自豪感，不是为他的个人利益服务，而是为了"事业的利益"，那就不仅可以允许，而且值得赞扬。目的"高尚"，动机"纯正"，似乎可以不择手段，付出任何代价也在所不惜，这种付出，不仅包括自己，也包括其他人的生命、自由、财产、舒适和声誉。殊不知，"目的"永远是指向未来的想象，"动机"永远带有个我的主观性和不可捉摸性，它往往包含人性深处被压抑的隐秘因素，甚至黑暗因素；只有这"手段"，才是此时此刻正在实行着的现实性。在陶醉于目的和动机的伟大与纯洁时，手段很可能早已将这伟大和纯洁践踏在了脚下，而顺服于另一相反的新法则了。播下的是龙种，收获的是跳蚤，这是悲剧，但这仅仅是一方面，它毕竟还有那"目的"和"动机"；真正可怕的是本来就没有那"目的"和"动机"，所有的只是"恶"，只不过它假借那些"目的"和"动机"，以欺蒙天下，最后的结果可想而知矣。"革命"、"人民"、"祖国"……多少罪恶假汝而行。

圣愚辩证法影响及于俄国，还有一个十分重要的方面，这就是它为十九世纪俄国知识分子以及后来发生的革命的接受黑格尔尤其马克思的影响，铺平了道路，提供了良好的背景；更为苏俄历时将近一个世纪的意识形态统治，培植了土壤。它为谎言和专制打了掩护（非逻辑）、提供了辩护（坏的是好的）、并且作了充分的示范。

---

12 同注5，第35页。

五、对俄国人民族性格与生活方式的影响

　　圣愚对俄国人的行为方式和民族个性的形成，亦举足轻重。比如圣愚法规中"温顺——强横"这一对范畴，正是一切道德理想主义、激进主义和虚无主义的根源。它导致追求极端行为的嗜好，而这一行为模式在实质上往往表现为简单粗暴与不近情理，其内里缺乏理解和宽容的精神，缺乏爱与温暖的气氛，它导致的是对人性的丰富性的无知和漠视，成就一种僵硬机械和贫乏愚蠢的人格类型，并由此最终产生失去任何规约的"恶"的被动甚或主动的漫延和疯狂，其真实结果只有并且只能是暴力。这一点可由十九世纪的那些暗杀者及二十世纪的那些坚定的布尔什维克分子得到证明，并在文学比如《群魔》以及俄苏的许多其它作品，包括中国的样板戏之类里得到表现，它拒绝一切和平渐进与改良的社会演化方式。作为这一行为模式的典型，可以举例如下，就是俄国和苏联的精神与政治生活的编年史中，许多一时备受尊崇的领袖人物，一夜之间常常又被弃如弊履，惨遭攻击漫骂和不遗余力的打击，毫不留情，语调从来都是嘲讽而非严肃辩论的，并且这种抛弃行为并非仅仅局限于文化和政治圈层，它往往是全民全社会的。从赫尔岑、拉甫罗夫、特卡切夫到苏联的一大批杰出作家、艺术家和政治家的命运遭际，可以表明这种抛弃的残酷性。（P265-272）远的不说，可以就近举一个例子，一九七一年，赫鲁晓夫，一个统治了苏联近十年的人死了，苏联报纸却一下成了哑巴。最后，《真理报》和《消息报》第一版的右下角刊出了一则很小的新闻（别的报纸都不登），只有孤零零的一句话，"养老金领取者尼基塔·谢尔盖维奇·赫鲁晓夫"死了，而且是挤在一篇大丰收的报道和一篇来访的阿富汗国王的小传下面。[13]在这种抛弃中，从不满足于仅仅指出对方的错误，并承认对方作人的尊严也顾及自己作人的体面，而是要一心一意地败坏对方的名誉，所谓搞臭对方；进而在权力能伸展到的地方，剥夺对方的生存条件，直至流放、驱逐出境和最后解决——肉体消灭。这里与仁慈和宽恕实在是太过遥远了。这种好走极端的行为，最典型地在那些革命教义和宣言中得到表达，巴桔宁的著名口号是"越坏越好"，涅恰耶夫写道：

---

13 [美]赫德里克·史密斯：《俄国人》下，上海《国际问题资料》编辑组译，上海译文出版社1978年版（内部发行），第176页。

我们指的不是一种具有西方古典形式的有节制的运动，这种运动频频在尊重财产和所谓的文明和道德的传统面前止步不前，到目前为止在每个地方都仅限于推翻政治制度……而能够拯救人民的唯一的革命就是将要……消灭俄国的一切国家传统、结构和阶级的革命。（P254）

这里说的正是所谓一次性的彻底解决方案，即完全毁灭一切的旧物，中断历史和传统，然后将出现一个新天新地。然而历史经验反复告诉我们，这是一种末世论的乌托邦，毁灭倒是反复被操作过，比如一九一七年及其以后的布尔什维克，对旧俄从制度到人员到精神文化的彻底清洗；一九四九年的新政权及后来的"文化大革命"，对旧有制度和遗产的摧毁，然而拯救却遥遥无期，"新天地"可能比旧物还难以忍受，或者仅仅是换了一个忍受的角度而已。

圣愚们的生活方式是完全反社会的。他们居无定所，没有妻子儿女，鄙弃物质方面的舒适和享受，到处流浪，任何法律义务甚至道德义务均与他们无关。根据"法规"，只有这样，他们才更"纯洁"与"神圣"。圣愚对法治和稳定的社会结构的反对态度受到俄国社会的高度尊敬，他们在肉体上和精神上的漂浮状态在城乡都有人赏识。（P33）圣愚是西方中产阶级市民的对立面。高尔基的小说《加里宁》的主人公说："啊！上帝！别让我苦恼吧，用不着让我混进教士阶层，神父之辈、执事队伍、官僚阶级和知识分子行列。"（P234）他拒绝社会生活，并且宣布无政府主义是解除人类苦难的唯一方法。我们知道，法律和制度有其自身的缺陷和非人性的一面，当涉及人类生活最深的奥秘和最终的现实时，它往往无能无力，并且常常起到反面的作用。但如果从历史经验出发，就会明白，那种无视法律和制度在人类生活最基本层面的建构整合作用的态度，是不现实和凌空蹈虚的，是反文明的，这里不仅仅是个非西方、非希腊的问题。承继希腊传统的西方资产阶级，重视人类物质利益和社会生活之基本规则，并不一定就排斥人类之精神诉求和建构更高生活秩序的可能性，相反，这样做，倒是为了更好地、更真实有效地达到后者。戈勒曾有言，"政治上的无政府主义和个人的精神堕落，对于一个俄国人来说，二者之间的距离仅有厘毫而已。"（P302）在圣愚生活方式中，包含着虚骄不诚实、和原始落后的因素。汤普逊指出，这种生活态度是源于萨满的"部落社会的残余物"，施之于变化了的社会条件，必然导致恶劣的后果。"时至今日，在俄国，粗暴侵犯法律对公民的保护作用的做法依然得到高度的容忍，公民对于有如无处不在的偷听电话和对公民身份日益频繁的反复检查的行径，并不提出抗议。"（P271）从沙皇到苏俄，长期以来的专制独裁之被接受，尤其在苏联，社会生活表面整齐划一之下的混乱无序和腐败，国家对公民基本人身权力的肆意残踏，草菅人命，为所欲为；面对广袤富饶的俄罗斯土地，人民的生活水平长期得不到基本改善，甚至常常失去保障，所有这一切，[14]无不可以在圣愚传统中找到其深层根源。

六、圣愚之外的影响

最后，我们想强调指出，关于圣愚，虽然是观察俄国的一个有效、有力的角度，尤其在涉及其上层政治的专制与残暴和下层人民的贫困与愚昧的时候，它的解释力甚强。但这只是一个角度，在涉及俄罗斯文化的伟大创造，涉及俄罗斯精神的神圣光辉时，我们却必须去寻找另外的角度，这时，异于天主教和基督新教的东正教传统，自然首先进入我们的视野。这一富于民族特色的基督信仰言述方式，对于塑造俄罗斯民族的伟大心魂，创造深厚博大与精美的俄罗斯文化——思想、文学、艺术，无疑起着巨大的奠基和统领作用。在这一意义上，丘特切夫的诗句是真实的："祖国啊，在你的大地上，/背负着十字架的上帝，/作为一个奴隶四处走遍，/他祝福你每一寸土地。"[15]

谈到俄罗斯精神文化的巨大成就，必然要提到俄罗斯知识分子。在汤姆逊的论题范围里，他们确实是受到了圣愚传统的影响，但在此之外，还有更大、更为复杂的影响因素在。除了东正教信仰，另有源于西方的人文主义和人道主义传统，包括科学和民主传统。必须注意到，直接源于近代西方的这两个传统，其在本质上均异在于俄国的上层和下层实际，所谓"多余人"之"多余"，原因即在此。美国著名社会学家刘易斯·科塞有这样的描述："十九世纪的俄国知识阶层在社会根源上是异质的，是教育和对社会问题的持久关心把他们联合起来。他们被排斥在一个主要仍然受中世纪庄园秩序的原则所统治的社会之外，他们既有来自社会金字塔'下层'的，也有来自'上层'的。""这个知识阶层因为对官方社会的核心假定和各个社会阶级有着集体不认同而联系在一起。……他们在贵族和官僚与默默无闻、没有受过教育、固守传统生活方式的人民大众之间保持着不稳定的平衡。他们是失去了社会地

---

14 这方面的记述可参阅[美]赫德里克·史密斯《俄国人》，见注13。
15 同注8。

位和漂泊无着的人，过着自愿的或不自愿的分离生活。正如伯特伦·沃尔夫（Bertram D Wolfe）所描写的，他们是'没有参与过诉讼的律师，没有薪俸甚至常常是没有宗教的牧师，没有实验室的化学家，工业尚不需要的机械师、工程师、统计学家，没有政党的政治家，被国家拒绝和被人民忽视的社会学家和社会活动家。'他们有很高的教养，有细腻的道德和社会情感，他们生活在这样一个社会里，它的广大农民的粗鲁野蛮，与很难用文明面具掩盖其缺乏道德和社会良心的绅士阶层中同样的粗鲁野蛮和麻木不相上下。"不论是面对上层官僚还是面对下层人民，他们都遇到同样的敌意。"由于孤独无助，感到多余和受人围攻，他们在绝望和救世梦想之间肝肠寸断。"[16]

那么，是什么不可思议的东西，使得他们在自己的祖国和同胞中间，变成了多余人和陌生人？他们在文化上的创造是伟大和成功的，可他们在社会及政治方面的实践却屡屡失败。最后似乎成功了（十月革命），可这是"他们"的成功吗？如果不是，为什么？这中间有什么值得我们深思与警醒的？所有这一切，当然不是这里所能回答的，但问题应在此提出。

---

16 [美]刘易斯·科塞：《理念人——一项社会学的考察》，郭方等译，郑也夫　冯克利校，中央编译出版社2001年版，第172-173页。

第六章　福音书·耶稣·基督

　　无论是你阅读《圣经·新约》，还是你对作为文化形态亦或信仰形态的基督教感到研究的兴趣，"福音书"、"耶稣"、"基督"都是三个关键词，你必须对它们的内蕴及相互关系，有一个较为准确和充分的把握。然而要做到这一点，对于大多数人并不容易，由于资料缺乏，更由于以上话题的认识历来有许多就模糊不清和似是而非。本章拟围绕这三个关键词，力求系统清晰地介绍一些前人的研究成果，并间以自己的一得之见，以基本澄清问题，或至少使我们能对问题有一较为贴切的了解与把握。

第一节　福音书

　　"福音"（Gospel）一词译自希腊词语（euangelion），意思是"佳音"、"喜讯"、"好消息"（good news）等。在公元一世纪的世俗世界里，它一般指称政治或经济上的好消息，如新王登基或打了胜仗等。不过《新约》中使用的"福音"一词，意义却源于《旧约·以赛亚书》，如："报好信息给锡安"（赛40：9），"我要将一位报好信息的赐给耶路撒冷"（赛 41：27），"那报佳音、传平安、报好信、传救恩的对锡安说：'你的上帝作王了。'"（赛52：7）[1]《新约》里的"喜讯"内容，可归纳为一句话，就是："天国近了，你们应当悔改。"（太3：2）亦即：上帝派遣弥赛亚降临的许诺开始实现了，他已开始在世上建立

---

[1]《新旧约全书》（和合本），中国基督教协会1989年版。以后凡涉及《圣经》引文，
　　均仿此在文内直接注出。

天国，实行并完成自己的救赎计划。[2]准此，使徒及教会就把"福音"内容集中在报告耶稣的生平言行及受难、复活的信息上，从而使其成为教会专用词汇。

　　"福音书"（Gospels），指《圣经·新约》中的前四卷书，即《马太福音》、《马可福音》、《路加福音》和《约翰福音》，四卷书均记载拿撒勒人耶稣的生平事迹与教导，马太、马可、路加和约翰分别被认为是各书的作者。"'福音'原来并不是指书面的福音，而是——见于保罗书信——口头表达的信息：令人愉快的好消息。"[3]后来逐渐把这些喜讯记录成书，遂成为福音书。也就是说，"口传福音"（七十年代前）先于"文本福音"（七十年代后）。写下文字形式的福音，原因有二：一为保存耶稣同时代目击者关于耶稣言行的各种见证，二为适应各地方教会及教父们传教的需要。在性质上，"福音书是对早期基督徒们宣告的口传福音信息的扩展，并被写成叙事性作品。""是教会以记事的

2 说得显白些，就是："耶稣是神的儿子，是以色列人的弥赛亚，是世界的救主。"（见：[美]R·E·V·伏斯特《今日如何读新约》，冷欣 杨远征译，六点校，华东师范大学出版社2011年版，第9页。）

　　关于"福音"一词在基督信仰里的更直白的解读，引用如下话语，以资参考："上帝的救法，本来就是恩典，给不配得到的罪人的，而不是人用'功德'可以赚取的。如果上帝只有公义（公义不等于'公平'），那么世上所有的人（没有一个在上帝面前可以夸口是完全的义人）该当的结局就是'地狱'。但是上帝同时又是完全的慈爱，他给人预备了拯救的恩典（就是十字架上的基督），人可以用'信'来接受这个恩典，也可以用不信来拒绝这个恩典，并且人需要为自己的选择负责。上帝的恩典不是建立在人的行为上，而是在你我还是背逆上帝跟上帝为仇的时候他就'无缘无故'地爱我们，正如耶稣在十字架上为那些羞辱他吐他唾沫钉死他的人祷告那样。这就是'福音'，就是上帝的'圣爱'，那些极富爱心的基督徒所表现出的无私舍己牺牲而无条件的爱，正是来源于这样的'圣爱'，也是这样的'圣爱'的彰显。所以敬佩有爱心的人和相信'因信称义'不但不矛盾，而且是一致的。'因信称义'，完全是上帝的恩典。人与上帝之间如有鸿沟相隔绝，这鸿沟如此巨大，人不可能用自己的'善行'来填补（好比论到从上海到洛杉矶，游泳健将和不会水的并无本质差别：都需要轮船或飞机这些'外力'的帮助）。而上帝自己道成肉身，俯身'屈就'来够到我们，成为跨越鸿沟的桥梁，十字架就是这个桥梁，这也就是基督教信仰的'福音'。"（基甸：〈丁主教，雷锋，天堂，地狱〉http://blog.sina.com.cn/s/blog_68f61b310101eblj.html）
3 [瑞士]汉斯·昆：《论基督徒》，杨德友译、房志荣校，三联书店1995年版，第180页。汉斯·昆这里所提到的保罗书信，具体指：罗1：1-4；林前15：1。

形式传讲耶稣。"[4]当时写成的福音书种类不少，[5]不过只有现存的四卷福音书流传下来，并取得了"首正经"的地位。当这些福音书首次出现的时候，"都没有其名字标记，这些附于文本上的标记是到公元二世纪时才加上去的。"[6]书名冠以某某使徒的名字，也许是为了提高该书的权威性，并不一定说明本书即这个使徒所写。四部福音书产生于公元一世纪下半叶，其实在福音书尚未写作之前，基督教即已蓬勃传布，教会组织遍布地中海沿岸的许多地区。福音书因记载了耶稣的事迹和教训，保存了基督教初创时期的宝贵历史资料，被教会视为至高的权威之作，最早被列入《新约》"正典"，它在《新约》中的地位，犹如"摩西五经"在《旧约》中的地位。

一、四福音书

《马太福音》，亦译《玛太福音》，《新约》第一卷，也是四福音书之第一卷，共 28 章，传为马太所作。马太，耶稣十二门徒之一（太 10：3；可 3：18），曾在迦百农地方任罗马人税吏（太 9：9），亦名利未。但今天更多人认

---

4 [美]R·E·V·伏斯特《今日如何读新约》，冷欣 杨远征译，六点校，华东师范大学出版社 2011 年版，第 100 页。"福音"之所以变成了"福音书"，有基于社会科学解读的所谓"耶稣群体的三代成员说"，值得了解："福音书是由第三代耶稣群体的成员写作而成的，他们希望更多地了解第一代成员的经验，……第三代人（公元70-100 年福音书的作者们和读者们）希望清楚地表述那些第二代人（公元 50-70 年间的保罗、耶稣的兄弟雅各、彼得和其他人）不需要说明甚至可以忽略的关于第一代人（公元 30-50 年的耶稣和早期教会）的体验。"（同注 4，第 121-122 页）

另外，福音书被写出来，"并非旨在文学欣赏：即它们不是主要针对那些识字并熟知文学体裁的上层社会的人们，而是面向占据早期教会主体的社会底层的人们；在听人大声念诵福音书时，这些人既不熟悉也不关心体裁问题。"这里关键的问题是："他们""能听懂"。（同注 4，第 100 页）

最后，福音书记录了耶稣的"言"和"行"。关于"言"，耶稣说的是亚兰语；福音在早期口传过程中，不论是"言"还是"行"，实际也都是亚兰语，但书面记录下来时，却是翻译语言希腊语。为什么会这样？如有人所言，福音书"旨在为后来的团体重述这个故事，这些团体不会讲亚兰语，只会讲希腊话；他们不是住在基本上属于乡村、以农为业的犹太人环境，而是住在罗马，或以弗所，或安提阿。福音在这些地方所接触的是都市、异教的环境。"（[加]菲，[美]斯图尔特《圣经导读》上，魏启源等译，北京大学出版社 2005 年版，第 104 页。）

5 文庸：《圣经蠡测》，今日中国出版社 1992 年版，第 135 页。

6 同注 4，第 97 页。另，"古人认为，托名是给予故去领袖荣誉的一个方式。"（同注 4，第 11 页）

为作者是第二代基督徒中一位不知名的犹太基督徒。据古代传说，使徒马太曾用亚兰文著福音书，但现存本为希腊文抄本。其约成书于公元80年，[7]因大量资料取自《马可福音》，故在《马可福音》之后。《马太福音》的读者目标，可能是在安提阿的一个犹太基督徒教会，以及一些外邦基督徒。此书居《新约》之首，是因为它与《旧约》有极密切的联系，它承接《旧约》，向犹太人介绍耶稣就是《旧约》所预言的弥赛亚，是上帝之子，天国之王。因全书显示了较浓厚的犹太色彩，[8]故又有"犹太福音"之称。书中言行相间展开叙述，其中提出的"天国"概念较为突出，所载"主祷文"（太 6：9-15）为后世各派基督教会所共用，天主教宣称的"教宗制"乃上帝所创，彼得为首任教宗（太 16：18-19），以及基督教"三位一体"教义（太 28：19），依据亦在该书。本卷福音所记耶稣之言（教导）甚多，计有"五大部分"（5-7；10；13；18；24-25），其中最集中系统，也最有名的当数"登山圣训"，计占三整章（太 5-7）。《马太福音》排在四福音之首，在教会内应用最广，引用最多，早期教父引用此书超过其他福音书两倍还多，故被称为"教会的福音"。

《马可福音》，亦译《马尔谷福音》，《新约》第二卷，共 16 章，四福音中最短的一卷，传说是马可根据彼得的叙述编写而成，故又有"彼得回忆录"之称，事实上彼得在本卷福音中的位置很重要。马可，又名约翰，马可为罗马名，约翰为希伯来名。马可，可能是来自耶路撒冷的犹太人，出身富有，受过良好教育，熟悉希腊语言和文化，其后来成为使徒彼得在罗马的助手和翻译。马可母名马利亚，最后晚餐的餐厅，初期教会聚会的地方和等待圣灵降临的楼房，可能都是在这位"马利亚家"（徒 12：12），因此，马可得以和教会领袖彼得、雅各、约翰及耶稣之弟雅各等相识，并随初期教会活动家巴拿巴（其表弟）、保罗外方传教。不过，今天多数学者认为，《马可福音》的作者是第二代基督徒中一位不知名的犹太归信者。《马可福音》原文希腊文，相传成书于公元 70 年耶路撒冷被拆毁前后，是在罗马为"外邦人基督徒"而写，自有其特点。[9]一般认为，本卷是成书最早的福音书，朴实无华，简明清晰，"笔下充满无疑是来自亲眼目睹的细微观察"，为《马太福音》和《路加

---

7 同注 4，第 7 页。因伏斯特的这本书 2005 年才首版，成书晚，反映的是学术界最新最成熟的看法，故四福音书成书时间均据此书，后不赘。

8 同注 5，第 139 页。

9 同注 5，第 141 页。

福音》的重要资料来源；它的叙事"具有一种飞速行进之感，几乎书中的每个句子都以'and''开始（参《英王钦定本》）"。[10]但也有一些学者认为，现在通行的《马可福音》是以"原始马可福音"为蓝本写成，定型较晚。全书强调耶稣的传道实践，对其言论则着笔不多，旨在宣扬作为"上帝的儿子"的耶稣的救世业绩。耶稣形象突出表现出谦卑、忍耐和勤劳；他对人的根本态度是："人子来，并不是要受人的服事，乃是要服事人，并且要舍命，作多人的赎价。"（可10：45）因此本卷书被称为"仆人的福音"。此书多记载奇迹，故又称为"奇迹福音"。然而，本卷福音却又表现了其他福音所没有的"不能行"奇迹的情况（可6：5-6；8：22-26）；同时，对十二使徒的刻画也比较苛刻，经常指出他们的错误和缺乏理解力（可6：37；7：17-18；8：4；8：31-33；9：18）。

　　《路加福音》，《新约》第三卷，共24章，四福音中最长的一卷，传说是路加根据保罗宣讲的资料编写而成，故又称"圣保罗福音"。路加，保罗的随从医生和亲密伙伴，名字在《新约》中出现过数次，[11]他是一个非犹太人基督徒，讲希腊语，受过良好教育，有较高的文化水平，是一个技巧娴熟的作家，"一位神圣的艺术家，能不凭借来源古老的资料，而以欢快的叙述、始终如一的灵感、另两位福音书作者不具备的独到处展现基督教奠基者的特征。"[12]《路加福音》和《使徒行传》均系路加所著，是同一部书的前后两部分，前者叙述耶稣生平，后者记载基督教从耶稣故乡巴勒斯坦传播到罗马世界的一些经过。但今天多数学者认为这两卷书的作者是第二代基督徒中一位未名的外邦归信者，他受过良好的希腊文学的训练。圣经书卷的作者中，惟有"他"是外邦人。《路加福音》原文为希腊文，约成于公元80年前后。教会认为，此书写成于《马可福音》和《马太福音》之后，因为书中引用了两书的材料。但一些圣经学者认为，路加并未目击保罗的传道活动，因他在书中从未说明过这点；另，路加的许多思想观念与保罗书信中一些重要论述相去甚远，当然，这一点也可以认为是路加在接受保罗影响之外，尚有自己的独立见解。本卷福音书可能是写给具有城市背景的外邦基督徒的，路加以外

10 [加]菲、[美]斯图尔特《圣经导读》下，魏启源等译，北京大学出版社2005年版，第257页。

11 西4：14，门1：24，提后4：11。

12 [法]欧内斯特·勒南：《耶稣的一生》，梁工译，商务印书馆1999年版，第34页。

邦人身份，特别强调介绍耶稣是全人类的救主（普世性），这是本书主题。全书常记述妇女和穷苦人，[13]以及基督对罪人的爱，[14]所以有"世界救主的福音"、"平民福音"、"上帝慈爱的福音"、"喜悦的福音"之称。本书的另一特色是注重颂歌和祷告，[15]因此又被称为"祈祷的福音"。本书记述耶稣生平事迹最完整，最有条理，最按时序，具有史书的笔法和体例；尤其是全书文辞精炼优美，故有人称本卷为"最富有诗意的福音书"。从本书可以看到，耶稣的完全既表现在对人的充分同情，又表现在对神的亲密交通，他给人的亲切感多于神圣感，他被认为是神的儿子，又是完人的典范，故后世以"人"为本卷书的象征。

《约翰福音》，亦译《若望福音》，《新约》第四卷，计 21 章，传说系使徒约翰所撰。约翰，十二使徒之一，西庇太的儿子，雅各的弟弟，为"耶稣所爱的那门徒"（约 21：20），他和彼得、雅各三人组成耶稣众门徒中的核心。约翰为加利利人，捕鱼为业，后跟随耶稣；耶稣受难时，曾将母亲马利亚托付他照顾（约 19：26-27）。自古相传《约翰福音》、《约翰一、二、三书》及《启示录》均为他所作，《启示录》为被放逐到拔摩海岛见异象后所书。今天，大多数人认为本卷书的作者无从考证。《约翰福音》原文为希腊文，约成书于公元 90 年。《约翰福音》是写给外邦基督徒的，有百分之九十的内容与对观福音不同，它更集中反映的是耶稣在犹太和耶路撒冷的事奉，而不是对观福音记录的在加利利的事奉；它的叙事和讲道，比其它福音书少却更详细。[16]此书的风格迥异于前三卷，前三书写实，记述耶稣生平的"真相"；该书则深受当时希腊哲学的影响，在写实的基础上，重点是关于教义的神学论述，其中耶稣说话的方式与前者很不相同，是一种可被称为长篇独白的非犹太风格，其神学体态较为完备，故有"神学福音"之称。前三书的主题是"天国"，本卷的主题则是"永生"，强调救赎的普世性及博爱思想，书中强调上帝之道，宣扬"道成肉身"的神迹，如作者所言："记这些事，要叫你们信仰耶稣是基督，是神的儿子，并且叫你们信了他，就可以因他的名得生命。"（约 20：31）

---

13 梁工主编：《圣经百科辞典》，辽宁人民出版社 1990 年版，第 474 页。

14 如："人要奉他的名传悔改、赦罪的道，从耶路撒冷起直传到万邦。"（路 24：47）；另如浪子回头（路 15：11-32）；及架上赦罪（路 23：39-43）等。

15 同注 13，第 474 页。

16 [加]菲，[美]斯图尔特《圣经导读》上，魏启源等译，北京大学出版社 2005 年版，第 116 页。

[17]大卫·斯特劳斯说："人们认为前三福音书的性质是淳朴的，第四福音书则是感情的；前三福音书是古典的福音书，第四福音书则是浪漫的福音书。""我们似乎可以这样说，共观福音书作者们在表现基督方面所有的冷静、清晰和客观性是因为他们并不需要创造一个基督，而是只须主要地按照基督教会的概念对他加以理解；在另一方面，约翰福音书的动人的奔放、主观的情绪、脉动着的感情是从这样的情况中产生的：作者首先必须把他的理想的基督从天上带到人间，赋予他们以历史的形式。并把他介绍到信徒的思想中。"[18]神学家们认为"第四《福音》是《福音》中的福音，《新约》中的至圣所，是最重要、最有影响、最有价值的一本书"。法国宗教改革家加尔文也曾说过："第四《福音》的作者比其他三《福音》更重视教义的叙述。"[19]例如此书 14-16 章，耶稣在最后和门徒离别的谈话与祷告中，对圣灵作了全面的解释。为说明耶稣是谁，书中对耶稣的名字用了许多富有灵性寓意的称呼，如："神的道、生命的光、道、神的羔羊、弥赛亚或基督、道成肉身、拉比、以色列的王、生命的粮、世界的光、羊的门，好牧人、复活的生命、道路、真理、生命、真葡萄树、人子……"这些富于生动形象的称号，从不同角度表明了耶稣和信徒的关系。当然，《约翰福音》中也记载了一些十分著名的故事，比如耶稣和撒玛利亚妇人谈道（约 4：7-42），怜悯淫妇（约 8：1-11），拉撒路复活（约 11：1-44）等。不过，写作著名的、被誉为"第五福音书"的《耶稣的一生》的欧内斯特·勒南，却对第四福音书颇有微词："那种不停说教并自我表现的文风，那总不止息的争辩，那缺乏舞台效果的简单化，那些每次行施神迹后的冗长辩论，那些生硬而笨拙的演说词，那常常虚饰且分量不足的语调，较之在对观福音中构成耶稣教导之魂的令人欣慰的格言警句，都是具有鉴别力的人所无法忍受的。这其中显然有虚假成分，它们向人描述耶稣的讲道，却名实不符，像是已变成了苏格拉底谈话录的柏拉图对话集。""我们看到，在书写这些讲演词时，作者追循的不是其回忆，而是显得单调乏味的他本人的思想活动。""与对观福音书简明、公道、不受个人情感影响的语气相去甚远，《约翰福音》不断表现出一个护教学家的专注——它保留下一个宗派的精神，体现出他们欲证实某种理论并征服其对手的热望。"它里面充满了神秘的语

17 参阅，文庸：《圣经蠡测》第 146 页；梁工：《圣经百科辞典》第 1170 页。
18 [德]大卫·斯特劳斯：《耶稣传》第一卷，商务印书馆 1981 年版，第 200、201 页。
19 同注 5，第 147 页。

调。"在我看来，第四福音书的历史基础乃是约翰的直接门徒理解的耶稣生平。"[20]这些看法不无其道理。

"同观福音"：亦译"对观福音"、"符类福音"，合指《马太福音》、《马可福音》、《路加福音》。这三卷福音书在取材、结构、观点、风格、文字等方面大致相同，可联系起来对照观看，并常被当作一组相互关联的作品比较研究，故名。与之相对应的，自然是在各方面都大异其趣的《约翰福音》。原来，一七七七年，德国《圣经》考证家约翰·格里斯巴赫将前三福音书中相类似的段落，分三栏平行排列，互相对照印成一书，称之为"同观福音"。"同观福音"的作者、年代、异同、矛盾、资料来源、相互关系等问题被称为"同观福音问题"，是圣经评断学的重要课题之一。从内容方面看，"同观福音"中所记载的耶稣的言行，除相同或相似部分外，还各有自己独特的部分。一般认为，《马可福音》的原始资料主要来自当时的教会传说，成书最早。此后，《马太福音》和《路加福音》也采用了相同的原始资料，并采纳了《马可福音》的某些材料，但马太和路加还各有自己的独特资料。总之，《马太福音》共一千零七十一节，独有资料约占十分之三；《马可福音》共六百七十八节，独有资料约占十分之一；《路加福音》共一千一百五十一节，独有资料约占十分之五。《马可福音》中约十分之九的内容与《马太福音》相同，只有十分之五与《路加福音》相同。《路加福音》中有三百五十节与《马可福音》相同，还有三百二十五节与《马太福音》相同。"同观福音"对耶稣的记述虽然绝大部分是相同的，但对一些重大事件的记述，如耶稣的降生与复活，却差别很大，甚至互相矛盾。从记事次序方面看，《马可福音》与《路加福音》大致相似，而《马太福音》的次序却自成一格。从文字方面看，"同观福音"中多次出现雷同的情况，但对"主祷文"、"八福"、"最后的晚餐"等极其重要的记录文字却又有很大差异。关于"同观福音"的解说，有"格利斯巴赫假说或双重福音假说"、"马可先存假说"、"两源说或 Q 底本"、"四源假说"之不同。[21]

关于四福音书的象征：公元一八〇年左右，法国里昂主教爱任纽用《以西结书》一章十节异象中的狮、牛、人、鹰，分别象征"四福音书"。狮子象

---

20 同注 12，第 31、27、32 页。

21 [美]R·E·V·伏斯特《今日如何读新约》，冷欣 杨远征译，六点校，华东师范大学出版社 2011 年版，第 103-109 页。

征至高的能力与王权，指《马太福音》，因为在《马太福音》中，耶稣是天国之王，也是主宰并管理全世界的"大君王"；牛象征谦卑的事奉，指《马可福音》，在《马可福音》里，耶稣是一位谦逊、忘我、勤勤恳恳地为人服务的典范，他是"耶和华的仆人"形象；人象征智慧，指《路加福音》，在《路加福音》里，耶稣是一位分享世人的喜怒哀乐的普通人，是全人类的救主，亲切感人，是"人之子"；鹰象征神圣，指《约翰福音》，在《约翰福音》，耶稣是启示上帝真理，救赎人类的"神之子"。此后，欧洲中世纪的艺术家，就把这四个形象分别作为"四福音书"的标记。[22]

二、福音书的历史性与文学性

福音书在成为今天这四部定型样式前，已有许多口传和书面形式流传于世。据研究，四部福音书的资料来源，一般认为有五个：一、《马可福音》最早写成，但不早于公元七十年；二、《马太福音》和《路加福音》约成书于八十～九十年代初，两书在写作时都使用了《马可福音》的部分材料；除此以外两书还有约二百节内容相同但并非出自《马可福音》的材料。学者们假定这部分非《马可福音》的材料有相同的来源，被称为"Q"（Quelle 简称）。三、除了上述两种来源，《马太福音》和《路加福音》还分别拥有自己的材料来源。《马太福音》的被称为"M"。四、《路加福音》的被称为"L"。五、《约翰福音》拥有以上材料以外的独立来源。[23]

福音书的编撰，勒南认为大致经历了三个阶段：第一阶段，对原始状态的文本（马太的"耶稣言论集"和马可的"耶稣佚事集"及"个人回忆录"）做初步编订，编出的文稿已失传；第二阶段，对原始文本做简单的编排，其间不必费力写作，编出的文稿似乎不带作者的个人偏见（现存的《马太福音》和《马可福音》）；第三阶段，对已有材料加以组合，做有意识有步骤的编订，在此过程中，我们能感到某种调和不同版本的意图（《路加福音》）。而《约翰

---

22 同注 5，第 135 页。四福音书的象征，爱任纽之后，其他教父如奥古斯丁等也有说辞，大同小异。

23 孙善玲：《探索历史的耶稣》，自《基督宗教研究》第二辑，社会科学文献出版社 2000年版，第 461-477 页。伏斯特在《今日如何读新约》中指出，"在《马太福音》和《路加福音》中，共有 235 节《马可福音》所没有的经文。"这些经文几乎"都是关于耶稣的教导，而非关于耶稣的故事。"这些经文被学者称为"Q 文献"。不过这个 Q 来源只是一个假设，它没有古代流传以及考古发现的证据。（同注 4，第 107-108 页）

福音》，如前所述，是另一种写作状况，与对观福音书全然不同。[24]以上看法，一定程度上代表了近现代以来，对福音书研究的基本看法。

关于福音书的历史性问题：教会认为，福音书的作者不是为写历史而写福音，而是"要叫你们信耶稣是基督，是神的儿子，并且叫你们信了他，就可以因他的名得生命。"（约 20：31）所以不能用历史文献的标准来衡量福音，只能从信仰的角度来对待福音，不然就不能解释福音书中存在的各种矛盾和大量奇迹故事。比如，像大卫·斯特劳斯等所主张的，福音中的耶稣并非历史上的耶稣，只是初期教会信仰的对象。初期教会一开始就相信耶稣复活，把他理想化、神圣化，并用《旧约》经书中的预言来证明耶稣就是以色列人期望的弥赛亚，最后才创作出了耶稣诞生的神奇故事。这样，福音书显然不能当作历史文件来对待。又例如，教会认为必须承认耶稣是童贞女马利亚由圣灵怀孕而生，不然就无法接受耶稣是上帝的儿子；教会还认为，承认耶稣复活是"福音"的基础，没有复活就没有什么"喜讯"可言，耶稣如果不复活，他就不是弥赛亚。这样以信仰为前提来进行论证，实际排除了争论的可能性。他们的出发点明显不是经验历史。

事实上，如许多学者指出的，福音书中是存在着大量的历史信息的，只不过对其进行甄别鉴定过于困难罢了。人们曾一再地试图从《新约》的记载中，揭示真实的历史内核，给历史上的耶稣这一人物脱去层层衣饰，除去基督教会后来添加上去的种种神秘主义、教条主义成分。但这一努力，并没有产生任何令人信服的结果。阿尔伯特·史怀泽在《耶稣生平研究史》中，描写了这一多方面努力的失败。失败的原因在于："那些给予我们所有有关拿撒勒人耶稣的知识的圣经作者们，显然对耶稣本人的历史，对他个人的发展不感兴趣。他们不愿写一部伟大人物的传说，他们不愿描绘个性的特征。对于他们来说，耶稣不是历史人物，不是人类思想史和宗教史上的伟人，而是向以色列人民预言过的弥赛亚，是上帝之子，是人类的拯救者。他们记载下来流传给我们的不是对事件的忠实描述，而首先是对主的信仰，他死而复活升至他的天父右侧，却因此又临在于尘世间的信徒之中。"因此，"我们必须坚持新约中关于耶稣记载的整体内容，坚持回忆和信仰交织成的统一整体，坚持关于耶稣的传言的 Concretum（汇聚）。"[25]杰出的天

---

24 同注12，第35页。

25 [瑞士]海因利希·奥特：《上帝》，朱雁冰 冯亚琳译，辽宁教育出版社1997年版，

主教神学家汉斯·昆，在切实肯定福音书的历史根据的同时，又从福音书实际出发，指出并认为：福音书的传主尽管是耶稣，"可是，这四部'正典'福音书没有提供分阶段、按事件描述的耶稣生平过程。关于他的童年，我们确知很少，在他三十岁以前的情况，一无所知。更重要的是，单凭他只有几个月或最多三年的公共活动，是不可能确定任何一本传记的核心的。""从福音书中不可能见出耶稣外部的、特别是内在的心理成长过程。""这些福音书作者无疑不仅仅是收集者和传播者（像有些人一度认为的那样），而绝对是对福音有独立见解的原初神学家，他们按自己的计划和自己的判断编排了耶稣的故事和言论。""福音书不是指公允、客观、文件式的报告，更不是中性的、科学的历史学。""福音书是信仰的投身见证，旨在引读者投身，不是由非参与者、而是由深信不疑的信徒写作的文件；这些信徒想要请求人们信仰耶稣·基督，因而文件采用了解释甚至是表白信仰的形式。这些叙述同时也是广义的布道。……对于他们来说，耶稣不仅仅是一位昔日的人物；耶稣今天也活着，对福音的听众具有决定性的意义。在这一意义上，福音书的意义就不仅是报道，而且还是宣布、鼓动和唤醒信仰。"[26]基于以上理由，以及福音书在历史上的影响，我们今天与其将之视为历史文献，还不如首先视为信仰文献更恰当。

第 67 页。有一个重要的信息正文不便说明，在此一说：在史怀泽所说的坚持关于耶稣的"传言"的整体性，即"回忆和信仰交织成的统一整体"的意义上，《福音书》记载的耶稣生平，应该是五个节点：降生、传道、受难、复活、升天。按照世俗历史的观点，受难之后，一个人物的生平即告终止，但从信仰的视野，《福音书》没有止步，它接下来记载了复活和升天，尽管文字短少，但其意义无比重大，尤其是"复活"。从《圣经》（林前 15：3-4，13-14；19-23，54-57；徒 2：22-24；罗 1：3-4）到"信经"（"我信我主耶稣基督，……第三日从死人中复活，升天。"）到神学（奥古斯丁、阿奎那……）到民俗（复活节），已有无数多的人和事，都在阐释和彰显这个主题的重要性。五个节点贯通起来，我们看到的已不仅仅是作为"人"的耶稣了，而是作为"人·神"的"耶稣·基督"。耶稣之"生平"，如果扩大范围到整部《新约》，其实还包括"再临"（启 22:6-17）和"审判"（启 20:11-15）。最后总结下，《圣经》文本关于耶稣之"生平"，受难之后，共有四个节点：复活、升天、再临、审判，在信仰的意义上，这四个节点才是关键，因为它们完全彰显了耶稣的神性特征：其战胜死亡，通于永恒的时空，握有无限的权柄。至此，可以提请注意如下的时间段：33 年、3 年、3 天、40 天、1000 年……另请参看博文：〈耶稣复活的意义〉http://blog.sina.com.cn/s/blog_54db4ada0100cy3r.html

26 同注 3，第第 177、178、180 页。

如有人所指出的，"福音书的体裁十分独特：既不是纯粹虚构的作品，又不是精确的历史记录；既不是耶稣的传记，也不是对耶稣生平的回忆。福音书是对耶稣其人其事这一特定历史事件作出的解释，基督教神学把历史和解释融合在一起，传达出'耶稣是基督，他带来拯救'的主题，从而使历史事件具有宗教意义。"[27]正是从这一点出发，并非基督徒的歌德才说："四福音书完全是真经，因为其中反映了基督的人格伟大，世上过去从来没有见过那样神圣的品质。"[28]

四部福音书，在圣经文学中占有很高的地位。其文体朴素，格调清新，感情深沉崇高。英国唯美主义诗人王尔德称之为四首散文诗，说他们有新鲜质朴和单纯浪漫的魔力。[29]尤其《路加福音》，作者具有较高的文学修养，善于描绘人物的性格和事态的情景，比如（7：36-50）写用香膏敷耶稣脚的那个女罪人的情节，（19：1-10）写喜悦耶稣的税吏长撒该的情节，均写得细腻感人，表明作者对贫苦、病残、有罪的、被社会歧视的人的深刻同情。尤其是（15：11-32）浪子回头的故事，曾被小说理论家汉密尔顿（Clayton Hamilton）当作最模范的短篇小说看，他在《小说法程》里说："浪子回头一篇，虽作于千百年前，极合近代之短篇小说观念，能以最经济之法，最能动人之力，发生独一之叙事文感应也。"[30]全篇仅六百多字，却涉及三个个性明晰的人物，来说明人生最重要的真理，其结构完整，情节有起有伏，且不乏细节描写，确为古今佳构。《路加福音》的作者喜爱诗歌，书中保存下来的"尊主颂"（路1：46-55）和"西面颂"（路2：29-32），一千多年来一直为信徒所喜爱、吟咏，前者为教会所尊重并采为唱诗，至今在礼拜堂崇拜时吟唱，后者自古为教会用的晚祷歌。与《马太福音》、《马可福音》比，前二书很少追求一种文学风格，它们旨在宣告耶稣一生神奇的性质，及其巨大的力量和权威，几乎未意识到自己是文章的作者。但《路加福音》一开头，我们便看到一段有礼貌的、近乎文雅的导言，在接下来的约翰及耶稣的诞生故事里，叙事更加微妙精细，尤其是其中采用了抒情性的赞美诗，这在马太、马可是不可能的。并且，一

---

27 同注23。关于福音书的体裁问题，到底是"行传"、"回忆录"、"传纪"，还是"言行录"？可以参看《今日如何读新约》第97-99页（同注4）；《圣经导读》上，第104页（同注10）。

28 《歌德谈话录》，朱光潜译，人民文学出版社1978年版，第253-254页。

29 王尔德：《狱中记》，孙宜学译，广西师范大学2000年版，第87页。

30 朱维之：《基督教与文学》，上海书店1992年版，第28页。

些最有名的比喻，如善良的撒马利亚人（10：30-37）、迷失的羔羊、失落的银币、回头的浪子（15：3-32）、不诚实的管家（16：1-8）、财主和拉撒路（16：19-31）、法利赛人和税吏的祈祷（18：9-14）等，也是《路加福音》所独有的。正因为以上理由，所以，有人称《路加福音》为最富于诗意的福音书。

谈到福音书的风格，帕斯卡尔说："福音书的文风在好多方式上都是值得赞美的，而其中之一便是对耶稣基督的刽子手和敌人从不曾加以任何詈骂；因为无论是反对犹大、彼拉多的历史家们还是反对犹太人的历史家们，任何一个都没有进行过这种詈骂。""是谁教会了福音书的作者们懂得一个完美无瑕的英雄灵魂的种种品质，竟至能在耶稣基督的身上把它描绘得那么完美无瑕呢？他们为什么要使他在他自己的苦痛时表现得脆弱呢？难道他们不晓得描绘一幕死的坚定吗？他们晓得的，因为同一个圣路加描写圣司提反的死要比耶稣基督的死更坚强得多（徒 7）。""耶稣基督谈到伟大的事物时是那么地朴素，竟仿佛他从不曾想到过它们似的；同时却又是那么地明晰，以致于我们可以看出他是想过它们的。这种明确性和这种纯朴性的结合，真是值得赞美的。"[31]哲学家维特根斯坦说："《福音书》中轻柔地、平静地涌流的泉水到了《保罗的使徒书》中就泛起了渣滓。……不过，我似乎在此看出人的情感，如傲慢和气恼，这种情感和《福音书》中的谦卑不和谐。在《福音书》里——我看来如此——一切事物更少矫饰，更加谦卑，更加简单。你在那儿发现棚屋；你在保罗身上发现教堂。在那里，所有的人是平等的，上帝自己就是人。保罗的身上已经有等级名誉、地位之类东西了。"[32]托尔斯泰非常重视"福音书"，他晚年曾亲自学习希腊文，并从原文将之编辑翻译成俄文，用以恢复被教会教条所窒息了的耶稣教导的真义。

第二节 耶稣

一、耶稣与历史记述

耶稣（Jesus），是《新约·福音书》中最常出现的名字，是其传主，是基督教信仰对象。希腊文"耶稣"（Jesus），据学者考证乃来自希伯来文"约书

---

31 [法]帕斯卡尔：《思想录》，何兆武译，商务印书馆 1985 年版，第 397 页。

32 [奥]维特根斯坦：《文化和价值》，黄正东 唐少杰译，清华大学出版社 1992 年版，第 42-43 页。

亚"（Joshua），词义为"耶和华拯救"，即"救主"的意思。[33]《马太福音》记载上帝的使者托梦约瑟，告诉他童贞女马利亚，他的未婚妻将要怀孕生子："你要给他起名叫耶稣，因他要将自己的百姓从罪恶里救出来。"（太1：21）

　　对历史上有无耶稣其人，学者们争论已久，基本上有两种意见：第一种意见认为历史上没有耶稣其人，因为没有足够的历史文献作证明。当时（耶稣传说活动时期）的历史学家如斐洛、约瑟福斯、塔西佗、苏艾托尼乌等的历史学著作，对此均无明确记载，即使有也语焉不详，且往往被一些学者指出系伪托之辞。[34]耶稣在十九世纪曾被解释为一个"观念"或"神话"，但这些极端的立场后来大部分都消失于无形了，"从那时以来，耶稣的历史存在从未受过一位严肃学者的争议。"[35]

　　第二种意见认为，耶稣是一位被神化了的历史人物。根据对《死海古卷》的研究，学者们认为，公元一世纪时，犹太教中产生了一个拿撒勒派，其创始人为耶稣。他反对犹太教祭祀贵族撒都该人的腐化生活，及法利赛人在宗教生活上的教条主义和繁琐礼仪，倡仪进行宗教改革，形成了拿撒勒派。后来，他的门徒们把他描述成先知们预言的弥赛亚，逐渐演变成耶稣基督。[36]汉斯·昆说，"基督徒的基督是一个十分具体的、人性的、历史的人：基督徒的基督只能是拿撒勒的耶稣。从这一意义看，基督教在本质上是以历史为依据的，基督信仰在本质上是历史的信仰。"他讲到如下理由："我们所具有的关于拿撒勒的耶稣的翔实历史知识无可比拟地要多于对亚洲各宗教伟大创始者的了解。"福音书和记载佛陀、孔子、老子的著作相比，显得要丰富清晰得多，而且在时间上距传主要近得多，福音书在耶稣受难不到一百年里已全部存在，而涉及其他人的著作则均在四、五百年后才出现。"从整体上看，在历史的耶稣和原始基督教对基督的宣教之间，虽然有种种不连续性，却是存在着某种连续性的。……因为原始基督教对基督的宣教可能出现过，但只能从耶稣的历史方面得到理解。""如果说耶稣生平的各个日期（像古代史上许多时间问

---

33 卓新平：《圣经鉴赏》，中国社会科学出版社1992年版，第10页。

34 [法]欧内斯特·勒南：《耶稣的一生》，梁工译，商务印书馆1999年，第15-18页、第295页分别列举了涉及耶稣与其时代的大型作品集五部，并对它们进行了分析；还列举了当时的几位著名的著作家与耶稣的关系。

35 同注3，第170页。

36 中国社会科学院世界宗教研究所基督教研究室：《基督教文化面面观》，齐鲁书社1991年版，第212-213页。

题一样）不能最终准确确定，那么，极为可观的是，他对历史竟发生了如此的影响。在一段可以充分规定的时间之内，一个没有'官方'记载、没有墓志铭、没有编年记或者宫廷档案的人，一个在公众中最多活动三年（据约翰记载的三次逾越节）、也可能只有一年（对观福音书只提一次逾越节）、甚至只有充满戏剧性的数日的人，大部分时间在加利利，后来在耶路撒冷，这单独的一个人如此地改变了历史的进程，以致人们有充分的理由从他诞生之时开始记载世界的年代。各宗教的伟大创建者们无一生活在这样狭小的地域，无一活得时间这样短促，无一死得这样年轻。然而，他的影响是何等的巨大……在信徒数量上，基督教在全部的世界宗教中遥遥领先。"[37]如勒南所言，"我们所了解的耶稣，在于他所激起的对于他的热情，这热情迫使我们迄今坚信，他是伟大而纯洁的。只有假定在整个运动起源之际有一位异常卓越的人，才能解释第一代基督徒的信念、激情和坚毅。"也才能够解释基督教在此后两千年以迄于今，长盛不衰的旺盛生命活力与巨大影响。同时，也才能够理解帕斯卡尔和维特根斯坦所赞叹的《福音书》的圣洁文风，因为没有那样圣洁的人格在前，谁也不可能凭空创造出那样纯洁的叙事风格。然而尽管这样，还是有人认为，耶稣远非其门徒们所造就，他无处不显得比他们更卓越。"耶稣传记的作者们远未美化耶稣的性格，而是贬低了它。为了还耶稣以本来面目，批评家们有必要摒弃一系列产生于门徒俗见的误解，这些门徒按自己的见解去摹画他，往往自以为抬高了他，其实却是在贬抑他。"[38]总之，如果没有拿撒勒真实的历史的"耶稣"存在，就不可能有信仰的"基督"和基督教，也不可能有《福音书》出现。

二、耶稣与奇迹

有关耶稣生平事迹的记载主要在《新约》，尤其在四本《福音书》中，然而《福音书》中有关耶稣的生、死、复活事件，以及传道过程中所行诸多神迹，皆有悖于近代以来人类有关自然规律和人性规律的科学认识，无论历史上有无耶稣其人，无论对其信仰与否，作为现代人，要理解并接受这样的耶稣形象，殊为困难。近代以来，在教会以内和以外，都有许多人士尝试谐调《福音书》记述与科学理性之间的关系。对于奇迹事件的看法，概括起来不外以下数种：

37 同注3，第169、171、188、175页。
38 同注12，第298、299页。

一、奇迹事件是当时真实发生了的历史事实。比如J·J·赫斯，"他的基本理论是超自然主义；他完全承认福音书的神圣成分；耶稣的诞生、离世和他的本性都是超自然的；他没有对耶稣的神迹作任何的削减。"但是他进一步强调了这些神迹的道德动机，"神迹的真正价值不仅在于他们的特殊性或不可说明性，同样也在于他们表现了上帝的善良和仁爱的道德的特征。"³⁹这一解释从基本方面是维护正统信仰对《福音书》的观点的。

二、一部分奇迹事件是目击者对当时真实发生的某些现象的误解，另一部分则属于各式想象中的传闻。它们都可以重新予以合理化解释。比如，治病之事许多人解释为一种心理治疗，是一种奇理斯玛（指一种能引起大众狂热拥护而无法形容的领袖气质）个性的异常冲击。我们看到的也许并不是超自然事件，而是一些具有超自然心理状态的人们的反映，他们对一个其行为有如上帝代理人的人感到深为触动。施莱马赫认为，基督的神力是通过所说的话而起作用，话在听者的心中自然地起作用，又转而影响他的机体，而且不可能对如此产生的影响的范围划一界限。⁴⁰哈斯说："也许耶稣所做的一切治疗都是属于常见的意志力影响身体一类的特殊事情，不过平常它们没有这样显著罢了。"哈斯把耶稣神异的秉赋解释成"精神对于自然的一种明显的统治力，它原来是在人类被创造时就赋予人类的，由于耶稣的纯洁无罪，这种原有的征服疾病和死亡的力量就又恢复了；所以这里并不是自然律的中断，而仅仅是自然律的原始的和谐与秩序的恢复。⁴¹当然，也有人认为耶稣私藏有某种神秘的药物，可有奇迹般的治疗效果。变像是使徒们在最后的和有决定意义的决心之前，处于精神兴奋状态中所见到的一个幻象；也有人认为变像也许是偶然的晨曦的反照。耶稣受洗时的神迹，则是一个自然事件，是伴随着低沉雷声，来自云彩中的一道柔和的阳光，耶稣和施洗者都认为这表现了上帝对于他的事迹的嘉许。⁴²至于耶稣使五千人吃饱的故事，可能是受到耶稣榜样的激励，群众中带有食物的人，对于这场丰富的筵席作出了贡献，因而使众人都吃饱了，而耶稣自己所有的能分给众人的自始至终只不过是几块饼几尾鱼而已。关于饼鱼饱众还有一种解释，这可能是对某种仪式性方式的夸

---

39 同注18，第23页。

40 同注18，第40页。

41 同注18，第45页。

42 同注18，第28-29页。

张，它是以色列人在沙漠中得到吗哪的模仿。甚至关于纯洁受胎，也只是《福音书》作者的想法，实际是聪明的以利沙伯暗中差遣一位大卫的苗裔，到自己那位过于拘谨的表姊妹那里扮演了天使和圣灵的角色，以便能产生一位合格的弥赛亚。[43]关于复活（包括拉撒路的复活），他们认为是生气的暂时停止，有机生命力并未完全消灭之类。[44]由于基督教脱胎于犹太教，所以耶稣身上的许多故事多与犹太信仰及传说有关，许多是早期信徒们的一种传闻附会，以之加强耶稣说教的权能与威力。总之，这些解释都是对奇迹故事的一种合理化努力，其不无自圆其说处，但因缺乏可靠的史实背景支持，所以难免臆说妄度之讥。

三、奇迹事件属于神话传奇，因为神话是宗教的自然语言。这一观点的主要倡导者是十九世纪德国神学家，《新约》学者大卫·弗里德里希·施特劳斯（1808-1874），他说，"很大一部分新约神话是由于把犹太人对弥赛亚的期望转移到耶稣历史中产生。""如果问，在我们所谈到的福音书著作时代，为什么人们会编造出关于耶稣的这类传奇来，我曾指明，这首先是由于当时流行着一种期待弥赛亚降世的思想。我曾说，当首先少数人，接着越来越多的人，认为耶稣就是弥赛亚的时候，他们会认为，凡是根据旧约的预言、预表和他们流行的解释，可能期望于弥赛亚的事情，在耶稣身上一定都与之符合一致。虽然全国远近都知道耶稣来自拿撒勒，但作为弥赛亚，作为大卫的后裔，他一定得降生在伯利恒，因为弥迦曾经这样预言过。尽管耶稣曾经严厉地责备过他那些想看神迹的一部分国人，而且这些话可能还在流传着，但摩西，人民的第一位拯救者曾经行过神迹，耶稣既是最后的拯救者，弥赛亚，必然也行过神迹。以赛亚曾预言过，'那时（即弥赛亚的时候），瞎子的眼必睁开，聋子的耳朵必开通；那时瘸子必跳跃象鹿，哑吧的舌头必能歌唱。'因而，耶稣作为弥赛亚所必然行过的神迹，就已经详细地被人们知道了。就这样，在最古教会的记载中，神迹就产生了；其实他们不可能不被编造出来，而且那些编造它们的人，很可能并未意识到自己是在编造。"[45]当然，"并不是所有被认为是神话的福音故事都是这样起源，基督教会及其最古老的作者们，尽管他们喜爱得到这些被看作是神话历史的旧约原型（auti-type）的支持，但

---

43 同注18，第33-36页。

44 同注18，第40、49页。

45 同注18，第214、211页。

他们也有自己的新思想与新经验。其次，即使在那些从那个起源产生的故事里，基督教的新精神也并非无所表现。因为，在旧约摩西和先知的许多神迹中，为什么被模仿的只是那些表示仁爱和慈惠的神迹而不是那许多报仇泄恨的神迹呢？"[46]施特劳斯显然觉得，耶稣时代巴勒斯坦的犹太人缺乏一种历史意识，所以他假定（部分正确地假定），他们是以神话史诗的方式来思考问题的。所以神学家们就不能历史地进行思考。由于不能设想耶稣时代的犹太人是以神话方式来思考问题的，在斯特劳斯看来，对于前科学时期和史前时期的头脑来说，神话是极其自然的认识方式。由于不曾留意到这一点，或者不愿接受这种观点，所以超自然主义者们便不得不使圣经历史的事件脱离一般经验的法则，而理性主义者们则不得不承认说，是目击者们把自己看见的东西解释错了，或者是福音书作者们得知的情况是误传。总之，是有意无意的欺骗在起作用。[47]在介绍了施特劳斯的解释之后，有必要介绍下一九四一年布尔特曼在《耶稣基督与神话》中提出的"解神话"思想。布尔特曼从存在主义生存论哲学出发，对福音书中的神迹做了非常新颖的解释，他实际取消了神迹的所谓历史真实性的问题，而瞩目于这些神迹对于此在生存着的现代人的真实意义。"解神话不可理解为非神话，换言之，解神话不是删除神话，丢弃神话，而是通过解释学的活动将隐含在神话中的真实释解出来，荐与每一位现代人的良知。""这样做的理由是为了此时此在的人（现代人）用现代语式理解新约福音，进而在现代语境中使此时此在的人自己的存在可能与上帝之言相遇。"[48]某种意义上，布尔特曼的解释可以看着是对施特劳斯的解释的更为积极的推进和引申，因为布氏关注的是现在，是意义；而施氏还原的是历史，是所谓"真相"。

---

46 同注 18，第 214 页。

47 [美]詹姆斯·C·利文斯顿：《现代基督教思想》，何光沪译，四川人民出版社 1992 年版，第 344-345 页。兹附斯特劳斯原文一节："在耶稣时代以前很久的时候，对弥赛亚的期待就已经在犹太人当中滋长起来，而且到耶稣时代，这种期待已充分地成熟了……因此，有关他（耶稣）的许多传奇故事未必是新的发明；这些传奇已经存在于民众的弥赛亚盼望之中……仅仅需要转移到耶稣身上并适应他的特点和教义就行了。对于一个先就附加了任何新特征到耶稣形象里去的人来说，再没有比他自己相信其真实性更容易的事情了，因为，他的论证会是这样的：如此这般的事情必然已发生在弥赛亚身上；耶稣是弥赛亚；所以，如此这般的事情已发生在耶稣身上了。"（自《现代基督教思想》第 345-346 页）。

48 刘小枫：《走向十字架上的真》，三联书店上海分店 1995 年版，第 120、121 页。

四、奇迹事件是各种观念的象征。比如使风浪平静的叙述可能源自犹太人相信控制大海，驾驭暴风雨的能力是一种神力的特殊象征（诗89：9；创1：2；出14：21-31）；耶稣所行各种神迹，均表明其为上帝之子所拥有的权能；尤为典型的是，《约翰福音》中所记载的七件神迹，都有各自特别的象征意义。[49]其实，前边所述赫斯的观点，在某些方面（关于神迹的道德动机）是倾向于这种看法的；布尔特曼的观点，也是可以被视为属于这一类别。

综上，我们认为，相对而言第三种神话主义的解释有较多合理的内核，只要不将其推得太远，也不要一味排斥第二、四两种解释。当然，第一种解释方向不用说是僵硬不可取的。

三、耶稣的人格

相比于人类历史上所有那些伟大宗教导师的传记资料的缺乏和不足，考虑到他们形象的朦胧和神秘，耶稣的历史真实性其实是最不容置疑的。我们有《福音书》，有《福音书》记载中的耶稣其人，有《福音书》记载中崇高伟大的圣洁人格；并且，他在当时以及以后近两千多年的时间里，对世界历史，对人类道德和心灵方面产生了至深至巨的影响，无人能与之比肩。正是基于以上事实，我们去除《福音书》中神秘的超自然的神话性因素，力求在遵循自然规律与人性规律的原则下，暂先恢复出如下"历史性"的耶稣生平：

耶稣与他的母亲马利亚、父亲约瑟、四个兄弟（可6：3）及几个姐妹，一起住在加利利的拿撒勒，并在此地长大。他当过木匠，也必然听过《旧约》中的希伯来训示。成年后，他听过约旦国隐士施洗者约翰的宣道，并接受其洗礼，走向沙漠隐修四十多天。他从沙漠出来后，开始向民众宣传福音，时年三十岁（路3：23）。他周游加利利各地，聚集门徒，宣告世界末日与天国来临。他逐渐以能施行奇迹闻名，能够治愈疑难疾病，驱除魔鬼，唤醒死者。他劝诫人们要过摆脱俗世拘束的生活，专心于上帝的意旨和爱的规范。他教诲的中心意思是："你要尽心、尽性、尽力、尽意爱主你的神；又要爱邻舍如同自己。"（路10：27）他的传教最多持续了三年，（《约翰福音》记有他三次上耶路撒冷守逾越节）（约2：13；7：14；11：55），至今有详细记载的只有他宣道的最后几天，包括受难记。其中主要事件有：耶路撒冷之旅、洁净圣殿、最后的晚餐、山园苦祷、出卖被捕、听证、公议会的审判、总督彼拉多的判决、被订死亡与埋葬。

---

49 同注13，第1170页。

耶稣的人格与教导所达到的高度与深度，使其获得了某种超越历史的榜样力量，它穿透一切时代而放射出永恒的人性光辉。韦尔斯是这样介绍的：耶稣是个一文不名的教师，有着清癯的形象和不屈的人格，他风尘仆仆，走遍烈日当空的犹太国土，靠偶然布施糊口。这是一个极有人性的形象，十分诚恳而热情，能够勃然动怒，并且教导一种新的、质朴而深奥的道理——即上帝是普天下的仁慈的父性和天国的即将来临。用通俗的话来说，他分明是一个具有强烈的个人吸引力的人。他吸引了不少追随者，使他们充满了仁爱和勇气。弱者和病人一见了他，就振作起来并被治愈了。但是他的体质大概是文弱的，因为在被钉在十字架上受苦刑时，他很快就死去了。传说他按照当时习惯被迫背着十字架去到刑场时就晕倒了。[50]"在耶稣那里，一方面是斗争、坚强不屈以及无情的选择；另一方面则是无限的温和、不予抵抗以及对所有处于绝望境地的人的怜悯。他既是勇敢的挑战者，也是沉默的受难者。""在福音书中，我们看到了耶稣所表现出的强大威力，他的刚烈以及锋芒逼人，同时也能清楚地看到他那温文尔雅的个性。"[51]这二者奇妙地结合在一起，缺一不可，也就是说，绝不可以把耶稣理解成一个柔弱的、神经质的、和缺乏抵抗能力的人。帕斯卡尔赞叹和概括道："还有什么人曾经是光辉显赫的呢？整个的犹太民族在他到来之前就预告了他。异邦人的民族在他到来之后又崇拜了他。异邦人和犹太人这两种人都把他当成是他们自己的中心。可是又有什么人曾经是更不享受这种光辉显赫的呢？在三十三年的岁月中，他生活了三十年并没有出头露面。在三年里，他被人当作是骗子；牧师们和权贵们都排斥他；朋友和他最亲近的人都鄙视他。最后，他的死是被他的一个门徒所出卖，被另一个门徒所否认，被所有的门徒所背弃。然则，他在这种光辉显赫之中又占有什么地位呢？从来没有人是这样地光辉显赫，也从来没有人是更加不光彩的了。那一切的光辉显赫都只不过是为我们而设的，好让他为我们所认识；而他为他自己却一点光辉显赫都没有。"

"耶稣基督并没有财富也没有任何外表上的知识成就，但他有着他那圣洁性的秩序。他并没有做出什么发明，他并没有君临天下；但他是谦卑的、忍耐的、神圣的，对上帝是神圣的、对魔鬼是可畏的，他没有任何的罪恶。啊！对于窥见了智慧的那种心灵的眼睛来说，他是在怎样盛大的壮观之中又是在怎样宏伟

---

50 [英]赫·乔·韦尔斯：《世界史纲》，吴文藻等译，人民出版社1982年版，第570-571页。
51 [德]卡尔·雅斯贝尔斯：《大哲学家》，李雪涛主译，社会科学文献出版社2005年版，第174、169页。

的壮丽之中到来的啊！"[52]在此，我们尚可有一个基于基本事实的对比，与其他世界性宗教的创始人如释伽牟尼、默罕默德等相比，无论是出身、经历、所受教育、死亡方式，包括传教时间与生命长度，都是完全不同的，但其影响却无人可与相比，屈辱与荣耀！

　　勒南说到，"就整体而言，人类不过是一群卑贱而自私的生物，他们优越于动物之处，仅仅在于其自私带有更多的思考。从这些平庸的俗物中一批石柱拔地而起，指向太空，证实着一种更高贵的命运。耶稣就是最高的石柱，指示着人类的来源和归宿。他凝聚了我们天性中所有善良而崇高的成分。他并非没有过失，但他征服了我们也在克制的共同情欲；除了他和善的良心，并没有天使安慰他；除了人人心中都有的撒旦，并没有魔鬼来诱惑他。……任何人都未曾像他那样，使人类利益在一生中都远远高于渺小的自爱。他毫无保留地献身于自己的使命，或许除了释迦牟尼，再没有谁能像他那样把家庭、今世的欢乐和一切世俗顾虑都踩在脚下。耶稣只为他的神圣使命活着，他深信自己注定要完成这使命。"[53]王尔德写到，"他具有几乎使人感到恐惧的宽广、奇妙的想象，他能把整个无法表达的世界和无声的充满痛苦的世界当成自己的王国，并且把自己变成自己的永恒的代言人。他要使自己成为盲人的眼睛、聋者的耳朵、哑者的嘴唇的叫喊。他的愿望是要成为那数百万不能发言的人的喇叭，他们可以用这种喇叭向天堂呼唤。[54]韦尔斯以一种彻底的历史透视眼光指出，耶稣所教导的不折不扣的是一种大胆而毫不妥协地要求完全改变并净化我们奋斗中的人类生活，一种从内到外的绝对净化。他好象是一种可怕的道德上的猎人，把人类从他们迄今居住的洞穴中发掘了出来。在他这个天国的炽白火焰中，将没有财产，没有特权，没有骄傲，也没有优先；的确没有所求的动机也没有酬报，而只有爱。这种教义的确是历来激动和改变人类思想的最革命的教理之一。他所说的天国的确不是在这个世界，而是在人们的心里，不在王位上面；但同样也很清楚的是，不论他的天国是在什么地方，在人们的心里建立到什么程度，外在的世界就会革命化并更新到什么程度。[55]

　　看来，不论耶稣身上附着了多少神话性因素，在今天似乎都不是问题的中心和实质，主要问题乃在于"耶稣道德的高超、他的纯正的人性和他在把

52 同注31，第393-395页。
53 同注12，第303、304页。
54 同注29，第83页。
55 同注50，第377、375页。

这品格培植于人类心灵中所起的作用。"[56]拿破仑曾经说过："基督存在的本质是奥秘的，我并不明白，但我明白一件事，他能满足人心。拒绝他，世界就成了一个费解的谜；相信他，人类的历史就可以找到圆满的答案。""我知道人，但耶稣不单是人，世人与他是无法相比的。亚历山大、凯撒、查理曼大帝与我都建立过大帝国，但我们建国靠的是什么呢？靠武力。但耶稣以爱建立他的国度，光是在这一时刻，世间就有成千成万的人愿为他抛头颅、洒热血。"[57]正象有人联系到基督教时所说的，"基督教的本质主要不外乎其内在的善良——这种善良不是人为地从外面加上去的，而是从一颗充满对于上帝和人类的热爱的纯洁心肠和性情自然地流露出来的——则对于外在的、非主要的和可疑的附属品，信条的形而上学的微妙问题，奇迹的论述和教会的玄虚的困惑和疑虑就可以释然了。"[58]正是基于以上理由，耶稣是基督，是神，[59]但

---

56 同注18，第31页。

57 里程《游子吟》，第28页，自信仰之门-作者专栏-里程文集 http://www.godoor.net/，2002-2-7/2002-2-14

58 同注18，第464页。

59 作为神人的耶稣，究竟是怎样一种具体形象呢？麦道卫在《铁证待判》一书中，曾引用过一张题为《无可比拟的耶稣》的福音单张，其中对耶稣的描述甚为生动，当然，这是信徒眼中的耶稣，即作为基督的耶稣："在一千九百年以前，一个违反出生律的婴孩诞生了。他生于贫穷，长于卑微，他从未有机会旅行，一生中唯一一次出国的机会，乃是童年时代的一次逃亡。他既缺钱财，又乏影响力。他没有显赫的亲戚也没有受过正式的教育。但在他尚无知的时候，就有君王因他惊惶。及至孩童的时代，他的话使学问高深的人希奇。到他盛年的时代，他操纵自然界，能在巨浪中行走，又能使海平静。他不用药治好无数的病人，而且分文不取。他没有写过一本书。但世界的图书馆中却容纳不下一切有关他的书籍。他从未写过一首歌，但歌颂他的诗歌却多得不可胜数。他从未创立过大学，但世间一切大学生的总和尚不及追随他的人数为多。他从未带领过一支军队，也从未征过一名士兵；他未动过一枪一箭，然而世间没有一位领袖能象他这样拥有无数的志愿军，接受他的命令，不发一枪一炮，就使敌人无条件的投降。他不是心理医生，但他却医治无数心灵痛苦的人。每周的第一天，市面上商业停顿，人们到教堂去崇拜他。希腊、罗马的伟大政治家们的盛名早已消逝，闻名的科学家、哲学家与神学家的名字也从历史上消失，但这个人，知道他名字的人却愈来愈多。虽然经过十九个世纪，他仍然活着。希律王用十字架摧毁不了他，坟墓的门也不能封住他。如今他站在天堂的荣耀当中，被称为神。天使敬拜他，信徒仰慕他，魔鬼惧怕他。这个人是谁呢？他是活着的耶稣基督，我们个人的主与救主。"（里程《游子吟》，第28-29页，自信仰之门-作者专栏-里程文集 http://www.godoor.net/,2002-2-7/2002-2-14）

又是人，是最崇高的人性典范。他的存在，对于每一时代每一正在生存着的个人，都是一种或潜或显的巨大启示与召唤，这是不容回避的。当代德国生存神学家布尔特曼认为：历史上是否真有耶稣其人呢？是与否的回答都无意义，与我的生存关联不相关，回答应是：耶稣的生死复活这一事件对于我来说乃意义重大。耶稣的降生、惨死复活乃是一个神迹事件，所谓神迹，即是上帝对人的行为，唤起人的信仰。这种神迹根本不是一历史性的客观事件，而是一个发生史意义上的事件，它直接与个人的生存意义相关：这一发生的事件对我的意义仅在——意义重大或毫无意义。[60]这里是抉择，信还是不信！

且让我们走出经验历史的迷阵，作为个人直接突入那意义与价值之域，进入生存而倾听那来自《福音书》中的神性之音，基督之音，让我们有限的个体生存敞开心怀，承纳来自天国的永恒之光的照耀，让我们的生命领有那一份谦卑与神圣，还有平安。

第三节　基督

一、基督与弥赛亚

"基督"（Christ），是希伯来文"弥赛亚"（Messiah）的希腊文音译，其基本意思指上帝敷以圣膏而派其降世的救主，本为尊称。基督教诞生后，认为耶稣是"三位一体"中的第二位，上帝的"独生子"，道成肉身"，"全人类的救赐主"，"基督"便特指耶稣，并常与之连称"耶稣基督"。可以说，希伯来文的"弥赛亚、约书亚"与希腊文的"基督、耶稣"有着渊源对应关系。[61]

"弥赛亚"（Messiah），希伯来文原意为"受膏者"、"被上帝祝福的人"。古以色列是一个政教合一的民族与国家，政治领袖或宗教领袖，必须经过祭司或先知代表上帝把祝圣用过的"圣油"（用橄榄油加香料制成的油，亦称为"膏"或"膏油"）涂在他的头上，才能为人民所承认。这种涂油的礼仪称为"敷油，"行过敷油礼的人就成为完全属于上帝、获得上帝恩宠的"受膏者"。以色列人除过短暂的繁荣兴盛外，历来是一个多灾多难的民族，每逢民族灾难深重的时候，他们就呼求耶和华上帝给他们派遣一位"受膏者"（即"弥赛亚"）来拯救他们，战胜敌人，振兴国家民族，重建繁荣富强的"大卫的王国"。

---

60 同注48，第112页。
61 同注33。

也就是说，"弥赛亚"原是以色列民族的救星、英雄的代称，现实的政治概念多于抽象的宗教概念。但巴比伦之囚后，残酷的现实一次次打破人们的期望。于是，一部分犹太人对"弥赛亚"的含义就产生了新的解释，他们认为"弥赛亚"不是原来想象的骑着战马冲锋陷阵的民族英雄、理想君主、复国救主，而是一位谦卑仁爱、忍受苦难、救人灵魂的宗教领袖。这种观念随后又接受了东方神学和希腊哲学的影响，到公元一世纪中叶，逐渐冲破民族界限，形成了一种新的"弥赛亚观"，即"弥赛亚"是对全人类进行救赎，执行末日审判，创造新天新地，超自然的"救世主"（希腊文音译为"基督"）。由复国弥赛亚到受难弥赛亚，由犹太人的救主到全人类的救主，这就是"弥赛亚"这一观念的演变轨迹。"新弥赛亚观"是基督教产生的基本因素之一，承认不承认耶稣是"弥赛亚"，成为基督教与犹太教的分水岭。[62]

由前面的叙述可知，关于耶稣的生平极其简略和不充分，甚至可说很突兀奇怪。《福音书》的文字极其朴素，近于实录，几无景物与心理描写；它回避各种主观激情（《约翰福音》稍异于此），所以也形不成一种较多美感与激发性力量的境界和气氛，从而让人感觉到耶稣的一些感性特点。但是，新约文献尤其各卷福音书中，对耶稣的回忆和对基督的信仰不可分割地交织在一起，这一情况，毕竟给我们传达了一些十分重要的讯息，从而表明耶稣是谁："一、告知上帝临在于人们身边的宣告者，二、（以一种无与伦比的博爱行为帮助罪人的）十字架受难者，三、（为生命短暂的、有限的人类开辟无限的未来远景的）死而复活者。这三点合而为一，便产生了圣经中的'基督形象'和基督对我们的要求的明确性和显而易见性。"[63]在此，我们便可以对耶稣或者说耶稣之所以成为信仰的基督，能有一个较为深入具体的理解。以下，我们尝试着接近这三点合一后所传达的重要的讯息吧。

二、天国近了

《马可福音》1：15记载，耶稣在加利利宣传神的福音，说："日期满了，神的国近了！你们当悔改，信福音。"有人指出，这里的"近了"系误译，当为"来了"。正如许多人指出的，"耶稣教训的中心思想其实是这套关于宇宙性大灾难即将来临的警告性说法，和上帝之国即将实现的预告。"

---

62 同注36，第208-209页。

63 同注25，第73页。

[64]"就耶稣的整体事工而论，（神国）这个词有绝对的重要性。""任何人若对耶稣事工之中的神国观念没有清楚的了解，就不能认为自己能够正确地解释福音书。"[65]世界末日（可13）与天国预言（太16：28；10：23）混合着恐怖与欣喜之情。耶稣预言即将发生事变，但他并不把消息提供给懒惰的群众。他把信息告诉人们，让人们去抉择。他带来的信息包含着下面这样急迫的问题：如果世界即将毁灭，我们应该做些什么？哪些事情才具有意义？卡本特指出："事实上，他关心的不是天国的到来这件实际事情，伴随它而来的戏剧性事件也不使他感兴趣，他也不去揣测天国的实际状况会是怎样。他关心天国是因为其来临一事可给人们一个作决定的召唤，一个悔罪并被赎救的召唤。'上帝之国即将来临，你们要悔罪，并信从福音。'""他的信息是要人们作个决定，要人们悔罪，要他们不仅遵守律法，面且要合乎上帝对他们的普遍而整体的要求，这是他的信息，也是最紧要的（这种紧要性在他所有的教诲中都可发现），因为他相信上帝之国随时会降临，而人们却没有什么办法可以知道其运行。（参：太 24：40）"[66]"所以你们要儆醒，因为你们不知道家主什么时候来，或晚上，或半夜，或鸡叫，或早晨；恐怕他忽然来到，看见你们睡着了。我对你们所说的话，也是对众人说，要儆醒。"（可 13：35-37）《福音书》中，耶稣有关天国很少有什么具体描述说明，全是一些比喻；相反，有关末世景象，具体文字却占了不少（可 13；太 24），这主要可能是因了以上原因。由此，我们联想到海德格尔的"向死而生"，他的问题是"存在"，可他却主要讲"生存"，特别是重点强调了"死亡"问题。

雅斯贝尔斯认为：天国预言涉及一个宇宙事件。但是它并不是世界中的一个事件，例如产生新世界，而是使世界中止，历史中断的事件。上帝之国不是世界，不是历史，也不是这个世界的未来世界。它是完全不同的东西。耶稣说："神的国来到，不是眼所能见的。人也不得说，'看哪，在这里'，'看哪，在那里'；因为神的国就在你们心里（'心里'或作'中间'）。"（17：21）"唯一真实

---

64 [英]汉弗雷·卡本特：《耶稣》，工人出版社1985年版，第77页。另，"上帝之国即将来临"系希腊文"上帝之国已经来临"的误译，见卡本特《耶稣》第78页。还有特别需要说明的是：本节关于"基督"的"讯息"，主要参考卡本特在《耶稣》中的论述框架。以下叙述（第三节"二——五"），基本可看着对这本传记相关内容的一个概括介绍，或者说读书札记，当然其中也会间以个人的补充性材料或意见。

65 同注16，第 102、119 页。

66 同注64，第 167、163 页。

的是内在的实在性，即生命、真理、光辉。上帝之国是一个心理上的国度，不能预期，但却呈现于各地，无处不有。它不提供任何许诺或报偿，只是自身的证明、自身的奇迹与报偿。上帝之国是内在的光辉，以及愉悦与自足的感受。问题是：应该如何生活才能感受到自己是在天堂之中，永远圣洁，是上帝的子民？"[67]勒南说："他的上帝之国无疑是那正在到来、必将展示在诸天之上的启示，但它还是、或许首先是个灵魂之国，以自由和贤德之人在其天父怀中安息时感受到的忠顺之情为根基。"[68]"启示"意义上的天国，应该是《启示录》21：1-4所描摹的新天新地："我又看见应该新天新地，因为先前的天地已经过去了，海也不再有了。我又看见圣城新耶路撒冷由神那里从天而降，；预备好了，就如新妇妆饰整齐，等候丈夫。我听见有大声音从宝座出来说：'看哪，神的帐幕在人间。他要与人同住，他们要作祂的子民；神要亲自与他们同在，作他们的神。神要擦去他们一切的眼泪，不再有死亡，也不再有悲哀、哭号、疼痛，因为以前的事都过去了。'"而"实践"意义上的天国，耶稣生前其实已经有很全面的说明，这就是《马太福音》十三章里的八个比喻：撒种的、稗子的、芥菜种的、面酵的、藏宝的、寻珠的、撒网的、新旧库藏的。

三、只有律法还不够

《马太福音》1：17-18记载耶稣的话说："莫想我来要废掉律法和先知；我来不是要废掉，乃是要成全。我实在告诉你们，就是到天地都废去了，律法的一点一画也不能废去，都要成全。"无论同保守派还是自由派犹太拉比比较，耶稣的训诫都显示了迥然不同的面貌和巨大的权威，极具穿透力。他在告诉人们应该做些什么时，并没有提出一套伦理学体系，可以使人在现存世界的结构与秩序中得到实现。相反地，道德训诫（律法）只能建立在对福音的信仰（天国降临）和上帝的意志的服从（"爱"：太22：37-40律法总纲；太7：12金律；林前13爱颂）之上。面临审判，全世界的事物都将失去自身的价值，从日月星辰到王权、财富，甚至包括身体（太24：29；路9：25；路

---

67 [德]卡尔·雅斯贝：《圣哲——苏格拉底和耶稣》，自花城出版社《译林》1988年第3期，第310页（本译文是对雅斯贝尔斯《大哲学家》一书的节译。《大哲学家》，李雪涛主译，社会科学文献出版社2005年版。其中关于耶稣的内容，见本书第154-183页）。本章第三节关于"基督"的"讯息与影响"的陈述，较多直接参考和引用了雅氏之说，在此特予说明。

68 同注12，第218页。

12：15-34；太5：29-30），"世界只是一座桥，越过它，但不要在上面建立你们的屋子。"[69]在天国的光辉下，现实世界的一切尽成空无，家族、律法、文化等都丧失了意义（可3：31-35；太19：-29；路6：1-10；路18：9-14；林后3：6）。现在，每个人都必然面对一种尖锐的抉择：不是上帝，便是魔鬼；不是天使，便是邪灵；不是善，便是恶。每个人都面对这种二者必居其一的抉择，一切都取决于个人的抉择，没有中立，没有妥协，要不就拥有一切，要不就一无所有。只有一条诫律，追随上帝，进入上帝之国的永恒之境。要信神，对于神，一切都是可能的，"他叫日头照好人也照歹人；降雨给义人也给不义的人。"（太5：45）

面对全能至善的神，仅有律法是远远不够的，因此才有登山圣训中对律法的新阐释——五诫（太5：21-48），才有关于施舍钱财、守安息日、洁净等的或严厉或自由的解说（可10：17-22；可3：1-6；可2：23-28；可7：1-23）。这里，一方面是咄咄逼人的决绝，另一方面则表现出对律法教条的突破，而直指其信仰内核。"死板的规定是行不通的；仅仅靠奉行律法你是不能确定你是否完满地实现了上帝的诫命的。遵守律法也许很好，但还不够。必须根据每一独特事例的特殊情况来进行判断和倾听上帝的意愿。"[70]若理解到这一点，也许能够理解耶稣对待律法的态度，包括理解《福音书》记载中耶稣前后言行的矛盾与含混之处。耶稣寻求的是更高的法则，上帝的法则，即人的良知，这是上帝意旨在人类理性中的清楚显现。上帝是唯一的裁断者，上帝的声音清楚地在人们心中回响，所有的人都能听到。这声音是："你要尽心、尽性、尽意，爱主你的神。这是诫命中的第一，且是最大的。其次也相仿，就是要爱人如己。这两条诫命是律法和先知一切道理的总纲。"（太22：37-40）现代神学家凯德伯瑞说到"正如其他的言语一样，耶稣的话语能在我们的良知中得到其终极的认可和道德的约束。……在他的教训的最深处，有一种自我确认的性质。"[71]他"要人们在谨守外在行为的同时还要谨守内在的意念。律法确实极为重要，但并未包含所有上帝对人的命令，这些命令是普遍的、完整的，上帝要人们表里如一，恪守不渝。"[72]"最重要的是，这些诫律不是规范

69 同注67，第300页。
70 同注64，第103页。
71 同注64，第115页。
72 同注64，第111页。

外在的行为，而是穿透到内在的灵魂。灵魂必须要纯净。即使在灵魂秘密的深处，罪恶的种子也应该象外在行为一样地受到斥责：'凡看见妇女就动淫念的，这人心里已与她犯奸淫了。'（太5：28）从内心到外在行为，他都要求一种极端的透彻性，比如饶恕七十个七次，打你的右脸连左脸也转过来由他打，要外衣连内衣也脱给，剜下和砍下使你跌倒的右眼和右手，'你们的仇敌，要爱他们；恨你们的，要待他好；咒诅你们的，要为他祝福；凌辱你们的，要为他祷告……'（路 6：27-28）等等。凯德伯瑞说：'也许，以独特、新奇、独到等字眼来形容耶稣的独特之处，还不如以激进、热情、极端来形容更为准确。'"[73]

耶稣所要求的是一种存在的方式，而不是由这种存在外显的行为。徒有形式的律法很可能只促进了人的伪善和教条，一个只依律法而生活的人，很可能隐藏了他内在的罪恶，也往往使其外在行为显得荒谬。应知道，不仅有律法，更有律法精神，律法是以律法精神为前提的。如卡本特所言："支配一个人的行为的精神远比仅仅顺从某些规则而采取的行为更为重要。在人事中内心的思想远比外在的行为更为重要。"[74]正因此，对于那些遵守律法而没有内在信仰的人，比如法利赛人，耶稣是痛加斥责的（路 11：42-46）；相反，对穷寡妇的奉献（可 12：41-44），税吏的祈祷（路 18：9-14），他却倍加肯定。耶稣没有提出任何新的道德体系（参：申 6：5；利 19：18；弥 6：8），他只是净化圣经的规范，并且严格遵守，他绝不是什么道德家和律法学者，而是一名真正的信仰者——内心的谦卑顺服，行为的彻底热情，正是在此意义上，他"成全"了律法。

可以有两个不同的比较：一、希腊哲学家是从人和人的理想来思考问题的，这些理想或者是如同柏拉图相信的那样，是一些先验的形式，一般人借助教育才能获得；或者是象亚里士多德所相信的那样，是一种美德，通过节制和与自然规律的协调就能达到。不仅他们的结论与耶稣极不相同，而且就是柏拉图关于理想社会是家长式统治的极权主义社会的观点，和亚里士多德关于理想的人应是自足、自负和绝对优越的人的观点，也都同耶稣所教的任何东西不同。有一个基本的区别是：柏拉图和亚里士多德建立了关于人与世界的复杂的哲学模型，从中推导出伦理的结论。耶稣就没有这种复杂的系统，

---

73 同注64，第116-117页。

74 同注64，第118页。

他毫不在意他的教诫的前后一贯，他并不关注于体系的结构。他的方法（如果可以被描绘的话）可以称之为"灵感式"的，此外他也不讨论"理想"、"道德"等抽象问题，他只关心人对上帝的服从，这在希腊人是无法想象的。因为，正如神学家巴特曼所说的那样，希腊思想家"不承认任何要他们服从的权威，他们只知道以自己的成就来完善自身的法则。"[75]"耶稣的基本工作是在自己周围发展一批门徒，以无限的慈爱感化他们，将自己的学说的种子撒播在他们心间。他使自己被爱'到如此的程度：他死后，他们仍不停止对他的爱'——这是耶稣的伟大工作，也是他最能打动其同时代人之处。他的学说如此少见教条意味，以至他从未想过要把它们写下来，或让人把它们写下来。人们之所以作他的门徒，不是相信了此物或彼物，而是因为迷恋他这个人。……耶稣不是信条的营造者或教义的炮制者。他呈现给世界的是一种新的精神。""他的信条不是固定不变的教条，而是易于作出无穷解释的意象。""成为基督徒所必备的一切，不过是追随耶稣并期待上帝的国罢了。"[76]他创建了纯洁灵魂的天国。

二、中国传统伦理思想（主要指儒家），同希腊的一样，在根本上同样是人本而非神本的。所不同者，前者主要源于人类地域性生活经验的总结归纳，后者则主要源于人类理性思维力的系统推导和演绎，一是经验的，一是逻辑的。正因为中国伦理思想的经验性特点，便决定了它的灵活性与非彻底性，如有人所言，《圣经》上的道德标准无疑高于一切人世间的道德标准。例如，由孔子的"非礼勿视，非礼勿听，非礼勿言，非礼勿动。"并不能推进到彻底的"非礼勿想"，如"动淫念即为犯奸"；相反，我们倒有"君子好色而不淫"的说法。另外，比如金律的"己之所欲，施之于人"（太 7：12），就比我们的"己所不欲，勿施于人"要积极得多，它从正面提出自己的伦理要求，而不是从反面去限制。"人们最基本的道德责任是行善，我们的责任并非只是不伤害他人，而是要时时记住去做我们可以做的一切善事。"[77]由"己所不欲，勿施于人"，很难推出"爱人如己"，"饶恕七十个七次"，尤其是象"父啊！赦免他们，因为他们所作的，他们不晓得。"（路 23：34）这样的结论。正因为

---

75 同注 64，第 117-118 页。

76 同注 12，第 295-297 页。

77 [美]查尔斯·L·坎默：《基督教伦理学》，王苏平译　苑利均校，中国社会科学出版社 1994 年版，第 101 页。

信仰标准的绝对性和彻底性，所以对于凡人，它始终具有一种巨大的穿透力和提示性，使其良心良知永远处于一种警醒反省状态，使其态度始终谦卑。于此，我们想到福音书中在祷告时那个与感觉良好的法利赛人相对的税吏来，耶稣之所以肯定他，是因为他的道德感始终处于醒觉开放状态，而非满足封闭状态，这使他的道德自我提升具有无限的可能性。说到道德标准的严格透彻性，不禁想起我们的许多吊诡之论来："论孝论心不论迹；论淫论迹不论心。""酒肉穿肠过，佛祖心中留。"这其中不无似是而非的成分，因而不无且常常有异化虚伪的、自我满足的情形，因而失却其本质性。

于此，尚可有进一步的比较和结论，即信仰高过伦理。神圣之爱不同于人伦之爱，前者为平等之爱，后者为差等之爱（尤其在中国）。如有人所指出的，如果"割断了耶稣的伦理教导同他的信仰的联系，就割断了支持他的伦理教导并赋予他伦理教导以意义的生命线。耶稣的目的、耶稣的服从、耶稣的激情、耶稣的力量全部都来自他对上帝的信仰。他的灵魂中最深的东西就是他认识到了上帝。"[78]《旧约·创世纪》记载亚伯拉罕以独生子以撒献祭（创 22：1-18），《旧约·士师记》记载耶弗他以女儿献祭（士 11：30-40），这些与二十四孝里的郭巨埋儿性质截然不同，前者是信仰行为，后者是迷信行为。对于前者，《约伯记》中约伯的话，是最好的回答："我赤身出于母胎，也必赤身归回。赏赐的是耶和华，收取的也是耶和华；耶和华的名是应当称颂的。"（伯 1：21）丹麦宗教哲学家克尔凯郭尔在《恐惧与颤栗》中对亚伯拉罕献祭的故事有十分深刻精彩的阐释。[79]耶稣在传道过程中，涉及家族伦理关系时，都有十分明确坚定的表示，毫不含糊，他们与中国传统之宗法人伦道德观念截然有别。《马太福音》记载："又有一个门徒对耶稣说：'主啊！容我回去先埋葬我的父亲。'耶稣说：'任凭死人埋葬他们的死人；你跟从我吧！'"（太 8：21-22）中国的儒家在丧礼上则有极详细的规定，光守丧即须三年整，真正是死人埋活人。《马太福音》还有记载："你们不要想，我来是叫地上太平，乃是叫地上动刀兵。因为我来是叫人与父亲生疏，女儿与母亲生疏，媳妇与婆婆生疏。人的仇敌就是自己家里的人。爱父母过于爱我的，不配作我的门徒。"（太 10：34-37；另见：路 12：49-53）

---

78 [英]詹姆士·里德：《基督的人生观》，蒋庆译，三联书店 1998 年 10 月第二版，第 18 页。

79 [丹麦]克尔恺郭尔：《恐惧与颤栗》，刘继译，陈维正校，贵州人民出版社 1994 年版，〈绪〉，〈亚伯拉罕颂〉。

《马太福音》又有记载："耶稣还对众人说话的时候，不料他母亲和他兄弟站在外边，要与他说话。有人告诉他说：'看哪！你母亲和你兄弟站在外边要与你说话。'他却回答那人说：'谁是我的母亲？谁是我的兄弟？'就伸手指着门徒说：'看哪！我的母亲，我的兄弟。凡遵行我天父旨意的人，就是我的兄弟姐妹和母亲了。'"（太 12：46-50）以上教训，与中国传统的纲常伦礼是绝对不相容的，因为它打破了那种严格的差等秩序，甚至与之对立。在这里，我们被明确地告知信仰高于伦理，信仰超越于伦理。基督教之平等观念，即主内皆兄弟姐妹便源于此，因为上帝（信仰）面前人人平等。再来看一段耶稣的教训："凡为我的名撇下房屋，或是兄弟、姐妹、父亲、母亲、妻子、儿女、田地的，必要得着百倍，并且承受永生。"（太 19：29）这是因为，常常地，"家并不是一个和平宁静的地方，而是一个任性妄为的地方。""所谓充满爱的家庭有时可能正是一个非常自私的封闭体。这个家庭越是自私封闭，就越是使其成员看不见这种自私封闭。如果家庭之爱不扩展成一种广大的他人之爱，这种爱就是一种微不足道的、狭隘渺小的爱。""属于一个'信仰的家族'比属于一个出生的家族更富有，更具有意义。因为属于'信仰的家族'没有空间、时间、国家和民族的限制。"[80]然而，要实现这种扩展，没有一个超越性的信仰以为根本，只能是纸上谈兵；中国的历史，难道没有提供出充分的反证吗？比如：宫廷里的父子兄弟相残，一般家庭里的勾心斗角；而贪官污吏往往是孝子贤孙，等等。

四、神迹与比喻

《福音书》很清楚地说耶稣曾行奇迹，记载他曾治疗慢性疾病，使盲人复明，聋子复聪，甚至使死人复活的事迹。《福音书》还叙述了其他耶稣所行的自然界奇迹的故事，耶稣如何出言令加利利湖上的风暴平息下来，如何在水面上行走，如何以少量的饼和鱼喂饱数千人，等等。另外，《福音书》中还记载了关于耶稣的出生、死亡与复活的神奇事件。我们应该怎样对这些事件作出评价？首先，这些故事之所以形成都有合理的解释，这一点，在本章第二节之"二"中已有详细讨论，此不赘。其次，这些故事具有强化耶稣教诫的权威性和力量的作用。耶稣的教诫不足以解释耶稣所造成的深刻印象。一个诚实的史学家会说，以目前形式呈现的奇迹故事无疑地包括了很大的虚构和润饰的成分，但是必定有产生这些故事的某些事情发生过；他也会认为，

---

80 同注78，第158、166、167页。

就是这些"某个事情"，这个"施行奇迹"的因素给予耶稣教诫一种权威性。正因为他的作为使人们惊奇，才倾听他的教诫。[81]耶稣自己就说过："我若不行我父的事，你们就不必信我；我若行了，你们纵然不信我，也当信这些事，叫你们又知道，又明白父在我里面，我也在父里面。"（约 10：37-38）

《福音书》记载耶稣的教诫，[82]多以比喻形式出现。以生动的故事表达一个观念或解释一个要点，这是一种犹太拉比们常用的方法（太 13：35）。但耶稣的比喻却显得异常突出和丰富，他的许多中心教训，都隐藏在比喻之中，比如象"天国"的比喻（太 13：1-50；20：1-16；22：1-14；25：1-30等）。他为了说明一个中心意思，可以连用许多比喻，例如《路加福音》中亡羊、失钱和荡子的比喻（路 15），再如《马太福音》中的天国之喻（太 13：44-50），所谓博喻者是也。《福音书》中记载耶稣说自己之所以用比喻，是为了让一些人迷惑不解，而只让有耳的听见，有眼的看见（太 13：10-17；可 4：10-12；路 8：9-10），对此的合理解释，也许是正话反说，以刺激听众调动自己的注意力和理解力。耶稣和法利赛人的辩论，显示出他有灵活的头脑，有能力作清晰的思考和推理，足以和受过教育的人抗衡，他的抽象能力并不弱。但是，耶稣大部分时间都不是向受过教育的知识分子传道，他的对象是一些普通人，尤其是穷人、被遗弃者，因此，用说故事的形式最能抓住他们的注意力，且便于流传；因此，他选择加利利日常生活中的形象，如农夫播种、葡萄园主雇佣工人、谷物在田野中生长，来描绘上帝之国的运行。另外，他的训诫因了其彻底性，如果明确说成"是"什么，反倒于意思有所损害和拘束，所以，他说"象"，不说"是"。比喻蕴意丰富，含不尽之意于言外，能加强他的训言的生命力，可以有围绕中心自由发挥的余地。耶稣的比喻、寓言或故事，骤看好象不经意间编成的，但确实是万世不可磨灭的杰作，在《福音书》中，它们象一幅幅绚丽的图画展示在我们眼前，其具有经久不息的生命力。正是靠了它们，才扩大和加深了福音书的影响，使之具有渗入人心的力量。

---

81 同注 64，第 154 页。
82 斯图尔特谈到耶稣教导所采用的形式，除"比喻"外，还有"夸张"（如：太 5：29-30；可 9：43-48）、"箴言"（如：太 6：21；可 3：24）、"设问"（如：太 17：25）、"反问"（如：太 16：2-3）等等。（同注 16，第 105-106 页）。

五、到地上点燃烽火

《路加福音》12：49-53 记载耶稣的话说："我来要把火丢在地上；倘若已经着起来，不也是我所愿意的吗？我有当受的洗还没有成就，我是何等的迫切呢？你们以为我来是叫地上太平吗？我告诉你们，不是，乃是叫人分争。从今以后，一家五口人将要分争，三个人和二个人相争，儿子和父亲相争；母亲和女儿相争，女儿和母亲相争；婆婆和媳妇相争，媳妇和婆婆相争。"（可以与马太福音 10：34-38 参照着读）。在福音中，耶稣表现出惊人的力量，有时显得咄咄逼人，有时又显得无限谦和。"他愤怒地注视着他们。"，"他攻击那人"，"他斥责那人"，他说："我来并不是叫地上太平，乃是叫地上动刀兵。"（太 10：34），对于不肯奉行天父旨意的人，耶稣说在最后审判时他们将"被赶到外边黑暗里去，在那里必要哀哭切齿了。"（太 8：12）；他斥责不肯悔改的城市，"当审判的日子，推罗、西顿所受的，比你们还容易受呢！"（太 11：22）尤其是他在耶路撒冷对文士和法利赛人长篇大论的痛斥（太 23；可 12：38-40；路 20：45-47）；他曾在圣殿中掀翻桌子，愤怒地驱逐兑换银钱的人。耶稣绝对不能被单纯地看作是消极被动，柔弱和经常为爱所感动的人，更不能被认为是无助的神经衰弱者。如果以理性的标准来看，他的行为和言论似乎都是矛盾的：一方面是顽强好斗，严厉与无情；另一方面是无限的温和，逆来顺受，怜悯和绝望（可 10：16；太 9：36；太 14：14；及山上圣训、客西马尼园苦祷和受死订十字架）。我们认为，他是一个勇于挑战的战士，又是一个静默的受难者。这才是他的人格。

"在耶稣的生活中，他的宗教具有这样一种使他的人生达到完满的巨大秘密。他的存在和他的所作所为都联系着那个看不见的实在，这实在的本质就是爱与正义，它的名字就是神圣之父。"[83]耶稣对上帝的坚定信仰，使他的灵魂达到一种难以置信的状态。他生活在现世之中，承担现世的短暂存在，但推动他的却不是现世的力量，而是一种深刻的超越力量。因此，他生活在这个世界中，却又超越这个世界；投身于这个世界中，却又独立而不受这个世界拘限。这种既入世却又能超然独立的性格，是耶稣宁静安详的根源。一方面，俗世的事物不再能诱使他执着于有限的绝对，俗世的知识不再能迷惑他执着于追求整体的知识，法律规章也不可能使他局限于教条之中，所有这些诱惑，都为他对上帝信仰所产生的自由而粉碎。另一方面，他自己的存在

---

83 同注 78，第 28 页。

对世界开放，他的眼睛灵敏地注视一切客观实在，尤其是人的灵魂，人心灵的深处，在他的目光下，一切都无法隐藏。他获得了一个超越性的批判眼光，他成了一个永远的俗世批判者。耶稣打破世俗中的每一种实践秩序。他看到所有的秩序与习俗都流于伪善，他直指本源，瓦解一切伪善。除了从内心深处持守诫律随上帝进入天国外，其他的一切、赚钱营生、法律之前的誓约、正义与财产的祈求等，都变得没有意义了。甚至死于世俗权力之手，受苦、酷刑、凌辱、贬抑等，都有益于信仰。"从来没有人说过如此具有革命性的话，他人所认为有价值的一切东西，他都当作无关重要，不值得去思考。"（黑格尔）[84] "他把世俗的成功看作一种应该被彻底蔑视的东西，因为他从中看不出任何有价值的东西。"[85]由于耶稣站在世界的终点与边缘，处于一种特殊的情境。他对于那些为俗世贬抑的人，如贫贱者、病人、残疾人等，对于那些为世俗秩序摒弃的人，如罪犯、税吏、妓女等，都向他们揭示隐藏于他们生命之中的可能性与希望，揭示人们自身在任何情况下所具有的潜能。他传道给社会边缘的人，指出一种领域，一个为各式各样的失败者开放的家。他说："康健的人用不着医生，有病的人才用得着。经上说'我喜爱怜恤，不喜爱祭祀。'这句话的意思，你们且去揣摩。我来本不是召义人，乃是召罪人。"（太9：12-13）基督对仅仅是宽恕错误不感兴趣，"基督考虑的是怎样去改变犯了错误的人的心灵，使他们的心灵更加美善，以及怎样去重新恢复同他们的友谊。"[86]他赐给人"生命"，这是最积极的行善，而非一般的所谓宽恕。"固然，他怜悯穷人、囚犯、低贱的人和不幸的人，但他更怜悯富人、无情的享乐主义者、浪费自由成为物的奴隶的人以及那些穿着柔软衣服、住在王宫里的人。富足和快乐对他来说比贫穷和悲哀更像一出不折不扣的悲剧。[87]这在"八福"、"浪子的故事"、"骆驼穿过针眼的比喻"等许多地方都有表达。

由于对上帝的信仰，使耶稣的训言获得了巨大的自信与权威性。耶稣说话的方式，似乎和古代先知或律法学者极不相同，他多数具有特色的言谈都不是对律法的演绎阐释，也不象以往的先知那样，冠以"上主这么说"或"神的话临到某某"这样的话为开始。《福音书》记载他提出教诫的方式是这样的：

---

84 [德]卡尔·雅斯贝尔斯：《大哲学家》，李雪涛主译，社会科学文献出版社2005年版，第173页。这里的引文是间接引用。

85 同注29，第91页。

86 同注78，第174页。

87 同注29，第81页。

"我实在告诉你们……"（可 3：28，这句话在福音书中随处可见），"你们所听到的要留心……"（可 7：24）"你们都要听我的话……"（可 7：14）耶稣的语气从来都是坚决有力的，从不说"也许"、"或者"、"等我想想看"之类的话，从未犹豫过，他的语言都很简明清澈，这其实是由于他的思想的彻底性所决定了的。《马可福音》记载："众人都很希奇他的教训，因为他教训他们，正象有权柄的人，不象文士。"（可 1：22）这权柄其实反映的正好是他的人格的伟大，显示了他的内在人格力量。

耶稣对上帝的坚定信仰，使他产生一种前人所没有的强烈情绪，使他勇于承担苦难，直至死亡。他提醒人们各种边缘直至最后处境，并以自己的榜样给人们灌注勇气。"唯有忍耐到底的必然得救。"（太 10：22）他的思想的一个内在因素是受苦、恐怖、无限的苦难，这种苦难由残酷的死亡结束。他在十字架上大声喊着说："我的神！我的神！为什么离弃我？"（可 15：34）这些话是《诗篇》22 的开头语，在他极端痛苦时，这些话脱口而出。这篇赞美诗吐露了一个遭受极大不幸的人的心声："但我是虫，不是人，被众人羞辱，被百姓蔑视。""我的神啊，我白日呼号，你不应允；我黑夜哀祷，你仍静默。"他绝望无助，为人弃绝，上帝却沉默不语。帕斯卡尔讲到耶稣的受难时说：

> 耶稣在地上是孤独的，不仅没有人体会并分享他的痛苦，而且也没有人知道他的痛苦，只有上天和他自己才有这种知识。

> 耶稣是在一座园子里，但不是像最初的亚当已经为自己并为全人类所丧失了的那样一座极乐园，而是在他要拯救自己和全人类的那样一座苦难园里。他在深夜的恐怖之中忍受这种痛苦和这种离弃。我相信耶稣从不曾忧伤过，除了这唯一的一次；可是这时候他却忧伤得仿佛再也承受不住他那极度的悲苦："我的灵魂悲痛得要死了。"因为他的弟子们睡着了。

> 耶稣向别人那里寻求伴侣和慰藉。我觉得这是他一生中独一无二的一次。但是他并没有得到，

> 耶稣将会忧伤，一直到世界的终了；我们在这段时间里绝不可睡着。

　　…………

耶稣既是处于忧伤之中，处于最大的痛苦之中，就让我们祈祷得格外长久吧！

我们祈求上帝的仁慈，并非为了要他可以让我们在我们的邪恶之中得到平静，而是为了他可以把我们从其中解救出来。[88]

"耶稣受难的真实性是历史上非常独特的事件。他并没有以认命或忍耐的态度接受痛苦与恐惧，他直接面对这一切。坚持受难的实在性并加以表达。当他被绝望地弃绝，受难将近死亡之时，他足下的立锥之地变成了一切，变成上帝。寂静、不可见、不可思终于成为唯一的真实，这种赤裸裸的恐怖带来的彻底真实感，意味着救援只能来自完全不可捉摸之物。""耶稣的存在充满勇气，尤其是承担他的神圣使命去宣扬真理，并以自己作为真理。这也是犹太教先知的勇气：这种勇气并不是反映在伟大事业与成功的声誉之中，也不是为后世而勇敢牺牲，而是单独面对上帝的勇气。在他钉死在十字架上时，永恒的根本体现于时间之外。在十字架的传统象征（受难的上帝仆人）中，人们能够在俗世的一切失败中，获得对真理的确信。"[89]正是通过他最后的受死，他才变得直接，完满，绝对和神圣起来，重要的是他这个人（或曰神）的存在，而不仅仅是《福音书》中的教训，成就了基督宗教。汉斯·昆明确指出："作为具有最终权威、决定意义、原型意义的基督的拿撒勒的耶稣使基督教成为真正的基督教。""耶稣本人就是基督教的纲领。""基督教就是在理论上和实践上激发对耶稣·基督的回忆。"[90]

"耶稣不是哲学家，他未曾建立一套伦理道德的完整体系，也从未说过任何可以从他的宗教信仰中直接地抽离出来的抽象的道德概念。可是在他的宣教中，他面对道德上进退两难的困境时对任何妥协的拒绝，以及他对人类道德要求的普遍性、整体性和无限性的强调，有一种跨越所有宗教障碍而使我们受到吸引的力量。尽管他的教诫没有什么一贯性，尽管其从来不是作为日常生活的详细规则而设计的，尽管其千余年来被曲解混淆，这种教诫仍然具有一种尖锐性和直接性，能够持续对人类心灵发生强大的影响，使得几乎所有其他道德家（不论怎样心智健全，聪明和身心平衡）比较之下显得逊色。耶稣并不是一个道德老师，他的感染力不仅来自他的才智（比如：纳税问题，

---

88 同注31，第243-244页。

89 同注67，第316页。

90 同注3，第209页。

路 20：21-26；权柄问题，可 11：27-33；怜悯淫妇，约 8：3-11；还有众多的比喻等），也来自他超凡的魅力。因而在道德教诲的领域内，他的影响力是无与伦比的。"[91]他曾说："我是世界的光。跟从我的，就不在黑暗里走，必得着生命的光。"（约 8：12）他还说："我就是道路、真理、生命；若不借着我，没有人能到父那里去。"（约 14：6）

六、影响

关于耶稣的影响，是相当广泛的，我们基本根据雅斯贝尔斯的论述作如下简述：

一、耶稣生前，他的影响只是波及一些小团体与普通民众，亦有法利赛人，罗马百人队队长，还有少数的友人及某些反对者，他们曾经深受感动或震动。但他对自己的传道结果却感到失望。

基本上，他对遇到的每一个人传教。传教的要点在于使信徒去理解、去受内在的启蒙。但是他传教的主要对象是穷人、被遗弃的人、罪人等，因为这些人的灵魂破裂，正可以接受新的信仰。与他距离最远的，是那些感觉舒适安全以及受世俗财富束缚的人："骆驼穿过针的眼，比财主进神的国还容易呢！"（太 19：24）能够进入天国在上帝那里找到平安的，不是自以为是而祷告的法利赛人："神啊，我感谢你，我不象别人勒索、不义、奸淫，也不象这个锐吏。"（路 18：11）而是那个不敢正视和仰望天堂，只是捶着自己胸膛的税吏："神啊，开恩可怜我这个罪人！"（路 18：13）浪子回头的比喻可以很明白地显示耶稣的态度。

耶稣发现他的传教结果零碎而不确实，无善可言，心中感到忧伤。种子落到肥沃的土地上也落到贫瘠的地方。很多人愉悦欣喜地接受福音，但是过不了多久就忘了，或者找各种借口推脱掉（太 22：1-10；另参路 14：15-24）。世俗的挂虑，财富的迷惑，肉体的欲望，这些都灭熄了福音。他的灵魂为人们感到悲哀，因为他们的心是盲目的，什么都看不到。"被召的人多，选上的人少。"（太 22：14）

二、耶稣死后，初期基督教徒暂时从历史舞台隐退，因为基督的支持者成为一种全然不明的东西，在有与无之间模糊地变动。首先把基督教带进历史领域的是保罗，认为基督教始于耶稣这一位"历史人物"的看法并不正确。

---

91 同注64，第195-196页。

[92]只有耶稣的人格对接近他的人所产生的直接冲击，才能说明他的门徒如何能在他死后的狼狈逃散中，获得对十字架酷刑的伟大诠释，而开始了真正的基督教。"基督教并不只是结合了耶稣教义的宗教，而是一个关于耶稣的宗教，特别是关于他的死和复活。基督教宣称，耶稣的死和复活是上帝在历史上的特殊的自我启示，是对人类罪孽的救赐，因此，凡是相信上帝及其儿子'主耶稣基督的'，都可以在上帝之国里得永生。这是一个救世的宗教，而耶稣在加利利与犹太等地的实际教诫只是他重要性的一面而已，基督教的中心教义是'耶稣救世人'。"[93]也就是说，历史存在中的耶稣本人，只是基督教的一个要素，一个契机，虽然这个要素和契机无比重要，但他并不是基督教的创始人。基督教产生后，耶稣的客观性被一些不是他的思想掩盖了。虽然如此，他本身的存在痕迹却一直保留着，他的影响可从两条不同的线索加以总结：

（一）作为救世主基督，也就是上帝之子或者上帝自己的耶稣，这是信仰的耶稣。再说一遍，这种信仰并不是由耶稣开创的，而是在他死后产生的，它包含耶稣生前所宣告的"天国来了"的福音，但它更重要的信息是关于耶稣生、死、复活的一个信念体系。这个信仰的条目包括三位一体（太28：19）道成肉身（约1：14），因信称义（罗10：9-13），以及认为基督是第二个亚当，是新人类历史的起点（林前15：45-49），等等。克尔凯郭尔说，关键的一句话是："上帝曾来到过这个世界，并被钉死在十字架上。想要弄清历史的和真实的事实，对信仰来说是无关紧要的。因为信仰并不是建立在通过批判研究而确定的历史知识之上的。""这种信仰之产生的第一步是相信耶稣的复活。其次是把耻辱的订在十字架上之死，转变成了一种殉道行为。最后，由于圣灵的降临信徒团体的建立便成了一件有意义的事了，基督团体的实现也就形成了教会。"[94] "基督"是一个新的实体，由他产生了历史上最广泛深入的影响。有史以来，世界各大宗教中，基督的信徒应该是数量最多的。据一九九六年美国《教会研究国际公报》第一期统计，当年世界人口总数五十八亿，各类宗教信徒总计达四十四点六七亿，而其中基督教徒十九点五五亿（预计

---

92 同注84，第177页。汉弗雷·卡本特亦说过："许多神学家相信，保罗和其他一些早期传道者才是基督教的真正创建人，是他们（而不是耶稣本人）创立了一个围绕耶稣而成的宗教。"（同注64，第187页）

93 同注64，第186-187。

94 同注84，第179页。

到两千年可达二十一亿多）。[95]然而，基督信仰与"历史上的耶稣"是什么关系呢？莫尔特曼说："基督信仰的认信总有两个方面：尘世的和永恒的，具体的和普遍的，现世的和末世的。耶稣这个名字包含其本源的尘世、具体和现世的一面，而他的称号则包含永恒、普遍和末世的一面，是基督这种认信将'耶稣'这个人名与暗示着某种尊严、某种功能的称号联系起来，比如'基督'、'人子'、'圣子'、'主'或'逻各斯'。这些'尊称'的目的是为了说明耶稣是什么。""基督教传统史为之作证的耶稣的称号在历史上具有的那种开放性和可变性，具有固定点和标准。提供这种标准的，是他个人的名字耶稣和以他被订上十字架与复活告终的历史。""在时间带来的种种变化中，在信仰、爱与希望的具体形态的种种转型中，那不变的是耶稣的名字以及基督教关于上帝、世界与人的每一陈述中那种对耶稣及其历史的至关紧要的指涉，但是变数可以在那些称号和谓语中找到，它们总是可以更改的，它们的目的是说明耶稣在今天对于我们是什么。""每一种基督论所固有的问题不仅在于它指涉那个名叫耶稣的人，而且在于它指涉耶稣的历史，在他的历史中，又指涉他在十字架上的死。"[96]

（二）作为历史存在中的圣洁人格的耶稣。《福音书》，尤其是同观福音，提供给我们的是一位超越者，一位无比圣洁的人格榜样，一位永远的俗世批判者，在永恒的时空中，他超绝于一切俗世秩序，甚至包括教会。他的存在提供动力，产生了后人师法耶稣的理念。

> 到处都有人矢志师法耶稣。他们努力去实践山顶的圣训，把右颊转向恶人；他们贫困地四处周游，追随耶稣对信徒的训示；他们通过俗世中的自我毁灭来追随耶稣的受难。简而言之，他们通过积极师法耶稣最极端的行为与言论，来获得殉道的真理。在赤道非州的热带丛林里，在冰雪覆盖的西伯利亚茫茫大草原上，在印度的贫民窟中，在战火纷飞的战场上，在荒野里，在沙漠中，到处都有人师法耶稣。他们或为穷人的事业奔走呼吁，或为被遗弃者奉献自己的全部精力直至生命，或刻己苦修，以自己圣洁的人格力量传上帝的福音，净化提升尘世间的生活。

95 于可：《1996 年世界基督教信徒的增减状况》，自《世界宗教文化》1996 年第 2 期，第 64 页。较新的统计数字，可参看本书"绪论"注 36 及与之相对应的正文。

96 莫尔特曼：《被订十字架的上帝》，阮炜等译，上海三联书店 1997 年第一版，第 99-101 页。

师法耶稣也曾被认为能转化意外降临的苦难。耶稣的受难成为一种典范，教我们去忍受最不公平最不可能的苦难，教我们在被弃时不要绝望，教我们在万物之源发现最后也是唯一的立足点——上帝，教我们耐心地背负自己的十字架。因为，由于耶稣，所有的苦难都被神圣化了。

师法耶稣还有另外一种意义，即把他的道德训令作为一种行为规范，把纯洁与爱当作上帝的旨意。这种态度胜过知识，它使我们的生活直抵根本，随时随刻都处在一种良知的醒觉状态，体验到自身的道德缺陷，使人们保持一种谦卑反省的道德势态，和一种强烈的自我净化，自我提升的道德愿望。

即使不师法耶稣，也可能有一种由耶稣产生的引导作用，因为耶稣作出了生命的典范，生命的意义不因为在俗世的失败而稍减，反而更为增强；这种典范虽然不像明确的指令一样地确实，但显然却具有可能性。他显示一个人如何能够通过背负自己的十字架，摆脱生命固有的恐惧，而开拓出具有无限广阔性的灵魂的疆域。他让人们永远看清俗世中的绝对罪恶，也提醒人们有一个更高的权威存在。

在圣经宗教世界中的许多人，曾极想从层层的传统中辩识耶稣。基督教以他为基础，但他仍然是反对基督教的一个有力的力量，是经常威胁要粉碎教会僵化与基督教信仰的一颗炸弹。连真正的异教徒都要求助于他。知识界努力想把他生命与思想中的种种矛盾，限定在一个系统性的整体之中。教会在趋向俗世秩序时，企图压制他的爆炸性力量（往往相当成功），对热情加以限制和引导。但是常常会有松驰的时候，使热情的火苗突破樊篱，重新带来天国的新希望与大灾难恐惧，带来某种革命性成果。耶稣整个存在的矛盾性和不确切性，不仅是他强大生命力的一个显示，同时也为基督教永葆其活力与奇妙的真理性质提供了一个最强大的源泉。[97]

---

[97] 同注67，第320-321页。本章最后这一长段是直接引用，但第一小段最后几句"在赤道非州的热带丛林里……"系本人所附加。

意义的追寻——代后记

  本书系笔者多年来学习和研究《圣经》与基督教文化的成绩汇集。全书意欲将《圣经》和基督教文化，置于中国文化、中国历史和中国社会现实的背景之下，置于广阔的现代化与现代性启蒙背景之下，予以具体考察。全书着眼点，不在单纯直接地谈论《圣经》和基督教本身，更不欲也不能全面地谈论《圣经》和基督教，而是试图在以上的两个背景下，谈论《圣经》和基督教在中国被误读、误解甚至曲解的"遭遇"，进而分析造成这一"遭遇"的深层次原因，并探讨化解这一不应该有的"遭遇"的可能性途径。

  全书内容大体可概括为四个方面：第一、从分析当代中国人对于宗教文化抱有偏见的历史的和现实的根源开始，具体讨论基督教与现代化进程的深层关系，基督教近代入华的正面作用及其被误解的各种情况和原因，基督教对近代科学的促发作用等主题。第二、以《圣经》和基督教为参照，以"孝"为切入点，深入细致地讨论儒家的宗法性伦理与基督教的宗教性伦理的本质差别，对在传统中国居于主流地位的儒家道德，进行基于神圣超越层面的批判性清理。第三、分别就《圣经》和基督教在外国文学教学和教材编写中存在的严重误读情况，及《圣经》和基督教文化在俄罗斯的"圣愚"异变现象，进行个案描述和学理分析，以期引起对文化传播中的误读与异化现象的反思和纠正。第四、从基本文本出发，就《圣经》与基督教信仰的核心——耶稣基督，进行基于《福音书》和神学知识的深入述评，共涉及三个中心概念："福音书"、"耶稣"、"基督"。

  全书整体上非精微的专题研究，故曰"论略"。在首要意义上，其属于努力以学术的方式廓清迷雾，普及"常识"之作；其次，则力求于所论题域能有所发明和创造，言人所未言。笔者依托社会学和历史学的经验方法，及哲学和神学的思辨方法，竭诚努力让基本事实来说话，让结论立足于核心经典和学术传统的坚实基础上，以求人们对历史和现实中不容回避的宗教文化，多一份基于理性和常识的关注，少一点由于成见甚至偏见的误会。进一步，希望更多的人，能对人类文明史上从古到今一直在发挥着极其重要的作用的宗教文化，存一份敬意与温情；对宗教及信仰问题，能有深入一些的了解和思考；[1]并对自身生命及自己所处身的社会、历史和文化，有切实负责任的反思和体认，以增进生活与生命的福祉。

书中所涉及的主题，就"常识"部分，国外的研究已经相当充分，甚至早有定论，比如：基督教对于近代科学的发生发展的奠基性作用，基督教对于现代化的正面促发作用，基督教对于西方文学的深度关系，等等。但这些问题在国内却未必很清楚，虽然进入新世纪以来，情况已有一定的改观，但能直面我们文化历史和意识形态现实，并对之做集中言说的论著，还是比较少见。如此，所谓"常识"，其实是相对于基督教文化背景而言，相对汉语背景，就不一定是常识了。汉文化背景下，尤其在当代汉语文化语境中，全书所言，不要说对于普通人，就是对于许多受过良好教育的知识分子，很可能也是相当地隔膜和陌生的。本书除了"知识"性常识之言说外，另有相当内容应该是有独立的创意的，属本人长期"思想"努力的结果。这部分内容，不论在国外还是国内，似乎较少有人集中论及，比如：当代中国人对于宗教问题存有偏见的五个根源的概括，基督教在中国被误解的五个原因的归纳，宗教与科学关系变化的四个阶段尤其是对第四阶段的描述，中国现代化应有的深层面向，"自我意识"及"性"、"命"新释，圣经传统和儒家传统对

---

1 谈到对宗教及信仰问题能有深入一些的了解和思考的话题，因书稿近一半内容完成于十几年前，后来虽有修改补充，但着眼点始终是落在大陆中国的范围之内的，所言诸常识，基本是一个粗线条的描述和概括。其实世界范围内的宗教实践包括宗教学研究，在上世纪五十年代迄今以来（即二战后），有着远为复杂的面貌和变化轨迹。比如向来被视作真理的"世俗化理论"（所谓"宗教美国，世俗欧洲"，"美国例外论"等），已经为事实和新的理论所颠覆，也就是说，事情比想象的要复杂得多。哪怕就美国的所谓"宗教性"，深究起来，其细节上的复杂性也是远超一般人们的想象的。关于这方面的研究，特别值得注意的是大量宗教社会学著作，除传统的韦伯的《新教伦理与资本主义精神》等外，新的著述如彼得·伯格等的《宗教美国，世俗欧洲？——主题与变奏》，罗德尼·斯达克等的《宗教的未来》，等等。

"罪"的不同意识，"禁欲"与"禁欲主义"的区别，"革命神话"的反思，宗教伦理和宗法伦理的比较讨论，外国文学教学中的圣经和基督教问题，文化比较重在求"异"而非求"同"，等等。[2]本书部分内容，已在国内、外一些重要学术期刊，如《世界宗教研究》、《河南师大学报》、《甘肃社会科学》、《China heute》（德国《当代中国》）等公开发表，产生了一定影响。此次编入时，做了较大幅度的补充修正，篇幅往往增加数倍，材料更加丰富，观点亦尽力趋于周到和稳妥。最后应该说明的是，全书虽说力求以"学术"的方式说话，但其间更多可能凸显的是"思想"的努力和结果。严格说来，本书与其说是标准的学术著作，不如说是在学术规约下的思想探索，个别篇目（最后两篇），干脆就是知识和思想性的阅读札记。因此，其中的一些结论，肯定不是作为定论而说出来的，唯一可以肯定的是：个人的努力是诚实的和认真的。

本书的写作经历了一个比较漫长的过程。最早的篇目，可以追溯到上世纪九十年代初；最晚的内容，则在二〇一〇年前后。书中除个别内容部分发表过外，大部分一直无由面世。原因一是内容不合时宜，二是形式也似不合规范，往往篇幅过长，一般都两三万字。二〇一二年有出版社愿意出书，于是想到将这多年的积累做一个清理，梳理一下线索，弄成书的模样。跟出版社签了合约，但半年后却说不能出版，因为涉及宗教题材，尤其是基督教，要送上级主管部门审查，它们不予通过，这个机制，以前不知道。后来又通过朋友，找过几家出版社，都是不能出版。最后想起何光沪老师来，我想他也许能帮助找到一个机会。认识何先生，在上世纪九十年代，他先后帮过我两次忙，一次是要开设"圣经文学"课，因有人强烈反对，校长要我找专家论证；另一次是文章被人全文剽窃，堂而皇之发在国内专业权威刊物上，我得证明自己的著作权。前一事，何先生当然是最好的专家了；后一事，我的文字曾请教过先生，他做证自是最好不过。当时想得简单直接，没有太多想到先生学术事务繁忙，时间宝贵，尤其是心思需要安静等等。发邮件求助后，马上有回复，而且思虑周到，掷地有声。捧读郑重手写的几页几页的回信，

---

2 分别见本书：绪论；第一章第四节；第二章第一节之"二"；第一章第一节之"二"；第三章第二节之"三"；第三章第二节之"三"、第三章第三节之"三"、第四章第二节之"三"、"四"；第四章第二节之"三"；第五章第三节"二"、"四"、"五"之相关论述；第三章第二节、第三节；第四章；第三章第四节之"一"。

感受到先生的诚挚与认真，尤其是仁者爱人的君子与长者风范，先生在此前后还赠我过自己翻译的好几本专业书籍。现在因书稿想起何先生，却发现旧邮箱已经作废，便直接打印邮寄。将近数月的等待后，有了回信，原来先生为我多方联系出版事宜，所以回迟了。他在回信里对我鼓励有加，并认同我的说法：书稿最重要的读者对象，应该在大陆，现在只能退一步，先争取出版。又过近半年，一天晚上何老师的爱人高师宁老师打电话过来，说书可以在台湾出了，是一个专门出版学术著作的出版社，出品大气精致，甚有影响，先出来再说，等等。我的心终于踏实下来，真是"万事互相效力，叫爱神的人得益处"。以我的愚鲁，多次拿些不上不下的事情麻烦二位先生，如今想来，他们的不嫌麻烦，竭诚施以援手，自是有心中的大爱在，我当深自努力，感谢实无以言表矣——无论对于二位先生，还是对于愿意接纳我的出版社，包括学界前辈及当代同仁，当然也包括我的妻子和女儿……

最近半年，排除一切干扰，全力以赴，对旧稿做了重新改定。在力所能及的范围里，查阅了尽量多的书刊，充实了材料；尤其是对部分观点进行了调整，对文字也进行了大量增删和润饰，以求稳妥与美好。但不得不说明的是，由于本人利用外文资源的能力有限，加以地处偏远，可供查阅的资料，尤其是可以交流切磋的师友少之又少，这些都大大限制了书稿内容在论证上的更加充实与周到细密，特别是在学术上，也许有错谬不合于规范的地方，这些都恳切希望能得到学界同仁的批评指正，以求他日臻于完善。另外，由于交稿在即，时间紧迫，书中对一些重要话题未得展开或充分展开，甚至未能涉及，比如基督教在中古欧洲的巨大贡献，基督教与文艺复兴、启蒙运动的关系，基督教对现代性价值的深度支持以及超越引导，包括十字军、赎罪券、宗教裁判所，等等，这些看来只能俟之于他日了。不过以上种种，都是文字的工作，我有疑惑：生命的重量，真理的呼声，文字中得见得闻乎？

以上是关于本书。以下似有必要说说本人之涉及这一研究领域的因缘。

根本意义上，《圣经》和基督教，只与"个体"生命的救赎、转化和提升有关，文化意义上的研究，已经是第二义了。我之开始接触《圣经》和基督教，是在第一义上的。我的得到并通读《圣经》，是在一九九三年，是一位朋友送我的小六十四开天蓝色软皮和合本，内容未加小标题，也没有串珠。在这之前的两三年间，由于何光沪、刘小枫二位先生的大力译、述引介，我对于基督教已经深为留意了。从上世纪九十年代以迄于今，《圣经》我认真通读过一遍，许多卷册章节，则是反复阅读过；而何、刘二位的著述，可以说几近全部读过，他们主持的译作，基本都有收藏，并且大部分认真读过或至少翻阅过。为什么拼命地读这些呢？不是出于知识和学术的动机，也不是出于文化的好奇，而是出于自身生命内在的焦虑与饥渴，我要救出我自己。此话说来话长，得回溯到更加久远的年代。

大约是天性敏感吧，在很早的童年少年时期，就深深为人性的暧昧和社会的不义所困扰，当然也为自然的美丽与神秘，为人心的善良所震撼和激动。但是，在最深处，起作用的更多的仍是对自身的软弱以及对人际的困难的强烈感受，这也许是我多年后读到卡夫卡和维特根斯坦时深感共鸣的原因吧。随着年岁的增长和阅读的深入，越来越感到和想到的，不仅仅是自己的软弱无助，"我"了解到大家都一样，我们处在同一样的困境之下。不然如何解释渗透到我们生活的每一个角落的谎言、欺诈、自私、残酷、虚张声势、愚蠢、贪婪、对弱者的凌辱、对权势的攀附，等等。其实真相是：恐慌！刚刚说到的谎言、自私、愚蠢……，实在是表面现象。这样的境遇下，普通大众生活中的良善与才华，只有默不作声的份儿，实际往往是被毁灭；权势又如何呢，在粗鄙、嚣张、黑暗和凶残之后，难道不是虚幻吗？我痛感没有出路，不是我一个，是所有人！无神论者罗素，在他的自传中有谈到："人的灵魂的孤独感是无法承受的，除了宗教传道者所教谕的那种非常强烈的爱以外，没有别的东西可以深入人的灵魂；不是从这种强烈的爱所启发出来的的任何东西都是有害的，或者说，至少是没用的……。在人与人的关系上，任何人都应该深入到每个人的孤独性的核心中去，并与它对话。"（《罗素自传》第一卷）

梁漱溟曾讲过，困扰他一生的问题有两个：一曰人生问题，二曰中国问题。我想，在我自己生命觉醒后的青年时期，也无非这两个问题。前一个属于个人安身立命的性命之学，后一个则与政治、经济、社会、历史和文化有关。我是学文学的，可我的大学时代，却花去一半多的时间给了哲学，即使文学阅读，也无不与人生的困境密切相关，我深感喜悦的作家，是黑塞、毛姆、托尔斯泰、陀思妥耶夫斯基、卡夫卡、加缪。甚至有一段时间，因为思想的走火入魔，而导致身体状况极度不良，不得不休学一年。哲学与文学之外，很早就与佛教发生了关联，《金刚经》、《坛经》、《五灯会元》等，在大二时就开始翻阅了。毕业不到两年，得知大学最要好的两个同学一心归佛，成了在家居士，我一点也不感到意外。可我碍难断念，总觉佛教于人生太过消极，离开实生活太远，缺乏一种生命的热情与力度，于人性于社会难有"现实"的救助，尤其是与自己的精神气质截然相反，便与之疏离了。许得是自己慧根太浅吧！而哲学的寻索，最后大约定止于存在主义，尤其是海德格尔和加缪，但也只是智及而仁不能守之，甚至智也只是似有若无的"感觉"，难得深入。心下只有焦虑莫名。大学毕业最初数年间，生活方面又遭受一些难以面对的际遇，使自己对人性深感怀疑和绝望，不仅仅是对别人，更有对自己。这些感受里，不能说没有青春期的自恋与混乱在，但何尝没有基于人性本身的深刻"实事"在。正是在这个时候，我遇到了基督教和《圣经》。紧张的阅读和切身进入后，一个有别于中国传统与现实，也有别于此前阅读中得来的西方哲学传统的世界，在我面前展开，并深深地吸引了我。多年的体会，我的认识是：基督教思想最深刻的地方，端在于对人性的了解，用一个词表示，便就是"罪"。千头万绪，"罪"的意识才是进入基督教信仰的起点，也是它最终所要克服和超越的目标。"罪"之于基督教，犹如"苦"之于佛教，前者从人性起步，后者从人生着眼。基督教于我实有切肤之"痛"！仔细寻思过，这"痛"的原因，大约不外以下五点：一、历史与人性上的巨大果效（实践的）；二、道德教训上的圣洁、彻底（理论的）；三、文化上的伟大成就（文明的）；四、对自身境遇的绝望以及对人性的失望，而谋求别的途径的不通或不合（人性的）；五、自己的亲证，即蒙福[3]（人生的）。然而，一切尚在途中，不是没有难处，我唯有忍耐、等待并坚持。在这忍耐、等待和坚持中，卡夫卡和陀思妥耶夫斯基的两段话，给予我极大的安慰：

> "我们象一群在森林中迷路的孩子一样感到孤独，你站在我面前，望着我，你知道我有什么痛苦，我也知道你的痛苦。如果我将跪在你面前，哭泣和诉说，那么你了解我比地狱还多，仿佛有人告诉你地狱又热又可怕。因此我们这些人应该彼此站在对方面前，那样尊敬，那样沉思，那样热爱，就象站在地狱门口一样。"（卡夫卡致奥斯卡·波拉克的信，自罗纳德·海曼《卡夫卡传》，作家出版社1988年版，第65页，）

> "当人们的恶行使你悲愤得无法克制，甚至产生了要报复作恶

---

3 关于蒙福亲证，这部书稿本身即是。从它的写作，到寻求出版，到最近的修改订正，我深深知道，无不有圣灵的同在同工。

者的愿望，那么你应该千万对这种感情保持戒惧；你要立即去自求受苦，就像你自己对人们的恶行负有罪责似的。你要甘于受这种苦，耐心受苦，这样你的心就会得安慰，你就会明白你自己确也有错，因为你本可以甚至作为世上唯一无罪的人，成为引导恶人的一线光明，但你却并没有做到。"（佐西马长老论信仰到底，自《卡拉马佐夫兄弟》上，人民文学出版社 1981 年版，第 360 页，）

是这样的，我自己也有错！

话说得已经太远了，也太私人化了，似乎应该收住了。涉及梁漱溟的第二个问题，得从鲁迅说起。由于许多原因，我受鲁迅的影响很大，尤其是对人性、对文化、对历史的判断上，我至今还笼罩在他的声音之下，比如他关于"吃人"的惊人断语，等等。以我多年对历史和现实的了解，事实似乎在在都在支持这个断言。不宜在此直陈自己看到的，只引用胡适和刘小枫的两段话，为鲁迅做注：

"忠孝仁爱信义和平，都是有文化的民族共有的理想；在文字理论上，犹太人、印度人、阿拉伯人、希腊人，以至近世各文明民族，都讲得头头是道。所不同者，全在吴先生说的'有作法，有热心'两点。若没有切实的办法，没有真挚的热心，虽然有整千整万册的理学书，终无救于道德的低浅。宋、明的理学圣贤，谈性谈心，谈居敬，谈致良知，终因没有作法，只能走上'终日端坐如泥塑人'的死路上去。""忠孝仁爱信义和平是永远存在书本里的；但是因为我们的祖宗只会把这些好听的名词都写作八股文章，画作太极图，编作理学语录，所以那些好听的名词都不能变成有作法、有热心的事实。……这些好名词的存在并不曾挽救或阻止'八股、小脚、太监、姨太太、贞节牌坊、地狱的监牢、夹棍板子的法庭'的存在。"（胡适《再论信心与反省》，自《新生活》，长江文艺出版社，2012 年版，第 239、240、241 页）

"难道真的能说中国的精神文化的命运是明朗的？难道真的中国的道德-超脱精神本身已无需哲学的批判清理？ 称中国文化传统精神'有口皆碑，无往而不胜'的人忘心太大了，自屈原以来至今的无数中国诗人、哲人以至普通的无辜少女的叹息、眼泪之孤苦无告都被一笔勾销，自先秦以降中国历史上无数以'天'之秩序为口

实的杀戮、疯狂、血腥、残暴都被一笔勾销，中国文化史上早就出
现的佯狂、装疯、若愚、怪诞都被一笔勾销。谁要敢那样声称，谁
就得有胆量和心肠承受这一切。"（刘小枫《拯救与逍遥》，上海人
民出版社 1988 年版，第 5 页）

我不死心，我还想努力于历史的深处寻找那光。能找到吗？不知道。[4]不过我知
道，在找到之前，首先得有勇气面对已经看到的这一切。其实我现在确切地知道：
我之能够更充分地看到这一切，并且有直面的勇气，实乃源于《圣经》的开启。

　　大学以及大学毕业后的十多年间，我的目光可能更多地聚焦于私密的自
我天地中，所以阅读也相应地集中于文学、哲学、宗教。最近十几年里，大

---

4 关于如何认识中国文化，笔者另有见解。吾人认为，文化不能高过人，文化是为人
服务的。基于"个体生命"本位，即个人的"自由"和"幸福"本位。可以对中国
文化有三（或四）个层次的分判：一、汉语、汉字、书法是第一层，是基础也是特
色，在世界各民族中真正是独一无二；二、诗歌抒写、历史记述是第二层，是特色，
首先是数量上，在世界各民族中绝对无可匹敌；三、儒、道、佛，诸子百家是第三
层，是晶体。四、如果还有第四层，则是大量各不同文化区的古迹遗留，及出土文
物所蕴含的特殊文化信息（密码）。要真实进入中国文化，捷径有三：一是大量背
诵古典诗文（诗），二是写好毛笔字（书），三是多逛博物馆（画）。通过这些感性
的实践活动，我们民族独特的对于世界的感受方式、思维方式、以及情感方式，便
自然而然地内化于我们的血液之中矣。之所以有以上的判断，最早启示于对书法艺
术的顿悟。书法是中国数千年传统中唯一没有受到污染的、最最自由的文化（不仅
仅是艺术）形式，亦即最具个性的（汉）民族"言说"手段。举一反三，逆推而上，
汉语、汉字、书法三位一体，正好构成我们民族文化的深层根基（海德格尔、维特
根斯坦、德里达）。确立了这一层，后面第二层、第三层以及第四层的序列，便不
难排出。诗歌与民族的内在经验即想象有关，历史与民族的外在经验即活动有关。
第三层次则是对此前内、外经验之提炼或曰结晶，等等。

　　于第一层，使汉民族与世界其它民族在文化根基上截然分判开来。于第二层，无论
是数量还是品质，都最足以表明我们民族文化的特色，过去的读书人，没有不会写诗的；
而我们的历史记述，无论是官修还是私记，从未中断过，卷册上真正是汗牛充栋。

　　言中国文化，许多人长期阈于第三层，以"三"为"一"，认为此即根本，其
实这是见树不见林，见末不见本。进一步，关于第三层，置诸世界哲学与思想史的
背景之下，我们汉民族在思想能力方面也许相形见拙（黑格尔），不值得过分夸大。
如果能突破对传统的旧的认知架构，我们的传统将得以最大限度的自由和解放。在
我们这新的分判之下，文化与政治（社会、历史）得以切割，光得以透出，作为今
人，面对过去包括未来，则不只是绝望（鲁迅等）矣……

　　以上说法，详见笔者：〈致友人书——对自我、对学术、对传统、对历史和现
实的一点反省〉http://blog.sina.com.cn/s/blog_e48dbb8d0102vptk.html

约是随着年龄的增长和阅历的变化吧，视角开始更多地被社会和历史问题所吸引，阅读也便越来越向政治、经济，尤其历史著作靠拢。关于政治（广义的），我最集中阅读过的是胡适，曾通读过台湾远流版三十七卷本的《胡适作品集》，受益良多。关于历史，近年有两个人使我有豁然贯通之感，一个是唐德刚，一个是张宏杰。唐德刚的"历史三峡说"，让我对于过去有了相对从容的理解，对于未来则充满信心。张宏杰对于明清史的精细解读，虽然再次印证了鲁迅对于历史黑暗的判语；但他对文化和国民性问题，却进行了相对细致的"历史性"分析，指出了民族性格自有一个演变的过程，并不是天生注定从来如此，尤其他清晰指证了演变背后的总根源：不断强化的思想和政治专制。张宏杰勾勒了中国人精神演变的一个基本历史线索：贵族——士族——流氓；他的结论是："专制制度的演进导致国民性格大倒退"。张的分析使我向历史的纵深回溯，让我看到历史深处可能有的光彩，从而缓解了我对于"黑暗"的绝望。不论是唐还是张，都无比明确地指出了"体制"之癌，即专制政治之恶的问题。这一指认，不仅仅是指向历史的，更是指向现实和未来的可能与可行的变革目标，它在呼唤着我们的行动。

这些年随着阅读的深入，在政治思想与政治制度方面，即社会生活的正义原则和运行程序方面，越来越感到我们可资利用的资源的贫乏乃至苍白，目光自然越来越转向域外，具体说，是西方。柏拉图、亚里士多德、西塞罗、马基雅维利、拉波哀西、霍布斯、洛克、孟德斯鸠、卢梭、康德、密尔、施特劳斯、哈耶克、阿伦特、伯林、罗尔斯、诺齐克……这是一个多么豪华而庞大的阵容呢！出于对内在信念的执着，对人性的体察，和对于复杂事务的敬畏，他们对公共治理的思考，严肃谨慎而又充满勇气，其体大思精，宏伟庄严，又深深契于时代的脉搏，和操作的可能性。他们对于"自由"、"平等"、"权力"、"权利"、"民主"、"法治"、"宪政"、"城邦"、"国家"、"族群"等等的反复深入思考，不仅使思想的王国日趋丰富和严密深沉，更对现实政治起到积极的引导与规范作用。随着对这一伟大传统的较为细致深入的了解，一条清晰的线索突显出来，这便是"权利"对"权力"的博弈中，"权利"的日益胜出。不论这权力是"独裁的少数人的暴政"，还是"民粹的多数人的暴政"，作为主体的个体权利，都是不可阻挡的。这种胜出，不仅仅表现在思想的内在交锋上，更表现在世界范围的现实政治演进中。近代自文艺复兴到启蒙运动以迄当代，民主宪政作为一种政治制度，早已不只是思想精英在书斋里的想象和操练，而已成为当今世界大多数国家的现实了。[5]在今天，真正的专制国家实在是硕果仅存，寥寥可数矣，它们在未来的命运，稍有正常心智的人，不难明白。孙中山有言："世界潮流，浩浩荡荡，顺之者昌，逆之者亡。"

我深深知道，在我们的传统中，关于"自由"和"平等"之义，不论在思想的层面还是在现实政治的层面，从来都是处于"无知无欲"的状态。如鲁迅言："国人向来就没有争到过'人'的价格，至多不过是奴隶，到现在还如此，然而下于奴隶的时候，却是数见不鲜的。"（鲁迅〈灯下漫笔〉）最近这些年，随着对历史和现实政治的关注的深入，自己的内心亦日趋明亮，这首先当然是因为信仰的护持和引领。与此相应，两条线索在我的阅读视野中开始会合了：一条是文艺复兴起步，承接古希腊，因主体的觉醒和解放而来的，关于自由民主的思想观念以及制度运作的现代性传统；另一条，则是因宗教改革而得以回溯与复兴的，根基于《圣经》的基督教传统。两条线索相互为用，尤其是后一条为前一条提供了根本的价值核准，和基于人心之内在信念的永恒动力。有人说："制度的背后有观念，观念的背后有信仰。"诚哉斯言！到了这里，便也就明白五四所竭力倡导的"德先生"和"赛先生"，何以历一个世纪而步履维艰，成绩有限。须知，如果对西方文化作整体把握，有五个不同的层面：宗教信仰、哲学思想、法治秩序、民主政体，科学技术。而西方社会几千年来真正优异且源远流长的传统，是宗教、哲学和法律，在学术领域，它们分别由具有悠久历史和复杂深广内容的神学、哲学和法学所承担。正是这三样东西，在他们那里起着巨大而实际的作用。某种意义上，现代的科学和民主是流不是源，是土壤上面生长起来的花草树木，而不是土壤本身。我们只想要花和果实，于其它则或盲无所知，或简单否定，天下哪有这么便宜的事体？

现在，问题是老问题，却仍然迫在眉睫：要么在我们的传统中发现可以复活的资源，要么虚心下首去了解人家，学习人家。可是，我们的传统能提供什么呢？在胡适和鲁迅的视域，他们似乎已经做了回答，除非能驳倒他们。这个驳倒，有两个层面：历史和社会的层面，人心与人性的层面。

以自己近三十多年的阅历体验，在社会、历史和文化的层面，我是认同于胡适与鲁迅的判语的，虽然他们可能峻急了些，我相信，胡适的方向就是

我们未来的现实。至于人心和人性的层面，我更不抱妄想，以人的"罪"性之强大，我只能期候于人之外的神性之光的救赎，吾人何"德"何"能"？！

于基督宗教，在根本的意义上，它所要救赎的是"生命"，既非社会（如胡适、陈独秀、梁漱溟），亦非文化（如熊十力、牟宗三、钱穆）。在生命的意义上，我的研究算得了什么呢？就生命的"学问"，我的阅读和研究，《圣经》之外，尚有多少大的功课有待展开和完成，他们是：奥古斯丁、阿奎那、路德、加尔文、巴特、蒂利希……其实除了生命的学问，更有生命的经验与"见证"，他们是：方济各（Francis of Assisi）、鲍思高（John Bosco）、司布真（Charles Haddon Spurgeon）、戴德生（Hudson Taylor）、薇依（Simone Weil）、考门夫人（Mrs. Charles E. Cowman）、德兰修女（Teresa of Calcutta）……这是一条多么灿烂壮观的生命的河流呢！

余欲无言，能做的只有谦卑自己，倾听和承纳那生命深处神性的言说。大音希声！

最后，作为对梁漱溟的两个问题，尤其是中国问题的正面回应，转引数年前所写的一段文字于此：中国问题我是想了好多年了，因为不论主动还是被动，我都不可能置身事外，我不得不想。亚里士多德讲人是政治的动物，除非他是神亦或兽。孔子也说过，"鸟兽不可与同群，吾非斯人之徒与而谁与？天下有道，丘不与易也。"他们强调的是同一个意思：现实政治其实是先天内在于我们每个人的日常生活结构中的。关于中国问题，目前我有一个基本的判断，就是：根本问题在信仰，关键问题在体制。这里涉及诚与爱（《新约》），法与义（《旧约》）两大主题。

中国人自古及今，"根本上"就没有信仰，骨子里只信世俗的权力、金钱和名声，所追求的只是现世的享乐。于神圣之爱，我们从来都是隔绝的。于超越之维，我们向来是蒙昧的或敬而远之的，所谓"未能事人焉能事鬼"、"未知生焉知死"等等；到后来，甚至连这敬而远之也没有了，有的只是"欺"神"弄"鬼、加以利用而已。这一点，鲁迅曾一针见血地指出过："中国人自然有迷信，也有'信'，但好象很少'坚信'。我们先前最尊皇帝，但一面想玩弄他，也尊后妃，但一面又有些想吊她的膀子；畏神明，而又烧纸钱贿赂，佩服豪杰，却不肯为他作牺牲。尊孔的名儒，一面拜佛，信甲的战士，明天信丁。宗教战争是向来没有的，从北魏到唐末的佛道二教的此仆彼起是只靠几个人在皇帝耳边的甘言蜜语。""他们的对于神、宗教、传统的权威，是'信'和'从'呢，还是'怕'和'利用'？只要看他们的善于变化，毫无操持，是什么也不信从的，但总要摆出和内心两样的架子来。"（鲁迅〈运命〉）"耶稣教传入中国，教徒自以为信教，而教外的小百姓却都叫他们是'吃教'的。这两个字，真是提出了教徒的'精神'，也可以包括大多数的儒释道教之流的信者，也可以移用于许多'吃革命饭'的老英雄。"（鲁迅〈马上支日记〉）周作人在谈到中西隐士的不同时有尖锐的对比："中国的隐逸都是社会或政治的，他有一肚子理想，却看得社会浑浊无可实施，便只安分去做个农工。""外国的隐逸是宗教的……，他们独居沙漠中，绝食苦祷，或牛皮裹身，或革带鞭背，但目的在于救济灵魂，得遂永生。"（周作人〈论语小记〉）秦始皇以来的两千二百多年里，我们一直处在大一统皇权专制独裁统治之下，其后果就是专制主义和奴隶主义并行，作为个人，中国人从来就不是人，从来就没有争取到做人的资格。整个民族的创造力完全被专制皇权所压抑扼杀，民族的每个个体成员的人格被严重扭曲变形。历史上的罪孽是那么深厚严重，却都被悄无声息地遮蔽掉了。救赐，首先在于忏悔我们在历史和现实中所发生的罪孽，其次在于寻求普遍的公义和来自于高处的神圣之爱。

根本道路在于：信仰，和宪政。让我们共同来努力！

最后的最后，作为对自己，也对朋友们的提醒，引用一段诗和一段文，来结束这个后记吧：

> 当你穿过古代的时候
>
> 你要彻夜失眠　直到天亮
>
> 当你被咒语贬抑的时候
>
> 你要置若罔闻
>
> 勿使你的见地委婉　更不要乘人之危
>
> 或迁怒于你的亲人
>
> （骆一禾《蜜——献给太阳和灿烂的液体》）

> "混乱和饥饿，屠杀和刽子手，对于不义的愤怒和处于'只有不义却没有对它的抵抗'时的绝望；在那里，合理的憎恨只会使人脾气变坏，而有理由的愤怒也只是使自己的声音变得刺耳。""即使在最黑暗的时代中，我们也有权去期待一种启明"，"这光亮源于某些男人和女人，源于他们的生命和作品，它们在几乎所有情况下都点燃着，并把光散射到他们在尘世所拥有的生命所及的全部范

围。像我们这样长期习惯了黑暗的眼睛，几乎无法告知人们，那些光到底是蜡烛的光芒还是炽烈的阳光。"（阿伦特《黑暗时代的人们·作者序》，王凌云译，江苏教育出版社 2006 年版）

2013 年 9 月初稿，2016 年 1 月改定